国家社科基金项目（一般项目）结项成果（项目编号：15BYY153）
杭州师范大学人文社会科学振兴计划项目资助

汉语论元实现的可变性

杨大然　著

科 学 出 版 社

北 京

内 容 简 介

　　本书以句法-语义接口关系为研究切入点，站在更为宏观的角度审视汉语论元实现可变性所反映出的词汇语义与句法结构的关系问题。在横向比较句法-语义接口关系研究中各种理论方法的基础上，本书优选生成性建构主义作为理论框架，同时汲取最简方案框架体系内的一致操作和语段推导思想，并借鉴分布式形态学的构词理念，尝试建立一个基于特征一致操作的融事件结构和句法结构于一体的理论模型，系统凝练出影响和制约动词论元实现可变性的关键性因素，并应用已建立的事件句法模型对汉语七类典型句式的生成机制进行深入解释，揭示了论元实现变化的内在根源，实现了对汉语论元实现可变性的描写充分和解释充分。

　　本书可供汉语语法研究、形式句法理论和语言类型学方向的研究生和教师参考阅读。

图书在版编目（CIP）数据

汉语论元实现的可变性/杨大然著. —北京：科学出版社，2021.8
ISBN 978-7-03-069044-9

Ⅰ.①汉… Ⅱ.①杨… Ⅲ.①汉语–语法–研究 Ⅳ.①H14

中国版本图书馆 CIP 数据核字（2021）第 104203 号

责任编辑：王 丹 张翠霞 / 责任校对：贾伟娟
责任印制：李 彤 / 封面设计：蓝正设计

科 学 出 版 社 出版
北京东黄城根北街 16 号
邮政编码：100717
http://www.sciencep.com
北京虎彩文化传播有限公司 印刷
科学出版社发行 各地新华书店经销
*
2021 年 8 月第 一 版 开本：720×1000 1/16
2021 年 8 月第一次印刷 印张：17 1/2
字数：343 000
定价：**108.00 元**
（如有印装质量问题，我社负责调换）

序

一个动词可以带几个论元成分？论元应该按照什么样的规则安排在哪些句法位置？这些问题是论元实现研究中的核心问题。而论元实现又是语法理论里研究句法和语义接口关系最重要的议题。生成语法学派和中国传统学派大多关注论元实现的规律性，不少研究试图将动词进行界限分明的归类和定性。然而，大量的语言事实表明，动词携带的论元数量和类型并非一成不变，很多动词常发生超出理论规范的"异常"现象，表现出多样性的论元实现方式。这本书关注的是汉语论元实现的灵活性和可变性问题，在我看来，这个问题的探讨颇有价值，因为它涵盖了汉语中很多特殊的语法现象，在汉语学界持续受到高度的关注，并且大多还没有定论。这些现象包括领主属宾句（"王冕死了父亲"）、假宾语句（"张三跑经费"）、非典型双宾句（"张三偷吃了我三个苹果"）、及物性存现动词句（"墙上挂了一幅画"）、主宾语交替句（"一张床睡十个人"）、客事主语句（"衣服洗过了"）和致使类交替句（"她累坏了，这件事累坏了她"）等，都生动体现了汉语动词用法的灵活性和论元实现的可变性。

这些特殊的句式对大多数汉语句法学者和学生来说都不陌生，甚至可以说是耳熟能详，但是目前为止所看到的研究大多针对其中一个或两个现象做分析，却没有人提出一个系统性的方法来贯穿这些不同句式并予以理论上的解释。作者决定放弃传统上"各个击破"的方法，尝试建立统一的句法理论模型对论元实现的变化机理加以解释，目的在于探寻这些现象背后隐藏的普遍机制。如果这项尝试得以成功，不仅可以将汉语论元实现可变性的研究推向一个新的境界，也能对当代语言学理论中的词汇语义与句法接口研究做出重要的贡献。

为了达到这个目标，作者以清晰的研究思路，从事实梳理、理论构建和系统解释三个层面依次展开研究与写作，在变化之中寻找规律，从规律之中探求根源。先是对涉及论元实现变化的各种语言现象进行详细考察，将上述七类特殊句式纳入论元增容、论元缩减和论元交替三个类别。而后着眼于句法-语义接口这一宏观性理论问题，在横向比较各理论框架的优劣之后，建立了一个集事件结构和句法结构于一体的"生成性建构主义事件句法模型"，并凝练出影响论元实现的三个关键要素（词根性质、事件结构、句法结构）。在完成理论模型的构建后，作者对相关汉语句式进行了系统的分析与解释，证明了涉及论元实现变化的各类特殊现象实际上是三个要素单一或协同作用的结果。

　　众所周知，描写充分和解释充分是生成语法追求的两大目标，但两者间往往存在一种张力，前者强调对纷繁复杂语言现象的描写应尽量详细，后者强调解释语言现象的理论应尽可能简洁。就论元实现的可变性而言，作者为描写充分和解释充分之间的张力提供了一个颇为合理的解决方案，让我们看到就汉语而言，其论元实现的可变性并非杂乱无章，而是有其内在的规律可循，并且可以在统一的句法模型下得到原则性的解释。

　　在看完了作者寄来的书稿之后我可以肯定地说，这本书最重要的优点就是它在语言现象的分析中注入了高度的理论性、系统性与解释性。作者使用两章的篇幅来讨论当代语法理论的重要发展，并汲取了最简方案、分布式形态学和生成性建构主义的思想精髓，从而提出一套理论模型，将词汇语义与句法的接口关系归于词根性质、事件结构和句法结构的互动来推导论元实现的规律性，同时界定其可变性的来源与范围。在这里作者将源于词根的"内容论元"与源于事件功能结构的"事件论元、句法论元"区分开来，并以之作为部分论元可变性的来源，显然是一项高明的手法。

　　这本书的第二个优点是它对汉语论元变异现象做出了相当精彩且富有启发性的分析。例如对于带有假宾语的结构（"跑项目、吃食堂"），作者指出其是词根的若干"内容论元"留在词根短语 RootP 的结果，所谓的假宾语并未出现在事件或句法论元结构里面。而对于领主属宾句（"王冕死了父亲"）与主宾语交替句（"一锅饭吃十个人，十个人吃一锅饭"），则归因于承载这些句子的事件论元结构，其核心语义含有若干程度的可塑性（因为缺乏表活动方式的语义成分）。作者指出，他所提出的理论模型除了可以直接推导论元实现的规律性之外，还能更好地解释论元实现的可变性与其限制。

　　作者的写作与论证方式，也是让我印象深刻的一个方面。作者对于生成语法理论的内容、方法、沿革以及近年来最新动态的熟悉程度，在同辈学者间属佼佼者。这本书的章节安排有序、叙述说理清楚，有助于广大学者与学生更深入了解生成语法的精神、方法与新近的发展，并以作者的研究为范例，继续推进语言学的科学研究。

　　最后值得一提的是这本书注重语言事实的可靠性。生成语法框架内的汉语研究向来注重理论与语言事实相结合，而多数学者往往是通过内省的方法给出例证，对句子合法性的判定也主要依靠自身或少数人的语感，难免受到一些人的质疑，也会因语感差异而引发争议。值得称赞的是，作者特别花时间从语料库里找出真实的语料来证明非常规的论元实现方式也广泛存在于语言的实际运用中，揭示了论元实现的可变性在汉语中普遍存在这一事实，这既突显了研究的意义，又增加了研究的可信度。同时我也应该指出的是，这些来自语料库的例子基本上并没有超出我们已知的语料范围，也没有引导我们发现新的语法通则。这些语料印证了文献里已有语料的可信度，同时也有助于澄清学界对于内省法的一些无意的误解或有意的误导。

　　我和作者杨大然先生的相识始于 2018 年的电邮书信往来。2019 年秋他从杭州师大前来哈佛，在我系担任访问学者，我们常有机会在课堂内外讨论所学。可惜后来新冠肺炎疫情肆虐全球，校园关闭改为上网课，也给许多访问学者带来不便。但这并没有影响大然君的既定研究计划，在接下来的学期与回国后的时间他再接再厉，准时完成了这项重要的研究项目。一个多月前他寄来了全书的定稿，嘱我为它写一篇序文。我很高兴知道书稿即将付印，在先睹为快之余，谨以心得数语，忝作之序如上。

黄正德

2021 年 7 月

于哈佛大学语言学系

目　　录

第1章 绪 论

动词和名词是人类语言中两个最基本的语法范畴。就两者的关系而言，一般认为是前者支配后者。纵观语言学理论的研究历史，对于动词的研究始终占据着十分重要的地位，"动词中心说"也成为一种主流理论，为众多学者所接受。Chafe（1970：64）很早曾指出："在句子的意义模式中，动词占据着核心地位，起着句子中心组织者的作用。"在汉语界，不少前辈时贤也将动词研究作为汉语研究的首要问题，如吕叔湘（1987a：1）指出："……动词是句子的中心、核心、重心，别的成分都跟它挂钩，被它吸住。"吴为章（1994：18）在深刻阐述"动词中心说"对汉语语法研究深远影响的基础上论证了"动词中心"是一种"普世语法现象"。前人将动词确立为句子中心的主要依据是动词对于句中的名词性成分起着支配作用：在语义上，动词作为述谓结构的核心制约着其他名词性成分的数量和语义性质；在句法上，动词决定着其他名词性成分在句法结构中的投射位置。胡建华（2010：15；2013：3）曾提出，动词与名词的差异之一在于前者是"病毒"携带者，具有潜在的"传染性"，这里的"病毒"就是动词的题元特征或论元结构信息，它需要找到合适的"宿主"（即名词成分）进行特征释放，造句实际上就是"动词所携带的病毒进入句法结构后进行病毒扩散的结果"。因此可以说，对动词语义和句法属性研究的核心就是动词的论元实现（argument realization）问题，即一个句子中动词可以支配的名词性成分的数量、语义性质和句法位置，或者说一个动词究竟携带什么类型的"病毒"，其"传染性"有多强。

早期的生成语法理论也推崇"动词中心论"思想，主张动词在句法构建中占据主导性地位。对于动词论元实现的研究，Chomsky本人主张采取"词汇主义"（lexicalism）方法，即从探索词库内动词的语义性质入手，提出将动词的论元结构作为词汇语义和句法结构之间联系的桥梁和纽带，认为从词汇语义衍生出的论元结构决定着句法结构的构建以及论元成分的句法实现。由于动词的词汇语义具有相对的稳定性，早期的大部分研究都将目光聚焦于动词在论元实现上的规律性。论元实现的规律性主要体现为动词所支配名词的数量和性质较为稳定，这种稳定性也成为早期划分动词类别的主要依据。动词从不同的维度上有不同的分类方法。按照句法功能，动词可分为不及物动词、及物动词和双及物动词等句法类别；而按照语义功能，动词可分为一价动词、二价动词和三价动词等语义类别。而生成语法理论则主要依据论元结构内动词所支配的题元角色数量来进行分类，将动词分为一元动词、二元动词和三元动词三个类别。这样的分类更像是从语义和句法的接口角度来进行分类。一元动词只带一个必有论元，如英语动词 run 和 arrive，汉语动词"哭"和"跑"；而二元和三元动词带两个或两个以上必有论元，如英语动词 hit 和 give，汉语动词"打"和"给"。应该说，这样划分的优点是具有一定的普遍性，可以适用于绝大多数的自然语言。然而，随着对动词性质研究的不断深入，学者们逐渐认识到这样静态性的类别划分过于笼统，是粗颗粒的，既无法准确刻画同一类别内部的不同动词在句法表现上的差异，也无法准确捕捉单一动词在句法性质上所呈现的跨类表现。例如，Fillmore（1970：123-124）很早就发现，同为及物动词的 break 和 hit 在论元实现上存在很大差异，一个重要表现是前者可以进行所谓"致使性交替"（causative alternation），而后者不允许这样的结构转换。例如：

（1）a. John broke the stick (with a rock).（引自 Fillmore，1970：123）
　　　a'. The stick broke.（引自 Fillmore，1970：123）
　　　b. John hit the tree (with a rock).（引自 Fillmore，1970：124）
　　　b'. *The tree hit.（引自 Fillmore，1970：124）

在后来的研究中，学者们发现，动词句法性质的不稳定不仅表现于同一类别中的动词在论元实现上的差异，对于同一个动词而言，它在不同的句式结构中也会呈现出不同的句法性质和论元实现方式，形成所谓的"多重论元实现"（multiple argument realization）现象（Levin & Rappaport Hovav，2005：5）。Levin 和 Rappaport Hovav（1995：188）的研究显示，英语中相当数量的施事性活动动词在单独作谓语和与方向性介词短语共现情况下会呈现非作格、非宾格和致使动词（causative verb）三种性质的转换。例如（引自 Levin & Rappaport Hovav，1995：188）：

（2）a. The horse jumped.
　　　b. *The rider jumped the horse.
　　　c. The horse jumped (over the fence).
　　　d. The rider jumped the horse over the fence.

如（2a）和（2b）所示，jump 单独作谓语时属于典型非作格动词，只有不及物形式，没有相应使役形式，不能呈现使役和不及物的形式交替。在（2c）中，当 jump 与方向性补语共现后，其句法性质由非作格动词转换为非宾格动词，the horse 占据内部论元位置，这样就可以加入一个表外部使因的论元转化为相应的使役形式［即（2d）］，呈现出非宾格和使役的形式交替。大量的研究表明（Hoekstra & Mulder，1990；Zaenen，1993；Borer，1994 等），英语 jump 的这种性质变化并非个案，类似的情况在形态丰富的语言（如荷兰语、意大利语和希伯来语）中也广泛存在。

除了非宾格和非作格的转换之外，某些活动动词还可以呈现相当丰富的论元实现方式，以英语中的表面接触动词（verbs of contact）sweep 为例，它可以有如下的多种论元实现方式（Rappaport Hovav & Levin，1998：97-98）：

（3）a. Terry swept.

　　 b. Terry swept the floor.

　　 c. Terry swept the crumbs into the corner.

　　 d. Terry swept the leaves off the sidewalk.

　　 e. Terry swept the floor clean.

　　 f. Terry swept the leaves into a pile.

sweep 在英语中一般被归为二元动词，但在上例中我们看到，该动词可以分别构成不及物结构、及物结构和致使结构等多种句式，表现出多重的论元实现方式。

对于现代汉语而言，多重论元实现现象的例证也并不少见。汉语中的很多动词常常发生"跨类"现象，与不同类型的句法结构相融，表现出多样性的论元实现方式。以常用动词"吃"为例，一般认为"吃"是典型的二元及物动词，带有施事（即"吃"的动作发出者）和受事（即"吃"的动作承受者）两个论元成分，但在下面的例句中，只有（4a）的"吃"符合这一基本用法，其余"吃"的论元结构都发生了变化，但所得到的都是为人们所接受的合法句子。

（4）a. 他写了，吃了饭……（1994 年《作家文摘》①，转引自 CCL 语料库①）

　　 b. 你快吃吧，一定饿得不行啦！（刘流《烈火金刚》，转引自 CCL 语料库）

　　 c. 新县为啥穷？是吃大锅饭吃穷了。（《读书》第 25 期，转引自 CCL 语料库）

　　 d. 富春同志基本上每天一日三餐都吃食堂。（2000 年《人民日报》，转引自 CCL 语料库）

　　 e. 乔茵王皎皎之辈，住父母，吃父母……（朱天文《巫言》，转引自 CCL 语料库）

　　 f. 住在隔壁的夏先生吃饱了饭，喝足了酒……（1995 年《作家文摘》，转引自 CCL 语料库）

　　 g. 不然工人们还觉得咱们吃了他多少黑心钱呢。（1996 年《作家文摘》，转引自 CCL 语料库）

---

① CCL 语料库检索网址为 http://ccl.pku.edu.cn:8080/ccl_corpus/index.jsp。

　　从上述英汉语的例子得出，基于论元结构的词汇主义方法虽然有助于我们严格把握不同类别动词的句法表现，但与此同时却忽视了动词论元实现的动态性和多变性特征。这些特点对于注重动词静态的语义特征，把论元结构看成静止不动或泾渭分明的传统生成语法理论提出了巨大的挑战，同时也引发了学界对于动词的词汇意义与论元实现两者内在关系的深入思考。功能主义学派针对这些现象曾提出所谓的"浮现语法观"（Hopper，1987）和"动态论元结构假说"（陶红印，2000），即把语法结构看成是话语力量驱动下的一个动态性产物，强调论元结构并非固定不变的句法语义现象，而是随实际语言运用而不断变化的。本书也承认论元结构的动态性特征，但我们并不主张从语用和认知角度进行研究，而仍是以生成语法理论作为大的理论背景，从句法-语义接口这一宏观理论问题出发对汉语的多重论元实现现象进行深入解释。本书的指导思想是汉语动词论元实现的变化并非杂乱无章的现象，而是有其内在的规律可循，这些现象既反映了动词句法行为的多样性，同时也反映了论元实现的规律性，论元实现的可变性是以狭义句法提供的多样性构造手段为基础，能够在统一的句法理论模型内得到全面系统的解释。据此，本书以新兴的事件结构理论中生成性建构主义思想作为理论基础，同时借鉴最简方案框架和分布式形态学理论的部分思想，尝试建立一个融句法结构和事件结构为一体的具有普遍性解释效力的事件句法模型，对汉语不同类别的动词在所带的论元数量和性质上的变化做出统一的解释，同时也将对汉语与英语等其他语言在论元实现上的差异进行一定的分析和解释。

1.1　何为"论元实现的可变性"？

　　汉语界对于动词的句法行为及论元实现的研究较早是从动词配价开始的，当时主要是借鉴了国外"配价理论"（Valence Theory）的研究方法。基于"配价理论"的学者所研究的问题主要包括两个方面：一是动词所支配的名词的性质，如配价名词的语义类型有哪些，这些语义类型应该如何定义；二是支配一定数量名词的动词的性质，如不同动词分别可以支配多少名词成分，结构中哪些名词算作动词的配价成分，哪些不算，如何根据其支配名词的数量和性质对动词进行分类等等。从配价理论角度讲，本书所关注的论元实现的可变性指的是动词在"价位"上的变化，如一价动词有时可以用作二价动词，三价动词有时可以用作一价动词等。虽然这些问题涉及的也是动词所带名词成分的数量和性质问题，但从本质上讲，国内采用"配价理论"所研究的汉语问题与生成语法的题元理论和论元实现问题似乎联系更为密切，国内研究内容已经超出了国外配价研究的范围和目标。正如徐烈炯和沈阳（2000：2）所指出的那样："……目前汉语配价研究的许多问题与这种'题元理论'讨论的问题倒更接近些。可是汉语学界在讨论这些问题时却往往封闭在'配价'的圈子中，不去参考有关题元的研究。"据此，本书对于汉语论元实现的研究并非在"配价理论"框架内进行，而是在生成语法的理论背景下对动词在论元实现上的可变性进行研究。首先，我们有必要简要介绍生成语法体系中与论元实现有关的一些基础性概念，包括题元角色、题元关系、论元以及论元结构等一系列术语，以便帮助读者更好理解本书所研究的对象和问题。

与论元实现有关的最重要也是最基础性的两个概念是题元角色和论元。按照生成语法理论的定义，题元角色（theta role）是指谓词（一般为动词）指派给其固有的子语类成分（subcategorized element）的语义角色。这些语义角色是谓词所表述的事件中相对恒定的参与者角色，用于表达事件所涉及的主体（施事/经事）、客体，或其行为、状态等所处的场所，活动的起点、方向、终点，事件发生的原因及造成的结果，施事凭借的工具等。尽管不同学者对题元角色的具体数量和类型存在一定分歧，但大家所普遍认可的题元角色主要包括施事（agent）、受事（patient）、客体（theme）、处所（location）、目标（goal）和工具（instrument）等语义类型。题元角色有时也被称为"题元关系"（thematic relation），但从本质上讲，这两个概念是有区别的。题元关系指的是名词成分所指称的实体相对谓词所表达的事件来说所承载的语义关系，而题元角色则是论元所承载的题元关系中最为突出的一种语义关系。换句话说，一个论元可以承载多个题元关系，却只能承载一个题元角色，否则就会违反所谓的"题元准则"（theta-criterion），即要求每个论元成分承担一个且仅为一个题元角色。

生成语法中的"论元"（argument）一词是借用了逻辑学中论元的概念。在逻辑学中，一个句子的基本语义结构代表一个完整的命题结构。作为语义核心的函项被称为谓词（或述语）（predicate），谓词所描述的活动或事件的参与者被称为"论元"。逻辑学上的一元谓词、二元谓词等就是从谓词所关联的论元的数目上来定义的。在有了题元角色这一概念后，生成语法体系中的"论元"是指句法结构中带有特定题元角色的名词性成分。换句话说，名词性成分由动词指派特定的题元角色，就成了论元。这里的名词性成分是指具有指称功能的名词短语，不仅包括名称词，还包括变量、接应词、代词以及分句（clause）等（参见 Chomsky，1981）。句法论元可以说是题元角色的载体，即题元角色只有映射到句法论元才能得以实现，而句法论元在被赋予题元角色后才有意义。从这个意义上讲，题元角色是语义概念，而论元则是句法概念，是与句法位置相关联的。在管约论时期的 X-阶标理论中，论元所占据的句法位置只有两种，即中心语（head）的补足语（complement，Comp）和标志语（specifier，Spec）位置，其他位置的成分（如附加语）都不属于论元。Williams（1981a：87）提出以动词短语（verb phrase，VP）的最大投射为界来区分论元的句法性质，VP 外部的论元称为外部论元（external argument，EM），VP 内部的论元称为内部论元（internal argument，IM）。在承继了 Larson（1988）的"VP 壳"（VP-shell）理论后，Chomsky（1995，2000）对内部和外部论元进行了重新定义，外部论元占据轻动词投射（light verb projection，vP）的标志语位置，由 v 指派题元角色；而内部论元占据下层 V 的补足语或标志语位置，由 V 指派题元角色。而根据最简方案的最新思想（Chomsky，2005：14，2013：43），X-阶标理论被取消，投射被视为理论内部的概念。在此背景下，所谓的"补足语"和"标志语"是根据成分与中心语的合并顺序来定义，与中心语发生首次合并（first merge）的是补足语成分，而随后与中心语发生合并的成分为标志语。从这个意义上讲，与中心语发生首次合并名词成分的是内部论元，而随后进入推导的是外部论元。

"论元结构"（argument structure）这一术语尽管在句法学领域出现的频率颇高，但我们却很难在生成语法体系内找到一个明确的定义。它大致上是指动词及其所选择的子语类成分所构成的介于词汇语义和句法结构之间的一种结构关系，其中规定了谓词所带论元的数量和题元角色。不同学者对于论元结构的内涵有着不同的看法，Chomsky 本人并未将论元结构作为一个独立的表达层次，而是将其作为词库内动词词项信息的一部分。而在更多的生成语法学者看来（Levin，1993；Grimshaw，1990；Levin & Rappaport Hovav，1995），论元结构是动词的词汇概念结构（lexical conceptual structure，LCS）向句子层面进行投射之前的一个中间界面层次（interface level），也被称为"词汇句法表达式"（lexical-syntactic representation）（顾阳，1996：9）。论元结构是动词的词汇语义与句法结构之间的联系纽带，其主要表现形式是题元栅（theta-grid），即用尖括号将某个特定动词的题元角色按照题元层级的规定集合起来，并对外部题元角色做下划线标记。如汉语动词"放"的题元栅为（Huang，1997：46）：

$$（5）放： +\underline{\quad\quad}\quad NP \quad\quad PP$$
$$\{\ 1, \quad 2, \quad\quad 3\ \}$$
$$|\quad\quad\ |\quad\quad\quad\ |$$
$$<施事，\ 客体，\ 处所>$$

动词"放"的题元栅中既标明了论元的数量，也标明了论元的题元角色，该信息是从"放"一词的词汇概念结构中衍生而来，并可以直接依照映射规则将特征的论元投射到相应的句法位置。曹火群（2014：49）指出，从本质上讲，题元栅和论元结构两者互为元语言和对象语言，即两者具有同构性。

动词的论元实现［简称论元实现（argument realization）］是指论元结构中带有特定语义角色的论元按照一定的映射规则在句法中所投射的结构位置以及由此决定的句法功能。例如，某个名词性成分被动词指派施事题元角色，而根据题元角色至句法位置的投射规则，施事题元角色一般占据时态中心语 Tense（T）的标志语位置，即主语位置，那么带有施事题元的这一论元成分在句法上实现为主语，具备主语的句法性质和功能。目前的生成语法体系主要关注论元实现的规律性，借助论元结构及相应的映射规则来对动词的论元实现和句法性质加以限定。论元的实现方式已成为划分动词类别的一个重要依据，具有相同或相似论元实现规律的动词一般被划分为同一个类别。

本书所研究的主要对象是论元实现的可变性。根据前面所阐述的一系列定义，从生成语法角度来讲，所谓"论元实现的可变性"是指在某些句式中动词在其论元的句法实现上并不严格遵守该动词论元结构的规定，其所带论元的数量和性质较其常规的论元实现规律发生了一定的变化，在论元实现上呈现出一定的灵活性。事实上，论元实现的可变性是相对论元实现的规律性而言，没有规律性和稳定性就谈不上可变性和灵活性，两者可以说是一种辩证统一的关系。因此，本书虽然是以探索论元实现的可变性为主要目标，但在理论构建上是从探索词汇性质与句法实现之间的规律出发，从中寻求影响和制约论元实现可变性的各项因素。

1.2　关于语料来源

本书的宗旨在于为汉语动词在论元实现上所呈现出的不同类型的可变性提出一个统一的解释方案。我们知道，一个句法模型或解释方案的建立都必须建立在广泛的语言事实的基础上，没有语言事实的支持，任何的理论建构都将成为空中楼阁。对于语言事实的归纳和整理主要有两条途径：一是语料库搜索方法，就本书的研究对象来讲，就是利用语料库来搜集和整理出汉语的动词在实际语言运用中所呈现的各类论元实现的变化；二是拿来法，即采纳前人相关研究中出现过并在学界已达成一致的语言事实，拿来为己所用。在语言事实的考察上我们将采用语料库搜索与拿来法相结合的方法。

关于汉语动词句法灵活性的研究由来已久。特别是近年来，汉语动词的多重论元实现现象已经越来越多地受到学界的关注（见 Sybesma，1999；顾阳，2000；Lin，2001，2004；Huang et al.，2009；孙天琦和李亚非，2010；熊仲儒，2004a，2004b，2015 等），学者们在相关问题上挖掘了大量的语言事实并进行了较深入的探讨，能够较为全面地反映汉语论元实现的多样性特点。因此，在语言事实的归纳和整理上，我们首先选取前人研究中涉及论元实现变化的各类热点和难点句式，并以其作为切入点。这些句式也许并不是源自语料库的事实，或者在语料库中无法搜索到，但其基本的语义和句法特征已经得到学者们的普遍认同，其合法性深刻地反映出人类的语言能力①。在具体论证中，我们将从语料库中搜索相关的语料作为支撑。我们的语料来源是北京大学中国语言学研究中心 CCL 汉语语料库和北京语言大学的 BCC 汉语语料库②，主要选取这两个权威语料库中报刊和文学作品两个领域的语料③，并在行文中明确标出语料来源。除了语料库中选取的语料之外，书中还有部分语料转引自前人的相关文献（示例后均标明出处）或者由笔者所在课题组调查所得。

　　需要说明的是，本书虽然基于大规模语料库进行了细致的语料搜集和整理工作，但对汉语论元实现可变性的描写和归纳并不是本书的主要任务。我们的主要目标是在归纳和整理语言事实的基础上，通过所建立的事件句法模型对这些语法现象的生成机制提出一个统一的原则性解释，探索汉语论元实现可变性的基本特征和内在规律，力求实现超越"观察充分"和"描写充分"的"解释充分"。正如石定栩（2000：18）所说："……句法研究不能只停留在对语言现象的简单描述上，而是要在描述的基础上找出语言的规律，并且进一步对语言规律做出合理的解释。"当然，我们并不否认利用语料库对语言事实进行详尽细致描写的重要性，但我们应该看到：首先，语料的数量是无限多的，即使规模再大的语料库也会有偶然和遗漏，不可能穷尽一种语言中所有可能的合法句子，因此语言研究不能单纯依靠"归纳分析"，而是要像其他科学研究一样，通过推导和证伪来建立语言规则，重视说明语言结构的生成机制；其次，对语言事实的详尽描写并不能真正回答语言现象"怎么样"和"为什么"的问题，因此语言研究不能单纯依靠"描写分析"，更要重视解释造成这些现象的原因并预测可能的后果。

　　基于前人的大量研究，本书将汉语动词在论元实现的可变性上具体归纳为如下两个方面：第一个方面是动词所带的论元在数量上相比其固有的论元结构发生变化，第二个方面是其所带论元的数量不变，但论元的语义性质并非其论元结构中所规定的语义角色，一些间接的或非核心性论元取代了核心论元的句法位置。下面我们就汉语论元实现可变性的具体表现形式进行系统的归纳和总结。

---

　　① 本书所探讨的一些经典例句，如"王冕死了父亲""这瓶酒喝醉了不少人""一锅饭吃三十个人"等在语料库中都未搜索到与之对应的语类，但学界对这些句式的合法性显然已经达成共识，按照我们的语感，这些句子也完全可以接受，因此在生成语法研究中，我们可以借助语料库中的语料去研究人类的语言能力，即借助外化语言来研究内化语言，但并不一定必须以语料库中的语言事实作为研究对象，只要是符合绝大多数人语感的例子都可以拿来研究。通过内省方法来造句与语料库方法之间并不矛盾，只要能够反映我们语言能力的事实都可以作为生成语法的研究对象。

　　② BCC 汉语语料库检索网址为 http://bcc.blcu.edu.cn/。

　　③ CCL 汉语语料库总字数约为 7.8 亿字，其中汉语语料库约为 5.8 亿字。BCC 汉语语料库的总字数约为 150亿，其中报刊字数约为 20 亿，文学作品字数约为 30 亿。

1.3 汉语论元实现可变性的具体表现

本书的研究立足于汉语事实，即主要关注汉语动词在论元实现上的可变性。一个语言中动词论元实现可变性的程度本质上反映了该语言句法的灵活性。汉语句法的灵活性长期以来被认为是汉语语法的一个重要而显著的特点。吕叔湘很早就指出："汉语句法不光有固定的一面，还有灵活的一面……"（吕叔湘，1986：1）吕叔湘主要通过三类现象来说明汉语句法的灵活性：一是移位，他讲的"移位"主要指一些被强调成分从基础位置移到句子的开头或末尾，如（6）所示；二是省略，即出于表达上的经济性，一些可以通过上下文补出的名词或动词被省去，如（7）所示；三是动补结构的多义性，即动补结构中的名词成分与动词和补语有着较为复杂的语义关系，如（8a）中的"踢"为及物动词，但宾语"鞋"却不是"踢"的对象；同样，（8b）中的"心"不是"吃"的宾语而是"迷"的宾语。

(6) a. 这稿子请让我看一次校样。（引自吕叔湘，1986：2）

    b. 饶你可只有这一次。（引自吕叔湘，1986：2）

(7) a. 他还说我表扬不得，一表扬，就翘尾巴，净给我吃辣的。（引自吕叔湘，1986：3）

    b. 要写信就快点儿！（引自吕叔湘，1986：4）

(8) a. 踢球，踢球，一个月踢坏了三双鞋。（引自吕叔湘，1986：5）

    b. 你真是吃浆糊吃迷了心了。（引自吕叔湘，1986：7）

吕叔湘提出的三类现象一定程度上反映了汉语句法的灵活性，但如果从生成语法角度来讲，这些现象都很难归入论元实现可变性的范畴，因为其中谓词的论元结构都没有发生根本性的改变。第一类移位实质上与话题结构和焦点结构比较接近，这两类结构的形成主要是由语用因素驱动，动词的句法性质并未发生实质性改变，如（6a）中宾语的一部分因话题化移至句首，形成所谓的"论元分裂式话题句"（刘丹青，2003），但谓词"看"仍是二元动词，并没有因为名词短语的分裂而衍生为三元动词。第二类省略是汉语中的一种普遍现象，其原因有两点：一是汉语普遍被认为是一种意合语言，即词与词之间只要语义上搭配，事理上明白，就可以粘连在一起组成句子（石定栩，2000：18）；二是汉语中存在着大量的弱式及物动词。按照徐烈炯先生（Xu，2003：83-84）的定义，弱式及物动词是指在适当的语境中允许宾语省略的及物动词，即宾语可以以隐含论元形式存在；而强式及物动词则在任何情况下都不允许宾语省略，即必须带有两个显性的句法论元。胡裕树和范晓（1995：144-145）在一份汉语动词用法的数据报告中指出，在《现代汉语词典》所包含的 12 404 个动词词条当中，只有 3%的动词必须带显性宾语；而在 858 个常用的及物动词中，只有 42 个是强式及物动词，这说明弱式及物动词在汉语中占有相当大的比重。然而，无论是从形合意合的角度还是从强式弱式及物动词的角度来看，可以肯定的一点是在绝大多数的汉语省略现象中动词本身的及物性并未因此而发生实质性改变，如（7a）中虽然省略了多个主语，但各分句中谓词的论元结构并未发生改变，因此这些省略现象也不属于论元实现可变性的范畴。

　　本书所讨论的汉语论元实现的可变性与汉语句法的灵活性在本质上是相通的，但具体的内涵有所不同。本书考察的是在特定句式中动词所携带的论元的数量或语义角色相比论元结构的规定发生了本质性变化的语法现象。简而言之，就是动词的句法表现相比其常规的句法性质发生了根本性变化的语法现象，这种现象也被称为"多重论元实现"（Levin & Rappaport Hovav，2005：5）。除了我们前面提到的话题结构、焦点结构以及省略现象之外，还有一些句式结构的转换也不涉及动词句法性质的根本性变化，因而也不在本书的研究范围之内，主要包括下面两种结构转换。

　　第一，主动句-被动句的转换。在经典的生成语法理论中，被动句与相应的主动句具有相同的底层结构（Deep Structure），底层结构是基于动词的论元结构投射而成。换句话说，主动句与被动句中的谓词具有相同的论元结构，这样才能投射出相同的底层结构。主动到被动的转换实际是发生在从底层结构到表层结构（Surface Structure）的转换过程中。潘海华（1997：13）用下面的例子来说明主被动的转换虽然有时会造成语义真值的改变，但仍然是同一个论元结构投射的结果。例如（引自潘海华，1997：13）：

　　　　（9）a. 高强心甘情愿地被周华折磨。
　　　　　　　b. 周华心甘情愿地折磨高强。

　　这两句话显然具有不同的语义真值（Shi，1997：49），但潘海华提出，两个句子同义与两个句子具有相同的来源并不是同一个概念。换句话说，两个语义真值不同的句子可以从同一个论元结构得出，因此主动句-被动句的转换虽然会造成语义上的偏差，但并不涉及动词论元结构和句法性质的变化。

　　第二，双宾句-与格句的转换。以英语为例，早期学者对该问题的关注主要集中于"论元转换"（argument alternation）现象，该现象是指在以同一动词为谓词的两个句式中论元的位置发生转换，其中主要包括双宾结构（double object construction，DOC）和与格结构（dative construction）转换等。例如（引自 Larson，1988：342）：

（10）a. send Mary a letter

　　b. send a letter to Mary

此类"论元转换"现象的特点是动词所带的论元数量并未发生变化，而是两者的相对位置发生改变。

前面讨论了哪些句式结构不在本书的研究范围之内，接下来我们要阐述汉语中哪些语法现象属于动词论元实现可变性的范畴。事实上，尽管汉语属于话题优先性语言并存在诸多的省略现象，但抛开这些语用和语篇因素的影响，汉语中仍存在着大量由句法因素造成的动词跨类现象，即很多汉语动词可以与不同类型的句法结构相融，表现出多样化的论元实现方式。概括来说，汉语论元实现的可变性主要体现在三个方面，即论元增容、论元缩减和论元交替。下面我们对每个类别进行详细讨论。

1.3.1　论元增容

论元增容是指动词在句法表现上相比论元结构的规定增加了一个额外论元，其中主要包括传统的不及物（或一元）动词在句法实现中增加一个论元而带有两个论元，传统的二元及物动词在句法实现中带有两个以上的论元，这种结构形式一般被统称为"增元结构"（applicative construction）[①]（程杰，2009：27）。在现代语言学中，Chung（1976：80-81）最早在"关系语法"（Relational Grammar）框架下讨论了增元结构。Baker（1988a：354）和 Marantz（1993：119）在研究非洲班图语（Bantu）时使用了 applicative 一词，用以指称一种能使动词增加一个额外论元的屈折形式，所增加的论元一般都为"受影响"论元，也称为"施用论元"（applicative argument）。

增元结构实际上是相对原有的论元结构而言。如果说论元结构反映了自然语言中动词的普遍特征，具有固有性、规律性和唯一性，那么增元结构不仅适用于带有增元性形态语素的语言，也应该适用于如汉语等形态匮乏的语言。从动词与论元的语义关系来看，汉语中的很多句式符合增元结构的定义和特征，其主要表现是一些名词性成分与句子谓语在语义上并没有必然的联系，不属于动词固有论元结构中的论元，也缺少显性的允准成分（如话题标记等）。根据增元结构的定义，汉语中将那些包含间接或非核心论元的句式都应纳入增元结构的范畴。程杰（2013：79）列举了如下几种类型的汉语增元结构。

第一，领主属宾句。此类句式的谓词主要包括表示状态变化的"死、掉"等不及物动词，一般呈现"NP1+VP+NP2"的形式，其中真正与动词发生语义关系

---

① 文献中也译为"施用结构"。

的名词 NP2 出现在宾语位置，NP1 和 NP2 之间往往构成"领有"和"隶属"关系，构成所谓的"领主属宾句"（郭继懋，1990：24），其中最典型的代表是"王冕死了父亲"，语料库中其他类似的例子如下：

（11）a. 既然你死了丈夫，就不能算是有夫之妇。（岑凯伦《合家欢》，转引自 CCL 语料库）

　　　b. 乾隆是孝子，他妈妈掉了头发怎么办？（阎崇年《清十二帝疑案（二十二）光绪（下）》，转引自 CCL 语料库）

　　　c. 我断了一条腿，不说瞎话。（吴强《红日》，转引自 CCL 语料库）

　　　d. 三户揭了顶，另外一户，倒了半边墙。（刘玉民《骚动之秋》，转引自 BCC 语料库）

领主属宾句是汉语界研究最为集中、成果最为丰富的句式之一，也是争议最多的问题之一，单单在生成语法框架内的研究就包括徐杰（1999）、韩景泉（2000）、温宾利和陈宗利（2001）、陈宗利和肖德法（2007）、朱行帆（2005）、潘海华和韩景泉（2005）、王奇（2006）、安丰存（2007）、程杰（2007）、马志刚（2008）、杨大然（2008）、帅志嵩（2008）、杨大然和陈晓扣（2016）等。尽管各家所用的理论框架和具体解释方案不尽相同，但学界普遍认可的一个事实是，其中的谓词动词绝大多数由非宾格动词衍生而来，但句法性质较之非宾格性质已经发生了根本性变化，增加了一个论元结构中原本并不存在的论元，该论元的允准机制也成为大家争论的焦点。据此，此类句式应属于汉语典型的增元结构。

第二，假宾语句。此类句式的谓词主要包括以"飞、跑"等为代表的活动类不及物动词。除了带施事论元外，动词后面还可以跟一个旁格宾语（oblique object），构成类似及物结构的句式。前人对此类句式的研究主要包括郭继懋（1999）、胡建华（2008）、刘探宙（2009）、程杰（2009）、邓昊熙（2014）、孙天琦（2009，2019）等，其典型句式包括：

（12）a. 不，我明天飞北京。（1994 年《人民日报》，转引自 CCL 语料库）

　　　b. 他亲自跑资金、跑项目、跑设备……（1996 年《人民日报》，转引自 CCL 语料库）

　　　c. 你假惺惺的猫哭老鼠，就想免罪么？（金庸《天龙八部》，转引自 CCL 语料库）

　　　d. 吃食堂、睡办公室、连夜加班在机房。（1994 报刊精选，转引自 CCL 语料库）

第三，非典型双宾句。此类句式是指某些二元及物动词（如"偷""拿""吃"等）除了带施事和受事论元外，还能带上一个非核心论元成分，构成"……增加论元位置的非核心论元允准结构"（孙天琦和李亚非，2010：26），对此类句式的研究主要包括陆俭明（2002）、蔡维天（2005）、Tsai（2007）、程杰和温宾利（2008）、孙天琦和李亚非（2010）、程杰（2013）等。

（13）a. 他偷了我两个手机。/他拿了我三本书。（引自孙天琦和李亚非，2010：26）

　　　b. 七年吃了我们多少饭？七年喝了我们多少茶？（老舍《四世同堂》，转引自 CCL 语料库）

　　　c. 修了王家三扇门。（引自陆俭明，2002：319）

　　　d. 我按了前面的司机一喇叭。（引自孙天琦和李亚非，2010：27）

第四，役格句式。程杰（2013：79）指出，此类句式包括使动结构（如"使字句"）和动词的使动用法。典型句式为：

（14）a. 小红使大伙笑了。（引自程杰，2013：79）

　　　b. 一只蛐蛐发了两户人家。（引自程杰，2013：79）

我们认为，在上面四类句式中，前三种句式都应属于论元增容，即动词实际所带的论元数量多于论元结构规定的论元数量。但在第四类役格句式中，（14a）句加入"使"字后，动词"笑"论元并未增加，"大伙笑了"构成一个小句结构（见沈阳等，2001：88；杨大然，2003：368），其中的"笑"仍然是不及物动词用法，而（14b）中的"发"属于动词的使动用法，但在汉语中，单音节动词的使动用法数量很少，已不具有普遍性，这种用法常见于双音节的动结式复合词（简称动结式），如下面单音节动词都不能单独构成使动用法，而必须借助一个述语动词。

（15）a. *张三破了气球。

　　　b. 春风象醉了，吹破了春云，露出月牙与一两对儿春星。（老舍《樱海集》，转引自 BCC 语料库）

（16）a. *李四倒了树。

　　　b. 他已经砍倒了一片紫藤……（格非《江南三部曲》，转引自 BCC 语料库）

据此，我们认为役格句式不属于增元结构的范畴，将其排除在本书的研究范围之外。此外，程杰（2013：79）将"给"字句（如"张三给李四洗了衣服"）

和典型的双宾语句（如"张三送了李四一本书"）也归入增元结构，但我们认为"给"字句中"给"的性质仍存在争议，但无论它是动词还是介词，谓语"洗"的论元都未发生变化，增加的论元实际上是由"给"来引入的。而对于典型的双宾语句，其中的"送"就是三元双宾语动词，它带有三个论元也是论元结构中规定的，因而也不存在论元增加一说，据此我们将这两类句式也排除在本书的研究范围之外。

除了程杰（2013）提出的三种增元结构之外，我们认为还有一种句式也应归属论元增容，即"保留宾语句"（见 Gu，1992；徐杰，1999；王玲玲和何元建，2002；熊仲儒，2004a，2004b；黄正德，2007；张庆文和邓思颖，2011 等的研究）。如下面两组句子所示：

（17）a. 她被揪着头发，按着脖子。（引自徐杰，1999：17）

　　　 b. 张三把橘子剥了皮。（引自张庆文和邓思颖，2011：513）

（18）a. 原来是凤举喝醉了酒。（张恨水《金粉世家》，转引自 BCC 语料库）

　　　 b. 住在隔壁的夏先生吃饱了饭，喝足了酒，踱到车子恺屋里来……（1995 年《作家文摘》，转引自 CCL 语料库）

根据经典的生成语法理论，被动句的生成是将底层结构中的逻辑宾语从动词后位置移至表层结构的句首位置，原本为及物性的谓语动词再加上相应的被动标记后失去赋宾格的能力。但在汉语中，一部分被动句的逻辑宾语并非整体移至动词前位置，而是其中一部分移至动词前，另外一部分留在动词后的初始位置，形成了如（17a）中所示的特殊类型被动句。此类被动句相比常规的被动句在动词后增添了一个类似宾语的论元成分，该成分被称为"保留宾语"。（17b）中的"把"字句也是如此，常规的"把"字句谓语为"把+宾语+动词"，而（17b）的动词后还多了一个名词成分"皮"。保留宾语句是针对动词本身的题元结构而言，动词后的保留宾语是超出了动词题元结构所要求的论元之外的成分，因此说，"保留宾语句涉及的是句子的论元增容问题"（张庆文和邓思颖，2011：518）。

（18）中的句式也存在类似的情况，其中的动结式谓语"喝醉""吃饱""喝足"都应属于不及物性谓词，在动词后却出现了题元结构所要求之外的一个宾语成分。仔细分析我们发现，这里的宾语"酒""饭"都是光杆名词，它们实际上只有类指义，而没有具体的指称义。如果将它们换成有指称的名词，句子不能成立。例如：

（19）a. *张三喝醉了三瓶酒。

　　　 b. *李四吃饱了那碗饭。

Gu（1992：162）据此将这些光杆名词分析为动结式述语动词（V₁）的同源宾语，它不是句子的真正论元，而是没有指称性质的半论元（quasi-argument），据此我们也把这些句式归入带"保留宾语"的增元结构。

1.3.2　论元缩减

论元缩减是指动词实际所带的论元数量少于论元结构中规定的论元数量。由于不及物动词一般只带一个必有论元，因此可以推断，发生论元数量缩减的绝大多数应是及物动词（包括二元和三元动词）。前面我们提到，汉语的及物动词普遍存在着论元省略现象，采用论元隐含的表达方式是出于表达经济性的考虑，一定程度上体现了汉语句式结构的灵活性特点。然而本书认为，作为大多数汉语及物动词的一种性质，论元省略现象本质上是由语用因素所决定，并非属于动词自身句法性质的改变。换句话说，虽然隐含的主语或宾语论元未出现，但仍可根据动词的论元结构并结合语境将其补出，动词的句法性质并未发生本质性的变化。而那些真正表现论元数量缩减的动词应该无法补出所缺失的论元，即其所带的论元相比论元结构中规定的论元数量发生实质性的减少。论元数量缩减与论元省略的另一个区别是，后者并不改变句子的语义真值，而前者往往伴随着语义真值的变化。朱德熙（1982：127）提出，对于"你读过红楼梦吗？"的回答可省去宾语，说成"我读过"，宾语的出现与否并不影响句子的基本意思，但如果是"他来了客人"变成"他来了"，两句话的意思则完全不同。因此，在我们所认定的论元数量缩减现象中，缺少的论元一般无法补出，即使能够补出，也与原句的语义真值完全不同。基于前人的研究，我们认为以下句式属于真正的动词论元数量缩减结构。

第一，及物动词构成的存现句。根据前人的研究，汉语的存现动词一般具有非宾格性质，句中的唯一论元位于动词之后，语义上为非施事的客体。而根据Perlmutter（1978：160）的划分，非宾格动词属于不及物动词的大类，那么汉语存现句一般应由不及物动词构成。然而，学者们发现，除了非宾格动词外，很多及物动词可以出现在存现句中，构成存现句的谓词。范方莲（1963：388）将汉语的存现动词分为如下几类：

（20）a. 典型的不及物动词，如睡、躺、卧、坐、站、蹲、走、飞等；

　　　b. 一般认为及物不及物两用的动词，如放、挂、摆、堆、贴、盖、吊、搭等；

　　　c. 一般只作及物用的动词，如写、画、绣、刻、印、雕、添、标、题等。

上面分类中，后两类动词的基本用法都是及物动词，其中包括带单宾的二元动词和带双宾的三元动词。以动词"放"为例，它一般被认为是三元动词，与句中的三个名词性成分构成固有的语义关系，其论元结构中应包含施事、客体和处所三个论元。但在构成存现句时，其施事论元一般不出现或不能出现，而只带有两个论元成分，处所论元在句首，客体论元在句末。这些及物性动词所构成的存现句如下所示：

（21）a. 床头放着①几瓶药。（1996 年《人民日报》，转引自 CCL语料库）

　　　b. 灯笼上写着两个字……（刘震云《一句顶一万句》，转引自 BCC 语料库）

　　　c. 院子里种着几株垂柳……（杰克·凯鲁亚克《在路上》，转引自 BCC 语料库）

　　　d. 身上涂着一层粘稠的牛油……（莫言《食草家族》，转引自 BCC 语料库）

由及物动词构成存现句作为汉语动词句法行为可变性的一个典型代表，受到学界的普遍关注。学者们围绕谓语动词的性质开展了大量研究，其中主要包括李临定（1990）、顾阳（1997）、Lin（2001）、唐玉柱（2005）、隋娜和王广成（2009）、董成如（2011）、杨大然（2013）等。Lin（2001：186）还提到，汉语中由及物动词构成的存现句还存在一种变体，即客体与处所论元交换位置，客体位于动词前，处所论元位于动词后，施事论元一般不能出现，此类句式也应该归入论元缩减，如（22）所示：

（22）a. ……十一个大字写在墙上。（1995 年《人民日报》，转引自 BCC 语料库）

　　　b. 这两幅画绣在帆布（画布）上。（朱自清《伦敦杂记》，转引自 BCC 语料库）

　　　c. 盖托放在桌子上。（施耐庵《水浒全传》，转引自 BCC 语料库）

---

① 这里的"着"也可以换成"了"，但两句所表达的语义稍有差别，在句法表现上也存在差异。对于带"着"的静态存在句，施事的主语是无法补出的，而如果将"着"换成"了"，变成动态存在句，则施事主语可以出现。例如：

（a）*桌上他放着一本书。

（b）桌上他放了一本书。

但即使（b）可以补出施事主语，它也不属于论元的省略现象，而是真正的论元数量较少，因为这里的施事出现与否不仅改变了句子的语义，甚至改变了句式的类型。

第二，致使性交替现象。该现象是指一些表示状态变化义的动词，它们既有及物性用法，也有不及物性用法，以英语的 break 为例（Fillmore，1970：123）：

（23）a. John broke the stick (with a rock).

　　　　b. The stick broke.

（23a）中的 break 是及物性致使动词，表达 cause the stick to be broken 这一致使性事件，受事论元 the stick 在底层和表层都处于宾语位置。（23b）的 break 是非宾格动词，the stick 作为客体论元在底层处于宾语位置，而在表层则移位至主语位置。这两种相对应的论元实现方式被称为"致使性交替"（Levin & Rappaport Hovav，1995：193）①。如果我们认为（23a）中 break 的及物用法是该动词的基础形式，非宾格用法是从及物用法通过所谓的"去及物化"（detransitivization），"非使役化"（decausitivization）或"去主语化"（expletivization）操作派生而来（见 Levin & Rappaport Hovav，1995：102；Reinhart，2002：241 等），那么（23b）相比于（23a）缺少一个致使性论元，应属于论元缩减。

类似的致使性交替现象在汉语中也同样存在。顾阳（1996：11）和杨素英（1999：36）都提出，汉语中有不少动词存在及物用法和非宾格用法交替的现象：用于及物用法时受主语的控制，有使役意义；用于非宾格用法时不受主语的控制，无使役意义。这种交替现象在汉语的动结结构中尤为多见②。具体例子如下：

（24）a. 他灭了火，把烧烤用完的东西收拾好。（石康《奋斗》，
　　　　　转引自 CCL 语料库）

　　　　b. 火灭了，鸟孩便怔怔地跪着不动。（阎连科《鸟孩诞生》，
　　　　　转引自 BCC 语料库）

（25）a. 如果格兰特船长是在新西兰海岸附近沉了船的话，你就劝
　　　　　人家不必去找了？（谢伟明译《格兰特船长的女儿（儿女）》，
　　　　　转引自 CCL 语料库）

　　　　b. 船沉了，在希望的茫茫大海上没有留下一截绳索。（张冠
　　　　　尧译《欧也妮·葛朗台》，转引自 BCC 语料库）

（26）a. 数发子弹射进西北角的新闻中心，打破了窗上玻璃。（1995
　　　　　年《人民日报》，转引自 CCL 语料库）

---

①（23b）中的 break 在文献中也被称为起动动词（inchoative verb）或反致使动词（anticausative verb），因此致使性交替现象也被称为"致使/起动交替"（causative/inchoative alternation）或"反致使性交替"（anticausative alternation）（Levin & Rappaport Hovav，1995）。

② 顾阳（1996：11）指出，同样的现象也存在于汉语中"得"引导的结果补语结构中。例如：

（a）那场接力赛跑得孩子们上气不接下气。

（b）孩子们跑得上气不接下气。

　　　a'. 又听得玻璃<u>打破了</u>。（茅盾《蚀》，转引自 CCL 语料库）

　　　b. 也用同样的姿势，<u>压扁了</u>鼻子。（王蒙《蝴蝶》，转引自
　　　　 CCL 语料库）

　　　b'. 说便当盒<u>压扁了</u>。（朱天文《最好的时光：侯孝贤电影记
　　　　 录》，转引自 CCL 语料库）

　　　c. 瞧那天晚上他的态度，真把她<u>气哭了</u>。（孙力、余小惠《都
　　　　 市风流》，转引自 BCC 语料库）

　　　c'. 有的都<u>气哭了</u>。（王火《战争和人》，转引自 BCC 语料库）

　　　d. 县政府的领导不光是"<u>愁白了</u>头发，熬红了眼"。（1996
　　　　 年《人民日报》，转引自 CCL 语料库）

　　　d'. 姑夫和姑姑的头发旧在前几年就<u>愁白了</u>。（路遥《我和五
　　　　 叔的六次相遇》，转引自 BCC 语料库）

　　第三，受事主语句。在此类句式中，谓语动词一般由及物动词担任，动词的逻辑宾语位于句首位置，句式具有被动意义，它们都有与之对应的具有主动意义的句子，如（27）～（29）所示。

　　（27）a. 张三写了信。
　　　　　 b. 信写了。
　　（28）a. 李四吃了饭。
　　　　　 b. 饭吃了。
　　（29）a. 小王做了作业。
　　　　　 b. 作业做了。

　　通过比较我们发现，受事主语句的结构转换与前一类致使性交替现象有一些相似之处。首先，两者的转换都是去掉及物（或致使）结构中的施事（或致事），然后将逻辑宾语移至主语位置；其次，受事主语句和非宾格句式都具有被动意义，但又没有出现显性的被动标记。郑礼珊（Cheng，1989：81-82）将这两种句式都归入汉语的及物性交替现象（transitivity alternation），她提出这两种句式的共同特点是谓语动词都带有"受影响"宾语。王灿龙（1998：15）将这两种句式统称为"无标记被动句"。然而，受事主语句与非宾格句式在句法表现上也存在不小的差异。其一，前者的谓语动词一般属于具有终止性的达成类或完结类谓词或谓词短语，而后者的谓语动词一般是没有终点的活动动词。因此，前者所表示的结果不能被否定，而后者则可以。例如：

（30）a. *张三灭了火，可是没灭了[①]。

b. 张三写了信，可是没写完。

其二，非宾格句式中一般不能在主语和动词之间加入施事（或致事）论元，而受事主语句中则可以在受事主语之后加入施事论元。例如：

（31）a. 火灭了。/? 火她灭了。

b. 信写了。/信他写了。

据此一些学者认为，（27）～（29）不是非宾格句式，而是宾语前移的话题句（Huang，1997：54；潘海华和韩景泉，2005：10-11 等）。其理由有两点：一是很多语言中对应的动词（如洗、写和吃）都没有作格用法，二是受事主语句中隐含着施事，而真正作格句式中的施事在显性和隐性上都没有句法实现。因而两个句子不属于致使性交替现象，对于所谓的受事主语句，其位于句首的受事论元是话题而不是主语，此类句式应被分析为受事话题句[②]。

尽管这些学者对此类句式属性持不同看法，但他们基本都认为此类句式是由及物结构经过某种操作派生而来，那么此类句式属于论元数量的实质性缩减，即及物动词的施事论元未出现，即使补出施事论元，其位置应该位于受事主语和谓语动词之间，句子的类型和所表达的语义相比正常的及物句式都发生变化，不同于一般的论元省略现象，因而此类句式应归属于论元实现可变性的范畴。

1.3.3 论元交替

1.3.1～1.3.2 节总结了汉语动词在论元数量上的变化，即实际所携带的论元数量相比动词论元结构中规定的论元数量发生了改变。而在其他句式中，动词所带的论元数量并未改变，而是论元的语义性质发生了变化，一些与动词没有直接题元关系的非核心性论元成分或取代核心论元占据主语或宾语位置。Lin（2001：3）指出，动词论元交替在汉语中尤为突出，其主要表现为主语的无选择性（unselectiveness of subjects）和宾语的无选择性（unselectiveness of objects），前者是指在汉语的句式中，作为主语的论元可以具有施事、致事和处所等多种题元角色；后者是指作为宾语的论元除了受事题元外，还可以有工具、目的和处所等

---

① 这里的两个"了"读音不同，前一个读作 le，后一个读作 liǎo。

② 还有少数学者（如马志刚，2014：80）认为（27b）不是合法的汉语句子，他提出在（27a）向（27b）句转换的过程中，"写"同样可以经历类似于英语 break 的非使役化操作。break 的非使役化过程是抑制致事的过程，而抑制及物动词"写"的施事论元可视为一种非宾格化过程，即英语的非使役化是抑制致事的过程，汉语中的非宾格化过程必须依赖显性的非宾格语素（如"信写好了"），如果没有显性的非宾格语素则句子不能成立。但从目前的研究来看，大部分学者还是承认这些句子的合法性（Cheng，1989：81；王灿龙，1998：17-18；胡建华，2010：9；潘海华和韩景泉，2005：10 等），我们也赞同大多数学者的观点。

多种题元角色。孙天琦和李亚非（2010：21）指出，非核心论元实现为核心论元的方式主要有两种：一种是就地取材，即非核心论元直接占据句法允准的常规论元位置，这主要体现为 Lin（2001）所说的主宾语的无选择性，即各种外围语义成分占据主宾语位置；另一种是另起炉灶，即非核心论元单独投射出一个位置，其主要表现为某些特殊语义角色（受影响者）的外围成分单独投射出一个位置（有关这一现象的具体分析详见本书 5.3 节的非典型双宾句）。下面我们就这些现象分别进行归纳。

第一，主语的无选择性。Lin（2001：117）观察到，在汉语中除了施事论元可以作主语外，带有处所和致事（causer）等题元角色的论元也可以占据主语位置，如下所示①：

（32）a. 老张开了一辆坦克车。（引自 Lin，2001：117）

　　　b. 高速公路上开着一排坦克车。（引自 Lin，2001：117）

　　　c. 这场马拉松已经跑了二十公里了。（引自 Lin，2001：191）

　　　d. 这个计划总共写了五篇报告。（引自 Lin，2001：191）

　　　e. 这笔钱总共盖了五栋房子。（引自 Lin，2001：191）

　　　f. 这辆破车开得我吓死了。（引自 Lin，2001：117）

　　　g. 那瓶酒喝醉了张三。（引自熊仲儒和刘丽萍，2005：43）

从上面的例子可以看出，活动动词"开"、"跑"和"写"等不一定只带有施事性的外部论元，其外部论元也可以是处所或致事或其他语义类型的名词成分，Lin（2001：3）将汉语这种多种语义角色的论元均可充当主语的现象称为"主语的无选择性"。

第二，宾语的无选择性。事实上，除了主语位置外，汉语中宾语位置的论元的语义角色更为多样。它不仅能容纳各种类型的必有论元（如受事和客体），也能容纳工具、材料、方式、处所、时间及其他难以归入现有语义角色类型的非核心成分，Lin（2001：6）将这种现象称为"宾语的无选择性"。其典型的例子如下所示：

（33）a. 写这支笔/看这架望远镜/切那把刀/吃头痛（引自 Lin，2001：203）

　　　b. 吃饭馆/喝那个杯子/读 MIT（引自 Lin，2001：204，209）

（34）a. 他开左手。（工具）

　　　b. 他开左边。（处所）

---

① （32）的 a-f 句均来自 Lin（2001），但（32f）中动词"开"很可能因其与"得"字连用后才发生了论元结构的变化，为了排除其他因素的影响，我们认为（32g）句更为合适，其中"那瓶酒"不是施事，是纯粹的致事。

c. 他开好玩。（原因）

d. 他开上午。（时间）（引自 Lin，2001：4）

在上面的例子中，动词后的宾语成分都不是动词论元结构中规定的核心论元，但它们都占据了表层宾语的位置，而论元结构中所规定的核心成分则不能出现。

第三，动词非宾格性与非作格性的转换。Hoekstra（1984）、Hoekstra 和 Mulder（1990）、Zaenen（1993）、Borer（1994）、Levin 和 Rappaport Hovav（1995）等的研究发现，在很多语言中，表示活动方式的不及物动词存在句法性质的变化：它们在单独充当谓语时属于典型的非作格动词，其所带的唯一论元是深层结构的主语；而当它们与方向性的介词短语共现时则呈现出非宾格动词的句法特征，其所带的唯一论元是深层结构的宾语。如下面荷兰语、意大利语和英语的例子：

（35）荷兰语：

a. Hij   heeft/*is   gelopen.

He   助动词 have/*be   run

"他跑步。"

b. Hij   is/?heeft   naar huis   gelopen.

He   助动词 be/?have   to   home   run

"他跑回家了。"（引自 Zaenen，1993：126）

（36）意大利语：

a. Ugo   ha   corso   meglio ieri.

Ugo   助动词 have   跑   更好   昨天

"Ugo 昨天跑得更好。"

b. Ugo   è   corso   a   casa.

他们   助动词 be   跑   到   家

"Ugo 跑回了家。"（引自 Rosen，1984：66-67）

（37）a. The horse jumped.

b. *The rider jumped the horse.

c. The horse jumped (over the fence).

d. The rider jumped the horse over the fence.（引自 Levin &
   Rappaport，1995：188）

在（35）中，当动词 gelopen（"跑"）单独出现时，与其搭配的助动词是 heeft（相当于英语的助动词 have），而不能是 is（相当于英语的 be 动词），此时它属于典型的非作格动词；而当它与表终止性的处所短语 naar huis（"到家"）

共现时，情况则刚好相反，与其搭配的助动词只能是 is，而不能是 heeft，表明此时谓语部分呈现出非宾格的句法性质。同理，(36)中的意大利语动词 correre("跑")在单独使用时与助动词 ha（相当于英语的 have）连用，表明它是非作格动词；而当 correre 与方向性短语 a casa（"到家"）共现时，则与 è（相当于英语的 be）连用，此时谓词呈现出非宾格的性质。在（37a）中，jump 单独作谓语时只有不及物形式，而没有相应的使役形式，不能呈现使役和不及物的形式交替，此时它具有非作格性质；在（37c）中，当 jump 带有方向性补语之后，它就具有了相应的使役形式（37d），呈现出非宾格和使役的形式交替，说明 jump 已具有了非宾格性质，其唯一论元 the horse 占据的是内部论元位置，这样才可能再加入一个表示外部使因的外部论元 the rider。

从上面例子可以看出，不及物动词后面是否带表示终止义的处所短语是决定其句法性质的关键因素。随着不及物动词性质的改变，其所带论元的性质也发生了改变，从原来的深层主语变成了深层宾语。事实上，不及物动词的性质变化及其所引发的论元交替在汉语中也同样存在。尽管汉语属于形态匮乏的语言，我们无法通过一些形态标记来判定动词的句法性质，但我们仍可以通过一些显性的句法鉴别式来区分非宾格动词和非作格动词（见 Levin & Rappaport Hovav，1995）。以汉语中典型的活动方式类动词"爬"和"游"为例，它们在语义上具有显著的施事性特征，在单独充当谓语时不能出现在存现结构中，即不允许其论元处于动词后的宾语位置，此时这些动词具有非作格性质。例如：

（38）a.＊沙滩上爬一只乌龟。

　　　b.＊岸上游了很多人。

然而，当这些动词与方向性补语成分（如"来"或"去"等）共现后，就允许其唯一的论元处于宾语位置，构成存现结构，此时这些动词呈现出显性的非宾格性质。例如：

（39）a. 突然大三脖子上爬来一只蚂蚁。（尤凤伟《生存》，转引自 CCL 语料库）

　　　b. ……舷侧海面上游来一只海鸥。（2000 年《人民日报》，转引自 CCL 语料库）

具有类似用法的还包括"走""跑""飞""爬""跳""滚"等施事性动词，它们在带上处所短语或趋向动词后均可出现在存现结构中。例如：

（40）a.＊前面走几个人。/前面走来几个人。

　　　b.＊屋里跑一条狗。/屋里跑进来一条狗。

　　　c.＊树上跳几只猴子。/树上跳下来几只猴子。

上述汉语动词与前面讨论的英语和意大利语中的活动动词具有相似的句法表现，即在不同的句式中表现出非宾格与非作格句法性质的转变。Borer（1994：20）将这些动词统称为"行为可变性动词"（variable behavior verb），这些动词句法性质的变化致使其唯一论元的句法性质和语义角色也发生相应的变化，因此，此类现象也应归入动词论元实现可变性的范畴。

第四，补足语交替现象。补足语交替是指能够分别充当谓词补足语的两个论元成分在句法位置上发生了互换，并因此获得不同的语义角色。这种交替现象往往出现在汉语的"把"字句中。例如（引自熊仲儒，2015：291）：

（41）a. 我把窗户糊了纸。/我把纸糊了窗户。
　　　b. 我把花儿浇了水。/我把水浇了花儿。
　　　c. 我把门顶了杠子。/我把杠子顶了门。

上述句式与保留宾语句［如前面的（17b）］在结构形式上较为相似，但两者也存在一些重要的差别。首先，（41）中动词前后的两个论元之间不存在领属关系［如（41a）不能说成"我把窗户的纸糊了"］，而前面（17）的保留宾语句中的两个论元存在明显的领属关系［如（17b）可以说成"张三把橘子的皮剥了"］，熊仲儒（2003：217）认为（17）是有领属关系的保留宾语句，而（41）是无领属关系的保留宾语句。两类句式的另一个重要区别是，（41）中动词前后的两个名词成分可以进行位置调换，而有领属关系的保留宾语句则不允许这样的操作，如前面的（17b）不能说成"张三把皮剥了橘子"。基于以上两点差别，我们认为，这里的补足语交替句与前面的保留宾语句具有不同的生成机制，前者主要涉及论元语义性质的改变，而后者则主要涉及论元增容。

事实上，补足语交替现象也不仅限于"把"字句，"把"后面的非宾格句式部分以及"被"字句中也允许这样的论元交替，构成所谓的主语和宾语位置的论元交替。例如：

（42）a. 一锅饭吃 10 个人。/10 个人吃一锅饭。
　　　b. 一辆车坐 30 个人。/30 个人坐一辆车。（引自陈昌来，2000：194）
（43）水，张三浇了花。/花，张三浇了水。（引自张庆文和邓思颖，2011：514）
（44）水被张三浇了花。/花被张三浇了水。（引自张庆文和邓思颖，2011：514）

以上我们系统归纳了汉语动词论元实现可变性的具体表现，总体上可以分为论元增容、论元缩减以及论元交替三个大类，每个大类下面又包含若干个小类。

这里有两点需要说明。首先，在论元增容现象中，领主属宾句和保留宾语句在文献中常作为同一类现象来处理（见徐杰，1999；杨素英，1999；熊仲儒，2015等），因为两个句式都涉及无宾格核查能力的谓词（非宾格动词和被动化动词）带两个名词成分的情况，且两个名词成分之间都有领有和隶属关系。据此，我们将这两类句式归入一种论元增容现象来研究。其次，非作格动词用于存现结构表现出非宾格特征与及物动词构成存现句在本质上是相通的。根据语言类型学的划分，汉语属于一种"宾格语言"（accusative language），其特点是非作格动词（如"跑""跳"）的主语与及物动词（如"吃""唱"）的主语都是具有"施事"特征的外部论元，两类动词在句法特征上趋于一致，与非宾格动词相对。而存现句是一种显性非宾格现象（见潘海华和韩景泉，2005），其要求谓词具有非宾格性质，那么及物动词和非作格动词出现于存现句中应该是同一种生成机制使然。据此，我们将这两种句式归为一类进行研究。综上，我们将汉语动词论元实现可变性现象分为三个大类，七个小类，具体如表1-1所示。

表1-1　汉语动词论元实现可变性的具体分类

论元变化方式	代表句式	具体例句
论元增容	①领主属宾句/保留宾语句	王冕死了父亲。/张三被打断了一条腿。
	②假宾语句（或旁格宾语句）	飞北京/跑贷款
	③非典型双宾句	他吃了我两个苹果。
论元缩减	①及物动词	桌上放着一本书。
	②受事主语句	信写了。/水喝了。
论元交替	①致使性交替句	火灭了。/她灭了火。
	②主宾语交替句	一锅饭吃十个人。/十个人吃一锅饭。

1.4　写　作　路　径

1.3节我们明确了本书所要关注的汉语动词论元实现可变性的具体表现，本节我们简要阐述本书的写作思路和整体布局。论元实现的规律性和可变性是句法-语义接口研究的一个新方向，近年来受到国内外研究学者的普遍关注。在传统研究中，学者们大都认为动词的性质与论元实现之间的关系是泾渭分明的，一个特定的动词要么可以用于某种句法结构，要么不可以。而从1.3节所讨论的涉及论元实现变化的诸多汉语句式来看，动词与句法实现形式之间的关系并非总是恒定不变的，两者的联系既存在规律性，也存在可变性。很多动词所能进入的句法结构并非一成不变，在句法实现上常常发生"跨类现象"，表现出双重甚至多重论元实现方式，这些现象颠覆了传统语法对动词的定性，反映出汉语动词句法行为的可变性和句法规则的灵活性。

对于汉语句法实现的这种灵活性，传统汉语界的一个典型做法是将其视为句法系统本质的一种表现，即认为汉语句法与印欧语句法在本质上存在差异，前者的句法本质是"意合"，后者的句法本质是"形合"。按照这一观点，意合是汉语句法灵活性的根源，即汉语的句子成分只要存在"神摄"式的"意象组合"就可以，而不必向印欧语那样必须符合一定的结构要求。正因为如此，汉语的动词在论元实现上表现出极大的灵活性。然而，石定栩（2000：20）对此种观点提出了质疑，他认为所谓的意合和形合语法论在逻辑上存在自相矛盾之处，其一方面高举反对独尊印欧语的旗帜，另一方面又将印欧语的句法形式当作唯一标准，进而认为汉语不存在句法形式，这显然难以自圆其说。尽管汉语的很多动词呈现出多样化的论元实现方式，但这种灵活性也并非无限度的。换句话说，汉语同样有着严密的句法结构形式（见 Li，1990；Tang，1998；石定栩，2000 等），汉语的句法并不允许各种成分的任意结合，谓语动词所带的名词数量和语义性质也受到一定程度的限制，论元实现的规律性是绝对的，而灵活性是相对的。

近年来，众多学者基于不同的理论框架对汉语论元实现的可变性和规律性进行了大量的研究，对于 1.3 节中所列举的各种语言事实，学界的研究都有所涉猎，并取得了相当可观的成果。但先前的大部分研究都是"就事论事"，将涉及动词论元实现变化的各类句式以及具有不同论元配置形式的动词割裂开来，因此即便对于某个单一句式的研究能够取得一定的突破，却未能深入挖掘出引发汉语动词句法性质和论元配置发生变化的深层次因素，也未能将汉语研究纳入普遍语法研究的整体框架之内。

与先前研究不同，本书认为汉语动词所呈现的各种多重论元实现现象并非个案，而是一种普遍的语法现象，表面上看各个句式的特点千差万别，其背后却有着深刻的规律性可循。基于这一思想，本书将汉语论元实现的灵活性和可变性纳入普遍语法（Universal Grammar，UG）视域下进行考察，或者说从普遍语法的角度来寻求合理的解释。普遍语法理论并非着眼于对具体语言的分析和描写，而是旨在从各种具体语言中管窥人类语言共性，探索人类语言的获得机制和认知机制，从而更好地发现具体语言的特点并指导具体语言的研究。汉语作为一种孤立语，其句法成分的离散分布和论元实现的灵活性恰恰为语言的共性和个性研究提供了绝佳素材（蔡维天，2016：362），其句法特点既对普遍语法理论的应用和解释力提出了挑战，也为完善和发展普遍语法理论提供了机遇。从语言共性角度观察、分析和解释汉语的语法现象，可以让我们真正发掘哪些是真正属于汉语的特点，哪些表面看来是汉语的特点实则属于人类语言的共性，即深刻理解汉语与其他语言的共性及其自身的个性，在检验普遍语法理论的同时反哺汉语的语法研究，从而实现汉语语法和普遍语法理论的有机结合。

　　本书的内容共分为八章，每章之间既相对独立，又相互照应，前面的章节往往为后面章节提供理论或事实上的铺垫。第 1 章中我们已经介绍了论元实现可变性的基本概念和表现形式，并说明了本书的语料来源和写作路径，下面简要介绍后面七章的主要内容。

　　第 2 章：前人研究评述。本章系统回顾了先前学者从不同的理论视角对汉语动词句法行为可变性的研究，并进行了具体评述。其中主要包括基于经典生成语法理论的研究和基于事件句法理论的研究，并重点回顾了汉语界的相关研究。通过分析和比较我们得出，事件句法理论相比传统的题元理论在理论构建和解释具体问题上都有明显优势，而在事件句法理论内部，生成性建构主义方法相比投射主义方法能够更好地解释动词在论元配置上的灵活性特点。据此，我们主张采纳生成性建构主义方法的基本思路，但同时也指出了该方法存在的一些不足之处，并将在后续章节对此进行有针对性的修正。

　　第 3 章：理论背景。这一章主要阐述本书研究所依托的两大理论背景，即生成语法理论最新发展——最简方案框架，以及目前国际上最新的形态理论——分布式形态学理论。对于最简方案框架，我们重点阐述了其基本目标、技术手段以及运算推导模式。最简方案框架的基本目标是探索人类语言器官如何以最简洁经济的方式满足外部的"接口条件"，旨在实现超越解释的充分性。基于此，语言器官的技术手段只包括合并和一致操作，前者是有机体的普遍特征，后者是为满足"接口条件"所设计，在运算模式上采用自下而上的语段推导模式，最大程度减轻人脑的记忆负担。分布式形态学理论主张"反词库论"，秉承"句法一路向下"的句法构词思想，单引擎说、迟后填音和不充分赋值是该理论区别于其他形态学理论的主要特色。本章最后提出了上述两种理论框架对本书的启示，主要包括：词项均以无语音特征的词根形式进入句法，语音特征是在后句法阶段填入，狭义句法操作中应采用以合并为基本手段的语段推导模式，由特征核查驱动的一致操作是词汇语类和功能语类之间的联系机制。

　　第 4 章：生成性建构主义事件句法模型（简称事件句法模型）。本章采纳生成性建构主义的基本思想，同时结合最简方案的基本操作和语段推导思想，以及分布式形态学的构词理念，最终建立一个融句法结构和事件结构于一体的事件句法模型。在该模型中，动词词根处于最下层，单语素词根一般只表达方式义或结果义，词根根据其百科知识（encyclopaedic knowledge）可允准一定数量的特质论元。词根投射之上是由 v_{Cause}、v_{Do}、v_{Bec} 和 v_{Be} 这些事件功能语类的投射构组而成的事件句法结构，占据这些功能性投射的标志语位置的论元为参与事件组成的结构论元。词根与事件句法结构相融的机制是事件特征的核查，带有不可解读特征的事件功能语类必须通过与带有相应类型可解读特征词根进行一致操作，以保证推导式在接口层面被完全解读。一个动词词根可能与不同类型的事件结构相融合，由此引发结构论元的数量和语义角色发生变化；与此同时，不同类型的动词词根所允准的特质论元的数量和性质也可能发生变化。

第 5～7 章是语言事实的解释部分。在这三章中，我们应用第 4 章构建的事件句法模型来具体解释汉语动词多重论元实现现象中的几类代表性句式。第 5 章主要分析汉语中的论元增容现象，重点关注包括宾语无选择性的假宾语句式、领主属宾句和二元及物动词构成的非典型双宾句。假宾语句中的非核心论元是由动词词根本身所允准的特质论元，不参与任何事件结构组成；而领主属宾句中的主语作为非核心论元，是通过首先与动词后的核心论元合并后组成小句补足语而在句法中得到允准；非典型双宾句则是及物性动词词根与 $v_{Bec}P$、$v_{Aff}P$ 和 VoiceP 组成的事件句法结构发生融合的结果，其中的非核心论元由事件功能语类 v_{Aff} 引入，该句式与典型双宾句在句法性质的差异源于事件句法组成要素上的差别。第 6 章将主要探讨汉语中以受事主语句和及物动词构成的存现句为代表的论元缩减现象，在系统回顾前人研究的基础上，我们提出将前者分析为由"渐进动词+渐进客体"所共同允准的达成性事件，在事件句法中渐进动词词根与事件功能核心 v_{Bec} 发生"方式融合"；对于后者，我们区分了静态性带"着"存现句和动态性带"了"存现句，并赋予两类句式以不同形式的事件句法结构、活动动词词根与两种类型的事件句法结构结合后表现出不同的句法性质和论元实现方式。第 7 章将主要讨论汉语中的致使性交替和主宾语交替两类论元交替现象。对于这两类交替现象，我们都首先回顾前人提出的"派生观"和"非派生观"两种观点，在指出两类观点主要问题的基础上，我们提出摒弃"派生观"，而主张从非派生性视角对这两类交替现象进行研究，同时依据事件句法理论对现有的"非派生观"进行修正，基于已建立的事件句法模型对汉语这两类交替句式的生成过程进行深入解析。此外，我们还将对汉语动结式中的论元交替现象以及论元交替现象所体现出的跨语言差异进行解释，提出不同语言在论元交替现象上的差异应归因于词库中功能性语素（functional morpheme）在形态上所体现出的差异。

第 8 章：结论。该章主要是对前面章节的论述过程和主要观点进行概括和总结，同时通过与以往研究方法的比较，进一步明确本书的特点和创新点。此外，该章还将说明本书目前所存在的局限性以及在今后研究中有待改进和完善的一些方面。

第 2 章　前人研究评述

在第 1 章我们指出，本书并不是将汉语动词的各种多重论元实现现象割裂开来进行研究，而是着眼于句法-语义接口这一宏观性的理论问题，尝试建立一个统一的理论模型来解释论元的句法实现及其所衍生出的论元实现的可变性问题。因此，本章我们所关注的既有成果并不是那些针对某种具体现象所进行的单一研究，而是那些从宏观上针对论元句法实现的规律性和可变性所进行的整体性研究，对于涉及论元实现可变性的各类汉语句式的前人研究我们将在后面的分章讨论时进行详细阐述。我们将首先回顾国外学者在句法-语义接口研究中所采用的理论方法，主要包括传统基于词汇语义特征的投射主义方法以及新兴的基于事件结构的生成性建构主义方法；然后重点回顾汉语界对于汉语的论元实现问题所进行的一些代表性研究。这些研究成果对于本书的研究具有很好的启发性，我们将以这些研究为基础，在合理分析它们的优点和不足的基础上提出本书的理论模型和基本设想。

2.1　国外研究现状及评述

在形式语法的范围内来讲，句法-语义接口上的核心问题就是论元的句法实现问题。具体来讲，就是动词的词汇语义信息中哪些与句法结构的构建和论元的句法实现有关，这些词项信息是通过何种机制影响和制约着论元的句法实现。关于这一理论问题的探讨，目前的国外学界主要分为两个阵营：一个是基于动词自身词汇语义特征的"投射主义方法"（projectionist approach），另一个是通过句法结构来直接表征事件结构的"生成性建构主义方法"（generative-constructivist approach）。两种理论方法对于决定论元句法实现的语义要素在多大程度上归于词汇、多大程度上归于句法存在根本分歧，前者认为论元的句法实现是动词语义特征直接投射的结果，即动词的词汇语义表征决定着动词的论元实现；后者认为动词的论元实现很大程度上是由动词词汇意义之外的事件句法结构所决定，动词本身只是结构的修饰语，对于论元实现不起决定性作用。下面我们分别来回顾上述两种理论方法，并做出简要评述。

2.1.1　投射主义方法

投射主义方法是从早期生成语法框架中的题元理论发展而来，文献中也被称为"词汇-题元方法"（lexical-thematic approach）（Ramchand，2008：4）。该方法的主导思想是认为词库是句法运算系统的一个独立模块，其中包含足够丰富的词汇语义信息，这些词汇语义信息可以被一个或者多个"映射规则"（mapping rule）［或"链接规则"（linking rule）］所解读，使得动词的词汇语义信息中带有特定语义角色的论元成分被投射到相应的结构位置。因而在投射主义方法中，两个必不可少的组成要素是动词的词汇语义表征和一系列的链接规则。尽管支持投射主义方法的学者都认可动词在论元句法实现上的支配性地位，但对于词库内动词的语义信息应以何种形式来进行表征以及如何设立相应的链接规则存在一定分歧，其中主要包括基于题元结构、基于事件结构和基于词汇句法的投射主义，下面分别来阐述这三类投射主义方法的基本思想。

2.1.1.1　基于题元结构的投射主义

早期生成语法框架内的投射主义方法是基于题元理论（Theta Theory）来刻画动词的词汇语义信息，进而探索论元实现的规律性。Chomsky（1981）基于 Fillmore（1968）和 Jackendoff（1972）的研究，通过各种题元角色来描述动词论元的语义性质，并由此建立了题元理论。根据题元理论，动词向其所带的名词成分指派不同类型的题元角色，带有特定语义角色的名词成分在映射规则的作用下被投射到相应的句法位置成为句法论元。句法论元是题元角色的载体，题元角色通过论元获得句法上的实现[①]。在题元理论中，动词的词汇语义信息主要是以题元栅的模式来进行表征。题元栅是由 Stowell（1981）提出，用以描写某个特定动词的题元角色集合。题元栅的表现形式一般是用尖括号将特定动词的题元角色集合括起来，其中外部题元角色用下划线加以标记，如英语动词 put 的题元栅可表示为：

（1）*put*: <（Agent（施事）（Theme（客体）（Location（处所）））)>
　　　　［_____,　　　　　　NP（客体），　　PP（处所）］
　　域外论旨角色：施事者（引自顾阳，1996：4）

上面的题元栅标明了动词所分配的题元角色的数量和性质。根据 Chomsky（1981：36）的"题元准则"，论元与题元角色之间存在一一对应的关系，即每个论元带且只带一个题元角色，每个题元角色被指派给一个且只有一个论元[②]。从题

---

① 根据生成语法理论中的"可视性条件"（Visibility Condition），名词性成分必须有格（Case）才能被赋予题元角色，这里的"格"指的是抽象的句法格（abstract Case）。所有的语言都有格，形态丰富的语言中的格特征往往有形态标记（如俄语），而形态匮乏的语言中的格特征则一般没有形态表现（如汉语）。

② "题元准则"是早期管约论中的规则，它的初衷是对句子的底层结构起过滤器的作用，以此排除不合法的底层结构。在最简方案框架内，底层结构和表层结构两个表征层面都被取缔，因此该规则的作用似乎也被削弱。在近年来的一些文献中，部分学者也提出给"题元准则"松绑，即某些论元成分可以携带一个以上的题元角色，如 Ramchand（2008）就提出一个论元成分可以被赋予多个事件语义角色。

元准则角度讲，题元栅中标明了题元角色的数量，也就相当于标明了动词所带的句法论元的数量。在传统生成语法理论框架下，"论元结构"这一概念主要是指能够准确表征论元性质的一种抽象结构，其中既包含谓词所要求的论元数目，同时也应该规定论元所带有的题元角色。从这个意义上讲，题元栅就是论元结构最为直接的一种表现形式，或者说题元栅与论元结构二者具有同构关系。

生成语法理论接下来关心的是如何依据动词的论元结构来构建相应的句法结构，即带有特定题元角色的论元向句法位置映射的规律性问题。这一问题引发了词库与句法之间一系列映射规则的诞生。Ouhalla（1994：32）提出，投射原则的作用就是保证词项的语义特征能够准确地反映在句法结构上。在各种映射规则中，最具代表性的是 Baker（1988b：46）提出的"题元指派一致性假说"（Uniformity of Theta Assignment Hypothesis，UTAH）[①]，该假说明确了论元结构中的各种题元角色与深层结构的句法位置之间规律性的对应关系，其具体内容是，"不同论元成分之间的题元关系的一致性通过这些论元在深层句法中的结构关系的一致性得到反映"（Baker，1988b：46）。

UTAH 好比从题元结构到深层句法结构的一个功能函数，在它作用下带有特定题元角色的论元总是被投射到特定的句法位置。例如，（1）中动词 put 的三个论元分别被赋予施事、客体和处所题元角色。根据 UTAH，施事论元被投射到底层结构主语位置，而客体论元和处所论元被投射到直接宾语（底层 VP 的标志语）和间接宾语（底层 VP 的补足语）位置。

后来很多学者的研究（Jackendoff，1990；Van Valin & LaPolla，1997；Baker，1988a 等）发现，题元角色与句法位置之间的关系不是绝对的，而是相对的，由此产生了"题元层级"（thematic hierarchy）的概念。题元层级中规定了题元角色之间的相对顺序，并进而决定着携带不同题元角色的论元在句法结构上的位置关系。题元层级中位置靠前的题元角色占据较高的句法位置（如主语位置），位置靠后的题元角色占据较低的句法位置（如宾语位置）。随着题元层级的出现，UTAH 也由绝对的映射规则转变为相对的链接规则，即不同论元在题元层级中的排列位置决定了它们在句法结构中的相对位置。例如，对于（1）中动词 put 所分配的三个题元角色在题元层级中的排列顺序为：施事>客体>处所，那么根据 UTAH，施事被投射到最高的主语位置，客体被投射到较高的直接宾语位置（即底层 VP 的 Spec），而客体被投射到最低的间接宾语位置（即底层 VP 的 Comp）。

总之，在生成语法学者看来，动词论元的句法投射是在题元结构、题元层级和映射规则的共同作用下实现的。以题元栅为主要形式的论元结构可以表现出动

---

① UTAH 是在关系语法框架内的"普遍性联系假说"（Universal Alignment Hypothesis）（Perlmutter & Postal，1984：97）基础上发展而来的。

词语义的相似度和差异性，反映与论元实现相联系的动词语义类别。例如，同为及物动词的 break 和 hit 在句法表现上存在差异，这种差异可以通过题元栅得以体现。Fillmore（1970：18）认为 break 类动词的题元栅为<施事，工具，受事>，而 hit 类动词的题元栅为<施事，工具，处所>。这两个题元栅既归纳了同为及物动词的两类动词在语义上的相似之处，也体现了两者之间的语义差别，进而决定了两者在句法表现上的差异。

基于题元栅和相应映射规则的投射主义方法虽然能在一定程度上解释论元实现的规律性，但也受到很多学者的质疑（如 Dowty，1991；Tenny，1994；Arad，1998；Croft，1991，1998 等）。其主要问题如下。首先，题元角色的数量和类型缺乏权威的认定，导致题元角色表中的题元划分精细度不一，具有较强人为规定性。以"施事"为例，对于该题元角色应该细分到何种程度学者们的看法不一。Jackendoff（1983：115）认为施事可细分为施事和行为者（actor）两种，Van Valin（1990：226）将其分为施事和施效者（effector），Cruse（1973：14）则认为施事包含意志型（volitive）、效果型（effective）、启动型（initiative）和施事型（agentive）四种类型。同样，对于"受事"和"客体"等常规角色学者们也提出了纷繁复杂的小类。题元角色的混乱也导致题元层级的排序无法得到统一，使映射规则难以有效地应用。

其次，题元角色的概念是基于理论内部的原因提出的，在现实的句式中缺乏唯一性和稳定性。例如，在下面两组例句中，a 句中 Pat 和 Terry 都为施事，但当谓语部分发生变化，即动词带上其他成分后，两者的语义角色都随之发生变化：（2b）中的 Pat 从施事转变为运动状态的客体，而（3b）的 Terry 则成为一个致使事件的"致事"（causer）。

（2）a. Pat ran.

b. Pat ran to the beach.（引自 Rappaport Hovav & Levin, 1998: 98）

（3）a. Terry swept.

b. Terry swept the leaves into the corner.（引自 Rappaport Hovav & Levin, 1998: 97）

上述现象本质上属于动词论元实现可变性的范畴，（2）中动词 run 的题元数量虽然没有变化，但题元角色的性质发生改变；而（3）中 sweep 支配的题元角色和题元数量都发生了变化。如果按照基于论元结构的投射主义方法，词库中需要为动词 run 或 smell 设置具有不同论元结构的两个独立词项，即两者具有不同形式的题元栅，进而在映射规则的作用下形成不同的句法结构。然而，论元实现的可变性是自然语言中广泛存在的一种普遍现象，如果为每一个论元实现发生变化的动词都设定两个甚至多个独立的词项，势必会大大增加词库内词项的数量，增加儿童学习语言的负担，不符合语言学习的经济性原则。

传统题元角色的种种问题促使学者们采用新的模式对动词的词汇语义信息进行表征。部分学者对题元角色表征法进行了修正，形成了广义角色表征法和特征分析法。广义角色表征法以 Dowty（1991：572）提出的原型角色（proto-role）理论为代表。针对语义角色过分细化的问题，Dowty 只设置了两个基础性的角色概念，即原型施事（agent proto-role）和原型受事（patient proto-role），两者分别具有一系列的原型特征。一个论元成分可能同时包含这两种原型角色中的某些特征，判定其类型归属是由该论元所携带的原型施事和原型受事的相对数量来决定，拥有最多原型施事特征的论元词汇化成主语，而拥有最多原型受事特征的论元词汇化成为直接宾语，这就是 Dowty（1991：576）提出的"论元选择原则"（argument selection principle）。原型角色理论相比传统的题元角色方法更为灵活，它将传统意义上的施事和受事拆分成多种特征的集合，并通过论元携带的特征的相对数量来判定其句法位置。从这个意义上讲，所谓"原型施事"和"原型受事"并非论元真正被赋予的语义角色，两者的提出只是帮助我们更好地概括论元投射为主语和直接宾语的规律。

与原型特征理论相似的另一种投射主义方法是"特征分析法"，它将传统的题元角色用多维度的二元语义特征来进行表达，其中最具代表性的是 Reinhart（1996，2002）通过题元特征分解建立起来的题元系统。传统题元理论的主要问题在于题元角色的"原生性"（ontology）问题（朱佳蕾和胡建华，2015：2-3），即未能弄清题元角色的来源和本质，从而导致题元的数量难以得到控制。Reinhart 的理论不再将题元角色视为不可再分的原始概念，而是将它们看作各种语义特征丛的集合。在 Reinhart 提出的题元系统中，题元角色由更为基本的特征丛（feature cluster）构成，其中包含两个二分特征+/–c（致使变化）和+/–m（心理状态），这两个特征的分立和组合划定了八种特征丛，传统题元角色与这八种特征丛的对应关系如下（引自胡建华，2010：9）：

（4）[+c+m]　施事　　　　　[+c]　　致事

　　　[+c–m]　工具　　　　　[+m]　　感事

　　　[–c+m]　经历者　　　　[–c]　　目标、受益者等与格

　　　[–c–m]　客体/受事　　　[–m]　　论题（subject matter）

从上面的对应关系中我们看到，特征丛与传统的题元角色并非完全对应，一些特征丛会随着句法环境的不同而获得不同的解释，特别是单元特征丛相比双元特征丛的解释的自由度要更大，如[+c]可以是施事，也可以表示致事或工具。在 Reinhart 的理论中，题元系统是词库和运算系统（computational system）之间的接口层面，它负责向句法运算系统提供可以识别的语义信息，其中不仅包含以题元

特征丛形式进行表征的题元栅，还包含了对题元栅进行的各种词汇操作，如饱和（saturation）、减价（reduction）和致使化（causativization），同时还包含一系列的句法合并规则负责将题元特征丛映射到相应的句法位置。Reinhart 所建立起来的题元系统理论不仅避免了在题元角色定性上的模糊性和主观性问题，对题元层级中题元角色的数量可以进行有效控制，同时在解释论元实现的可变性方面也能得到经验事实的支持。以呈现致使性交替的非宾格动词为例，下面（5）显示及物性 break 允许施事、致事和工具三种类型，如果坚持词条与题元栅——对应的传统词汇主义方法，三种用法的 break 应标记为具有不同题元栅的独立词项，这必然会造成整个词库过于冗杂，也无法对致使性交替的可能性做出有效预测。

（5）The vandals/The rocks/The stone broke the windows.

（引自 Levin & Rappaport Hovav，1995：103）

如果采用 Reinhart 的题元特征分解方法，（5）句中三种类型的主语在特征上分别标记为[+c+m]、[+c]和[+c−m]，三者共享+c 特征，因此在句法分布上存在共性。那么如果假设在题元系统中存在一个针对题元特征丛的减价（reduction）操作，该操作能够将带有+c 特征的题元成分从题元栅中删除，break 所呈现的主语论元的多样性以及致使性交替的规律性问题便可以迎刃而解。Reinhart（2002：241）将这样的减价操作称为"去主语化"，如（6）所示，致使性动词带有+c 特征的题元θ_1在去主语化的作用下被删除，只有题元θ_2在题元栅中得到了保留，该题元在句法中实现为底层宾语，动词的句法性质由及物性衍生为非宾格性。

（6）去主语化（expletivization）

　　a) $V_{acc}(\theta_{1[+c]},\theta_2) \mapsto R_e(V)(\theta_2)$

　　b) $R_e(V)(\theta_2)=V(\theta_2)$（引自 Reinhart，2002：241）

原型角色理论和特征表征方法的共性在于都采纳了题元角色的非原生性和非离散性思想。相对于传统的题元理论，这两种方法使动词可以容纳更多解读上的可能性，以便更好地解释论元实现的可变性问题。但不可否认的是，这两种方法仍存在一些问题。就原型角色理论来讲，Levin 和 Rappaport Hovav（2005：60-61）指出，其主要问题在于未能解释与原型角色相联系的各种特征的理论依据，也未能解释哪些蕴涵特征的组合是可能的，哪些是不可能的。此外，Dowty（1991：576）认为对论元的语义性质起决定作用的是原型特征的数量，而这些特征在重要性上是无差别的。而其他学者的研究则发现（Tenny，1994：77；Krifka，1998：197 等），Dowty 所列举的各项特征在地位上并不平等，如原型受事特征中的"状态变化"（change of state）和"渐进客体"（incremental theme）两个特征的显著性要高于其他特征。以 Reinhart 为代表的特征分析法也面临着类似的问题，首先，选取二元特征 c 和 m 来表征题元角色的依据是什么，为什么"心理状态"（mental state）比"状态变化"的显著性要更强？针对题元栅的减价操作的理论依据又是什么？尽管对于致使性交替动词可以用"去主语化"操作勉强应对，但对于具有更为多样化的论元实现形式的动词（如英语的 run 和汉语的"吃"），可能要人为设置多种不同的变价操作来加以实现，这必然使词库体系过于庞杂，也削弱了该理论自身的解释效力。

2.1.1.2　基于事件结构的投射主义

2.1.1.1 节阐述了基于题元结构的投射主义的各种理论方法。我们看到，无论是 Chomsky（1981）本人倡导的题元理论，还是由之发展而来广义题元理论和特征表征方法，都将题元栅作为动词题元结构的主要表征形式。题元结构实际上就是以题元栅形式表达的论元结构，从这个意义上讲，这些理论中的论元结构仍是词库内词汇语义信息的一部分，而并非作为句法-语义接口上的一个独立层面存在，大部分映射规则将题元栅中的题元角色直接投射到相应的句法位置。在对题元角色理论进行修正的同时，学者们对于论元结构的性质有了新的认识，对于词库与句法间的层次问题也提出了新的构想。Levin 和 Rappaport Hovav（1995：108）提出，从词库到句法结构之间应存在两个表达层次，一个是词汇语义表达层，该层次的主要表征形式是动词的词汇概念结构；另一个是词汇句法表达层，该层次的主要表征形式是谓词论元结构（predicate argument structure，PAS）。图 2-1 显示从词库到句法的整个运算过程。

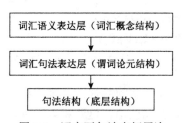

图 2-1　词库至句法表征层次

Levin 和 Rappaport Hovav 所倡导的词库-句法之间的分层思想是一种双重映射模式，即谓词的语义角色不是与句法成分直接相连，而是以论元结构为中介。词汇概念结构是谓词词汇语义信息的抽象表达，其中的变量首先在链接规则的作用下形成包含纯粹句法信息的论元结构，而后论元结构中的论元变量在投射规则的作用下占据相应的句法位置。因此，词汇概念结构不直接与句法相互作用，词库到句法之间的映射是通过论元结构来进行调节，论元结构并不包含在谓词的词汇语义信息之中，而是一个纯句法性质的独立表达层次，作为连接词汇语义和句法结构的接口层面。

从图 2-1 可以看出，尽管论元结构成为句法体系中的一个独立表达层面，动词的词汇语义仍然是决定论元句法实现的主导因素。针对题元角色（包括原型题元）的原生性问题，一些学者逐渐认识到事件在决定动词语义方面的重要作用，认为动词的词汇语义本质上是动词所指称事件的结构表征，并进而提出决定论元实现的不是动词的题元表达，而是词汇概念结构上呈现的事件结构表征。对动词表达事件的内部结构进行表征的一个直观而有效的方法是"谓词分解法"（predicate decomposition）。该方法最早可追溯到生成语义学（Generative Semantics）的词义分解模式，如 McCawley（1968：74）将动词 kill 的词汇语义分解为 CAUSE TO BECOME NOT ALIVE，并将每个分解成分依次排列在句法的中心语位置，它们的组合构成了 kill 的底层句法结构，kill 的论元通过所在的句法位置得到相应的语义解读。尽管生成语义学派在句法理论的发展中只是"昙花一现"，其基本思想却在后来对于事件的语义分解研究中得到了继承和发展，很多学者的研究（如 Dowty，1979；Jackendoff，1983，1990；Van Valin，1990；Van Valin & LaPolla，1997；Croft，1991，1998 等）都采纳了 CAUSE 和 BECOME 等基本谓词，提出了不同形式的谓词分解模式，其中最为完善也最具影响力的是 Levin 和 Rappaport Hovav 两位学者共同提出的事件结构表征式。

基于 Dowty（1979）等的谓词分解法，Levin 和 Rappaport Hovav 两位学者在一系列研究中（Levin & Rappaport Hovav，1995，2005；Rappaport Hovav & Levin，1998，2001）从剖析动词的事件语义性质入手，应用各种语义算子、常量和变量所组成事件模板来表征动词的事件语义，对 Dowty（1979：123-124）早期划分的不同事件类型的动词提出了不同形式的分解模式，如（7）所示（引自 Rappaport Hovav & Levin，1998：108）：

（7）a. 活动类事件：[x ACT$_{<MANNER>}$]

　　 b. 状态类事件：[x$<STATE>$]

　　 c. 达成类事件：[BECOME[x$<STATE>$]]

　　 d. 完成类事件：[[x ACT$_{<MANNER>}$]CAUSE[BECOME[y$<STATE>$]]]

　　　　　　　　　　[x CAUSE[BECOME[y$<STATE>$]]]

上面谓词分解式是不同类型事件的内部结构的语义表征，因而也称为"事件结构表征"，其精髓是汲取了 Jackendoff（1983，1990）和 Pinker（1989）的动词意义二分观，将动词所表达的事件语义分解为结构性意义（structural meaning）和特质性意义（idiosyncratic meaning）两个组成部分。结构性意义部分是动词的语义信息中"与语法相关的语义成分"（grammatically relevant semantic elements），它包括了 DO、CAUSE 和 BECOME 等基本语义算子，DO 表示动作的施事性（agentivity），BECOME 表示起动（inchoativity）或状态变化，CAUSE 表示两个事件之间的因果联系。这些语义算子构成了事件语义的基本框架，即"事件模板"（event template），具有相同事件模板的动词属于同一个事件类型，换句话说，事件模板的类型决定着动词的语义类别及其句法表现。

事件语义中的特质性意义部分负责区分同一事件类型中的不同动词，它们是具有语音内容的开放性词汇语类，由插入事件模板尖括号内的常量来表示。每个常量都属于特定的本体类型（ontological type），包括状态、事物、处所、方式等不同范畴。根据 Rappaport Hovav 和 Levin（1998：110）提出的"基本性实现规则"（canonical realization rules），一个常量的本体类型决定了它与何种类型的事件模板相融合。如英语动词 run 和 walk 同属于活动方式类动词，根据"基本性实现规则"，两者都能与（7）中的活动类事件模板相融合，即两者具有相同的结构性意义部分；但它们所描述的运动方式不同，因而具有不同的特质性意义。两个动词所在句式的事件语义表征式如下所示：

（8）a. John ran.

　　　　[John ACT$_{<RUN>}$]

　　b. Bill walked.

　　　　[Bill ACT$_{<WALK>}$]

Rappaport Hovav 和 Levin 将（7）中的事件结构表征式作为构建句法结构的基础，并在词汇语义层和词汇句法层之间设置了一系列的链接规则和合格性条件，表征式中的各个论元成分在这些规则和条件的作用下被投射到相应的句法位置，保证了论元实现的规律性。以及物动词 break 为例，它从词库到句法依次经历了如下阶段：

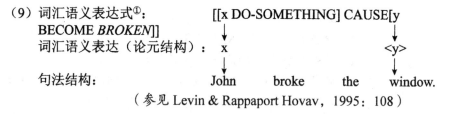

（9）词汇语义表达式[①]：　　　　　[[x DO-SOMETHING] CAUSE[y
BECOME *BROKEN*]]
　　　词汇语义表达（论元结构）：　x　　　　　　　　　　　<y>
　　　句法结构：　　　　　　　　John　　broke　　the　　window.
　　　　　　　　　　　　（参见 Levin & Rappaport Hovav，1995：108）

对于论元实现的可变性问题，Rappaport Hovav 和 Levin（1998：111）基于事件的复杂性及事件类型间的派生关系提出了"模板延展"（Template Augmentation）方法来加以解释。上面（7）中的事件结构表征式显示，不同事件类型间存在内在的派生关系，状态类事件加上 BECOME 算子构成达成类事件，后者又与活动类事件一起构成包含两个独立子事件（subevent）的完结类事件。根据"基本性实现

---

① 因研究需要，笔者对引用的部分原例做了改动。

规则"，"方式"和"工具"词根通常与简单性活动类事件模板相联系，而"结果状态"词根往往与复杂性的达成类和完结类事件模板相联系。"模板延展"这一手段就是允许某种类型（通常为简单性）的事件模板自由延展为事件模板基本类型中其他可能的模板形式，从而使动词获得多样性的句法表现。（10）显示了动词 sweep 的论元实现形式及其模板延展方式。

　　　　（10）a. John swept the table.

　　　　　　　　[x DO$_{<SWEEP>}$y]

　　　　　　　b. John swept the table clean.

　　　　　　　　[x DO$_{<SWEEP>}$y] CAUSE [BECOME y<$CLEAN$>]

　　动词 sweep 作为典型的方式类词根通常情况下与简单事件模板相联系〔如（10a）〕，而通过模板延展，该动词也可以与复杂性的完结类事件模板相融合，从而获得致使性的句法表现〔如（10b）〕。

　　在 Rappaport Hovav 和 Levin 的投射主义方法中，动词的论元实现是由动词的事件语义及其外化的事件结构表征式所决定。事件结构表征式取代了由题元角色构成的题元栅，成为词汇概念结构的表达形式，论元的语义角色不再是原生概念，而是根据其在事件表征式中的位置获得相应的"事件角色"，这样避免了题元角色的概念模糊和数量难控的问题。在论元实现可变性的问题上，Rappaport Hovav 和 Levin 也不必为每个动词设置多个独立的词项，而只需对词汇语义层的事件模板进行一定的拓展性操作，避免为词库增加额外的负担。然而，这种基于事件结构的投射主义仍需要人为规定一些链接规则和合格性条件对论元的语义解读和句法实现进行约束；此外，单向的"模板延展"方法似乎也无法合理解释某些动词在句法实现中存在论元数量缩减的情况，如第 1 章提及的汉语及物动词可进入存现结构，其中的施事论元受到抑制，如下面（11）所示：

　　（11）a. ……桌上放了一把三弦子，桌子边支着一个鼓架。（张恨水《啼笑因缘》，转引自 BCC 语料库）

　　　　　b. 墙上挂着一幅油画，一个顶着水罐的女人，赤条条一丝不挂。（莫言《丰乳肥臀》，转引自 BCC 语料库）

2.1.1.3　基于词汇句法的投射主义

　　随着"VP 内主语假说"（VP-internal Subject Hypothesis）（Koopman & Sportiche，1991）和"VP 壳"理论（Larson，1988）等生成语法理论思想的诞生，动词短语的内部越发地具有组构性和层级性，这使得事件结构中的基本组成要素通过句法结构中的各种功能语类直接得到表征，事件结构与句法结构的联系变得越来越密切。在此背景下，Hale 和 Keyser 的一系列研究（Hale & Keyser，1993，1997，2002）尝试通过词库内的句法配置关系来表征动词的事件结构、论元结构以及题元关系。Hale 和 Keyser 将句法分为词汇句法（Lexicon-syntax，L-syntax）和句子句法（Sentence-syntax，S-syntax）两部分，对动词论元结构的表征发生在词汇句法部分。不同类型的动词在词库中具有不同的词汇句法配置，称为"词汇关系结构"（lexical relation structure）。词汇关系结构与句法结构一样，也受到各种普遍性原则的制约。Hale 和 Keyser 提出，词汇关系结构由四个基本词汇语类动词（V）、名词（N）、形容词（A）和介词（P）组成，它们分别表达事件（event）、实体（entity）、状态（state）和关系（interrelation）四种基本概念类型。一个动词的词汇关系结构既表征了它的论元结构，同时也反映了它的事件结构。下面（12）显示了英语名词转动词 shelf 的词汇关系结构（参见 Hale & Keyser，1993：58，因研究需要做部分改动）：

（12）

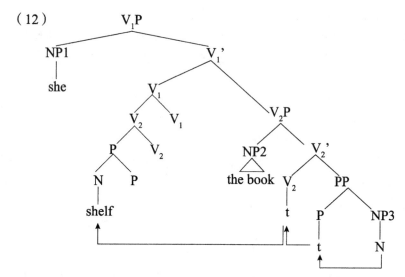

　　该词汇关系结构中的每个中心语都被赋予一定的语义内容：上层 V_1 表达 CAUSE 语义，其最大投射 V_1P 表达致使性子事件；下层 V_2 表达 BECOME 语义，V_2P 表达状态变化性子事件，整个词汇关系结构所表达的事件是由两个子事件组合而成的致使性事件；NP3 是动作的结束点，P 表明位置关系。名词 shelf 基础生成于 NP3 的中心语位置，通过与上层具有语义内容的各节点的一系列"并入"（conflation）[①]操作词汇化形成具有致使意义的动词。在词汇关系结构中，论元的

---

　　① 对于中心语的移位，Hale 和 Keyser（1993）采用的术语是 conflation，但该操作实际上相当于 Baker（1988）所说的 incoporation。目前学界普遍将 incoporation 译为"并入"，将 conflation 译为"融合"，本书采纳这两个通行译法。

语义角色本质上只是反映一个名词成分与其他组成成分（即轻动词成分）之间的语义关系。如在（12）中，论元成分 she 和 the book 分别处于上层 V_1P 和下层 V_2P 的标志语位置，两者分别被解读为引发该事件的致事和发生处所变化的客体。词汇关系结构也适用于分析其他类型的派生动词，如名词派生的活动动词（dance、laugh 等）和形容词派生的状态变化动词（thin、clean 等）。

在词汇句法内生成具有完整词汇关系结构的动词后，句子句法的构建将直接反映该动词的词汇关系结构。换句话说，狭义句法内的结构是由动词的词汇关系结构直接投射而成。如名词 shelf 在词库内派生为动词后，以其为谓词的句法结构将直接依据（12）中的词汇关系结构来进行构建，如（13）所示。

（13）

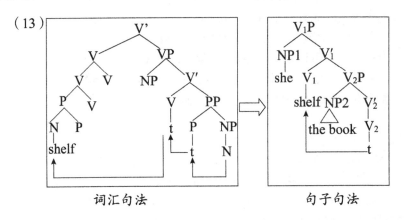

词汇句法　　　　　　　　　句子句法

（13）显示，句子句法的结构仍维持词汇句法中的 VP 壳结构，shelf 在词库内派生为动词后，在句子句法中直接生成于动词中心语位置，并在推导中上移至上层 V_1P 的中心语位置，获得致使性动词的句法特征，其论元成分的数量和句法位置也与词汇关系结构保持一致，并保持相应的语义解读。

Hale 和 Keyser 提出，词汇句法内的词汇关系结构虽然与句子句法属于不同层面的派生体系，但同样受到普遍性句法规则的制约，从而限制各类派生动词的过度衍生。如下面两句都表达 a cow had a calf（母牛生了小牛）之意，但只有（14a）可以成立，（14b）则因违反普遍性的句法规则而被排除。

（14）a. A cow calved.

　　　 b. *It cowed a calf.（引自 Huang et al.，2009：49）

这两句合格性的对比说明，只有当名词性的词根被解释为轻动词 HAVE 的宾语而非主语时，名转动的过程才能实现。（15）中名词转动词 calve 的词汇关系结构可表示为：

（15）

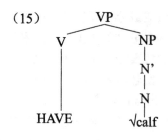

（引自 Huang et al.，2009：49）

在该结构中，词根 √calf 可向轻动词 HAVE 移位，与之发生并入而生成相应的动词，因为该移位遵守所谓的"恰当约束条件"（Proper Binding Condition），即移位的成分必须以成分统治（c-command）该成分的位置为目标（Lasnik & Saito，1992）。（15）中的轻动词 HAVE 成分统治 NP 的中心语，即词根 √calf，因此 √calf 向 HAVE 的移位可以发生。相反，（14b）中 cow 的词根 √cow 作为整个 VP 的主语，处于 VP 的标志语位置，不受 VP 中心语 V 的成分统治，因此 √cow 从标志语位置下降与轻动词 HAVE 发生并入必然违反"恰当约束条件"，（14b）的不合法性也自然得到了解释。

与 Larson 早期的"VP 壳"理论相比，Hale 和 Keyser 的方法赋予句法中的轻动词以更加明确的语义功能，使得事件的内部结构通过词汇关系结构得以体现和表征。不同类型的动词在进入句子句法之前已经具有完整的事件结构，句子句法的结构是以词汇关系结构为基础进行构建，两者均受到一些普遍语法原则（如"恰当约束条件"和"孤岛效应"等）的制约。相比前面阐述的两种投射主义方法，Hale 和 Keyser 的理论可以看作是将线性化的论元结构或事件结构表征式转化为立体的结构式，并根据动词的词汇关系结构来直接配置表达式的句法结构，其明显的优势有两个方面。一方面，之前的投射主义方法基本上是将动词的词汇概念结构、论元结构和句法结构三者区分开来，认为三者分属不同的表征层面，需要设置相应的链接规则保证不同层面之间的顺利衔接。相反，Hale 和 Keyser 的理论是通过词汇关系结构来直接表征动词的事件语义结构和论元结构，使事件结构、句法结构和论元结构三者实现无缝连接和有机统一，无须人为设定任何的链接规则，在理论体系上更加简洁。另一方面，在 Hale 和 Keyser 的理论中，论元结构配置和论元的语义解读都由句法上的投射所决定，题元角色不是动词直接向论元指派的原生性语义角色，而是论元在词汇关系结构中各句法位置所获得的不同的语义解读，该方法保证了题元角色的数量和类型得到有效的控制。

上述两个特点表明 Hale 和 Keyser 的词汇关系理论已经与传统的投射主义有所区别，其通过句法结构来表征动词事件结构的方法已初步具备了生成性建构主义方法的雏形（生成性建构主义方法的具体思想见 2.1.2 节）。然而，从本质上讲，Hale 和 Keyser 的方法仍是秉承汇中心论的词汇驱动方法（lexical-driven approach），在两位学者看来，词汇关系的句法构造根据词项的基本特征投射而成，属于词库内词汇信息的一部分，不同类型动词在词库内具有不同的词汇关系结构，这些词汇关系结构最终决定动词论元的句法实现。从这个意义上讲，Hale和 Keyser 的方法仍应归入投射主义的范畴之内。

Hale 和 Keyser 的方法虽不必单独构建论元结构或事件结构等表征层面，但其设置词汇句法和句子句法两套并行的推导机制仍显冗余。词汇句法虽受到普遍语法规则的限制，但其自身也需设置一些区别于狭义句法的特殊推导手段，如"并入"等。此外，不少学者通过英汉语的对比研究（Lin，2001：113；Huang et al.，2009：65 等）提出，汉语动词允许以光杆词根形式进入狭义句法推导，即汉语的推导体系中不包含词汇句法层，这也对该理论的普遍适用性提出了挑战。而从语言事实方面讲，黄正德等（Huang et al.，2009：52-54）提出，尽管应用于词汇句法关系的一些句法规则，如"提取域条件"（Conditions of Extraction Domain，CED）会限制一些不合法句式的生成，但同时也会排除一些合法的合成词（如book-shelving）的生成，说明该理论本身仍存在一些缺陷。

2.1.2　生成性建构主义方法

在投射主义方法中，无论是论元结构还是事件结构，都属于词库内动词语义信息的一部分，与句法结构相分离。随着对事件结构研究的不断深入，学者们发现了大量事件语义和句法结构相互作用的现象。有学者认为，句法结构即使不与事件结构同构（isomorphic），也是在很大程度上由事件结构派生而来的（Borer，1998；Travis，2000）。越来越多的研究认识到，事件结构不应是动词本身的词汇语义信息，也并非根据动词本身的语义特征投射而成，而是直接在句法结构中得到直接表征，即事件结构与句法结构存在直接的对应关系，句式的事件语义结构应通过句法投射来直接进行表达，由此发展出通过句法结构来表征事件结构的"新建构主义方法"（neo-constructivist approach）。其之所以称为新建构主义方法，是因为它是与 Lakoff 和 Goldberg 等学者在认知语言学框架下提出的传统的"构式语法"（Construction Grammar）既有联系又存在区别的一种理论方法。构式语法理论认为（Lakoff，1990；Goldberg，1995），"构式"是语言系统中的基本单位，它不仅包含语素和词等传统意义上的语言单位，也包含习语（idiom）和短语格式（phrasal pattern），甚至还包含句型。任何的构式都是形式和意义的配对体，即构式本身也有意义，但构式的整个意义（或功能）并不是其各个组成成分意义的简单加和，因而不能根据其组成单位来推知构式的意义。换句话说，在构式语法看来，构式的形式和意义具有整体性、习用性、不可预知性和不可分解性。从这个方面来讲，该理论与转换生成语法通过低级别单位组合推导生成高级别单位的基本理念背道而驰。

相比于构式语法，生成性建构主义方法也否认词项在句法构建中的核心作用，并承认不同形式的结构表征表达不同的事件结构并携带不同的事件语义。但与构式语法不同的是，生成性建构主义仍是以生成语法作为其理论基石，本质上依然维持语言系统的生成性特征，即认为某些短语或句式并非词库内业已存在的结构体，而是在狭义句法内由某些具有事件意义的功能语类逐级推导而成，其生成机制仍依赖普遍性的句法操作手段，并受到普遍性句法规则的制约。文献中也将这种基于生成性和推导性的新型建构主义称为"生成性建构主义方法"（generative-constructivist approach）（Ramchand，2008：4-5）。

相比于投射主义，生成性建构主义颠覆了传统的词汇主义思想，尽管它也认同将事件语义分解为特质性意义和结构性意义两部分，前者体现为动词的词汇化意义，后者（即事件结构部分）体现为事件功能语类。但与 Levin 和 Rappaport Hovav 等基于事件结构的投射方法不同，该理论认为事件结构部分不属于动词词汇信息的组成部分，而是独立于词汇信息存在的"构式"，完全通过句法结构来进行表征。动词的句法性质不是由其自身的语义特征决定，而是取决于其所进入的事件句法结构，论元的语义解读与动词本身无关，而是取决于它们所占据的结构位置。

生成性建构主义将功能语类确定为句法构建和事件语义表达的核心成分，但该阵营的学者对于词库与句法的分工问题存在两种不同看法，由此形成了"强式生成性建构主义"（简称强式建构主义）和"弱式生成性建构主义"（简称弱式建构主义，weak generative constructivist）两种观点，前者认为词汇成分在进入推导前不包含任何的句法信息，动词的句法性质完全取决于它所融入的句法结构；后者则认为词汇成分包含一定的句法信息，这些信息一定程度上影响着其所在句式的论元实现和句法表现。下面我们对这两种观点分别进行简要阐述。

2.1.2.1　强式建构主义：Borer 的研究

强式建构主义秉持彻底的反词汇主义（anti-lexicalism）思想，认为词库只是词项的静态列表，非独立的语法模块。动词以词根（root）形式存在，它只在语义上编码某种事件，但不包含任何与句法相关的信息，甚至不包含语类特征（category feature），词根必须与特定的功能语类结合后才能获得相应的语类和句法信息[①]，该观点也被称为"光杆词根说"（naked roots view）（Ramchand，2008：11），主要包括 Borer（1998，2005a，2005b，2013）、Acquaviva（2008）、Alexiadou 等（2014）、Lohndal（2014）等的研究，其中以 Borer 提出的"外骨架式"（exo-skeleton）模型为典型代表。

---

① 在对词库和词根性质的认识上，强式建构主义与后面阐述的分布式形态学理论基本一致。

Borer 的一系列研究反对以动词为中心进行句法投射的"内骨架式"（endo-skeleton）模型，提出通过功能语类来表征事件语义的"外骨架式"模型（Borer，1994，1998，2005a，2005b，2013）。该模型的基本思想是，词汇的概念系统与句法体系之间是彼此独立的，词库内的词项均为光杆词根，它们只具有百科知识，而不包含任何的论元结构或事件结构等句法信息，更不存在所谓的词汇关系结构，与事件表达相关的关键性体态特征都是在句法结构中得到表征。动词本身不能决定整个句法结构的构建，而只是作为结构特征的一个修饰语（modifier），它与什么样的句法结构相融，决定了它具有什么样的句法性质。所谓的论元成分都不是动词的论元，而是功能性投射的论元，其语义和句法性质取决于其所占据的句法位置。在句法构造中，Borer 依次设置了两个与体态意义相关的功能语类：体态量化短语（Aspectual Quantity Phrase，Asp_QP）和事件短语（Event Phrase，EP）。Asp_QP 表示终止性事件义，当 Asp_QP 发生投射时，句式必然包含具有终止义的事件（即达成类或完成类事件）；EP 表示起始性事件义，当 EP 发生投射时，句式必然包含具有起始性意义的活动性事件（即活动类或完成类事件）。Borer（2005a：38）还提出，功能语类作为变量是由算子（operator）赋予其相应的值域，被赋值后的功能语类具有范畴属性并携带相应的事件语义。赋值的方式分为直接赋值和间接赋值两种方式：直接赋值即某些体态成分直接占据功能语类位置，而间接赋值往往通过标志语-中心语（Spec-head）关系得以实现。例如，终止性事件语义依赖于 Asp_QP 的出现，其中心语具有开放值 $Asp<e>_\#$，对于英语而言，其值域的赋予要求 Asp_QP 的标志语位置由具有量化特征的名词成分占据，后者通过 Spec-head 关系为 $Asp<e>_\#$ 赋值。以（16）为例，其事件句法结构表示为（17）（参见 Borer，2005b：84）：

（16）The flower wilted.

（17）

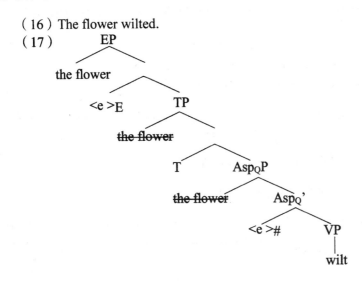

在该模型中，论元 the flower 为具有量化特征的定指性名词，它分别占据[Spec, EP]和[Spec, Asp$_Q$P]位置，通过 Spec-head 关系为起始性事件和终止性事件的中心语分别赋值，同时获得相应的事件角色：在[Spec, Asp$_Q$P]位置它被解读为量化性主语（subject-of-quantity）［或事件量度（event measurer）（Tenny，1994：98）］，在[Spec, EP]位置它被解读为事件的起始者（originator），即引发了 wilt（枯萎）这一事件。该论元的语义解读完全独立于动词 wilt 本身，而是取决于它所占据的句法位置。

在此基础上，Borer（2005b：269）以终止性（telicity）和事件性（eventivity）为标准将事件分为四种类型，其句法结构分别表示如下［DP 代表限定词短语（determiner phrase）］：

（18）a. 状态性

[$_{EP}$ DP(状态性主语) <e>$_E$ ...　　[$_{SP}$ ~~DP~~ ...　([$_{Asp_Q/F^sP}$][$_{VP/AP}$]　]]]

b. 事件性，非终止性

[$_{EP}$ DP(起始者) <e>$_E$ [$_{TP}$ ~~DP~~　[$_{VP}$　]]]

c. 终止性，不及物结构

[$_{EP}$ DP(量化性主语) <e>$_E$ [$_{TP}$ ~~DP~~ [$_{Asp_Q}$　~~DP~~ [$_{VP}$]]]]

d. 终止性，及物结构

[$_{EP}$ DP$_1$(起始者) <e>$_E$ [$_{TP}$ ~~DP$_1$~~ [$_{Asp_Q}$　DP$_2$(量化性主语) [$_{VP}$]]]]

Borer 提出，上面的句法构造是独立于动词而存在的"外骨架"，一个动词词根原则上可以与这些不同类型的"外骨架"发生融合，以此获得多样性的句法性质和句法表现。例如，英语动词 move 可以进入（18）中所示的四种类型句法结构，它与不同结构融合之后就具有了相应的句法性质，如（19）所示：

（19）a. John moved towards the window.

b. John moved into the new office last week.

c. John moved the sheaf of papers into position.

在 Borer 看来，动词所表现出的论元实现的可变性是由该动词词根所进入的表达不同事件类型的句法结构所决定，所受到的条件是动词词根具有的核心性意义能否与句法结构所表达的事件意义相融合。

2.1.2.2　弱式建构主义：Ramchand 的研究

Borer 提出的强式建构主义是对词汇主义的彻底抛弃，即彻底否定词汇成分对于句法结构的影响。但生成性建构主义阵营中的其他学者并不像 Borer 那样激进，他们虽然也承认事件句法结构应独立于词项的词汇语义特征，但并不支持所谓的"光杆词根"思想，而是认为词库内的动词仍包含一定的范畴和句法选择信息等，这些信息在一定程度上可以对句法结构的构建和论元的实现产生影响。为了与Borer 的强式建构主义相区别，我们将此类研究方法称为弱式建构主义，其主要包括 Ritter 和 Rosen（1998，2000）、Travis（2000，2005）、Ramchand（2008）等的研究，其中以 Ramchand（2008）的研究最具代表性。

　　与 Borer 的研究相似，Ramchand（2008：44）也认为词库内部不存在任何的词汇性操作，句法结构是由某些核心语义元素（即事件功能语类）通过并和性操作（combinatorial operation）构建而成。Ramchand 主要探讨的是 vP 语段之下事件句法的构成，因此她的理论也称为"第一语段句法"（the first phase syntax）。她在 vP 语段内部建立了一个集句法结构和事件语义结构于一体的构式模型，该模型由三个部分组成：起始短语［init(iation)P］、过程短语［proc(ess)P］和结果短语［res(ult)P］。起始短语引入致使性子事件（a causing subevent），允准发起者（initator）这一外部论元；过程短语标示由致使性子事件触发的过程变化，即过程性子事件（a processing subevent），允准经受者（undergoer）论元；结果短语标示事件的终点或结果性状态，即结果性子事件（a subevent corresponding to result state），允准结果受事（resultee）。这三个短语所标示的子事件在句法中形成各自的投射，其允准的论元分别位于投射的标志语位置。"第一语段句法"模型如下所示（参见 Ramchand，2008：39）：

（20）

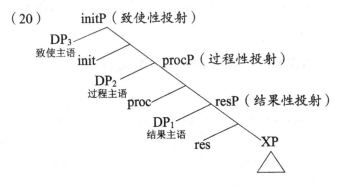

　　在该句法模型中，致使性投射 initP 基本相当于目前主流生成语法中的 vP，该结构在 vP 语段之内构建，是决定论元实现的核心句法部分。三个子事件投射之间具有"导致"（lead to）关系，它们之间的层级关系体现了事件结构的基本顺序和组合性特征。Ramchand（2008：51-52）还指出，该构式中论元的语义角色不受"题元准则"的限制，一个论元可能由单一的事件核心选择，承担单一的语义角色，也可能由某个事件核心选择后在运算中移位到另一事件核心的标志语位置，在两个句法位置均获得事件角色，即承担复合性的语义角色。例如，在"Michael pushed the car to the store"中，the car 既是历事同时又是结果受事，同时占据[Spec, procP]和[Spec, resP]位置。此外，Ramchand（2008：46）还提出非体态性论元（如述位词等）不能占据事件投射的标志语位置，而只能占据事件中心语的补足语位置。

　　Ramchand 的第一语段句法主张取消传统的词汇中心论，但又不像 Borer 那样彻底地取消词库，即认为词库内的动词并非光杆词根，而是包含一定的句法信息，这些句法信息以范畴标签（category label）形式来表示，范畴标签信息来源于动词本身的百科知识，是动词与句法构式之间相融的纽带。例如，活动动词 run 的范畴标签为[init, proc]，它能够与由 initP 和 procP 组成的事件句法结构相融；而状态变化动词 break 的范畴标签为[proc, res]，这决定它能够与 procP 和 resP 组成的事件句法结构相融。Ramchand 将所有英语动词的范畴标签分为四种类型，分别为[init, proc, res]、[init, proc]、[proc, res]和[proc]。其中[init, proc, res]类动词能与（20）所示的带有完整事件投射的构式相融合，它们还可细分为及物性（如 break）、不及物性（如 arrive）和双宾语性（如 give）三小类；[init, proc]类动词只能与带有 initP 和 procP 的构式相融合，包括及物性（如 drive）和不及物性（如 run）两小类，还包括由名词和形容词转化而来的动词（如 dance 和 dry）；[proc, res]类动词包括有终止特征的状态变化动词（如 break）；[proc]类动词包括无终止特征的状态变化动词（如 melt）。后两类都不含[init]，能够呈现使役和非宾格的交替形式。从这个意义上讲，词库与句法在动词的句法行为上有着不同的分工，即句法可能决定与其相融的动词的句法表现，但词库内动词的范畴标签信息对于动词的句法性质也起着重要的作用，因为一个动词与何种句法构式相融在很大程度上是由其范畴标签的类型所决定。

2.1.3　对投射主义和现有生成性建构主义的简要评述

　　2.1.1 节、2.1.2 节阐述了词库-句法接口研究中的两种主要理论方法，即投射主义和生成性建构主义的主要思想。分析表明，基于事件结构的投射主义和生成性建构主义都是从事件角度来研究词库与句法的接口问题，且都区分了事件意义中的特质性部分（即词根）和结构性部分（即事件结构），两者的根本分歧在于动词词根与事件结构的融合是发生在词库内部还是发生在狭义句法中。投射主义方法认为，事件结构属于动词词项信息的一部分，词根与事件结构在词库内部发生融合，两者共同组成完整的词汇语义表达式。生成性建构主义方法则认为，词库内的词项作为词根，本身只包含特质性意义，事件结构中的基本组成元素通过句法结构中的功能语类得到表征，词根与事件结构的融合发生在句法层面。在事件结构表征层面问题上的分歧直接导致了两种方法在论元实现问题上的对立：在投射主义方法中，动词向其论元指派题元角色或事件角色，这些语义角色直接决定论元的句法位置，即动词的词汇语义性质决定了句法结构及其论元的语义和句法性质；相反，在生成性建构主义方法中，论元的语义角色与动词无关，而是由其所占据的句法位置所决定，动词与不同的句法结构相融而具有相应的句法性质。

如果从一般的论元实现问题来看，或许很难判定两种方法的优劣。但若将目光转向论元实现的可变性问题，生成性建构主义方法则体现出明显的理论优势。投射主义方法过分依赖动词的词汇语义信息，论元结构和句法实现完全由其词汇语义决定，论元实现的可变性在该阵营内一般被视为动词多义现象的结果，即多样化的论元实现方式是由具有多个义项的同一动词呈现出的不同句法表现。因此，投射主义方法需要为这些动词设定具有不同论元结构的多个独立词项。以第 1 章提到的英语动词 sweep 为例，它具有如下的句法表现（Rappaport Hovav & Levin，1998：97-98）：

（21）a. Terry swept.

b. Terry swept the floor.

c. Terry swept the leaves off the sidewalk.

d. Terry swept the floor clean.

e. Terry swept the leaves into a pile.

（21a）的 sweep 只带一个施事；（21b）的 sweep 带一个施事和一个受事，分别实现为主宾语；（21c）的 sweep 除了带施事和受事外，还带一个处所论元 the sidewalk；（21d）是典型致使结构，sweep 带一个致事和一个役事；而（21e）也是一个致使结构，但它的结果成分中包含一个类似斜格论元（oblique argument）的名词成分。对于动词 sweep 的这一系列句法表现，基于论元结构的投射主义方法需要为其在词库内设置多个独立的词项，它们分别带有不同的论元结构，如（22）所示：

（22）a. sweep$_1$：<施事>

b. sweep$_2$：<施事，客体>

c. sweep$_3$：<施事，客体，处所>

d. sweep$_4$：<致事，役事，状态结果>

e. sweep$_5$：<致事，役事，处所结果>

按照投射主义观点，在词库内至少存在五个彼此独立的 sweep 词项。如果类似 sweep 的论元实现可变性只限定在有限的动词类别之内，且变化的方式也在限定的范围之内，上述方法还勉强可以应对。然而，正如 Levin 和 Rappaport Hovav（2005：189）所指出的那样，动词的多重论元实现是自然语言中的一个普遍现象，很多动词在句法表现上显然不是唯一的。如果每个动词都以多个独立词项的形式储存在词库中，将势必大幅增加词库内的词项数量，从而增加儿童语言习得中的记忆负担，有悖于生成语法关于语言习得的经济性原则。此外，这样的"多义词分析法"也不符合我们的直觉，（22b）和（22d）差别在于后者多了一个结果补语 clean，如果说是 clean 的出现导致 sweep 的词汇语义和论元结构发生变化显然不合情理。在我们看来，（22）中所有的 sweep 在语义上都具有"擦拭"的语义内涵，它们并没有本质的区别，sweep 在（22b）和（22d）中的差别更有可能是结构所赋予的。

基于事件结构和词汇关系的投射主义方法虽然摒弃了传统的论元结构，但仍未摆脱"词汇决定论"的束缚，两者仍将词库作为语言官能的独立模块，所有的句法结构都是词汇信息投射而成。对于论元实现的可变性，两者所采取的"事件模板延展"或"词汇句法操作"本质上都是依赖词库内的词汇操作构建出多个具有不同事件结构或词汇关系结构的独立词项，这仍然会造成词库内词项数量的增加。例如，Rappaport Hovav 和 Levin（1998：119）认为从（23a）到（23b）经历了如下的模板延展过程：

（23）a. John swept the table.

　　　[x ACT$_{<SWEEP>}$ y]

　　b. John swept the table clean.

　　　[[x ACT$_{<SWEEP>}$ y] CAUSE [BECOME y [<CLEAN>]]]

在 Rappaport Hovav 和 Levin 看来，事件语义模板是词汇语义信息的一部分，也就是说，上面的模板分别表征两个独立 sweep 词项的事件语义。此外，所有的投射主义方法都需要设置各种链接规则作为从词库和句法之间投射的制约机制，但这些链接规则大都是根据自身的需要随意设置，也缺乏理论内部的支撑，有人为规定之嫌。

生成性建构主义取消了词库作为独立语言模块的地位，将词项分析为不带或只带有少量句法信息的词根，论元实现可变性的根源在于一个动词词根可能与多个不同类型的事件句法结构相融合，这样既无须在词库内设置多个独立词项，也无须依赖词库内的词汇操作，更无须人为设置各种链接规则，在理论上具有明显的优势。仍以（21）中的 sweep 为例，在生成性建构主义看来，（21）中的所有谓词在进入句法推导时都是同一个词根√sweep，该词根不包含论元结构或事件结构信息，其本身无法决定论元的句法位置和语义性质，在狭义句法中存在业已构造好的不同形式的事件句法构造，包括不及物性句法构造、及物性句法构造以及致使性句法构造等，词根√sweep 与这些事件句法构造相融后便具有了不同的论元实现方式。

生成性建构主义相比投射主义虽然在理论构建和语言事实的解释上具有明显优势，但其本身也存在一些不足之处。Borer 所代表的强式建构主义完全排除词根本身对事件句法结构和论元实现的影响，这样导致动词的句法灵活性难以控制。事实上，Borer（2005b：246）也认识到动词句法行为的可变性也并非毫无限制，并非每个动词词根都能与任何类型的事件结构相融合。例如，某些不及物动词就拒绝与致使性的事件句法结构相融合〔（24a）〕，某些动词则拒绝进入终止性的延展结构〔（24b）〕：

（24）a. *John slept the baby.

b. *John watched Mary bored/to boredom.

此外，Verspoor（1997：119）、Kay（2002：13-14）以及 Levin 和 Rappaport Hovav（2005：227）的研究都曾指出，即使两个动词意义相近或是属于同一事件类型，它们的句法表现也不一定相同。例如，laugh、cough、brag、scream 和 titter 等都属于活动方式类动词，但它们所能够进入的句法结构却存在显著差异。例如：

（25）a. They laughed him off the stage.

b. *They coughed him off the stage.

c. *He bragged her out of the room.

d. *She screamed him under the bed.

（引自 Kay，2002：13-14）

（26）a. They laughed John out of the room.

b. *They tittered John out of the room.

（引自 Verspoor，1997：119）

类似地，同样作为"致使处所变化"动词的 splash 和 smear 也具有不同的句法表现，前者允许致使-起动的转换而后者则不允许。例如（引自 Hale & Keyser，1993：89）：

（27）a. The pigs splashed mud on the wall.→Mud splashed on the wall.

b. We smeared mud on the wall.→*Mud smeared on the wall.

上述例子表明，词根意义在一定程度上也会影响论元实现，而 Borer（2005b）则只能将上述差异归结为习惯用法，即语言使用习惯和现实世界的知识使得词根无法与某些事件句法结构发生融合，但对于什么类型的词根能够与什么样的事件句法结构相融，Borer 并未做深入研究，这也就造成动词论元实现的可变性在一定程度上失去控制。

弱式建构主义采取了一种相对折中的方法，既强调句法结构对于论元句法和语义性质的决定性作用，同时也考虑词项对其本身与句法构造相融的影响，如Ramchand 提出了"范畴标签"对词根与句法结构的融合进行一定程度的限制。Ramchand 提出范畴标签是依据词根的百科知识而得出，但她并未给出具体的设定标准，因而有人为规定之嫌。例如，她认为 arrive 类不及物动词与 break 类及物动词的范畴标签都为[init, proc, res]，即两者都能够进入带有 initP、procP 和 resP 完整事件投射的句法结构，但这两类动词无论在事件结构还是在论元实现上都存在明显的差异，说明这一设定与语言事实并不相符。

本节我们主要从宏观上回顾了目前国外关于词库-句法接口研究的主要理论方法，并对这些方法进行了横向比较。下面一节将重点回顾汉语界学者对汉语论元实现问题的一些典型性研究，这些研究大部分是以国外投射主义和现有生成性建构主义方法为基础，并针对汉语的句法特点进行了一定的改进，使其能够较好地解释汉语与英语等其他语言在论元实现上的差异。

2.2　汉语界研究现状及评述

汉语动词句法性质的灵活性作为汉语句法的一个重要特征，长期以来受到汉语界的普遍关注。随着轻动词概念和谓词分解方法引入汉语研究，不少汉语界的研究学者摒弃了传统的题元理论和配价理论，转而从事件结构角度解释各类汉语动词的多重论元实现现象，其中以林宗宏（Lin，2001）、林之平（Lin，2004）、黄正德等（Huang et al.，2009）以及熊仲儒（2002，2004a，2004b，2011，2015）对致使句式的一系列研究为代表。下面我们分别对这些研究进行回顾。

2.2.1　林宗宏的研究

林宗宏（Lin，2001）应用轻动词理论尝试解释汉语动词的句法灵活性以及英、汉、日三种语言在论元实现上的差异问题。基于 Hale 和 Keyser（1993）提出的"词汇句法"和"句子句法"的概念以及黄正德（Huang，1997）的轻动词句法，林宗宏（Lin，2001：110）提出了"词汇化参数"（Lexicalization Parameter），即语言间词汇化意义的差异在于并入操作发生的层面不同：英语词根与轻动词的并入操作发生在词汇句法层，英语动词进入句法前已带有完整的论元结构，其论元选择的灵活性较低；相反，汉语的并入操作发生在句子句法层面，即汉语动词以词根形式进入句法，在句法结构中可以较为自由地与各类轻动词发生融合，因此论元选择的灵活性较高。换句话说，英语动词进入句法时既包含词根也包含轻动词，而汉语动词是不带任何轻动词的词根。以英语动词 put 和汉语动词"放"为例，两者虽然在意义上相近，但在句法表现上却存在一定差异。例如：

（28）a. John put a book on the table.

　　　b. *There put a book on the table.

　　　c. *The book put on the table.

（29）a. 老张放了一本书在桌上。

　　　b. 那本书放在桌上。

　　　c. 桌上放着一本书。（部分引自 Lin，2001：64-65）

从两组句子的对比可以看出，英语 put 的句法灵活性较低，它在句法中必须实现完整的论元结构，即施事、客体和处所三个论元缺一不可；相反，汉语"放"的句法行为更为灵活，它既可以有三个论元的完整配置模式，也允许施事论元脱落，而由处所论元或客体论元占据主语位置。林宗宏（Lin，2001：111）对此的解释是，对于英语动词 put，它在词库句法中已经与 CAUSE 和 BECOME 两个轻动词发生融合操作，在进入句子句法前已具备了完整的论元结构，句子句法的结构必须以该论元结构为基础，因此该动词要求携带三个论元。其词汇句法形式为（见 Lin，2001：111）：

（30）

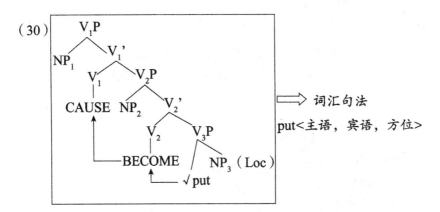

对于汉语的动词"放"，林宗宏（Lin，2001：113）认为它在词汇句法中是不与任何的轻动词发生融合，它以光杆词根形式进入句子句法，在句子句法中它可以较为自由地选择与不同类型的轻动词发生融合，进而形成不同的句式结构。其句子句法结构如下所示（见 Lin，2001：113））：

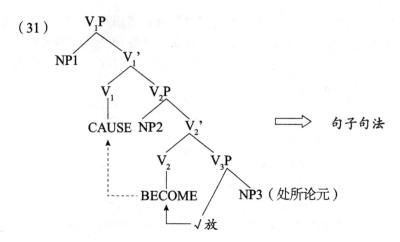

在该句子句法结构中,汉语的词根"√放"可以与轻动词 BECOME 和 CAUSE 都发生并入,形成具有致使意义的句式(29a);也可以只与 BECOME 发生融合,形成由客体 NP2 作主语的(29b)。此外,词根"√放"还可以与轻动词 EXIST 发生融合,形成处所短语作主语的(29c)。

林宗宏(Lin, 2001:119)认为,是汉语动词词根与各类型轻动词融合的自由性导致了汉语的主、宾语在语义类型上较大的自由度。例如,汉语主语的语义角色包含施事、处所和致事等多种类型,分别由 DO、EXIST 和 CAUSE 等轻动词允准,动词词根在句法推导中与不同的轻动词发生融合,则选择不同语义类型的论元充当句子主语。例如,动词"开"的主语可以由不同语义类型的论元充当[如(32)所示],其句子句法的结构如(33)所示:

(32)a. 老张开了一辆坦克车。(施事主语)

　　b. 高速公路上开着一排坦克车。(处所主语)

　　c. 这辆破车开得我吓死了。(致事主语)

（引自 Lin, 2001:117）

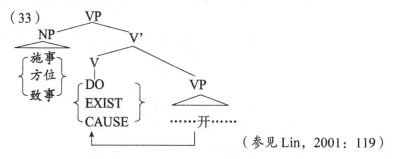

（参见 Lin, 2001:119）

应该说,林宗宏的研究思路颇有创见,他利用轻动词句法和词汇化参数巧妙解释了英、汉语在论元实现上的差异,较好地解释了汉语动词在论元选择上的灵活性。但他的研究也存在一些问题,黄正德等(Huang et al., 2009:57)对林宗宏的研究提出了几点质疑。首先,林宗宏的研究采用了 Hale 和 Keyser(1993,1997)的词汇句法说,用以表征动词的词汇关系结构,并将所有的论元都置于标志语位置,但同时也面临着 Hale 和 Keyser 理论所面临的一些问题。例如,按照 Hale 和 Keyser 的词汇句法理论,英语动词 saddle 是通过名词词根 saddle 在词汇句法中与轻动词融合转化而成的动词,但事实上,在词汇关系结构中,saddle 的宾语 horse 是应处于 VP 的标志语位置的名词,而按照规定,这个名转动的过程不能发生,如 She churched her money 就不成立,但这样就会错误地排除一些本身合法的复合词形式,如 horse-saddling 和 book-shelving 等,相比之下,不应用句法原则(如 CED)的词汇主义构词理论能够更好地解决该问题。

其次,林宗宏假设词根与轻动词在句子句法中的结合“非常自由”,因而造成汉语动词的论元实现具有较大的自由度。那问题是:既然词汇句法和句子句法都应用了相同的组构方式(即 X-阶标结构),那为什么词根与轻动词在词汇句法中的结合就不那么自由,由此而导致英语动词的灵活性不如汉语?与该问题相关的另一个问题是:林宗宏提出汉语是应用句子句法中的各种轻动词来允准论元,并设置了类型庞杂的轻动词来解释汉语句法的灵活性,那么这些轻动词是否属于普遍语法的一部分?如果是,为什么英语(或日语)在词汇句法,甚至是句子句法中都没有启用这些轻动词;如果不是,特定语言中所包含的轻动词的类型该如何把握?启用这些轻动词的语言应具有什么样的特质?对于这些问题林宗宏都没有给出合理的解释。

2.2.2　林之平的研究

林之平(Lin, 2004:32)基于事件结构与句法结构同构的思想,提出动词意义是由功能性成分和词根在句法中组构而成。他认为,无论英语、汉语还是其他语言的事件结构都有着相同的组成元素,即都包含 v_{DO}、v_{δ} 和 v_{BE} 三个动词化中心语(verbalizer),这三个中心语的事件语义特征分别如下:

(34) v_{DO}[+动态(dynamic),–起动(inchoative)]=DO(引入活动事件)
　　v_{δ}[+动态,+起动]=BECOME(引入状态变化事件)
　　v_{BE}[–动态]=BE(引入状态事件)(引自 Lin, 2004:32)

v_{DO}、v_{δ} 和 v_{BE} 分别代表活动性、起动性和状态性事件语义,同时它们也是句法结构中的中心语成分。一个词根与这三个中心语结合后便获得了动词属性,同时也获得相应的事件意义。林之平提出,主语论元是由上层的功能语类 Voice 允准（参见 Kratzer，1996：120；Pylkkänen，2008：7），客体/受事论元是由事件轻动词允准。例如，在下面两例中，主语 John 都是由 Voice 引入，而完结类事件的客体/受事论元是由轻动词 v$_\delta$ 引入：

（35）John ran.

（引自 Lin，2004：33）

（36）John broke the window.

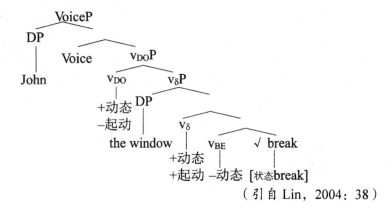

（引自 Lin，2004：38）

林之平（Lin，2004：35）还提出，某些词根也可以直接引入论元成分，如在（37）中，宾语 marathon 就是由活动动词词根 √run 直接允准的：

（37）John ran the marathon.

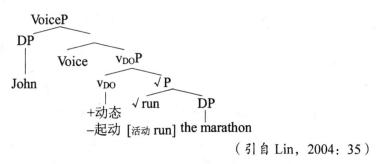

（引自 Lin，2004：35）

林之平（Lin，2004：53-54）认为，汉语句式的事件结构也是由 v$_{DO}$、v$_\delta$ 和

v_{BE} 三个事件轻动词在句法中组合而成，但与英语等其他语言不同的是，活动类和状态类是汉语的两个基本的事件类型，汉语中的单语素动词都不包含动作的结果状态，状态变化类谓词（包括达成类和完结类）都是由词根与功能性成分在句法结构中组构而成。汉语中的动词后"了"标记起动性。因此，汉语动词系统的组构模式可以归纳为：

（38）基本事件类型：活动类，状态类

　　　状态类+了→达成类

　　　活动类+达成类→完结类（引自 Lin，2004：53）

对于汉语的动结结构，林之平（Lin，2004：109）认为它与英语的结果结构有着相同的底层结构，差异在于汉语动结式的结果性成分是状态类动词，而英语中的是由形容词或介词短语充当。例如，动结结构（39）的结构表示为：

（39）张三砍倒了树。

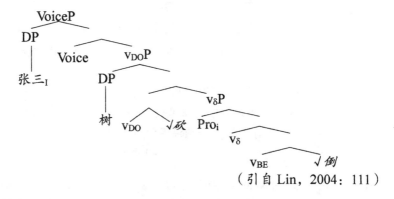

（引自 Lin，2004：111）

林之平（Lin，2004：32）设置的三个功能语类基本上相当于林宗宏（Lin，2001）的轻动词，但与林宗宏的研究不同的是，林之平的分析属于生成性建构主义方法的范畴，即通过由事件功能语类组成的句法结构来表征事件结构。在他的理论中，所有的动词均为光杆词根，不包含语类信息和任何事件结构信息，动词意义在句法结构中由词根和事件功能语类组合而成，可以较好地解释事件语义的组合性特征。但他的分析也面临一些问题。首先，他的分析并未解决生成性建构主义方法的困境，即因词根与句法结构的融合缺乏有效限制而导致论元实现的灵活性失去控制；其次，林之平的分析对主宾语语义类型的自由性未能给出合理解释，如他根据 Pylkkänen（2008）的研究认为汉语的外部论元均有 Voice 引入，那么对于不同类型的主语可能需要设置不同类别的 Voice（如 $Voice_{DO}$、$Voice_{EXIST}$ 和 $Voice_{CAUSE}$ 等），这实际上无异于林宗宏设置多种轻动词的做法。

2.2.3 黄正德等的研究

黄正德等 （Huang et al.，2009：62-63）以 Hale 和 Keyser （1993）的词汇关系结构为基础，同时汲取 Lin（2001）的轻动词句法，提出了一套轻动词理论来解释汉语与其他语言在动词构造及论元实现上的差异。该理论的基本思想是，词库内的动词由词根 √ 和少量标明事件类型的轻动词（Lv）组成。词根将一系列事件 e 概念化，包含与事件相关的所有参与者信息，轻动词的功能是筛选出与事件类型直接相关的参与者信息，供句法操作使用。其具体内容包括：

（40）V ∈ { (√)，[Lv1 √]，[Lv2 √]，[Lv2 [Lv1 √]]}，只有汉语可以选择 V= √。

（41）a. Lv1 标明没有外部使因的自发性事件类型，可描述为进入某种状态或关系，Lv1 筛选出的事件参与者被解释为客体（theme），在句法中投射到内部论元位置。

b. Lv2 标明有外部使因的事件类型，可描述为引发某种关系或动态事件，Lv2 筛选出引发事件的外因，该参与者被解释为施事［或发起者（originator）］，在句法中投射到外部论元位置。

c. 事件中可选或必选的内在参与者由词根 √ 所决定。

d. Lv 的选择不能与已经编码在词根中的事件类型相冲突。

e. 上述参与者信息必须满足题元准则。

（引自 Huang et al.，2009：62-63）

（40）涵盖了动词在词库中所有可能的词汇语义结构（lexical semantic structure）。（41）中的五条规则规定了 Lv1 和 Lv2 所标明的事件类型及其相关的语义和句法限制。依据黄正德等（Huang et al.，2009：63）的思想，词根的百科信息（encyclopaedic information）决定了该词根所概念化的事件类型，并包含了该事件中所有的参与者信息，动词可能或必须携带的题元角色是由词根所概念化的事件类型所决定。黄正德等（Huang et al.，2009：63）提出，事件轻动词 Lv1 和 Lv2 并非独立于词根的语义组件，它们不为动词附加任何的语义信息，也不参与任何句法操作，它们的功能只是将词根的语义信息显性地"拼读"（spell-out）出来，既标明词根所概念化的事件类型，同时从所有可能的事件参与者中筛选出对事件类型起决定作用的某一个或几个参与者。从这个意义上讲，这两个轻动词既区别于 Hale 和 Keyser（1993）设定的词汇关系结构中心语，也有别于 Lin（2001）设定的句法结构中心语。

我们以英语动词 cry 和 blossom 为例来说明黄正德等的事件轻动词理论。在英语的概念化系统中，词根 √cry 的百科信息决定了其概念化的是由施事引发的动态性事件 E，而不是自发性的状态变化事件。根据（41），标明该事件类型的轻动词应该只有 Lv2，而没有 Lv1，由 Lv2 负责筛选出施事性的事件参与者并投射到底层主语位置。那么 cry 的词汇语义结构和论元结构分别表示为：

（42）cry: [Lv2 √cry]　（词汇语义结构）

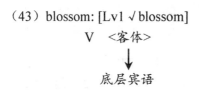

与 √cry 相反，词根 √blossom 的百科信息决定了其概念化的是无外部使因引发的自发性事件，因为 blossom（开花）这一事件不可能是人力或外部的自然力所为，而只能由参与者的内在特征所决定。根据（41d），标明该事件类型的轻动词应该只有 Lv1，而没有 Lv2，由 Lv1 筛选出客体性的事件参与者并投射到底层宾语位置。那么 blossom 的词汇语义结构和论元结构分别表示为：

（43）blossom: [Lv1 √blossom]

V　＜客体＞

↓

底层宾语

从上面两例可以看出，如果 Lv 在词库中与词根合成，其筛选的施事或客体题元就会出现在动词论元结构中，其中施事是 Lv2 事件类型的参与者，客体是 Lv1 事件类型的参与者。因此，不同动词在论元结构上的差异根本上来源于词根所概念化的事件类型的差异。对于一个词根来讲，如果它的百科信息决定其能够概念化不同类型的事件，它在词库中就可能拥有不同的词汇语义结构，并进而具有不同的论元结构和论元实现方式，这就会造成某些动词呈现出句法行为的可变性。例如，黄正德等（Huang et al.，2009：64）提出，与英语的 cry 不同，在汉语的概念化系统中，"哭"这一事件既可能是由发起者引发的动态事件，也可能是情感的自发性流露，即自发的状态变化性事件，因此汉语的词根 √ku 在词库内可能选择两种不同类型的轻动词，分别构成不同的词项，其词汇语义结构如下所示：

（44）a. 哭 1：[Lv2 √ku]（例：他哭着说。）

　　　　b. 哭 2：[Lv1 √ku]（例：张三气哭了李四。）

（引自 Huang et al.，2009：65，例句为笔者所举）

在（40）中有一条单独针对汉语的规则，即只有汉语动词中存在不包含任何轻动词的光杆词根，该词根不指派任何的题元角色，编码在该词根中的所有参与者信息都暴露给句法，当该词根进入句法运算后，句法系统提供了如下的论元允准方式：

(45) 句法通过 X-阶标结构（X'-structure）和格过滤式（Case Filter）来允准 NP，这些 NP 应该独立地满足完全解释原则（the principle of Full Interpretation）

（引自 Huang et al.，2009：68）

根据（45），只要一个名词满足上述句法允准条件，同时又与动词词根处于适当的语义关系中，就可以在句法中得到允准，这样可以较好地解释汉语动词的句法灵活性①。以动词"喝"为例，它的题元关系较为自由，有时会呈现所谓的"翻转"（flip-flopped）模式，即我们所说的"论元交替现象"。例如（引自 Huang et al.，2009：69）：

(46) a. 小杯喝绿茶。（主语为工具，宾语为客体）
　　 b. 绿茶喝小杯。（主语为客体，宾语为工具）
(47) a. 你的客人睡那张床吧。（主语为经事？，宾语为处所）
　　 b. 那张床睡你的客人吧。（主语为处所，宾语为经事？）

上面两例在英语等其他语言中都找不到相对应的句子，黄正德等将这种差异归结为其中的"喝"和"睡"都是以光杆词根形式进入句法，这样编码在这两个动词词根中的所有参与者信息都暴露给句法，如果进入句法的参与者能够与词根处于适当的语义关系中，并且符合（45）中的规定，就可以生成合法的句子。在（46）中，"小杯"和"绿茶"分别为工具和客体论元，可以说都是"喝"的事件中的参与者，与"喝"处于适当的语义关系中，且两者可以分别被赋予主格和宾语，因此（46）两句都是合法的句子。

黄正德等（Huang et al.，2009：62-63）的研究采纳了林宗宏（Lin，2001）的词汇化参数，认为汉语允许以词根形式进入句法，将汉语动词的句法灵活性归结为词根选择论元的自由性。同时，他们对轻动词的数量进行了限定，仅设置了两个标识不同事件类型的轻动词 Lv1 和 Lv2，分别负责筛选施事或客体题元，避免了轻动词数量过于庞杂的问题。但黄正德等的研究也受到一些质疑，其主要的问题有如下两个方面。首先，黄正德等提出 Lin（2001）所设置的轻动词过于庞杂，但他们也并未对汉语的论元实现进行有效限制。他们认为只要名词成分与词根处于适当的语义关系就能得到允准，却未对允准条件进行具体的规定，导致汉语动词的句法灵活性失去控制，如"食堂"和"饭店"都表示吃的地点，按理两者都

---

① 在该轻动词理论提出后，相继有学者应用该理论来解释汉语动词的论元实现问题，取得了一定的突破，具体请参见孙天琦和李亚非（2010）、胡波（2011）的研究。

可以得到词根"√吃"的允准，但我们只说"吃食堂"，而不说"吃饭店"，黄正德等的理论似乎无法解释两者合法性的差异。其次，如果词根已经包含了完整的事件信息，而轻动词 Lv 既不增加词项信息，也不直接指派语义角色，对语义和句法都没有实质性的贡献，那么它们的存在似乎显得多余。

2.2.4　熊仲儒的一系列研究

熊仲儒的一系列研究（熊仲儒，2002，2004a，2004b，2011，2015；熊仲儒和刘丽萍，2005）以动结式为代表的致使结构作为出发点来探讨汉语动词的论元实现问题。在句法语义的接口问题上，熊仲儒（熊仲儒，2004a：8-13；熊仲儒和刘丽萍，2005：43）主张"语言具有共性，变异只在功能范畴"这一基本假设，并在此基础上提出了"功能范畴假设"，认为句法构造的核心不是词汇语类，而是功能范畴，功能范畴负责选择论元，指派题元角色，确定句式的事件语义以及激发移位操作等。任何合成短语成分的句法核心都是功能范畴，例如，一般认为动宾短语"吃饭"的句法核心是动词"吃"，但实际上是及物性轻动词 v，因为向外部论元指派题元角色以及核查宾语的格位都是 v 所具有的句法功能。在句法建构上的主要技术手段是合并和移位。为了限制移位以及控制句法的生成能力，熊仲儒提出了"嫁接与移位同向假设"，即嫁接的方向与移位的方向保持一致，成分向左移位则左向嫁接于被嫁接的成分，向右移位则右向嫁接于被嫁接的成分。根据这一假设，句法结构的构造应该是词汇核心总是核心在后，而所有对词汇核心进行扩展的功能范畴则是核心在前。

熊仲儒将"功能范畴假设"和"嫁接与移位同向假设"主要应用于解决汉语致使句式的论元实现问题。熊仲儒和刘丽萍（2005：44）提出，致使句式中对动词进行扩展的主要功能范畴是 Caus（Cause 的简写形式，表"致使"语义）和 Bec（Become 的简写形式，表"达成"语义），致使句式的句法结构可总体上表示为：

（48）[CausP [Spec] [Caus' [Caus] [BecP [Spec] [Bec' [Bec] [VP [R] [V]]]]]]

　　　　　　　　　　　　　　　　　（引自熊仲儒和刘丽萍，2005：44）

在实际操作中，以动结式为代表的致使结构会呈现出多样化的句法实现方式，其对应的句法结构和所选择的功能性构件也不相同。例如，动结式"喝醉"具有如下三种论元实现方式（熊仲儒，2004a：234）：

（49）a. 张三喝醉了酒。

　　　 b. 酒喝醉了张三。

　　　 c. 张三喝醉了。

　　熊仲儒（2004a：234）提出，这三句的谓词分别为宾格谓语、役格谓词和非作格谓词。对（49a）进行扩展的功能范畴是 Bec、Caus 和 Do，该句表达意愿性致使事件；对（49b）进行扩展的功能范畴是 Bec 和 Caus，该句表达非意愿性致使事件；对（49c）进行扩展的功能范畴只有 Bec，该句表达自动变化事件。这三句的句法构造分别如下所示（引自熊仲儒，2004a：234）：

（50）a. 喝-Bec-Caus-Do

　　　　[DoP 张三[Do 喝醉了][CausP 酒 [Caus 喝醉了][BecP 张三-[Bec 喝醉了][VP [醉][喝]]]]]

　　　b. 喝-Bec-Caus

　　　　[CausP 酒[Caus 喝醉了][BecP 张三[Bec 喝醉了][VP[醉][喝]]]]

　　　c. 喝-Bec

　　　　[BecP 张三[Bec 喝醉了][VP[醉] [喝]]]

　　这三句的词汇投射 VP 具有相同的结构，"醉"基础生成于词汇核心"喝"的 Spec 位置。在推导过程中，根据"嫁接与移位同向假设"，"醉"向右移位，右向嫁接于"喝"，形成"喝-醉"，而后该复合成分又左向移位相继与功能范畴 Bec、Caus 或 Do 发生左向嫁接，分别形成复合成分"喝-Bec-Caus-Do"（50a），"喝-Bec-Caus"（50b）和"喝-Bec"（50c），功能范畴作为句法核心位于结构体右侧，符合 Williams（1981b：248）的"右项核心规则"。

　　就动结式而言，熊仲儒的"功能范畴假说"相比早期的"词汇核心说"在理论上有明显优势，同时也能得到语言事实的支撑。首先，功能范畴作为句法核心，决定着整个动结式的范畴属性，如（50）中三句都是以功能范畴为中心语形成的最大投射，这符合核心成分决定复合词范畴特征的主张（宋文辉，2004：169）。其次，按照"功能范畴假说"，动结式的论元选择和题元指派与词汇成分 V_1 或 V_2 无关，而是由功能范畴核心 Bec、Caus 和 Do "全权负责"，这不仅符合核心决定动结式题元结构的主张，也可以很好解释动结式与 V_1 或 V_2 在论元结构和句法性质上均不相同的情况。如在下面（51a）中，动结式的 V_1 "写"是及物动词，但只有它的施事论元得到了实现；而在（51b）中，论元"手帕"与 V_1 "哭"根本不存在论元选择关系；（51c）则是典型的"倒置式"动结结构，其中 V_1 的施事实现为动结式的宾语，而 V_1 "喝"的受事实现为动结式的主语，且"那杯酒"与 V_2 "醉"也不存在论元选择关系。这些看似违反题元准则的例子都可以在"功能范畴假说"中得到解释，根据该假说，（51a）和（51b）的功能核心是 Bec，其中的唯一论元由该功能语类选择，而（51c）的功能核心包含 Caus 和 Bec，其中的主语和宾语分别由两个功能语类所选择。

（51）a. 他写累了。（引自 Cheng & Huang，1994：190）

　　　b. 手帕哭湿了。（引自 Cheng & Huang，1994：197）

　　　c. 那杯酒喝醉了张三。（引自 Cheng & Huang，1994：201）

此外，Bec、Caus 和 Do 不仅是句法构造的核心成分，同时也是整个动结结构的事件语义核心，兼句法核心和语义核心于一身，使句法上的结构中心和语义上的表达中心得到有机统一。

熊仲儒虽然主要关注汉语致使结构特别是动结结构，但他所提出的两个基本假设可以推及汉语所有的论元实现问题。从广义上讲，熊仲儒的研究思想属于生成性建构主义的范畴，即突出功能语类在句法构建中的核心作用，并以合并和移位作为句法搭建的基本操作手段。如果我们再做进一步的分析会发现，熊仲儒所秉承的"功能范畴假说"并非强式建构主义，而是一种弱式建构主义，他在确立功能范畴核心地位的同时，仍保留了底层由词汇核心投射而成的 VP，即他所倡导的句法构建中既存在词汇核心，也存在句法核心，但这种词汇核心与句法核心并行的做法往往会导致两者的分工不明。以动结式为例，熊仲儒虽将论元选择、题元指派和激发移位等一系列句法功能赋予 Bec 和 Caus 等功能范畴，却将词汇核心 V_1 作为结构扩展的决定性因素，即动结式是只扩展到 Bec，还是进一步扩展到 Caus 和 Do 很大程度上由 V_1 的句法性质决定。如熊仲儒和刘丽萍（2005：47）提出，汉语状态动词"饿"在单独作谓词时只扩展至 BecP，那么以它为 V_1 的动结式（如"饿死"）也只能扩展至 BecP，而无法扩展至 CausP，即没有致使用法。这种做法相当于又回到了"词汇核心说"的老路，即由动词本身决定整个句法结构的配置，这样不仅严重削弱了功能范畴的核心作用，也有悖于语言事实。虽然"饿"没有使动用法，但"饿死"完全可以通过功能范畴的扩展获得致使义，如"那场饥荒饿死了很多人"是完全合法的句子，这说明动结式的句法性质不能依据 V_1 来判定。两类核心并行的另一个问题是会造成语义上的冲突。如（50a）所示，V_1"喝"为典型活动动词，以其为中心语的 VP 是表达活动性的投射，而上层的 Bec 是表达状态变化义的功能语类，两者在语义上不相匹配，不应存在直接的选择关系。但如果以"醉"为词汇核心，"嫁接与移位同向假设"又会失去效力，熊仲儒的分析因而陷入两难境地。此外，程工和杨大然（2016）对于将"喝醉"的基础语序处理为"醉-喝"也提出质疑，因为绝大多数语言的结果式结构都呈现活动-结果语序，而将动结式的基础语序确定为"补足语-核心"对于统一处理相关结构会带来麻烦。

2.3　本　章　结　语

论元实现的可变性作为句法-语义接口研究的一个典型性问题，从根本上反映了动词的语义特征和句法性质之间联系的规律性和变化性。本章中，我们站在更为宏观的角度审视论元实现可变性所反映出的词汇语义与句法结构的关系问题，系统回顾了国内外关于词库与句法关系研究的一些主要的理论方法。就国外研究来讲，我们主要阐述了投射主义和生成性建构主义两种主要方法，前者根据对动词句法特征的刻画方式可进一步分为基于题元结构的投射主义、基于事件结构的投射主义和基于词汇句法的投射主义；后者依据词项成分所包含的句法信息及其对句法构建的作用可进一步分为强式建构主义和弱式建构主义。从汉语界的研究来看，鉴于汉语论元实现的可变性相比英语等其他语言表现得尤为突出，目前学者们大都倾向于采用生成性建构主义作为理论框架，其中以林之平（Lin，2004）和熊仲儒（熊仲儒，2002，2004a，2004b，2011，2015；熊仲儒和刘丽萍，2005）的一系列研究最具代表性。而林宗宏（Lin，2001）和黄正德等（Huang et al.，2009）的研究虽然没有明确采纳生成性建构主义的思想，但他们都提出了几乎是专门为汉语而设立的特殊规则，即都认为汉语动词允许以光杆词根形式存在，这些词根在进入句法推导前不带有任何的论元结构或事件结构，也不赋予论元以任何的语义角色，动词的句法属性是由其与之融合的事件句法结构来决定，论元的语义角色也是由事件句法结构中的功能语类来赋予，这些理念在本质上与生成性建构主义的基本思想是一脉相承的。

　　从已有的国内外研究来看，目前学界在某些问题上已经基本达成了共识，但在某些问题上仍存在分歧。归纳起来，学界已基本形成一致看法的主要观点包括以下两个方面。

　　第一，事件结构已经取代论元结构成为合适的句法-语义接口层面。相比于论元结构，以谓词分解模式对事件结构的刻画更为准确地捕捉句式的语义特征，从事件结构角度探索论元实现的理论方法相比传统的题元理论能够更好地解释词库与句法的接口问题。

　　第二，事件语义可分解为特质性意义和结构性意义两个部分，两者分别由词根本身的百科知识和由事件功能语类构成的事件结构部分来表征。动词不再是传统意义上由语音、语义、句法信息组成的完整词项，而是只包含少量甚至不包含句法信息的词根，其本身对于句法结构的影响非常有限。功能语类在句法推导和句法构建中居于核心地位，事件结构、论元结构和句法结构具有同构性，选择论元、指派题元角色、核查格位以及激发移位等句法功能都由各种功能语类来执行。论元的句法实现在较小程度上取决于词汇，而在较大程度上取决于句法。

　　以上两点也是我们所采纳的基本观点，即本书采纳生成性建构主义作为主要的理论方法对汉语论元实现的可变性问题进行深入的分析和探讨。然而，尽管学者们在上述问题的看法上趋于一致，其中很多关键性的问题仍悬而未决，值得我们进一步思考和探究，主要包括以下三个方面。

第一，事件功能语类究竟有哪些？尽管目前学界已普遍认可功能语类的核心作用，但对于事件功能语类的具体类型和数量还存在分歧。林宗宏（Lin，2001）设置了 DO、EXIST、USE 和 CAUSE 等多个功能语类，但它们的普适性受到一定质疑，其他学者，如熊仲儒（熊仲儒，2002，2004a，2004b，2011，2015；熊仲儒和刘丽萍，2005）仍沿用传统谓词分解中的 Do、Cause 和 Bec 三个功能范畴①，而另有一些学者，如 Ramchand（2008）和林之平（Lin，2004）似乎又不赞成单独设置 Cause 这样一个功能范畴。因此，确定既具有语言共性，又能准确表征句式事件语义，同时也能系统解释跨语言差异的功能语类是生成性建构主义阵营所面临的首要问题。

第二，词根的性质能否影响以及如何影响论元实现？虽然功能语类在句法构建中占据核心地位，但从前文的论述来看，动词本身的语义性质对于句法结构的构建以及论元的句法实现也具有一定的影响作用。如果否认这一点，让动词的句法性质完全由其所进入的句法结构决定，就会造成论元实现的灵活性失去控制。在这一点上，弱式建构主义相比强式建构主义要更加科学，但以 Ramchand（2008）为代表的研究却未能合理把握动词的语义性质。因此，如何凝练出动词本身与句法构建相关的语义因素，有效制约论元实现的灵活性是合理解释论元实现可变性的一个关键问题。

第三，词根如何与事件功能语类相结合？生成性建构主义与投射主义的根本区别在于前者认为词根与事件功能语类的结合发生在句法层面，而非词库内部。由于词根缺乏完整的句法信息，句法结构中不存在完整的词汇投射 VP，动词词项不再通过中心语移位（head movement）方式逐级与功能核心合并，那么词根是以何种方式与事件句法结构相结合的呢？生成性建构主义方法未对此做出详细的阐述，而词根与事件结构的结合方式既是句法推导的必要手段，也在很大程度上影响着句法的构建。因此，准确把握两者的相融性问题也是合理解释论元实现问题的重要方面。

上述三个方面是生成性建构主义目前所面临的主要问题，若要对论元实现的规律性和可变性进行更为全面系统的解释，我们从上面三个问题出发对生成性建构主义的具体操作机制进行修正和完善。下一章我们将以最新生成语法理论，即最简方案框架作为总体的理论背景，同时借鉴分布式形态学的构词理念，对现有的生成性建构主义方法进行进一步的革新与完善，在合理解答上述三个问题的基础上，最终建立一个更为合理、解释力更强的事件句法模型。

---

① 熊仲儒（2015）在 Do、Caus 和 Bec 三个功能范畴的基础上又引入了等同范畴 Ident，领有范畴 Poss 和目的范畴 Purp 以及时体范畴 Asp 等，但这些功能范畴的普适性还有待进一步的验证。

第3章 理论背景

前面一章系统回顾了词库与句法接口关系研究中的各种理论方法，以及汉语界对于汉语论元实现规律性和可变性的一些解释方法。我们的初步结论是，事件句法理论相比传统基于题元理论模块的生成语法理论更能合理地解释论元实现的规律性，而基于事件结构的理论方法中，生成性建构主义相比投射主义在理论基础和事实依据上都具有明显优势，能够更为合理地解释词库与句法的接口关系问题。但同时我们也看到，现有的生成性建构主义方法并不十分完善，目前亟待解决的三方面问题：①如何确定功能语类的数量和类型；②如何确定词根与事件功能语类的融合方式；③如何把握词根对论元实现的影响程度。

本章我们将主要阐述本书研究的理论背景。本书的研究是在生成语法理论框架下展开。生成语法理论的建立以20世纪50年代Chomsky的《句法结构》一书的问世为标志，是在对传统结构主义理论批判和扬弃基础上建立的理论体系，其根本目标是揭示儿童大脑的初始状态和内化的"普遍语法"规则，并最终揭示人类"语言能力"的生成机制和人类的认识本质。生成语法自诞生以来其理论体系处于不断革新之中，发展过程大致分为两个阶段：从20世纪50年代中期到80年代初期的标准理论和80年代中期至今的原则和参数理论。标准理论阶段的主要特点是转换规则与句法结构一一对应，生成和转换过程具体而详尽，每条转换规则都必须符合规定的结构条件才能进行，句法体系庞大冗余，容易失去控制。在原参理论阶段，Chomsky对形式句法理论动了大手术，全面更新了句法流程和操作手段。该理论时期又分为管辖和约束理论（20世纪80年代中期至90年代中期）和最简方案（20世纪90年代中期至今）两个阶段。本书的研究将在最简方案这一最新的生成语法框架体系下展开。3.1节我们将系统回顾最简方案框架体系的基本理念、技术手段以及运算推导模式。与本书密切相关的另一个理论框架是分布式形态学理论，其认为传统意义上的词是由语素通过句法操作构造而成，并通过词汇表使功能语素获得音系特征，通过百科表获得语义诠释。其秉持的单引擎说、迟后填音和不充分赋值是区别于其他理论的主要特色。我们将在3.2节对该理论进行阐述，并在3.3节提出最简方案和分布式形态学对本书的启示。

3.1 理论背景之一：最简方案框架体系

作为当今生成语法理论的主导思想，最简方案（Minimalist Program，MP）是在原则和参数模型（Principles-and-Parameters Model，P&P Model）的基础上，对先前管辖和约束理论（Government and Binding Theory，GB Theory）的革新与发展。最简方案思想的雏形初见于《语言学理论的最简方案》（Chomsky，1993）一文，而 Chomsky（1995）出版的《最简方案》一书标志着最简方案的诞生。此后的近 20 年间，Chomsky 又相继发表了《最简方案探索：框架》（2000）、《语段推导》（2001）、《超越解释充分》（2004）、《语言设计的三要素》（2005）、《普遍语法的底层探索》（2007）、《论语段》（2008）、《投射的问题》（2013）以及《投射的问题：扩展讨论》（2015）等多篇文献，这些理论成果的发表推动着最简方案的理论体系不断走向成熟与完善。

3.1.1 人类语言官能的基本特性

对人类语言的研究是系统研究最古老的分支之一。从古至今，众多学者以思辨性的方法探索语言的本质。从著名的"柏拉图问题"（Plato's Problem），即为什么人类在较少证据下能够知道得很多，到康德秉持的"天赋观念"论，再到笛卡儿的"第二实体"及其"创造性"特性的思想，学者们对人类语言的本质问题达成的共识是：人类语言属于一种"物种属性"，唯人类所独有。人类区别于动物的真正标志在于人类能够用语言符号自由地表达思维（乔姆斯基，2006：269）。此外，语言的特性还体现在习得方面。人类的母语习得具有普遍性、快速性和创造性特点，即所有儿童都能在相对较短的时间内（即关键期内）借助有限语料获得大致相同的语言能力（程工，1999：47）。这是其他任何物种都无法做到的，无论我们给动物多少的外界语料刺激，它们都不可能掌握人类语言，这种差异说明人类的语言具有内在的生理基础。根据生成语法的构想，人类的大脑中存在一个专门负责语言产出的器官，称为"语言官能"（Faculty of Language），它是人类所共有且特有的一种生物属性，决定了人类与其他物种以及计算机在语言能力上的根本差异。

生成语法理论提出（Chomsky，2000：89；2004：104；2005：3），语言官能作为人类的一种生物特征，与其他生理器官（如听觉、视觉器官等）一样，是人类共有的生物秉性。出生伊始，人类的语言官能处于一个初始状态 S_0，它是由遗传因素所决定，好比是人脑中预设的"语言习得程序"，其中包含人类生而有之的语言知识，关于人类语言官能的初始状态 S_0 的理论就是"普遍语法"理论。

普遍语法由两部分组成：首先，它包含一套人类语言所共有的原则（principle）；其次，它还包含一套参数（parameter），每个参数就好比一个开关，儿童在接触外界语料的过程中，将这些参数设为"开"或"关"的状态，当所有的参数值都设定完毕，儿童习得母语的过程也就随之结束。从这个意义上讲，某种自然语言（如英语或汉语）的习得过程就是语言官能的初始状态（即普遍语法）中参数值的设定过程。普遍语法的原则和参数模型能够很好地解释儿童语言习得的创造性特点：原则部分是儿童与生俱来的，无须后天习得；语言的习得过程只是参数值的设定过程，语言间的差异也体现在参数值的差异上，因此儿童只要能借助所接触的语料实现所有参数值的设定就完成了母语的习得，这就合理解释了儿童所接触的原始语言数据与其自身语言能力之间的差距，即著名的"柏拉图问题"。在外界语料引发参数值的设定后，一个人的语言官能经历了状态变化，从初始状态 S_0 变为相对稳定的获得状态 S_n，此时这个人就具有了某种内化语言（internalized language，I-Language），即有关母语的无意识的语法知识，也就是所谓的"语言能力"（language competence）。

建立在原则和参数模型基础上的生成语法理论可以分为两个阶段：早期的管辖和约束理论（Chomsky，1981；1986）的主要研究方向是弄清普遍语法中究竟包含哪些原则和参数以及它们是如何相互作用的，当时所设立的语言理论的研究目标是探索和发现人类语言能力的本质特征，它包含描写充分（descriptive adequacy）和解释充分（explanatory adequacy）两条标准。描写充分是针对个别语法而言，即对语言间的显著差异具有强有力的描写能力，而解释充分则是针对普遍语法而言，即说明各种语言是怎样在经验的临界条件下从同一初始状态演变而来。

在原则和参数模型发展到最简方案阶段后，随着对语言本质认识的不断深入，Chomsky 并未满足于达到描写充分和解释充分，而是"寻求达到比解释充分更深层次的解释，不但要了解语言具有何种特征，而且要解释语言为何呈现如此特性"（引自熊建国，2002：324），即"超越解释充分"（beyond explanatory adequacy）。之所以要探讨如此深刻的问题，是因为 Chomsky 信奉伽利略的哲学思想，Chomsky 认为大自然是个完美的系统，进而相信人类语言也是完美的体系（何晓炜，2007：346）。这种完美性体现在语言官能的运作应具备高效的运算效率，应当遵循生物实体的运作规律，语言官能所产生的语言表达式不但能够被外部的认知系统所解读，即满足"接口条件"（interface condition）的要求，而且能够以最简洁、最高效的方式满足该条件，即人类语言官能产出的表达式是满足"接口条件"的最佳实现方式，普遍语法的所有原则和实体都应该得到原则性解释（principled explanation），这就是最简方案框架体系最核心的哲学理念。在此基础上，Chomsky（2004：106）提出，影响语言习得的初始条件不限于 S_0 本身，而是包含如下三方面的因素：

（1）a. S₀ 中尚未得到解释的成分；

      b. 接口条件 IC（S₀ 中已经获得原则性解释的部分）；

      c.（有机体的）普遍特征。

从理论上讲，这三个因素都应当是语言学领域的研究对象。但 Chomsky 从科学发展的实际出发，假设（1a）是没有成员的空集合，即此类成分并不存在，从而避免了对该问题的研究。（1b）和（1c）都属于"超越解释充分"的原则性解释部分。因此，当前生成语法理论对于语言本质的研究有两个核心的问题：一是语言与其他认知系统发生关系时必须遵循的条件，即"接口条件"；二是那些并非特别针对语言官能的原则，即除了语言之外，还适用于其他领域、具有普遍意义的高效运算原则，也就是生物体的普遍特征。这两个问题属于"超越解释充分"的原则性解释部分，也是人类语言官能研究最本质、最核心的问题所在。

3.1.2　语言官能与外部认知系统的界面关系

语言官能产出的语言规则必须能为外部的其他认知系统所解读。语言具有声音和意义，因此与语言官能发生作用的外部认知系统有两个：一个是感觉–运动（sensory-motor，SM）系统，它处理与语音发生和语音识别相关的信息；另一个是概念–意念（conceptual-intentional，C-I）系统，它处理同语义理解及语义处理相关的信息。语言官能产生的表达式就好比是计算机指令，这些指令交到语言官能与外部认知系统交互的"界面"上去执行。语言官能提供的指令必须符合外部认知系统的要求，才能在各自的界面上被完全"读懂"（full interpretation），成为有效的指令，这种要求被称为"接口条件"。换句话说，语言官能产出的表达式要能为外部系统识别和使用，就必须满足接口条件，接口条件是检验句法过程是否合法的唯一手段。

根据 Chomsky（2000：96）提出的"强式最简命题"（Strong Minimalist Thesis，SMT），语言官能产出的语言能以最为经济、有效的方式满足"接口条件"，即语言是一种"完美设计"。那些不能满足接口条件的理论假设作为不甚"完美"的人为规定应该从句法系统中被剔除，如标准理论时期的范畴符号（S、VP 和 NP等）以及短语结构规则，管辖和约束理论时期的深层结构和表层结构这两个语言内部的表征层面，以及与之相关的投射原则、约束理论、题元准则和格理论等，语法系统中应只存在满足接口条件的"完美设计"。据此，Chomsky（2004：107）提出，人类语言官能的获得状态（即内化语言 L）只包含三部分：狭义句法部分、语音部分和语义部分。狭义句法由词库和运算系统组成，它经过一系列句法推导后所产生的表达式经过移交（transfer）操作，被转交给语音部分和语义部分做进一步处理，最终产生一对表达式<PHON, SEM>（PHON 和 SEM 分别代表音系式

和逻辑式上的表达式），它们就是交由 SM 和 C-I 系统解读的指令。如果表达式
<PHON, SEM> 能为这两个系统所完全解读，表达式就在界面上成功汇集
（converge），形成合法的表达式；相反，如果它含有无法为这两个系统所解读的
特征，该表达式就会推导崩溃（crash），形成不合语法的句子。

我们知道，词项特征包含语音、语义和形式特征，语音和语义特征可以分别
被 SM 和 C-I 系统所完全解读，属于可解读特征（interpretable feature，iF），而
形式特征则视情况而定：名词的一致性特征（如性、数和人称）对语义解释起作
用，能够为外部认知系统所解读，属于可解读特征，但名词的格特征对语义解释
不起作用，属于不可解读特征（uninterpretable feature，uF）。同样，功能语类时
态（tense，T）和轻动词（light verb，v）的一致性特征也是对语义解释不起作用
的不可解读特征。Chomsky（2004：106，2005：9-10）认为，作为完美的生物实
体，语言官能的运算系统应当以最高效的运算方式完成句法推导，并删除所有的
不可解读特征，以保证输出的表达式能够完全为外部认知系统所解读，满足"接
口条件"的要求。接下来我们阐述语言官能所采用的一些高效的技术手段和运算
模式，这些技术手段也是建立本书的事件句法模型所必需的基本操作。

3.1.3　句法操作的技术手段和运算模式

为实现最优化的设计，语言官能用以生成句法结构的各种技术手段和运算模
式都应得到原则性解释，即它们要么是为满足"接口条件"而生，能够在语言与
外部认知系统的接口层面上得到完全解释；要么是属于（1c）中所规定的语言设
计的第三要素（third factor），即并非特别针对语言官能的生物体的普遍特征。除
此之外，不存在人为规定的"不完美"的技术手段和运算模式。

3.1.3.1　合并操作

人类语言的基本特征有两个。语言的一个基本特征是离散无限性，即语言是
句法实体以递归方式组成的无限系统，因此语言官能中一个必不可少的技术手段
是合并（Merge），它将句法实体两两组合最终形成一个完整的表达式。语言的
另一个基本特征是"异位性"（displacement），即一个成分在某个位置得到语义
解释，而在另一个位置得到语音输出，如英语疑问句中疑问词提前、主题结构中
的宾语前置等。实现这一特征的技术手段是"移位"（Move）操作，它在最简方
案框架内被归入合并操作的一种形式，但合并的双方并非彼此独立，而是其中一
个是另一个的组成部分，因此也被称为"内部合并"（Internal Merge，IM）（Chomsky，
2004：120）。那么在目前的最简方案体系中，合并操作分为两种类型，即外部合
并和内部合并。Chomsky（2005：12）进而提出，广义上的合并（包括外部合并

和内部合并）是在人类进化的"大跃迁"（Great Leap Forward）中产生，非专门为语言所设计，因此合并操作应被看作有机体的一种普遍特征，属于语言设计的第三要素，可以得到原则性解释。

根据最简方案的定义，合并操作是选取词库中的两个词项 α 和 β，将两者组合成新的句法实体 K（α, β），该实体用 α 或 β 的标识（label）来识别，这即是 K 的标识，用作标识的成分始终是中心成分；而后 K 再与其他词项或句法实体组合，如此循环往复，最终所有词项组合成单一的表达式。合并操作保证了人类语言的离散无限性特点，但最初发生合并的成分一定是最基本的，而不是由合并构成的实体，这些实体构成合并的基本元素称为词项（lexical item，LI）。每个词项必须具备某种特征使其能够与其他成分发生合并，这种特征被称为"边缘特征"（edge feature，EF）。EF 允许其载体与某一句法实体发生合并，Chomsky（2008：139）认为有且只有词项才具有 EF 特征，而短语（即非词项实体）则不具有 EF 特征。因此，只有词项允许与某一句法实体发生合并，换句话说，所有的合并都必须遵守{H, α}形式，其中 H 为词项，α 为句法实体（初始合并时 α 也为词项），称为 H-α 模式。也就是说，参与合并的两个成分其中至少一个为词项，否则合并操作不能进行。

合并操作既保证了句法结构的二分叉性（binary-branching），即每次合并至多只能选择两个句法实体，同时也符合"包容性条件"（Inclusiveness Condition）（Chomsky，1995：228）的基本要求，即在运算中不能任意增加或减少词项，也不能改变词项性质，保证词项信息在整个运算过程中守恒。Chomsky（2008：139）指出，任何形式的合并操作都应满足"无更改性条件"（No-tampering Condition，NTC），即发生合并的对象其内部结构不能发生任何变化，以满足运算系统高效运作的要求。该条件要求合并一定是发生在参与对象的边缘（edge），而不能发生在某一对象的内部，否则参与合并的成分本身就会发生改变。外部合并无疑符合这一条件，因为参与合并发生在两个成分的边缘，两个成分本身都未发生改变。例如，the 与 old man 发生合并，只能形成{the {the, old man}}，而不可能形成{the {old, the man}}，因为后者的操作将 old man 分解，改变了其内部结构。

对于内部合并而言，它是在早期移位操作的基础上发展而来，它本质上是通过成分移位而产生的合并操作。按照早期的标准理论模型，假设 β 是 α 内部的一个成分，β 通过移位操作移到另一个句法位置后，在原位会留下一个语迹（trace），而这种移位操作既改变了句法实体 α 的本来性质，也增加了一个新的句法实体，这不仅违反"无更改性条件"，也无法满足"包容性条件"的要求。因此，Chomsky（1995：202）在最简方案中提出了所谓"移位复制理论"（the copy theory of movement），即当一个语言单位 α 内部的成分 β 从 α 移出后，其着陆点应为 α 的边缘，产生 α 的一个新的标志语位置。β 移位后在原位上留下的不是一个语迹，而是它的一个"复制品"，它与 β 具有完全一样的特征（语音特征除外）。外部合并和内部合并分别用图形表示为：

（2）　　a. 外部合并　　　　　　　　　　b. 内部合并

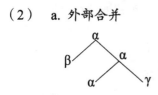
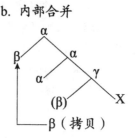

　　在早期的理论中，外部合并被认为是无代价的操作，而移位则被视为一种有代价的操作。而在目前的最简方案体系中，移位也被归入合并的一种形式，它与外部合并一样都是自由的，也属于运算系统中的一种无代价操作。外部合并与内部合并都是为满足接口条件而存在的。两者分别与概念-意念系统所要求的"语义双重性"特征相对应：外部合并与广义的论元结构相对应，即早期理论中的基础性结构（base structure）或底层结构；内部合并与诸如语篇和辖域等其他语义特征相对应，产生的是派生性结构（derived structure）。Chomsky（2004：110）据此认为，移位现象不是语言中的瑕疵；相反，语言的移位性本质上是为满足外部认知系统的某种解释性要求，如主题-述题、新旧信息、施事效力等，这些都可以在"接口条件"上得到原则性解释。因此，实现该特征的移位操作以及驱动该操作的不可解读特征都不是人为规定的，而是为了满足"接口条件"而存在，属于语言官能的"完美设计"。

　　Chomsky（2000：133）提出，外部合并包含两种基本形式：并集合并（Set-Merge）和序偶合并（Pair-Merge）。两者大致相当于管约论时期的替代（substitution）和嫁接（adjunction）。并集合并是一种对称（symmetric）操作，合并后两个成分形成一个无序集合，如 α 和 β 通过并集合并形成新成分 L 可表示为：L={α, β}。合并后的 α 与 β 之间没有语序上的先后关系，两者构成严格数论意义上的集合，形成对称性的相互成分统制关系。L 的标识符既可能是 α 的标识符，也可能是 β 的标识符。Chomsky（2000：133-134）同时还指出，虽然并集合并是一种对称性操作，但出于对语言设计完美性的考虑，避免在确定标识符时出现"向前看"（look-ahead）的情况，参与并集合并的两个成分之间一定存在一种内在的不对称性，即其中之一是挑选者（selector），而另一个是被挑选者（selectee），最终成分的标识必然是挑选者的标识。例如，V 与 DP 的合并本质上属于并集合并，但两个语类之间存在一种内在的不对称性，其中 V 一定是选择者，而 DP 是满足其挑选要求的被挑选者，最终形成的成分一定是以 V 的标识为标识。

　　序偶合并是一种非对称（asymmetric）操作，合并的两个成分形成有序组对（ordered pair）。例如，α 和 β 通过序偶合并形成的新成分 L 可表示为：L=<α, β>。α 与 β 在线性顺序上存在先后关系，合并后成分的标识一定是被附加成分的标识。

例如，当 α 附加于 β 时，两者形成的句法实体 K={γ, <α, β>}，其中 γ 是成分 β 的标识。Chomsky（2004：117-118）指出，序偶合并是满足附加语（adjunct）进入句法运算的一种实现手段，它是区别于语义双重性的 C-I 系统在语义接口上所施加的另一种语义要求。这种操作是有序的，即合并本质上属于一种"谓词合成"（predicate composition）。

并集合并和序偶合并的性质体现了语言设计的经济性和完美性。Chomsky（2000：134）指出，由于并集合并是对称性操作，在合并时哪个成分为挑选者是由词库内的词项特征所预先决定的，与该操作本身无关，因此并不会增加运算系统的负担；相反，序偶合并不需要挑选者，该操作本身就能确定合并成分的顺序，在一定程度上会增加运算系统的负担，因此并集合并相比序偶合并更为经济，因此前者是最基本的缺省形式，而后者是可选的，只有在必要时才会使用。

3.1.3.2　一致操作

除了合并操作之外，语言官能的运算系统还提供了另外一种操作，即一致操作（Agree），它是核查和删除表达式中不可解读特征的基本手段。根据"接口条件"的要求，词项携带的所有不可解读特征都必须在句法推导过程中得到删除，否则，推导式就不能在接口层面上成功汇集，无法生成合格的表达式。因此，运算系统必须设定某种操作机制来消除这些不可解读特征，这种机制就是特征一致操作，它是语言官能的运算系统为了使其产生的表达式满足外部认知系统的解读要求，即满足音系式（Phonetic Form，PF）和逻辑式（Logic Form，LF）层面上的接口条件而采用的不可解读特征的删除机制。

依据最简方案规定，探针 P（probe）与目标 G（goal）要进入一致操作必须满足以下条件：

（3）a. P 的不可解读特征[uF]必须与 G 的可解读特征相匹配[①]，并且两者处于适当的结构关系中，反之也是如此；

b. P 或 G 必须带有一套完整的特征集以消除 G 或 P 的不可解读特征；

c. P 和 G 都必须活跃以保证一致操作的进行；

d. 在 P 和 G 的不可解读特征被消除之后，它们就不能再进入其他的一致操作；

e. P 和 G 必须处于局部关系中以保证最小搜索（minimal search）。

探针 P 通常代表具有不可解读特征的功能语类，目标 G 则代表具有不可解读

---

① Chomsky（2001）指出，特征匹配（match）是无差别（non-distinctness）而非同一（identity）。

特征的词汇语类。两者必须处于一定的结构关系中才能引发一致操作，这样的结构关系主要包括 Spec-head（此时 G 为占据标志语位置的名词成分 N）和中心语-中心语（此时 G 为占据中心语位置的动词成分 V）关系。如果两者在通过外部合并形成的基础结构中未满足上述结构关系，探针 P 就必须吸引目标 G 发生移位，进入 P 的核查域（checking domain）来形成这种结构关系，以保证一致操作的进行。例如，功能语类 T 具有不可解读的 ϕ 特征和"扩展投射原则"（Extended Projection Principle，EPP）演变而来的 EPP 特征[①]，而名词成分具有可解读的 ϕ 特征，但具有不可解读的格特征。一致操作的进行要求这两个成分必须处于适当的结构关系，即 Spec-head 关系。如果这种结构关系没有形成，则名词成分必须要移位到 T 的标志语位置，以保证一致操作的发生。换句话说，P 与 G 要想发生一致操作，除了两者所带的特征匹配之外，两者的关系也应该是局域性的，即 P 必须离 G 足够近才能实施一致操作，这样是为了减少搜索范围，使 P 能迅速找到 G。从这个角度讲，一致操作的发生条件也体现了运算系统的高效性。

在一致操作出现后，移位（即内部合并）的性质也发生了变化。Chomsky（2000：101）将移位定义为合并、一致和并移（pied-piping）三种操作的结合，即移位＝合并＋一致＋并移，它是通过选择目标以及由目标所确定的相关语类来完成的。移位操作的性质决定了它相比外部合并和一致都更为复杂，其代价甚至超过了这两种操作之和，因为它还包含着额外的并移操作。从经济原则讲，合并和一致可以自由地使用，而移位作为一种昂贵的操作只有在必需的情况下才允许使用。

根据最简方案思想（Chomsky，2004：116），不可解读特征[uF]有如下三个特征：首先，它在进入句法操作时未被定值（unvalued），它的值必须由一致操作赋予；其次，它一旦被赋值就得从句法推导中被删除；最后，它可以在拼读之前或者之后得到删除，如在拼读之前被删除，则它在音系式中有所反映；如在拼读移交到逻辑式的过程中被删除，则它与音系式无关。不可解读特征必须和与之相匹配的可解读特征进入一致操作后得到删除，并被赋予相应的特征值，赋值后的特征能够在接口层面上得到外部认知系统的解读，符合"接口条件"的要求。从这个意义上讲，一致操作是在先前特征核查机制基础上的进一步发展，后者只是简单的特征删除，而前者在删除不可解读特征的同时还对该特征进行赋值。

3.1.3.3　核心功能语类和语段推导

词库内的词项从语义和句法功能角度可划分为两类：一类是词汇语类（lexical category）[或实义语类（substantive category）]，如名词、动词和形容词等，它们都具有实在的语义内容，是表达式语义解读的主要组成部分；另一类是功能

---

① 根据 Chomsky（2007，2008）提出的特征继承（feature inheritance）机制：T 本身不具有 ϕ 特征，T 的 ϕ 特征从 C 处继承而来。

语类（functional category），它们缺乏实在的语义内容，是句法结构的主要组成部分，主要参与形式特征的核查操作，在句法运算中扮演着重要角色。典型的功能语类包括限定词 D（determiner）、时态 T、标句词 C（complementizer）、轻动词 v 和一致语类 Agr（Agreement）。Chomsky（1995：131）指出，词汇性语类部分具有语言的共性，而功能性语类部分则带有参数化的（parameterized）性质，是语言间的差异所在。

根据最简方案的理论精神，句法上的功能语类必须具有一定的语义基础。Chomsky（1995）据此取消了不包含任何语义内容而完全为句法功能服务的语类 Agr，并最终确定了四种核心功能语类：C（表示语势、情态等）、T（表示时、事件结构等）、v（及物结构中的轻动词）和 D（限定词）。T 和 v 分别取代了先前主语一致范畴（AgrS）和宾语一致范畴（AgrO）的句法功能，分别负责核查名词性成分的主格和宾格特征。因此，T 和 v 必然带有一致特征（即 φ 特征），而 C 的一致特征则视情况而定。根据 Chomsky（2007：14，2008：143）新提出的特征继承（feature inheritance）机制，不可解读特征（即探针P）是从语段中心语（即 C 和 v）向其补足语的中心语（T 和 V）传递。也就是说，T 和 V 本身并不具有 φ 特征，T 的 φ 特征是从 C 那里继承而来，而 V 的 φ 特征是从 v 那里继承而来。T 和 V 所携带的 φ 特征属于不可解读特征，必须通过与名词性成分的特征核查操作得到删除，以使表达式满足接口条件。

核心功能语类在组成句法结构时的选择关系如下：C 可以独立出现，不被其他成分选择，T 和 v 则不能独立出现。C 也可以被词汇语类选择，而 v 只能被功能语类选择。T 可以被 C 或动词 V 选择：如果被 C 选择，T 就拥有完整的 φ 特征集；如果被 V 选择，其只带有不完整的 φ 特征集，记作 T_{def}。T 和 v 均选择动词性成分，v 也可能选择名词性短语 DP 作为其外部论元，即 EA＝[Spec, v]。根据 Chomsky（2001：35）提出的"多重标志语"（multiple specifiers）思想，在语义选择之外，各核心功能语类还允许有一个额外的标志语位置。C 的额外标志语是提升的疑问短语，T 的标志语由表层主语占据，v 的额外标志语由发生宾语漂移（object shift）的成分占据。T 允许一个额外标志语的属性，该属性体现为 T 带有不可解读的 EPP 特征，该特征的核查操作要求必须有名词性成分占据 T 的标志语位置。同理，Chomsky（2000：102）认为 C 和 v 也具有 EPP 特征。EPP 是功能语类具有的一种不可解读特征，它必须通过某个成分占据这个额外的标志语位置来得到核查[①]。

---

① 在最简方案的近期思想中，Chomsky 用中心语的出现情况（occurrence，OCC）特征取代了 EPP 特征。OCC 的定义如下（Chomsky 2004：11）：

α 是某种成分 β 的一个出现情况（α must be an occurrenc eof some β）。

OCC 特征仅在必需时发生作用，即仅当 SEM 的某种语义特征无法用其他方式表达时起作用。换言之，仅当 OCC 的使用能产生新的与辖域或与语篇相关的特征时，中心语 H 才选择 OCC。当 H 选择了 OCC 时，该特征通过内部合并得到核查。OCC 只是 EPP 特征的标准术语，两者从本质上讲是一致的，因此本书在后面仍沿用 EPP 特征。

在设立了三个核心功能投射作为句法运算的基本构架后，Chomsky（2000，2001）又从减少运算复杂性的经济原则角度提出，句法推导不是一次性完成，而是分阶段依次进行的，句法推导中的阶段被称为语段（phase）。语段应符合接口条件的要求，在语音方面具有相对独立性，在语义上相当于一个完整的命题结构。根据这一思想，Chomsky（2001：12，2004：123）将轻动词短语 vP 和标句词短语（complementizer phrase, CP）定义为语段，两者是语言官能移交给外部认知系统解读的基本单位。vP 具有完整的论元结构，CP 则是表达时态、事件以及语势的最小结构，而 T 只有在被 C 选择时才具有完整的命题结构，因此 TP 不能独立构成语段。

为进一步简化运算过程，Chomsky 对语段推导过程进行了限定，提出了"语段不可渗透条件"（Phase-Impenetrability Condition, PIC）（参见 Chomsky，2001：13）：

> 语段不可渗透条件（PIC）：假设有语段 PH = [α [H β]]，α 是该语段的边缘（edge），H 是中心语，β 是 H 的语域（domain），那么句法操作不能作用于 β，而只能作用于 α 和中心语 H。

PIC 的基本思想是，当一个语段推导结束之后，它的语域要被移交到 PF 进行拼读，而不能再被句法操作访问，只有它的边缘成分和语段的中心语能够继续参与下一语段的操作。例如，vP 语段推导完毕后，它的语域 VP 就被移交，VP 所包含的所有成分不再参与下一语段的运算，只有 vP 的中心语和标志语能够参与后续的句法运算。PIC 模式下的语段 CP 和及物性 v*P 的搜索区域分别如下所示（引自 Richards，2012：199）：

（4）

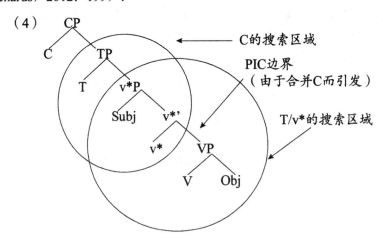

如（5）所示，由于在 v*P 与 T 合并时，v*补足语成分已经被移交到外部接口，因此 C 上的探针最远只能"看到"v*P 语段的边缘（即 Spec-v*P）。这样 PIC 就保证了句法推导按严格的层级循环方式进行，防止语段外部探针与语段内语域

中的目标之间建立联系,实现了探针 P 的"最简搜索"(minimal search),大大减轻了语言官能的运算负担,提高了运算系统的效率。人脑的运算能力及短时记忆能力是有限的,以语段为基础的句法操作正反映了作为生物体组成部分的语言官能的运算效率,它不属于语言的专利品,不是特别为语言官能设计的运算模式,因此属于"超越解释充分"的原则性解释部分(何晓炜,2007:346)。

随着语段推导模式的出现,句法运作流程也发生了改变。在早期最简方案中,句法推导是从词库到拼读,再分别到 PF 和 LF 一次性完成的,而目前的句法流程则是以语段为单位分阶段进行的。Chomsky(2004:107)假设语言 L 由狭义句法(narrow syntax,NS)、语音部分 Φ(phonological component,PHON)和语义部分 Σ(semantic component,SEM)三部分组成。NS 以语段为单位将词汇矩阵(lexical array,LA)映射到狭义句法推导式(narrow syntax derivation,D_{NS})上,移交操作(Transfer)把每个语段的 D_{NS} 分别映射到 Φ 和 Σ 上[①],最终在 Φ 和 Σ 上形成多个以语段为单位的输出式<PHON, SEM>。上述句法推导模式可以表示如下(引自熊建国,2002:326):

(5)

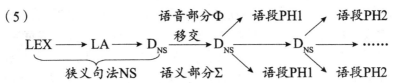

Chomsky(2007:3)基于普遍语法精神,假定语义部分 Σ 在所有语言中是统一的;此外,运算系统的基本性质,即狭义句法部分也具有语言共性,它在语言习得的初始阶段就已确定,包含一套为人类语言所共有的基本的操作手段和规程(即合并和一致等基本操作以及相关机制),各种自然语言的不同表现形态主要源于词库(lexicon,LEX)。

总之,无论是技术手段中的合并操作和一致操作,还是以语段为基础的句法推导模式都遵循生物体的高效运作规律,体现了人类语言官能的优化设计。

3.2 理论背景之二:分布式形态学理论

分布式形态学(Distributed Morphology,DM)理论诞生于 20 世纪 90 年代初期,最早由 Halle 和 Marantz(1993,1994)两位学者提出,该理论与生成语法体系在语言观、研究方法和研究目标上有着颇多的一致。在人类语法系统的构拟上,DM 基本维持了生成语法体中的 Y 型推导模式,即狭义句法通过一系列运算操作

---

① 从 D_{NS} 到语音组件 Φ 的移交操作一般被称为"拼出"(Spell-Out)。

生成句法表达式，经过拼读后将其分别推送至音系和逻辑界面。但 DM 与最简方案在对词库本质的认识和句法-形态的互动关系等问题上存在较大差异。最简方案秉承传统的"词汇主义"观点，认为句法和形态是相互独立的模块，各自具有推导原子和组合原则。相反，DM 主要关注句法-形态的接口问题，其核心思想是秉持"单引擎假说"（Single Generative Engine Hypothesis），即认为形态操作不具有生成性，只是帮助句法表达式实现音系式和语义诠释，语言机制中没有独立于句法规则之外的生成规则，形态操作规则就是句法操作规则，构词和构句均通过合并和移位等基本操作方式完成。DM 本质上就是用句法方法来诠释形态问题，它改变了词汇主义将形态集中放置于句法前词库中的做法，而将形态，特别是词库分布在语法系统的不同组件之中，"分布式"的名称由此而来。

3.2.1　DM 的整体架构

以生成语法为代表的词汇论将形态视为一个整体性模块，其操作地点为词库，即词项从词库中提取出来时已具有完整的形态标记。DM 则认为语法中并不存在一个生成性的词库，原来词库内的形态操作被分解为几个不同部分。形态的一部分就是（狭义）句法，负责以纯句法规则（合并、移位和一致）形成更为复杂的、包含内部结构的句法单位，然后经拼读操作将输出送入接口层面。另一部分则位于拼读之后、音系式之前，由一系列句法后操作组成，负责给终端节点填入音系信息，确定其线性顺序，并根据普遍语法和个别语法的要求进行进一步计算，以方便其在音系式得到诠释。DM 的整体架构如图 3-1 所示。

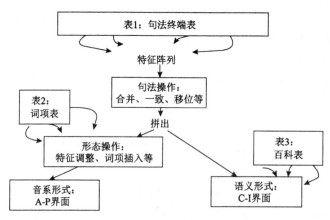

图 3-1　DM 的整体架构（引自 Harley，2012：2153）

从图 3-1 中可以看到，DM 中不存在传统意义上集构造和存储词项于一体的词库，而是将词库拆成了三份列表，在不同的地方进入句法推导。其中，第一份表叫"句法终端表"（Terminal List）。该表由一系列原子性的语素（morpheme）

组成，其中包括只含有概念语义的词根语素和具有句法特征的功能语素，它们为句法推导（合并和移位操作）提供原始材料[①]。语素分为两种类型，词根（root）和抽象语素（abstract morpheme），在早期文献中也分别被称为实义语素（l-exical morpheme，l-morpheme）和功能语素（f-unctional morpheme，f-morpheme）（Harley & Noyer，1999：5），前者的类型是开放性的，它们只有语义概念，没有任何句法特征，常标记为"√猫""√CAT"；后者的类型则是封闭性的，它们是包含抽象意义的语法特征束（feature bundle），如"[时]、[数]、[人称]"等。

第二份表叫"词项表"（Vocabulary List），它由具体语言中不同抽象词素的语音形式和插入条件构成，为抽象语素提供语音内容，即"音系因子"（phonological exponence），它们的插入发生在所有句法操作之后。也就是说，句法中的终端节点通过各种句法操作和句法原则组成层级结构，它们是语义和句法特征的集合体，但缺乏语音特征。在句法结构经拼读操作被送往 PF 的过程中，词汇项（Vocabulary Items）才插入到终端节点为后者提供语音特征。这种句法操作在前，音系内容在后句法（post-syntactic）阶段（即句法向 PF 的映射途中）才与之匹配的分析手段被称为"迟后填音"（Late Insertion）。依据经典的生成语法理论，词库中所包含的语素是声音、意义、句法-形态特征的结合体，即在进入句法之前语素已经具备了语音特征。而按照 DM 的理论思想，至少就功能性的抽象语素而言，其语素的特征是不完备的[②]。

根据 DM 理论，在进行词项填音时，终端节点所包含的特征可能多于词项被赋值的特征，因此推导并不要求词项与终端节点的特征具有一一对应关系（即"充分赋值"关系），而仅要求两者的部分特征吻合即可进行词项插入，这一现象称为"不充分赋值"（underspecification）。该现象会造成形态比较丰富的语言中存在几个词项竞争插入同一终端节点的情形，此时节点的具体语音实现要受到"子集性原则"（Subset Principle）（Embick & Noyer，2007：296）的制约，该原则规定赋值与终端节点相符度最高的词项胜出，最终得以插入此节点。例如，在英语动词 eat 的过去分词构成中，更为具体的分词后缀-en 相比不太具体的常规分词后缀-ed 与终端节点的匹配度更高，因而-en 在两者的竞争中胜出，形成词项 eaten。迟后填音和不充分赋值都是 DM 所独有的特色，也是该理论区别与传统词库论以及其他语法理论的显著特点。

---

① 这里的"语素"不同于词库论及之前结构主义等理论中的"语素"概念，它指的是句法（或者形态）的终极节点及其内容，并不包含音系内容，可以说语素是形态句法（morphosyntactic）的原子性表征。

② DM 学者对于功能语素的迟后填音观点比较一致，但就实义语素而言分歧较大，有词根延迟填入和先行填入两种说法。Halle 和 Marantz（1993，1994）、Harley 和 Noyer（1999）、Siddiqi（2006，2009）等都赞成前者，这样可以统一词项填入的模式。而 Embick（2000）、Embick 和 Halle（2005）、Harley（2014）等则认为词根在句法推导时就已具备音系特征。

第三份表叫"百科表"（Encyclopedia List），位于概念-意念接口的终端，负责表征词根的个体性语义信息，形成最终的意义诠释。在语义诠释上，DM 的一个显著特点是将非组合意义统称为"习语"（idiom）意义，并且认为习语意义不局限于词这一级单位才有，小于词的语素（如词根"√猫"），大于词的单位［如短语 kick the bucket（死）］均可能有不可预测的意思。百科表对常规（字面）意义和习语意义均进行表征和诠释。

3.2.2　DM 的构词途径

3.2.1 节提到，在 DM 中，句法的操作对象主要有两个：抽象语素和词根，早期的 DM 比较集中关注抽象语素的推导，主要是词项（即语素的语音实现）是如何竞争插入到句法终端的。近年来，对词根（即实义语素）推导的研究逐渐增多，并取得了一些突破。在词根推导方面最重要的是"词根定类假说"。根据 Embick 和 Noyer（2007：294）的主张，词根没有语类特征，但词根不能在没有定类的情况下出现，其语类必须通过与"定类语素"（category-assigning morpheme）的结合被赋予，或者是由其句法结构位置所决定，这就是所谓"（词根）定类假说"（Categorization Assumption）。语类指派语素属于功能语类，可能是黏着性词缀，也可能没有显性的句法实现，用小写字母表示，如 v（动词性：-ize、-fy）、n（名词性：-tion、-ness）、a（形容词性：-y、-ious）等。例如，动词 run 的结构就是由词根√run 和定类语素 v 合并而成，如（6）所示：

（6）

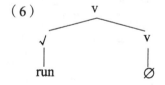

该结构意味着，在 DM 理论中，所有传统意义上的词都是复杂结构，不存在单语素的词。所有的词类都是通过句法结构来决定，即句法终端表中的词根是范畴中立的（category-neutral），它们与特定的功能语素发生合并而获得相应的句法范畴。"词根定类假说"作为 DM 理论中重要思想之一，具有如下三方面的优势。第一，它可以充分体现词根和定类语素各自的贡献。例如，由词根√ELECTR-加不同的语类指派语素可以分别构成 electr-on（名词）、electr-ic（形容词）和 electr-ify（动词）。第二，词类问题长期以来一直存在争议，包括各词类之间的区别性特征是什么，词类是否具有跨语言的普适性等，DM 在这个方面提供了一个新的视角和路径。传统上把词类看成词的内在性范畴，具有相同的分布性特征，但这只能是粗颗粒的，从跨语言的角度更是如此。按照 DM 理论的设想，词由没有语类的词根和定类语素两个部分构成，定类语素可以理解为一个普遍语法特征的集合，即"词→词根+特征"（Embick，2012：75）。更具体地说，所有的功能语类，无论是否指派语类，都可视为特征的集合。例如，时态 T 范畴就包含多个语素，每个都由若干特征组成：[+T, +Past]、[+T, +Present]。同理，定类语素 v 也具有由若干不同特征组成的不同样式（flavor），如 v_{Cause}、v_{Do} 和 v_{Be}。按照这一思路，词类现象上的跨语言共性和个性就可以理解为：首先，语言中存在"普遍特征库"（universal feature inventory），使得每种语言都有类似动词、名词、形容词等词类；其次，个别语言对库里的特征可以有不同的选择和组合方式，一方面形成不同的词汇词类，另一方面又造成一些跨语言的差异。此外，这一思想还使得定类语素和其他功能语素（时态、数、人称等）有可能得到统一的描述，即它们都是特征的集合，都可能有不同的组合方式等。

词根定类假说的第三个优势是：它可以去除既有理论中的一些地位可疑的操作，从而使得形态理论变得更加简洁、自然。例如，在英语里，形容词后缀-ous 和（抽象）名词后缀-ity 在词形上往往差异极大，如下组例子所示（原例见 Katamba，1993：97；转引自程工和李海，2016：102）：

（7）a. audacious   b. audacity   c. *audaciousity

      sagacious   sagacity   *sagacousity

在（7）中，无论是形容词还是动词，都只有三个音节组成，两种后缀不能同时出现在一个词里，（7c）组里的词因此不合格。Aronoff（1976：23）从构词是从一个词类向另一个词类转变的立场出发，认为名词词缀-ity 是添加在形容词词基上。为此，他提出了所谓"删节"（truncation）规则，即在添加-ity 词缀时删除-ous 音节，以此排除（7c）组形式的出现。然而，Marantz（2000）本着词根构词的思路，认为不应把动词视为由形容词推导而来，而应该把-ity 和-ous 两种词缀都视为定类语素，平行地添加在相同的词根上，即形容词 audacious 和名词 audacity 是不同词缀添加到同一个词根√audac-上所形成的不同词项。按照这个分析思路，audacity 中没有-ous 音节是自然而然的事情，这样就没有必要单独设立一个"删节"操作，从而使语法体系得到简化。

3.2.3 DM 的具体操作手段

在目前主流的生成语法理论中，所谓的狭义句法操作基本上包括合并和移位两种操作，两者在最简方案的最新框架内被统一归入合并操作的范畴内，前者被称为外部合并，后者被称为内部合并。对于 DM 来讲，它在拼读之前的狭义句法推导上与最简方案基本保持一致，也主要采用合并和移位两种操作手段，它更为关注的是句法后的推导过程。从图 3-1 可以看出，DM 的语法模型在句法推导完成后在向音系式输出的过程中增加了"形态操作"部分，即句法推导成品经拼读在向音系式推送过程中，会经历一系列结构上的细微调整，这些操作独立于句法之外，Embick 和 Noyer（2001：557）将这些操作称为"句法后操作"（post-syntactic operation），其作用是对句法模块的输出进行一些改造和调整，以为音系诠释进行准备。需要指出的是，由于形态操作发生在推导向音系式和逻辑式的分叉之后，所以对表达式的语义诠释是没有必要的，也不产生影响。句法后操作也就是形态操作，主要有以下三类。

第一类形态操作是"装饰性"（ornamental）形态，即在音系式中添加一些不存在于句法中的语素。装饰性成分分为两种。一种是"节点引入"，即在词汇插入之前，以嫁接方式添加句法中不存在的节点。例如，句法结构中有时态节点（T），没有一致（Agr）节点。后者是通过形态规则"T限定→[T Agr]"嫁接到 T 上面的。另一种形态装饰称为"特征引入"，分为特征拷贝和特征引入两种方式，前者在 PF 层将狭义句法中存在于节点 X 上的某个特征拷贝到节点 Y 上，后者在 PF 层添加狭义句法中不存在的特征。例如，按照 Halle（1997）的方案，（形态）格是抽象特征的集合，它们与句法结构的特性相关，但本身不是句法性的特性。格特征依据特定条件，在音系式添加到相应的 DP 或 D 上。没有纳入句法操作的节点和特征可以通过音系规则来插入，它们对句法结构来讲属于装饰性成分，对音系表达属于冗余（redundancy）成分，对语义诠释则不起任何作用。

第二类形态操作针对节点进行，包括两个种类。第一种叫"贫化"（impoverishment），发生在词汇插入之前，作用是在特定语境中删除语素的某个或某些特征，往往造成"合形"（syncretism）现象。第二类叫"分裂"（fission），伴随拼读发生，允许在某一个句法节点上插入一个以上词项。在一些语言里，分裂现象的存在使得抽象语素与其音系实现之间存在一对多关系的可能。

第三类形态操作叫音系式移位，也分为两个类别。第一种叫"下降"（lowering），发生在线性化之前，针对层级结构进行操作，负责把一个中心语下降至其下层的中心语。下降操作属于形态合并（morphological merge）操作中常见的一种形式，其理论源头是 Chomsky（1957：36）所提出的词缀跳跃（affix-hopping），最有名的例子是英语时态（T）下降并附着到动词上。下降只对核心敏感，可以跳过状语等非同类核心成分。另一种叫"局部换位"（local dislocation），与"下降"发生在线性化之前不同，"局部换位"是指经过词项插入和初步线性化后，在线性关系的基础上进行的另一种合并操作，只不过操作的对象不再是层级结构，而是线性结构。该操作主要关注词项之间的线性先后顺序和毗邻关系。例如，在英语里，根据词在音系上的特点，特别是音节的多少，形容词的比较级可能是分析式的（如"Mary is more intelligent than John."），也可能是综合式的（如"Mary is smarter than John."）。其中，综合式中的程度语素-er 就是通过局部变位的方式与形容词 smart 融合成一个词的。

3.3 本 章 结 语

我们在前面分别阐述了生成语法理论,特别是最简方案框架体系以及 DM 理论的基本思想。生成语法理论建立的最终目的是探求自然语言的共性特征,总结出普遍语法规律,探索人类语言的本质。最简方案作为生成语法的最新发展阶段,为解释人类语言的普遍现象提供了重要的理论依据,具有宏观性的指导意义。最简方案提出的句法运作机制和操作手段符合普遍语法的基本精神,为解释句子结构的生成和解决具体的语言问题提供了有效途径。DM 理论是从生成语法理论发展而来的形态学理论,两者在研究方法和研究目标上基本一致,但两者所关注的侧重点不同:生成语法理论重在研究句法,即句法结构生成的操作手段和操作流程;而 DM 重在研究词法和形态,即词项内部的构成。在构词上,DM 理论借鉴了生成语法的句法操作手段,即主张用句法来生成词的内部结构。两种理论在对词库的性质和地位的认识上存在着根本差别:生成语法理论采用的是"大词库,小句法"的推导理念,即认为词项在进入句法前已经具备了完整的语音、语义、形态和句法特征,句法操作只负责组建短语和句子;而 DM 则采用"句法一路向下"的思想,即词和短语的构成都受制于句法操作和规则,形态的构成分布于句法操作的不同阶段。

本书所采用的是事件句法理论中的生成性建构主义方法,该方法的基本理念是句式的事件意义可分解为特质性和结构性两部分,前者由动词词根所代表的词汇语类所体现,后者是由功能语类所组成的事件句法结构来体现,事件句法结构由功能语类经过合并和移位等句法操作构组而成,词根与事件结构的融合发生在句法层面。从这一理念可以看出,生成性建构主义方法基本上融合了 DM 理论的构词理念和生成语法理论的句法生成理念,该方法的不足在于其并未对动词词根与事件结构的融合机制做出明确的规定,结果造成动词的句法灵活性失去控制。在该问题的解决上,最简方案和 DM 理论分别为我们提供了一些重要的启示,主要包括两个方面:一是对词项本质以及句法终端节点的认识,二是对词根与句法结构融合机制的建立。

首先,最简方案承认词库的存在,认为储存在词库内的词项是由语音、语义、句法和形态特征组成的完整特征集合体,词库为句法操作提供基本的"原材料"。而 DM 则否认词库作为独立模块的存在性,认为词项是以词根或抽象语素形式进入句法,词根的语类特征是通过其与定类语素的融合被赋予,语音特征是在后句法阶段被赋予。两种理论虽然在对词库地位的认识上迥然不同,但至少有一点是相通的,即两种理论都认为所谓的词项,无论是实义词项还是功能词项,本质上都应是特征的集合。两种理论的差异仅在于音系和形态特征是在狭义句法之前进入运算过程（最简方案），还是在拼读之后进入运算过程（DM 理论）。本书倾向于采用 DM 理论的"迟后填音"理念，即音系和形态特征在后句法阶段进入，这两种特征对句法结构的构建不产生影响，它们的作用只是使句法终端节点得以外化显现，狭义句法的操作对象是只具有语义特征的语素单位，而不是传统意义上具有完整特征集的词项。因此，在组成词根的特征丛中，只有语义特征会对其句法表现产生影响，并且这些语义特征具有语言共性（language-universal），即它们来自普遍语法所提供的特征集合，而音系和形态特征是具有语言个性的（language-specific），语言间的差异是音系和形态特征在音系层面的外化（externalization）差异所形成的。

　　基于上述认识，在对词根性质的探索上，我们的首要任务是寻找词根所包含的真正与句法操作和论元实现有关的那部分语义特征。基于题元理论的投射主义和基于事件结构的投射主义分别将论元结构和事件语义表征式作为动词的词项语义信息，句法结构在此基础上投射而成，但两者均未能合理解释词项特征与句法结构之间的关系问题，原因在于它们未能有效地凝练出影响论元实现的语义特征。生成性建构主义方法将词汇语类视为不包含任何特征的光杆词根（甚至不包含语类特征），动词的句法性质完全取决于它们所进入的句法结构，这一点上与 DM 的构词理念有颇多相似之处，但两者的问题都在于彻底否认词根本身对于句法构建的影响作用，由此而造成词根的句法灵活性失去控制。为了系统深入地解释汉语动词论元实现所反映的词库与句法的接口关系问题，我们应该从探索词根的性质和特征入手，合理地找出其中真正与句法操作有关的那部分特征。

　　其次，最简方案中区分了词汇语类和功能语类，功能语类对于句法结构的构建和句式的语义解读具有重要作用。在句法推导中，由特征核查驱动的一致操作是词汇语类和功能语类之间的联系机制，带有不可解读特征的功能语类能够吸引特定的词汇语类与之合并。而在 DM 理论中，进入句法推导的构词元素同样被分为实义性语素（即词根）和功能性语素，两者在句法中发生合并，以使所构成的词项具有相应的语类、句法和语义特征。生成性建构主义方法同样将事件意义分为特质性部分和结构性部分，两者分别由词汇语类和功能语类来表征，在句法中发生融合，但生成性建构主义并未对两者的结合方式作出具体的限定。那么，依据最简方案和 DM 理论，某些语义特征的一致操作有可能成为制约词根与事件结构融合的一个重要条件，词根因其语义类型的不同会采取不同的合并方式与功能语类发生结合，成为生成性建构主义模型的一个有机组成部分。

　　最后，在生成性建构主义方法中，事件句法结构是在词项进入运算系统之前预设好的，在词汇语类进入句法推导之前，已经由功能语类构建完毕。词根在进入句法推导后分别插入到相应的功能语类，即所谓的"词项插入"（lexical insertion）

思想。而 Chomsky（2007：4）在最简方案中改变了以往"自上而下"（top-down）的路径来解释语言现象，而是提倡"自下而上"（bottom-up）的动态推导模式，句法运算流程是以语段为单位逐级逐层进行，只有当下一级的语段满足了"接口条件"的要求之后，运算系统才会继续进行上一级语段的推导，这样可以最大限度地减少工作记忆（working memory）。因此，在事件句法的构建和运算过程中，我们也有必要引入"语段推导思想"，使句法推导按阶段进行，句法运算需受到"语段不可渗透条件"的制约。

综上所述，在事件句法模型的构建上，目前需要解决的问题有两个方面：一是词根性质的确定，词根的语义类型和语义特征决定了它以何种方式进入句法结构，那么词根究竟包含哪些与句法直接相关的语义特征？词根本身是否也发生投射，是否也可以允准一定数量的论元成分？二是事件句法结构中包含哪些类型的功能语类？这些功能语类之间有着怎样的选择关系？它们各自表达什么样的事件语义内容，具有哪些句法功能？这些都是我们在第 4 章建立句法理论模型时必须考虑和解决的问题。

第 4 章　生成性建构主义事件句法模型

在本章中，我们以生成语法体系的最新成果，即最简方案框架作为大的理论背景，并汲取 DM 理论的构词理念，对现有的生成性建构主义方法进行修正和发展，尝试建立一个具有普遍解释力的事件句法模型。该模型与生成性建构主义的基本思想保持一致，即通过句法结构来表征句式的事件结构；同时，该模型采纳了最简方案框架的合并操作、特征一致和语段推导等具体的操作机制和手段，对词根与事件功能语类的融合以及事件句法结构的推导模式进行了必要的限制，弥补了先前生成性建构主义方法灵活性和衍生性过强的缺陷，是一个融事件语义和句法结构为一体的崭新的句法模型。

4.1　词根的基本性质

本书所关注的是动词的论元实现问题，因此我们主要探讨动词词根的基本性质。在词根性质的认识上，本书与生成性建构主义和 DM 的主流观点基本一致，即认为动词在进入句法结构时是以词根的形式存在，词根不能决定句式的事件类型和事件结构，它对句式语义的贡献只是标明句子事件语义中的特质性部分。换句话说，特质性部分是由动词词根的语义信息来填充。如英语动词 clear 和 open 同属于状态变化类动词，在它们各自所构成的句子中，句式的结构性意义是由类似 BECOME 的事件功能语类来表达，这是所有状态变化类谓词的共性特征，但具体是什么样的状态变化则由不同的词根来标明。也就是说，两个动词所构成的句子可能具有相同的结构性意义，但因词根的不同而具有不同的特质性意义。根据第 4 章的论述，目前关于动词词根的性质主要有两个问题需要探讨：一是动词词根自身是否可以独立允准论元，该问题涉及词根是否可以有自己的独立投射；二是动词词根中究竟包含哪些与句法操作直接相关的语义特征，这些特征不仅决定着该词根可以与什么形式的事件句法结构相融合，还决定着它以何种方式与事件功能语类相融合，与之相关的问题是动词词根究竟包含哪些语义类型。下面我们来分别讨论这两个问题。

4.1.1　词根的投射及论元的分类

首先来看第一个问题。生成性建构主义以及 DM 理论都摒弃了传统生成语法理论所倡导的词库，词项都是以词根形式存在。但在生成性建构主义内部，学者们对于词根的具体性质仍存在一定分歧。Ramchand（2008：11）提出了目前生成性建构主义对于词根性质的两种极端性观点，一个称为"光杆词根说"（naked roots view），以 Borer（1998，2005a，2005b）为代表，该观点认为词根内不包含任何与句法相关的信息，甚至不包含语类信息，这一点与 DM 理论对词根性质的认识基本一致。与之相对的另一个极端称为"全副武装式词根说"（well-dressed roots view），该观点与词汇主义的主流观点较为接近，认为词根包含一定的句法信息，其中包括词类信息、句法选择信息和论元结构信息等，这些句法信息投射在句法结构上直接影响甚至决定着论元实现。从本质上讲，这两种极端观点的分歧在于论元的实现在多大程度上是由事件功能语类决定，在多大程度上是由动词词根本身所决定。从更为宏观的角度上讲，它反映了词库与句法的分工问题。

如果按照"光杆词根说"的观点，词根不包含任何的句法信息，甚至不包含语类信息，那么从原则上讲，在句法结构中应该不存在词根的投射，词根不具备可以引入论元的句法功能。持该观点的学者除 Borer 外，还包括 Acquaviva（2008）、Alexiadou 等（2014）、Lohndal（2014）等。Acquaviva（2008）指出，由于缺乏必要的句法信息，词根不能发生投射，因而没有所谓的词根投射（RootP），没有论元可以出现在词根的指示语或标志语位置，所有的论元都由功能语类引入。对于汉语，持该观点的学者以熊仲儒为代表（见熊仲儒，2002，2004a，2004b，2011，2015；熊仲儒和刘丽萍，2005 等一系列研究）。然而，其他学者采用的是一种相对折中的观点，即认为词根具有一定的句法信息，可以引入一部分论元，如 Embick（2004）、Harley（2005，2014）和 Ramchand（2008）等。

本书既不主张"光杆词根说"，也不主张"全副武装式词根说"，而倾向于采用两者之间的一种折中观点，即认为词根具有一定的事件语义信息，这些信息作为事件结构的补充信息，来填充整个事件语义的具体内容，或者说词根的意义是作为整个事件语义的修饰性成分。根据 Levin 和 Rappaport Hovav（1995）的研究，词根有其自身的本体类型，包括方式、工具、结果状态、容器等，这些语义内容是整个事件句法结构的修饰语，即不同的事件类型是依据不同的事件结构性部分进行区分，而同一事件类型的内部是通过词根之间的差别来区分的。因此说，词根本身也具有一定的语义特征，该语义特征是由词根的百科信息所决定，因此词根应该也可以进行投射并允准论元，即存在所谓的 RootP，但词根所允准的论元在句法性质上与事件功能语类所允准的论元存在根本性的差异。

Grimshaw（1993：77）区分了所谓结构论元（structural argument）和内容论元（content argument），前者是参与句法结构组建的必要成分，而后者则是可有可无的。她提出并非所有的论元都应被指派题元角色，题元角色应该只被赋予结构论元，而内容论元不应被赋予题元角色。Grimshaw 的区分是依据传统的题元理论，而从事件句法理论角度来讲，结构论元应被定义为事件结构的参与者，即事件表达中所必需名词性成分，我们也将其称为"事件论元"（event argument）。它们是相对于事件结构中的基本谓词来定义，主要受事件结构意义的限制，是由事件功能语类所选择的论元成分，在事件结构的组成中必不可少。相反，内容论元是由词根本身的特质性信息所决定，也被称为特质论元（idiosyncratic argument），它们是由词根所允准，由词根的百科信息所决定。内容论元不参与事件结构的组成，它们的选择与事件功能语类无关，而是完全由词根所决定。林之平（Lin，2004：35-36）也提出了类似的思想，他指出，某些论元成分是由动词词根来直接允准的，它们在事件句法结构中所占据的位置不同于结构论元：由词根所引入的论元占据的是词根的补足语位置，而事件功能语素［林之平称为动词化语素（verblizer）］引入的论元一律占据该功能语素的标志语位置。如林之平（Lin，2004：36）指出，（1）具有如下两种可能的句法结构：

　　（1）John swept the floor.

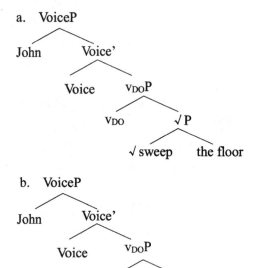

　　Levin（1999：224）认为，英语中只有 cut、destroy、kill 以及及物用法的 open 和 break 是核心及物动词（core transitive verb），即这些动词表达致使性事件，其内部论元是表示发生状态变化的事件论元，在事件结构的组成中必不可少；而其他及物动词（如 kick、pound 和 sweep 等）属于非核心及物动词，即它们的内部论元属于动词本身选择的特质论元，并非必须出现。但林之平（Lin，2004：35）

不赞同这种说法，他提出（1）句其实是个歧义句，它具有如（1a）和（1b）所示的两种结构。在 a 结构中，内部论元 the floor 占据词根的补语位置，表明它是由词根选择的特质论元，其本身并未发生状态变化，整个句式可解释为"有一个扫地的活动类事件，John 是事件的施事者"。此外，（1）还可以表示 sweep 作用于 the floor 引发其状态发生变化，此时的结构如 b 所示，即 the floor 是由事件轻动词 v_{DO} 所允准的事件论元，占据 v_{DO} 的标志语位置，整个句式可解释为"有一个清扫的活动引发地板的状态变化（即变干净），John 是该事件的施事者"。

我们部分赞同林之平的分析，即认为除致使性及物动词外，普通表示活动方式的及物动词既可能允准特质论元，也可能允准事件论元[①]。前者由词根直接引入，占据词根的补足语位置；后者由事件功能语类引入，占据事件功能语类的标志语位置。但目前的问题是，我们该如何区分事件论元和特质论元？是否所有单语素的及物动词都能够允准这两种论元？例如，下面单语素及物动词带宾语的句子是否也像（1）一样具有两种可能的句法结构？

　　　（2）a. 张三扫了地。
　　　　　　b. 张三推了车子。

　　要判定（2）中的论元"地"和"车子"是否受到影响并进而发生状态的变化，需要设定一个标准来判定这些论元究竟是事件论元还是特质论元。我们认为，对于宾语是否受到影响可以通过"把"字句的变换来判定，能够转换为"把"字句的及物结构，其宾语必然受到影响或发生状态的改变；不能转换为"把"字句的及物结构，其宾语并未受到影响。

　　汉语的"把"字句是一种较为特殊的句式，在汉语语法研究中享有特殊的地位，先前学者对其进行了大量研究。王力（1943/1985：83）最早提出"把"字句具有"处置意义"，即将受动成分前置，表达"把人怎样安排（AH），怎样支使（G），怎样对付（BI）；或把物怎样处理（CEFJ），或把事情怎样进行（D）"，强调动作及其结果，表示对"目的语"（即"把"后宾语）的一种处置。后来，王力（1958/1980：410）又从形式和意义上对"把字句"做了进一步解释，即"就形式上说，它是一个介词性的动词'把'字把宾语提到动词的前面……就意义上说，它的主要作用在于表示一种有目的的行为，一种处置"。熊仲儒（2004a：118-119）提出处置义的表达一般需具备三个条件：一是处置的主体应为有意愿的人，二是处置客体当存在于处置行为之前，三是动词必须有"处置"义。然而，在实际语料中却存在很多不符合上述条件的"把"字句。例如，一些"把"字句

---

① 事实上，我们对于（1b）的结构分析与林之平的有所不同，既然其中的论元 the floor 发生了状态变化，那从整个句式的事件语义来讲，其中应该不只包含活动性事件轻动词，还应包含表达状态变化的事件轻动词，因此林之平给出的结构并不完整，我们将在后面的讨论中对其进行更正。

的主语是非人名词或无意愿的人，如（3）所示：

（3）a. 他的血溅了我一身，把我的衣服都搞脏了。（1988 年《人民日报》，
　　　 转引自 CCL 语料库）

　　 b. 金碧辉煌的宫殿，把淳于棼的眼睛都看花了。（引自宋玉柱，
　　　 1991：1）

　　 c. 出嫁的那天，她把喉咙都哭出血来了。（引自宋玉柱，1991：1）

此外，具有"处置"义的动词应为自主动词，但一些非自主动词也能充当"把"
字句的谓语。例如：

（4）a. 一个人把机会错过了，说不定就错过了一生！（方方《桃花灿烂》，
　　　 转引自 CCL 语料库）

　　 b. 偏又把凤丫头病了。（曹雪芹《红楼梦》，转引自 BCC 语料库）

王力（1954：120）认为这些用法属于处置式的活用，他称之为"继事式"。
他提出，"继事式"并不表示一种处置，而只表示一件事是受另一件事影响而生
的结果。可以看出，"处置说"似乎难以全面概括"把"字句的语义功能。胡附
和文炼（1955：124）也提出："……'把'字句不一定表示处置的意义，许多没
有处置意义的意思，在我们语言里也常常用'把'字句表示出来。"宋玉柱（1991：
5）提出应对"处置"义进行扩展，即不能将其简单地理解为人对物的处理，而应
理解为句中谓语动词表示的动作对"把"字宾语施加某种积极的影响，使其发生
某种变化，产生某种结果，或处于某种状态。薛凤生（1987，1994）也有类似的
看法。

黄正德等（Huang et al.，2009：186）提出"把"字句的成句条件在于"把"
字宾语是否具有"受影响性"（affectedness）的语义角色。如在下例中，（5a）
中的"菜"受到"炒"的影响，产生的结果状态是变得"很烂"；相反，在（5b）
中，直觉告诉我们，一个人的"姓氏"是无法受到影响的，因而该"把"字句不
成立。

（5）a. 我把菜炒得很烂。
　　 b. *我把李姓了。

遗憾的是，黄正德等并未对"受影响"的概念进行具体定义，在他们看来，
"受影响"这一概念要受到语篇和语用因素的影响，进而导致"把"字句的使用存
在很多不确定性。但按照我们的推断，他们所说的"受影响"实质上与宋玉柱（1991）
的看法基本一致，即 X 对 Y 施加某种影响，使其产生某种动作或结果。

熊仲儒在前人研究的基础上，提出"把"字句本质上是表示"致使"，即"致事致使役事达成某种结果，通过某种活动"（熊仲儒，2004a：121）。但他并不否定"处置说"，他认为（熊仲儒，2004a：120），所有的"把"字句都具有致使意义，少部分"把"字句还有"处置"义。他进而提出（熊仲儒，2004a：133），"把"是"致使"性功能范畴 Cause 的语音实现形式。然而，汉语中的动结式绝大多数也具有致使义，如果"把"字句都具有致使意义单纯是为了表达致使意义，那么该句式与普通的主-动-宾句式似乎区别不大，但事实上，很多"把"字句并没有与之对应的主-动-宾句式，反之亦然；或者即使有相对应的句式，两者所表达的语义也存在差异。

宋玉柱（1991：2）提出，"把"字的运用有两种情况：一种是可用可不用，一种是必须用的。第一种情况是指"把"字句和主-动-宾句式并存的现象。例如（引自宋玉柱，1991：2）：

（6）a. 我们一定要修好淮河。

　　　b. 我们一定要把淮河修好。

该种情况下，句子的谓词一般是具有致使义的动结式，因为其本身也表达致使义，因而可以变成"把"字句，两类句式的意义差别可能仅在于语意的轻重[①]。但一些单语素动词构成的主-动-宾句式虽然也有相应的"把"字句，两者的意义却存在一定区别。例如：

（7）a. 他喝了酒。

　　　b. 他把酒喝了。（引自张伯江，2000：28）

（8）a. 他用了钱。

　　　b. 他把钱用了。（引自张伯江，2000：28）

张伯江（2000：28-29）指出，上面的 b 句具有明显的"全部"意义，这一点可以通过能否加入"都"和能否加"没吃完"来否定进行检验。例如：

（9）a. *他全/都喝了酒。/他把酒全/都喝了。

　　　b. 他喝了一些酒。/*他把一些酒喝了（引自张伯江，2000：29）

（10）a. ？张三吃了饭/张三吃饭了，可是没吃完。

　　　b. *张三把饭吃了，可是没吃完。

我们认为，之所以存在着上述区别，是因为就单语素动词构成的普通主-动-

---

① 王力（1954：166）曾指出："仔细体会起来，我们总觉得处置式的语意重些。"按照我们的语感，（6a）相比（6b）的语意要更重一些。

宾句式而言，其中的动词宾语不一定是参与事件的事件论元，即该论元对于整个事件的语义并没有实质性贡献，因而该论元其实也是可有可无的①；但在与之相对应的"把"字句中，其中"把"字后面的论元一定是事件论元，即该论元不仅参与事件，而且是事件语义构成中不可缺少的一部分。

我们有两个证据来证明上面的结论：第一个证据是并非所有的动结结构都有相对应的"把"字句，一些动结结构不能变成"把"字句。例如：

（11）a. 原来是凤举<u>喝醉了酒</u>。（张恨水《金粉世家》，转引自 BCC 语料库）

　　　b. *凤举把酒喝醉了。

（12）a. 老钱<u>吃饱了饭</u>，忽然放下饭碗，潸潸落泪。（王火《战争和人》，转引自 BCC 语料库）

　　　b. *老钱把饭吃饱了。

（11）、（12）中的 a 句虽然是以动结式为谓语，但其中的宾语"酒"和"饭"并不是事件论元，而是由动结式的 V1 所允准的特质论元，而特质论元不能够参与事件组成，因而它不可能成为"把"字的宾语，两个句子没有相应的"把"字句也就顺理成章了。

第二个证据是根据 Tenny（1994：115-116）提出的"体态界面假说"（Aspectual Interface Hypothesis，AIH），体态特征在论元实现中具有决定性作用，但同时她也指出，论元的性质对于谓词表达的体态特征也有一定的影响。Tenny（1994：119）提出，量化宾语表达一个事件在时间上的量度，带有事件量度（event measure）的语义角色，在句法上被投射到直接宾语位置。我们在第 2 章提到的"渐进客体"就具有量度事件的作用，即事件随着客体状态的改变而发生渐进变化，而客体状态改变的结束也就标志着整个事件达到了自然上的终点。对于"把"字句而言，前人的研究基本都一致认同"把"字后面的宾语在指称上必须是有定的（包括定指和特指），而不能是无定的。例如，下面两个"把"字句中的宾语都是具有特定指称的"饺子"和"囚犯"，而不能是任意的"饺子"和"囚犯"：

（13）a. 我把饺子都吃了。（张爱玲《相见欢》，转引自 BCC 语料库）

　　　b. ……好奇地把囚犯观察了一会儿（狄更斯《双城记》，转引自 BCC 语料库）

"把"字宾语之所以必须为有定，是因为它们起着量度事件的作用，只有当宾

① 例如，对于一般的主动宾句式，我们常可以省去宾语，如说成"张三吃了"。

语具有特定指称时，其状态变化才是有界的。由此可见，宾语的语义性质对于事件的语义特征（特别是有界性）具有一定的影响。Rappaport Hovav 和 Levin（1998：113）提出的论元实现条件（Argument Realization Condition）进一步明确了事件论元对于事件组成的重要作用。他们规定，事件结构中每个参与成分必然与句法结构中的一个论元成分相对应；反过来，句法结构中每个论元成分必然与事件结构中的一个可识别的子事件相联系。这里的论元成分就是我们所定义的"事件论元"，它们是事件的语义构成和事件句法结构中不可或缺的组件。根据前面的分析，"把"字句表达的是具有致使义的完结类事件，根据 Rappaport Hovav 和 Levin（1998：108）提出的语义表征式［如（14）所示］，完结类事件是包含达成类子事件的复合性事件，而达成类子事件必须与其中的论元 y 相对应，其中 y 一定是事件论元：

（14）a. [[x ACT$_{<MANNER>}$]CAUSE[BECOME[y<STATE>]]]（完结类事件）
　　　b. [x CAUSE[BECOME[y<STATE>]]]（完结类事件）

　　换句话说，如果一个及物性结构具有相对应的"把"字句，那么该结构中的宾语一定是事件论元，它可以单独允准一个达成类子事件；相反，如果一个及物性结构没有对应的"把"字句，那么即使动词带有宾语，该宾语也并非事件论元，而只能是特质论元，因为其对于句式的事件语义没有实质性的贡献。

　　据此，我们可以判定（2）中两个及物性结构究竟哪个宾语可能成为事件论元。（2a）具有与之对应的把字句［如（15a）所示］，而（2b）则没有，因而我们判定（2a）中的"地"可以成为事件论元，它是由事件功能语类所选择的论元成分，占据事件功能语类的标志语位置；而（2b）中的"车子"只可能是特质论元，它是由词根"√推"所允准，与事件功能语类无关：

（15）a. 只管低着头，<u>把地扫了</u>……（张爱玲《多少恨》，转引自
　　　　BCC 语料库）
　　　b. *张三把车子推了。

　　小结一下，在汉语中，具有致使义的及物性结构都有与其相对应的把字句（熊仲儒，2004a：126），那么这些及物性结构中的宾语一定是事件论元；但并非所有的及物性结构都具有致使义，那么此时我们就需要通过能否变成把字句来判定其中的论元性质，能够变成把字句的及物性结构中的宾语论元一定是事件论元，它们是事件组成中不可缺少的成分，由事件功能语类所允准；不能变成把字句的及物性结构中的宾语论元一定是特质论元，由词根本身所允准，它们不是事件组成的必有成分，因而在很多时候是可有可无的。

4.1.2　词根的语义性质

接下来我们讨论第二个问题，即动词词根可以表达什么样的事件类型，具有哪些事件特征。Chomsky（1965）和 Jackendoff（1990）提出，在语义与句法关系的研究中应区分两种类型的词汇信息：非结构化的外延性词汇信息和与句法结构相关的系统性词汇信息。两种词汇信息共存于词库当中，后者是前者与句法操作有关的子集部分。Pinker（1989：166）、Pesetsky（1995：14）、Levin 和 Rappaport Hovav（2005：10）等的研究指出，词项所包含的词汇意义是纷繁复杂的，其中只有某些方面与句法结构和论元实现有关，这些词汇信息是与句法操作相关的语义成分，Rappaport Hovav 和 Levin（2010：23）、Levin 和 Rappaport Hovav（2013：49）将这种语义信息称为"词汇化意义"（lexicalized meaning），它是探索动词词根语义性质并归纳词根事件特征基础。因此，我们首先要弄清一个动词的词汇化意义究竟是什么以及如何将词汇化意义与非词汇化意义区分开。

Rappaport Hovav 和 Levin（2010：22）指出，词汇化意义包含了一个动词的核心意义，它是从一个词项的各种具体用法中抽象出来的，具有高度概括性，一般不因动词所进入的具体语境而发生改变。首先，我们应区分动词的词汇化意义与动词的推断意义（inferred meaning）。以英语动词 wipe 为例，wipe 的词汇化意义只表达表面接触和移动的方式，但它在具体的语境中往往隐含动作的结果状态，但事实上该结果状态可以被否定，说明结果状态只属于推断意义，并不属于 wipe 词汇化意义的一部分。如（16）所示：

（16）a. I just wiped/scrubbed the counter; it hasn't been so clean in days.

　　　 b. I wiped the table, but none of the fingerprints came off.

（引自 Rappaport Hovav & Levin，2010：22）

根据 wipe 的词汇化意义我们将其归为活动动词。相反，clean 的词汇化意义是"变为洁净的状态"，但其用于具体语境时往往隐含着动作方式，但该动作具体以何种方式进行存在多种可能，说明活动方式并未具体指明（unspecified），因而活动方式义并不属于 clean 词汇化意义的一部分。根据 clean 的词汇化意义，我们将其归为状态变化类动词。如（17）所示：

（17）I cleaned the dress by soaking it in hot water/pouring bleach over it/saying "abracadabra".

（引自 Levin & Rappaport Hovav，2013：52）

其次，我们应区分词汇化意义与词汇蕴涵（lexical entailment）。词汇化意义是指一个动词抽象性的核心语义，词汇蕴涵是指一个词汇所蕴涵的具体意义，两者既存在联系，又相互区别。以英语动词 dance 和 tango 为例，tango（跳探戈）是一种特定形式的舞蹈表演，其词汇蕴涵相比 dance 更细致，属于 dance 的下义词，但从词汇化意义上讲两者的复杂程度相同，都属于活动方式类动词。

Rappaport Hovav 和 Levin（2010：21）根据词汇化意义，将非状态类动词（non-stative verbs）分为两大类：

（18）a. **活动方式动词**（manner verbs）：nibble, rub, scribble, sweep, flutter, laugh, run, swim 等。

　　　b. **结果动词**（result verbs）：clean, cover, empty, fill, freeze,kill, melt, open, arrive, die, enter, faint 等。

从上述划分我们看到，活动方式和结果动词的划分与及物和不及物动词的划分互有交叉。但很多学者较早就认识到（Fillmore，1970：16；Rappaport Hovav & Levin，1998：106 等），这种基于事件类型的划分方式相比及物与不及物的划分能够更直接地反映动词的句法行为。例如，很多活动方式类动词可以带非子语类选择（non-subcategorized）的宾语，而结果动词却不可以。例如：

（19）a. Kim scrubbed her fingers raw.（引自 Rappaport Hovav & Levin，2010：21）

　　　b. *The toddler broke his hands bloody.（引自 Rappaport Hovav & Levin，2010：22）

在 Dowty（1979：123-124）所划分的事件类型中，结果性事件包含达成类和完结类两类事件。在 Rappaport Hovav 和 Levin（1998：108）设置的事件模板中，各类型事件的结构性部分由 ACT（或 DO）、CAUSE 和 BECOME 等基本谓词表达，它们构成事件意义的基本框架，用以区分不同的事件类型；特质性部分由插入事件模板尖括号内的词根来表示,用以区分同一事件类型中的不同动词。如（20）所示：

（20）a. **状态类事件**：[x <*STATE*>]

　　　b. **活动类事件**：[x ACT$_{<MANNER>}$]

　　　c. **达成类事件**：[BECOME[x <*STATE*>]]

　　　d. **完结类事件 1**：[[x ACT$_{<MANNER>}$]CAUSE [BECOME[y <*STATE*>]]]

　　　e. **完结类事件 2**：[x CAUSE[BECOME[y <*STATE*>]]]

　　　　　　　　　（引自 Rappaport Hovav & Levin，1998：108）

基于上面的事件结构表征式，Rappaport Hovav 和 Levin（2010：25）提出，

对于一个单语素（动词）词根（monomorphemic root），它只能与事件模板中的一个基本谓词发生联系，要么作为谓词 ACT 的修饰语，填充<MANNER>内的常量，表达方式性事件语义；要么作为谓词 BECOME 的论元（argument），填充<STATE>内的常量，表达结果性事件语义。也就是说，一个单语素动词不能既表达动作方式义，同时又表达状态变化义。据此，Levin 和 Rappaport Hovav（2013：50）提出，对于单动词语素来说，存在所谓的"方式/结果互补性限制"（Manner/Result Complementarity Constraint），即"方式性和结果性事件语义呈现互补分布，单一语素构成的词项其词汇化意义中只包含其中之一"（Manner and result meaning components are in complementary distribution: a verb lexicalizes only one）。依据该限制，下面（21a）、（21b）都是合法的事件语义表征式，而对于（21c），如果其中的两个 ROOT 是同一个词根，则该表征式不能成立，因为其违反了"方式/结果互补性限制"。

（21）a. [x ACT$_{<ROOT>}$]

b. [[x ACT]CAUSE[y BECOME <ROOT>]]

c. *[[x ACT<root>]CAUSE[y BECOME <ROOT>]]

（引自 Beavers & Koontz-Garboden，2012：334）

从（21c）的不合法性得出，英语中不存在这样一个单语素动词 grimp，其意义是 x dying caused y to die，因为该单语素动词即表达活动的方式，又表达该活动所造成的结果，它的词汇语义结构与"方式/结果互补性限制"相悖，如（22）所示：

（22）a. *John grimped Mary.

b. *[[x BECOME <dead>]CAUSE[y BECOME <dead>]]

（引自 Beavers & Koontz-Garboden，2012：332）

一个句式若要既表达方式语义，也表达结果语义，其必须至少包含两个单语素动词。如在"John hammered the metal flat."中，词根 √HAMMER 表达动作实施的方式，充当谓词 ACT 的修饰语；√FLAT 表达具体的结果状态，充当 BECOME 的论元，其事件语义表征式如下：

（23）[x ACT$_{<HAMMER>}$] CAUSE [y BECOME <FLAT>]

Rappaport Hovav 和 Levin（2010：26-27）提出，方式/结果互补性限制在语义上存在理据支持，方式类动词与结果类动词分别与不同的语义特征相对应。但他们认为终止性并非区分这两类动词的语义特征，其原因有两点。一方面，很多结果类动词词汇化意义中不含终止性特征，如 cool 属于结果类动词，但其同时具有终止性和非终止性特征。例如：

（24）a. We cooled the solution for three minutes.

　　 b. We cooled the solution in three minutes; it was now at the desired temperature.

（引自 Rappaport Hovav & Levin，2010：31）

　　另一方面，终止性语义特征往往具有组合性，一些活动方式类动词也可以与特定的宾语或副词构成表达终止性意义的事件。如下面的活动方式动词 write 和 run 分别加上量化宾语和处所短语均可以表达终止性事件：

（25）a. John wrote a letter in/*for 5 minutes.

　　 b. The mouse ran into the room in/*for 5 seconds.

　　Rappaport Hovav 和 Levin（2010：28）基于 McClure（1994）和 Rappaport Hovav（2008）的研究提出，真正区分方式类动词与结果类动词的语义特征不是终止性或有界性，而是分级性变化（scalar change）。所谓的"分级性变化"，是指如果我们将词根描述的事件过程当作一个标尺（scale），该标尺是用来标记动词论元的某一特征，即某一特定维度（如高度、温度和距离等）的数值，那么所有结果性词根表达的都是分级变化，即标尺上每一点的属性值均不相等。分级性变化的量度分为两级标尺（two-point scales）和多级标尺（multiple-point scales）。两级标尺是指其所标记的特征维度只有两个数值［即 0（无）和 1（有）］，与两级标尺相联系的状态变化动词包括 die、crack、empty 等，与两级标尺相联系的方向性位移动词包括 arrive 等，这些动词的共同特征是它们从某一状态（或处所）到另一状态（或处所）的变化是瞬时的，没有中间状态。多级标尺指其所标记的特征维度存在多个数值，与多级标尺相联系的动词一般被称为"逐级变化动词"，它们大多数是由分级式的状态形容词衍生而来，如 warm、cool 等；表示逐级性处所变化动词包括 advance、descend、fall 和 rise 等。只有与两级标尺相联系的动词具有终止性特征，而与多级标尺相联系的动词可能具有终止性或非终止性特征，因此前一类动词不能与持续性时间状语 for X time 连用，而此类动词则也可以与持续性时间状语连用。例如：

（26）a. The dam cracked at 6:00 a.m./*for two months.

　　 b. The pipe burst at 6:00 a.m./*for two months.

（27）a. We cooled the solution for three minutes.

　　 b. We cooled the solution in three minutes; it was now at the desired temperature.

（引自 Rappaport Hovav & Levin，2010：31）

与状态变化类动词相反，所有方式性动词词根表达的是不分级变化（non-scalar change），即标记特征值的标尺上的每一点都具有相等的值，如词根 walk 和 run 本身描述的事件在标尺上的任意一点都是等值的，即施事者的变化在任何时间点都是同质的，除非在事件中加入一个趋向性短语（如 into the room）使得标尺上的数值不相等而将其变为分级变化。此类动词的特征是它们只能与持续性时间状语连用，而不能与框架性时间状语连用。例如：

（28）John walked/ran for half an hour/*in half an hour.

Rappaport Hovav 和 Levin（2010：34）指出，词根在表达方式与结果语义特征上的互补性本质上反映了其所表达的两类事件过程在分级变化与不分级变化上的互补性。

方式/结果互补性限制的提出引发了学界的广泛关注，也有一部分学者对该语义规则提出了质疑（Goldberg，2010；Mateu & Acedo-Matellán，2012；Beavers & Koontz-Garboden，2012 等）。Beavers 和 Koontz-Garboden（2012：337）通过一系列句法诊断式证明英语中的杀死方式类动词（如 crucify、drown、electrocute、guillotine 等）的词汇语义中既包含方式义，也包含结果义，对所谓的"方式/结果互补性限制"构成反例。

而后，Levin 和 Rappaport Hovav（2013）又以 climb 和 cut 为假想的反例来证明"方式/结果互补性限制"的合理性。以动词 cut 为例，该动词在句法表现中似乎既显示出结果类动词的特征，如不能与持续性时间状语连用，不能有相应的瞬时名词用法等；同时也显示出方式类动词的特征，如可用于"意动结构"（conative construction）（如 cut at the rope），不存在致使和非宾格结构的交替等。Levin 和 Rappaport Hovav（2013：56-58）认为，上述证据并不表明 cut 同时具有方式义和结果义，事实上，cut 在大多数用法中其词汇化意义中只包含结果义，在少数用法中只包含方式义，但不存在同时包含结果义和方式义的用法。

综上，动词词根可以划分为三种本体类型：状态类、活动方式类和状态变化类。作为一个单语素的词根而言，它在具体的句式中不可能既表达方式义，同时又表达结果义。如果一个句式中同时包含方式和结果两种事件语义，那么其中这两种语义一定是通过不同的词根进入事件句法结构来分别表达的，句法结构的组构性体现了事件语义的组合性特征。

4.2　事件功能语类的设定

本书所采用的是生成性建构主义方法，我们所设立的事件句法模型融事件结构和句法结构为一体，主要包括词根和事件功能语类所组成的事件句法结构，以及相应的一系列句法推导规则。那么在明确了动词词根的基本性质之后，我们接下来讨论事件句法结构究竟存在哪些必需的事件功能语类，这些功能语类具有怎样的语义和句法功能。

在第 2 章中我们讲到，虽然投射主义和生成性建构主义对句法和语义的接口关系有着不同看法，但两者在各自的理论框架内都区分了词根和事件功能语类，即两者都承认动词意义由结构性和内容性两部分组成。在投射主义方法中，结构性意义部分是通过事件功能语类组成的框架性结构（即事件模板）来表示，内容性部分则通过常量来表示。而生成性建构主义方法中，内容性部分由词根表示，构成动词的词汇表征，而结构性部分与词根相分离，通过基本句法结构得以表征，这些句法结构是与框架性事件的具体解释相联系的。

生成性建构主义阵营的学者们一致认同事件结构是通过句法结构得以表征，但对于句法结构中包含哪些表达事件语义的功能语类存在一定分歧。以 Levin 和 Rappaport Hovav（Levin & Rappaport Hovav，1995，2005；Rappaport Hovav & Levin，1998）两位学者为代表的投射主义方法曾通过各种事件谓词（如 CAUSE、DO、BECOME 和 BE）组成的事件模板来表征事件结构部分。那么对于生成性建构主义来说，最直接的做法就是借用这些事件谓词让其直接充当事件功能投射的中心语。该思想最早可追溯到生成语义学领域的研究。McCawley（1968）曾提出用各种基本谓词直接表达动词的底层句法结构。例如，动词 kill 的词汇语义可以分解为 CAUSE NOT TO BE ALIVE，它的词汇语义结构可以表示为（引自 McCawley，1968：73）：

（29）

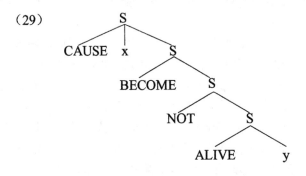

生成语义学的基本观点是把语义全部纳入句法，（29）既代表了 kill 的词汇语义结构，也代表它的深层句法结构，其中 x 和 y 代表 kill 的两个句法论元。

McCawley 的方法虽存在不少弊端［参见 Fodor（1970）和 Chomsky（1970）的质疑］，却为后来学者通过句法结构来表征语义结构奠定了基础。随着事件和事件结构等概念被引入语言学研究，学者们发现了事件语义和句法结构是相互依存的关系。有学者认为，句法结构即使不与事件结构同构，在很大程度上也是由事件结构派生而来的（Borer，1998；Travis，2000）。与此同时，随着"VP 内主语假说"（Koopman & Sportiche，1991：239）和"VP 壳"理论（Larson，1988；Chomsky，1995）等轻动词理论的诞生，动词短语结构越发具有组构性和层级性，这为事件结构中的基本组成要素通过句法结构中的各种功能语类得到直接表征提供了可能。

4.2.1　施事与致使

先前学者汲取 McCawley（1968）的思想，在生成性建构主义框架内设立了很多不同类型的事件功能语类，这些功能语类虽然名称不同，但在事件语义表达和句法功能上却有很大的相似性。例如，在表达外部致使意义和引入外部论元上，Hale 和 Kayser（1993，1997，2002）、Arad（1998）和 Embick（1998，2004）等采用经典的轻动词 v，Bowers（1993）采用谓词投射（Predicate Projection，PrP），Borer（1994，1998）采用体态投射（Aspectual Projection，Asp$_P$P[①]），Ritter 和 Rosen（2000）采用早期管约论时期的一致投射 AgrSP，Kratzer（1996）和 Pylkkänen（2008）采用语态投射 VoiceP 引入外部论元，Collins（1997）采用及物投射（Transitive Projection，TrP），McIntyre（2004）采用起始投射（Initiation Projecion，INITP），熊仲儒（2004a，2004b）直接采用功能语类 Caus(e)，Ramchand（2008）采用 initP。在表达状态变化意义（或终止性意义）和引入内部论元上，Borer（1994，1998）采用 Asp$_Q$P，Ritter 和 Rosen（2000）采用管约论时期的 AgrOP，Lin（2004）采用的是轻动词投射 v$_δ$，熊仲儒（2004a，2004b）采用功能语类 Bec(ome)，Ramchand（2008）采用结果性投射 res(sult)P。

除了上述名称上的差异外，目前学界争议较大的另一个问题是，施事义和外部致使义的表达是需要两个独立的事件功能语类，还是可以将两者合二为一，只用一个功能语类来表示？很多学者认为，施事义（agency）和致使义（causation）可以通过一个功能语类得以表达，该语类同时负责引入外部论元。在经典的生成语法理论中（Chomsky，1995，2001，2004），轻动词 v 就被赋予了这些语义和句法功能。它在语义上表达起始性或致使性事件意义，在句法功能上能够引入外部论元和核查宾格特征，vP 表达起始性或致使性事件。Kratzer（1996：120）提出，不论是表达施事还是致事的外部论元都是由功能语类 Voice 所引入，即外部论元基础生成于[Spec，VoiceP]位置，外部论元在语义上通过"事件认同原则"（Principle of Event Identification）与谓词部分发生联系。Ramchand（2008：23）

---

① Borer（2005）将其改为 E（vent）P。

提出，"施事性"这一概念并不直接在句法上决定动词的类型[①]，而真正决定动词类型的是"起始性"（initiation），即一个外部论元无论表达何种语义概念（如有意愿性施事、工具、抽象致事/来源），都可以归入"起始者"（initiator）概念范畴，该"起始者"作为一个实体，其某个特征或某种行为负责该事件的存在。Lin（2004：40）则提出，施事性是由 VoiceP 来表达的，施事性外部论元是 Voice 所引入，而致使性不是通过某个具体的功能语类表达，而是一种结构性关系，即通过 v_{Do} 及其所选择的 v_{δ} 之间所形成的中心语-补足语的结构关系来表达的。根据目前强式建构主义的主流看法（Pylkkänen，2008；Schäfer，2010；Alexiadou et al.，2014 等），外部论元不是由事件轻动词所引入，而是由独立的功能语类 Voice 所引入，Voice 的功能是将一个事件的发起者与某种特定的事件相联系，但该功能语类不介入事件语义的表达。换句话说，Voice 引入的致事并非指称致使事件中的一个参与者，而是指称致使事件本身（Pylkkänen，2008：83-84）。Alexiadou 等（2015）通过一系列的证据证明，广泛存在于自然语言中的"起动/致使"交替（inchoative/causative alternation）实际上是一种 Voice 交替，即两种交替形式具有相同的事件结构组成，只是后者的句法构造中多了 Voice 的投射。

另有一部分学者认为，施事性和致使性应通过两个不同的事件功能语类来表达，施事和致事论元是由不同的功能语类所引入。在这种观点中，"致使"这一语义概念被赋予独立的地位。换句话说，学者们专门设立一个功能语类来独立表达"致使"这一事件语义。Croft（1991：5）对于一个简单动词可能的语义结构提出了所谓的"理想化认知模型"（Idealized Cognitive Model，ICM），她将一个事件定义为一个致使语义链的一个环节，任何一个事件结构都是由Cause-Become-State 组成的三段性致使语义链。符合 ICM 的最典型事件类型是引发状态变化的有意愿致使，也就是原型性及物性事件，其他类型的事件都可以被"压制"（coerced）为该模型的某一段或某几段。在 Croft 看来，"致使"这一语义概念应被赋予独立的地位。熊仲儒（2004a：127）在研究汉语的致使句式时指出，应设立一个独立的功能范畴来负载"致使"语义，并由该功能语类决定致事论元的选择与合并。他所设立的功能语类是 Caus，并将"把"字句中的"把"作为该功能语类的语音实现。

综合上述研究，我们提出以下两点设想。第一，有必要赋予"致使"以独立的语义和句法地位，即有必要设立一个单独的功能语类来表达"致使"事件义，这也就意味着我们需要将"致使"与"施事"通过不同的功能语类来表达，两者分属起始性轻动词 v 的不同子类。这样做的主要依据是英语及其他很多语言中都

[①] Rappaport Hovav 和 Levin（2000）也有类似的看法，他们认为"施事性"的存在与否并不能直接决定动词是具有非宾格还是非作格性质。

区分有意愿的致使和无意愿的致使。请看下面两个句子：

　　（30）a. The vandals broke the windows.
　　　　　 b. The rocks broke the windows.

　　　　　　　　　　　　　　（引自 Levin & Rappaport Hovav，1995：103）

　　这两个句子都具有致使意义，但两者在意愿性或自主性（volition）上存在差异，区分的标志是（30a）可以加入意愿性副词 deliberately（"故意地"），并且可以转换为相应的祈使句，而（30b）则不具备上述两种性质，如（31）所示：

　　（31）a. The vandals deliberately broke the window./Break the window,
　　　　　　　vandals!
　　　　　 b. *The rocks deliberately broke the window./*Break the window,
　　　　　　　the rocks!

　　因此，为了区分有意愿致使和无意愿致使不同的句法特征，我们有必要设立分别表示"致使"和"活动"的两个独立的事件功能语类，我们将这两个功能语类分别设置为 v_{Cause} 和 v_{Do}，两者分别含有[致使]事件特征和[过程]事件特征，两者的最大投射 $v_{Cause}P$ 和 $v_{Do}P$ 分别表达致使性事件义和过程性（或活动性）事件义。

　　另一个相关的问题是，对于有意愿的致使句式来说，其句法结构中 $v_{Cause}P$ 和 $v_{Do}P$ 的相对位置应如何安排？换句话说，两者之间具有一种怎样的选择关系？熊仲儒（2004a：120）为有意愿致使句式（如"张三喝醉了酒"）设置了如下的句法结构：

　　（32）$[_{DoP}[_{Spec}][_{Do'}[Do][_{CausP}[_{Spec}][_{Caus'}][Caus][_{BecP}[_{Spec}][_{Bec'}[Bec][_{VP}[_{Spec}][V]]]]]]]$

　　从上面的结构可以看出，熊仲儒是将表示施事性的功能投射 DoP 设置于致使性功能投射 CausP 之上。然而我们认为，这样的设置至少是与汉语"把"字句的结构相矛盾。熊仲儒（2004a：133）提出将"把"字句中的"把"字作为功能语类 Caus 的语音实现，这一看法目前已得到学界的普遍认可（见 Zou，1995；Huang et al.，2009 等）。然而，如果"把"处于功能核心 Caus 位置，而"喝醉"经过移位最终落脚于 Do 位置，则（32）中的事件句法结构无法生成正确的表层语序。因此，我们认为，若要生成正确的"把"字句的语序，即"把"字在线性顺序上位于动结式"打破"之前，则致使性投射 CausP 在句法结构上理应必须高于活动性投射 DoP。据此，我们认为在有意愿致使句的句法结构中，v_{Cause} 是以中心语-补足语的关系选择 $v_{Do}P$，$v_{Cause}P$ 位于 $v_{Do}P$ 之上。

　　第二个方面，本书假设，无论是 v_{Cause} 和 v_{Do}，两者都不负责引入外部论元，外部论元是由事件性句法之外的功能语类 Voice 单独引入的，即外部论元通过

Voice 与下层 v_{Cause} 和 v_{Do} 为中心语的事件句法结构发生整体性联系，并根据事件句法中功能语类的不同组合方式而获得不同的事件角色。从这个意义上讲，v_{Cause} 和 v_{Do} 所在的最大投射的标志语位置只能由内部论元占据，并在该位置进行宾格特征的核查。

在设置了这两个事件功能语类之后，我们就可以在句法上区分有意愿致使句和无意愿致使句：对于有意愿致使句［如（30a）］，其事件句法结构中同时包含 $v_{Cause}P$、$v_{Do}P$ 以及 4.2.2 节讨论的 $v_{Bec}P$，Voice 引入的外部论元同时获得"致事"和"施事"两个语义角色；而对于无意愿致使句［如（30b）］，其事件句法结构中只包含 $v_{Cause}P$ 和 $v_{Bec}P$，外部论元仍然占据[Spec, VoiceP]位置，但只获得单纯的"致事"角色。

4.2.2　终止性与状态变化

除了施事性和致使性之外，终止性/结果性也是事件模板中的一个重要语义组成部分，也是区分事件语义类型的一个重要参数，在很多语言中都与形态和格标记相联系（见 Tenny，1994；Kiparsky，1998；van Hout，1996；Ritter & Rosen，1998；Borer，1998 等）。从事件语义的组合性上讲，复杂的完结类事件往往包含过程性和结果性两个子事件，换句话说，结果性成分与普通活动动词结合后可以使原有的事件类型发生改变，这就是 Rappaport Hovav 和 Levin（1998：111）所说的"事件模板延展"（templateaugmentation）或 van Hout（2000：240）所说的"事件类型变化"（eventtype-shifting）。由此可见，表示终止性的事件无论从语义上还是句法上都应被赋予独立的地位，那么我们是否有必要直接设置一个表示终止性意义的功能投射来引入内部论元呢？

虽然终止性事件往往可以允准内部论元，但需要指出的是，内部论元与终止性事件语义并不是一一对应的。在某些情况下，一个句式具有终止性意义，但其中并不存在一个量化性名词充当内部论元，甚至不存在内部论元。例如（引自 Ramchand，2008：25）：

（33）a. John stood up in a second.（无内部论元）

　　　 b. They found gold in three hours.（物质名词为内部论元）

从另一个方面讲，在某些句式中，即使存在量化性名词做宾语，该句也未必具有终止性事件语义。例如（引自 Ramchand，2008：26）：

（34）John pushed the cart for hours.

在其他句式中，即使存在一个内部论元且该论元经历了某种状态变化，但这种状态变化也未必蕴涵着一种最终状态，即该事件不一定具有终止义。例如（引自 Ramchand，2008：27）：

　　（35）a. The gap widened for three minutes.

　　　　　b. The chocolate melted for three minutes.

　　（35）中的动词均表示逐渐性变化，并不蕴涵最终的结果状态，这两个句子都可以与持续性时间状语 for X time 连用，说明它们所表达的事件不具有终止性意义。但句中的唯一论元却是内部论元，因为其中的动词具有非宾格性质，Rappaport Hovav 和 Levin（2000：293）注意到此类动词不能出现在 X's way 的结构中，而且其中的大部分动词存在致使性交替现象。例如（引自 Ramchand，2008：27）：

　　（36）a. John widened the gap between himself and his opponents.

　　　　　b. Karena melted the chocolate in the pan.

　　综上，内部论元与终止性语义之间并不存在一一对应的关系，具有终止性语义的句式不一定必须存在内部论元；反之，存在内部论元的句子也不一定具有终止义。对于内部论元的引入来说，关键语义成分是状态变化，而非终止性，即经历某种状态变化的论元一定是内部论元。据此，我们事件句法模型中还需要设置一个表示状态变化事件语义且引入内部论元的事件功能语类，我们将其称为 v_{Bec}，其语义和句法功能陈述如下：

　　v_{Bec}：含有[结果性]事件特征，$v_{Bec}P$ 表示状态变化或结果性事件。处于[Spec, $v_{Bec}P$]的论元是发生状态变化的客体论元，表达事件状态变化的经历者或结果状态的持有者，由 v_{Bec} 向其指派"结果承受者"（resultee）事件角色。

　　前面我们讨论的都是非状态类事件的句法组成，其中包含 v_{Cause}、v_{Do} 和 v_{Bec} 三个主要的事件功能语类。既然我们假定所有的句式都是由词根和事件功能语类组合而成，那么除了非状态类事件之外，状态类事件也应具有自身独特的功能语类和事件句法结构。就英语而言，其状态类事件的谓词主要分为 be 动词和实义动词两种类型，分别如下所示：

　　（37）a. This girl is pretty.

　　　　　b. I know him.

　　这两个句子虽然主动词不同，但均可以通过用以检验状态类事件的一系列句法鉴别式，但这两者的事件轻动词有所不同。（37a）中的谓词为系动词 be，表示事物的属性特征，我们将其中的事件轻动词设为 v_{Be}，而 be 动词的具体词项即

为 v_{Be} 的语音实现，它们可以直接允准 v_{Be}；与（37a）不同，（37b）中的谓词为实义动词，但整个句式表示一种非动态性行为的保持，我们将其中的轻动词设置为 v_{Hold}，动词 know 在词库内以状态性词根形成存在，它作为轻动词的补足语 v_{Hold} 与后面发生合并，并通过中心语移位方式与之结合从而获得动词属性，同时核查 v_{Hold} 的不可解读事件特征。

4.3　词根与事件句法结构的融合机制

4.1～4.2 节阐述了词根的基本性质，同时也为事件句法结构设置了必要的事件功能语类。根据本书所依据生成性建构主义的基本思想，事件句法结构是在句法中独立于词根构建的层级结构，词根在很大程度上只是事件句法中的修饰成分。但与此同时，我们也清楚地认识到词根对于事件句法结构的构建也有一定的影响，而最终无论在 PF 还是 LF 上，所形成的推导式都是词根与事件句法结构融合后所形成的整体结构输出。那么本节将要探讨的问题是动词词根与事件句法结构相融的问题，即词根以何种方式与事件句法中的功能语类相结合，词根又是以何种方式来影响和制约事件句法的构建。

根据 4.1.2 节的分析，单语素词根可以大致分为两类，即方式类词根和状态变化类词根。Rappaport Hovav 和 Levin（1998：109）以及 Rappaport Hovav 和 Levin（2010：24）都曾提出，词根的本体类型决定了它与何种类型的事件语义模板（即事件结构）相结合。例如，方式类词根在一般情况下是与活动性事件功能语类 v_{Do} 相联系；然而，无论是从英语还是汉语的活动动词的句法行为看，它们都可以与各种不同类型的事件类型相融，如（38）所示：

（38）a. Pat ran.

b. Pat ran to the beach.

c. Pat ran himself ragged.

d. Pat ran his shoes to shreds.

e. Pat ran clear of the falling rocks.

f. The coach ran the athletes around the track.

（引自 Rappaport Hovav & Levin, 1998：98）

（39）a. 她还在跑着，但头等车厢已经离得很远了。（列夫·托尔斯泰《复活》，转引自 CCL 语料库）

b. 从海关现场追到边境足足跑了九公里。（1993 年《人民日报》，转引自 CCL 语料库）

  c. 若鸿看到芊芊脸色惨白，眼神慌乱，跑得上气不接下气……
（琼瑶《水云间》，转引自 CCL 语料库）

  d. 有的丢掉了帽子和蒙面罩，有的跑掉了鞋子。（1995 年《人民日报》，转引自 CCL 语料库）

  e. 他跑进了屋里，直奔电话机。（考琳·麦卡洛《荆棘鸟》，转引自 CCL 语料库）

  f. 官兵打跑了长毛……（朱秀海《乔家大院》，转引自 CCL 语料库）

  对于动词的本体类型与其所表现出的句法行为之间的不匹配，我们所采用的生成性建构主义方法可以较好地解释该问题。在该方法中，一个词根可以较为自由地与不同类型的事件句法结构相融，进而构成不同类型的句式，这也是动词的句法行为和论元实现发生变化的重要原因之一。

  但同时我们也看到，动词的句法行为并非具有无限制的自由度，而目前的生成性建构主义词根如何影响和制约事件句法的构建，也很少提及词根与功能语类的结合方式，结果给人造成一个动词词根似乎能够与任意的事件结构相融合的错觉，使得句法结构的衍生性过强，论元实现的可变性无法得到有效的控制。根据 DM 的思想，方式类和状态变化类词根在进入句法推导后，都需要与某种事件功能语类相结合以获得动词属性[①]，但两者与事件功能语类结合的方式有所不同。Mateu 和 Acedo-Matellán（2012）基于 Embick（2004）的研究指出，从句法构造上对"方式/结果互补性限制"进行了重新审视。他们提出，方式/结果互补性限制是来源于普遍性的句法限制，即不同类型的词根是以截然不同的方式与句法结构相融。方式类词根与事件功能语类发生直接合并（direct merge），形成所谓的"方式融合"（manner conflation），其本质上属于一种复合性的嫁接操作，形成单一的复杂性中心语成分。而状态类（或状态变化类）词根是作为事件功能语类的补足语成分进入句法，而后通过"并入"（incorporation）方式与功能性中心语相结合。"并入"本质上是一种中心语移位，即词根先进行复制，复制后的成分移位到上层中心语（即功能语类）位置，在音系层面输出时初始位置的成分被删除。"融合"和"并入"的目的一方面是使词根获得语类属性，另一方面是填充功能语类的语音形式。这两种融合方式的句法图示分别表示为（参见 Embick，2004：372，其中 v 代表某种类型事件轻动词[②]）：

---

  ① 这里事件功能语类的作用相当于 DM 理论中的定类语素。

  ② Embick（2004）的原文中是采用轻动词 v[FIENT]，而我们认为词根与之相融的不仅限于此类轻动词，因而我们用 v 来代表任何可能类型的轻动词。

（40）a. 融合（词根与v直接合并）　　b. 并入（词根为v的补足语）

　　由于词根本身的事件类型是固定的，因此一个单语素词根只能以"融合"或"并入"两种方式之一与事件功能语类结合而进入句法推导，因此单语素动词词根所构成的句法结构要么表示方式义，要么表示结果义，这样就从句法结构上为"方式/结果互补性限制"寻找到了深层次的原因。

　　基于以上讨论，我们提出，词根和事件功能语类分别作为事件语义组成中的特质性部分和结构性部分，两者之间的联系纽带是它们事件特征的核查机制。根据生成语法理论（Chomsky，1995），词项都是特征的集合，与事件表达有关的信息也是以特征的形式存在于词库中，但词根和事件功能语类的事件语义特征具有不同性质。对于事件功能语类（如 v_{Cause}、v_{Do} 和 v_{Bec} 等）而言，虽然它们是句式事件语义表达的基本元素，但其本身没有实质性语义内容，或者说其事件特征在进入句法运算时的值未确定。根据最简方案的划分标准，这些未定值的事件特征无法被外部的认知系统所解读，属于不可解读特征，必须在句法推导中以某种方式得到定值和删除，以保证表达式在接口层面上能够成功汇集。以事件功能语类 v_{Do} 为例，我们知道它表达的是活动性事件语义，当它发生投射时，整个句式具有活动性事件义，但我们并不知道该活动性事件的具体实施方式，即它的事件特征还未被定值，此时它无法被外部的认知系统所解读，挽救的方法是需要有某种类型的动词词根与之相结合对其进行允准。

　　对于词根而言，百科知识决定了某个特定的词根表达某种特定的事件意义，因此词根的事件特征在进入句法运算时已带有确定的值。这些事件特征尽管已被形式化，但仍能被语言器官外部的认知系统（即 C-I 系统）所完全解释，属于可解读特征。当然，除动词词根之外，其他词类（如形容词或介词等）的词根也可能表达具体的事件意义，因此其事件特征也带有确定的值，属于可解读特征。既然词根和事件功能语类分别带有可解读和不可解读事件特征，我们据此假设，事件特征的核查和允准可以作为两者的融合机制。带有不可解读事件特征的功能语类作为探针 P，寻找目标 G，即带有可解读事件特征的词汇语类，当找到目标后就吸引该目标与之合并。换言之，事件功能语类只是无语音实现的空壳，需要词根以"融合"（即直接合并）或"并入"（即中心语移位）方式与之结合以使其不可解读事件特征得到定值和删除，保证最终的推导式满足"接口条件"的要求。

　　事实上，黄正德（Huang，2015：10）也提出类似的思想，他基于 Chomsky

（2000，2001）的"探针-目标体系"提出，那些半词汇性（semi-lexical）的轻语类（即我们所说的功能语类）是具有某种缺陷的中心语，它们包含无法被解读的形式语法特征 F，句法操作的驱动力就是需要对这些中心语的缺陷进行补救，即通过词汇语类与之相结合以消除功能中心语的词缀性（affixal）特征。本书提出的事件特征核查机制与黄先生的思想基本一致，区别主要有两点。一是黄正德认为功能语类具有不可解读的语法特征 F，但未明确指出 F 属于何种形式特征，而本书则将事件特征确定为功能语类的不可解读特征，并将该特征的核查作为词根与功能语类的结合机制。二是黄正德提出的核查机制中只有词汇成分作为功能成分补足语通过中心语移位进行特征核查这一种方式，而本书则认为，活动类和状态类词根分别以"融合"和"并入"两种方式与功能语类结合，并与后者发生特征核查。相比之下，本书所设定的机制能够更为清晰地把握和解释词根成分与功能语类的结合方式及其对于句法构建的作用。

4.4　事件句法模型的构建

　　前面我们设定了 v_{Cause}、v_{Do}、v_{Bec} 和 v_{Be} 几个主要的事件功能语类，并分别对它们的语义和句法功能进行了定义。在此基础上，我们尝试在最简方案框架下建立一种新的句法推导模型，该模型是以现有的新建构主义句法模型为基础，即通过句法结构来表征句式的事件结构，融事件结构和句法结构为一体。同时，针对目前新建构主义方法的不足，我们提出的事件句法模型采纳了最简方案关于特征核查的操作机制，即代表事件特质性意义的词根与代表事件结构性部分的功能语类通过特征核查在句法中发生融合，句法推导以合并和一致操作为基本手段逐级进行。该模型的基本结构如（41）所示，其中事件意义的结构性部分（即事件结构）通过事件功能投射 $v_{Cause}P$、$v_{Do}P$、$v_{Bec}P$ 和 $v_{Be}P$ 的组合得到表征，它们组成的事件句法（Event Syntax，E-syntax）部分是表达事件意义的核心部分。事件功能语类之间的基本选择关系是 v_{Cause} 选择 v_{Do}，v_{Do} 选择 v_{Bec}，v_{Bec} 选择 v_{Be}。这种语类选择关系体现了从起始点到动作过程再到结果状态的事件发展的基本顺序，它们之间的组构关系体现了事件结构的组合性特征。动词词根与上述事件功能语类相结合的常规手段包括"（方式）融合"或中心语"并入"两种。与此同时，动词词根本身也可以发生投射而允准一部分内部论元，这些论元区别于事件论元，不参与事件语义的组成，也不占据事件功能投射的标志语位置而承担任何事件语义角色。在事件句法部分之上是 VoiceP 和 TP 投射它们与事件句法投射共同组成句子句法（Sentence Syntax，S-syntax）部分，外部论元（若存在）由 Voice 负责引入，从（41）来看，Spec1 为外部论元位置，Spec2 和 Spec3 均为内部事件论元位置。

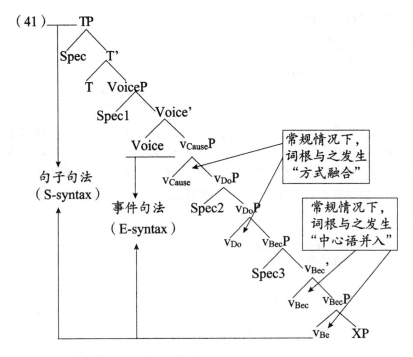

4.4.1　各事件类型句式的句法构造

在设置了事件句法和句子句法的完整图示结构之后，接下来我们对常规的四种事件类型，即状态类、活动类、达成类和完结类事件的句法结构进行具体分析。首先来看状态类的事件句法结构。前面我们讲到，状态类事件中的核心功能语类包括 v_{Be} 和 v_{Hold} 两种，前者用于表征 be 动词为谓词的判断性句式，后者用于表征 know、love 等动词为核心的非动态句式。两者的区别在于前者中的 be 动词直接作为功能语类 v_{Be} 的语音实现（类似于汉语中的"把"字句为功能语类 v_{Cause} 的语音实现），而后者中的动词作为状态性词根是作为 v_{Hold} 的补足语进入事件句法，而后与发生中心语"并入"。如（42）和（43）的事件句法所示：

（42）This girl is pretty.

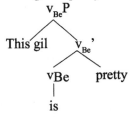

（43）I know him.

对于活动类事件，其核心事件功能语类为 v_{Do}，其作为中心语投射 $v_{Do}P$ 表达活动性事件，表达活动方式的动词词根进入该事件句法的典型方式是与功能语类通过"融合"方式与 v_{Do} 发生直接合并，参与事件的内部论元生成于[Spec, $v_{Do}P$]，而外部论元则由功能语类 Voice 引入，占据[Spec, VoiceP]位置。以下面的及物句式为例：

（44）John swept the floor.

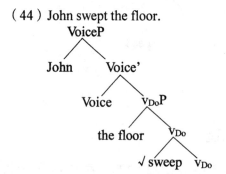

前文我们讲过，（44）实际上是一个歧义句，其中 the floor 可能只表示动作的承受者（即受事），而不发生状态的变化；也可能既是动作的承受者，同时也是发生状态变化的对象（即状态变化持有者）。在后一种情况下，该句子已经不是简单的活动性事件，而是包含活动性子事件和状态变化性子事件的一个复合性事件，其事件句法由 $v_{Do}P$ 和 $v_{Bec}P$ 组合而成，占据[Spec, VoiceP]位置。例如：

（45）John swept the floor.

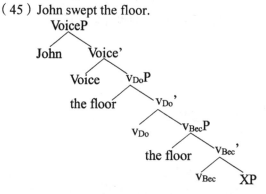

接下来我们来看达成类事件的句法构造。达成类事件的基本特点是表达无外

部使因参与的状态变化或结果的形成，其核心事件谓词包括 v_{Bec} 和 v_{Be} 两个事件功能语类，前者是表达变化性事件的功能语类之一，后者是表达最终结果状态的功能语类之一。与活动类事件不同的是，此类事件的事件句法中不包含动作的发起者，因此也不包含引入外部论元的功能性投射 VoiceP。表达结果状态的词根在推导过程中分别与 v_{Be} 和 v_{Bec} 两个事件中心语发生"并入"，最终形成 √Root-v_{Be}-v_{Bec} 形式的复合性谓词，其事件句法结构如下所示：

（46）达成类事件的典型句法构造

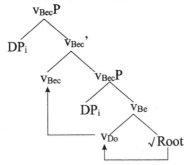

最后我们来看完结类事件的句法构造。根据 Vendler（1967）的定义和 Dowty（1979）给出的语义表征，完结类事件是由活动类子事件和达成类子事件组合而成的复合性事件，前者作为使因引发后者的形成，那么其事件句法结构理应包含 v_{Cause}、v_{Do}、v_{Bec} 和 v_{Be} 四个事件功能语类依次组成的复合性句法投射。然而，这样的事件句法配置只是完结类事件句法构造的一种类型，根据 Rappaport Hovav 和 Levin（1998：108），完结类事件应包括如（47）所示的两种类型的事件语义模板：

（47）a. 完结类事件 1：[[x ACT$_{MANNER}$]CAUSE
　　　　　　　　　　[BECOME[y$<STATE>$]]]
　　　b. 完结类事件 2：[x CAUSE[BECOME[y$<STATE>$]]]

Huang（2006：19）依据对汉语动结式的研究，也提出两种类型的致使性事件结构表征式，两者的区别在于动结式的"述语"（即 V1）作为表达动作方式修饰语是与事件谓词 CAUSE 还是 BECOME 相结合，其给出的事件语义模板如（48）所示：

（48）a. "纯粹"的致使性事件模板
　　　　　[x CAUSE[BECOME$_{MANNER}$[y$<STATE>$]]]
　　　b. "方式性致使"的致使性事件模板
　　　　　[x CAUSE$_{MANNER}$[BECOME[y$<STATE>$]]]

从上述研究可以看出，致使性事件结构的内部是不同质的，它至少可以通过两种形式的事件模板来进行表征，或者说其有两种可能形式的事件句法结构：一种是前面提到的依次包含 v_{Cause}、v_{Do}、v_{Bec} 和 v_{Be} 四种事件谓词的完整的事件句法结构，另一种是不包含活动性子事件，而是由达成类事件加入致使性外部论元（即致事）直接构成［即 Huang（2006：19）提出的"纯粹"的致使性事件模板］。这两种完结类事件的代表性句式及其句法构造分别如下所示：

（49）a. John hammered the metal flat.

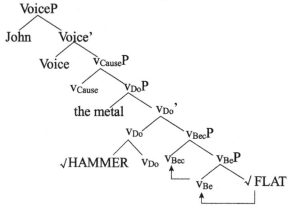

b. The man flattened the tyre.

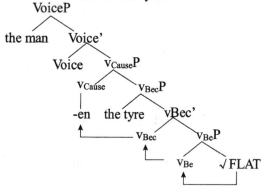

4.4.2　对论元实现规律性和可变性的解释

我们提出的事件句法模型是对事件句法模型的继承与发展，它汲取了最简方案框架中的一些操作机制和句法手段，并借鉴了 DM 理论的构词理念，对现有的事件句法模型进行了修正和革新，可以较好地解释动词句法行为的规律性和可变性。

首先，对于论元实现的规律性来讲，在我们设置的事件句法模型中，事件意义的特质性和结构性部分分别由动词词根和事件功能语类所代表，两者在句法中的结合不是任意的，而是受到一些普遍性推导原则的制约。换句话说，一个词根能够与什么类型的事件句法结构相融要受到较为严格的约束。基于前面一节的讨论，我们提出如下的事件句法允准原则：

　　事件句法允准原则（Principle of Event Syntax）：
　　某个事件功能投射若在句法结构中得到允准，必须有某个词根成分（或词根成分与其他功能成分的结合体）以"融合"或"并入"方式与之相结合，通过一致操作得到核查和定值。如果该事件功能投射是语段，其 EPP 特征必须得到核查。

　　该原则是以特征一致操作为基础，即事件功能语类的事件特征必须通过与相应词根的结合得到定值和删除，才能在事件结构中得到允准。反之，如果一个事件功能语类的事件特征未得到允准，则该功能语类所在的句法结构则无法通过"接口条件"，表达式将崩溃失败。从这个意义上讲，"事件句法允准原则"在一定程度上限定了一个动词词根所能进入的句法结构，保证具有特定事件特征的动词进入适当的句法结构，避免了生成性建构主义方法所面临的动词句法行为缺乏具体限制的问题。

　　除"事件句法允准原则"之外，我们前文还提到，参与句法构造的论元成分总体上分成两类，一类是参与事件组成的结构论元，另一类是由词根本身允准的特质论元，两者在句法实现上具有互补性特点。我们将此项事件句法构建原则称为"论元实现原则"，该原则具体表述如下：

　　论元实现原则（Principle of Argument Realization）
　　特质论元和结构论元（或事件论元）在句法结构中呈现互补分布。特质论元由词根本身允准，结构论元由事件功能语类允准。结构论元中的内部论元与外部论元亦呈现互补分布，结构论元的数量要与事件结构中独立子事件的数量相匹配，复合性事件句法结构中每个独立的子事件结构要与至少一个独立的结构论元相联系。

　　在我们的事件句法模型中，词库内的词根只包含事件特征，而不包含论元结构或事件结构信息。事件的参与者不是动词本身的论元，而是由事件功能语类所引入，它们的语义和句法性质由功能语类所决定：占据[Spec, $v_{Cause}P$]的是外部论元，表示致使性事件的外部使因，占据 $v_{Do}P$ 外层标志语[Spec2, $v_{Do}P$]位置的也是外部论元，它表示活动性事件的发起者；占据[Spec3, $v_{Do}P$]下层和[Spec4, $v_{Bec}P$]的都是内部论元，分别表示事件过程的经受者和结果状态的持有者，由于动词及物性的差异，并非所有的活动性事件都存在事件过程的经受者。在前文我们曾反复强调，只有事件论元才能够占据事件功能语类的标志语位置，而特质论元只能由动词词根允准，占据补足语位置。根据生成语法理论中的"格过滤式"，任何一个名词性成分都需要核查格位，而事件句法结构中核能够核查格特征的功能语类数量有限，因此若词根本身已允准某个特质论元，其格特征需要被特定功能语类核查，从而导致内部结构论元的格特征无法核查。由于特质论元和表示动作过程的"承受者"以及状态变化的"持有者"的结构论元一般都占据动词后的内部论元位置，区分它们的基本方法是看该主-动-宾句式是否存在相对应的"把"字句，如果存在相应的"把"字句且该论元可以做"把"字宾语，那么它一定是事件功能语类允准的结构论元；反之，则是由动词词根所允准的特质论元。

还需要指出的是，一个结构论元可能通过移位操作相继占据多个事件功能投射的标志语位置，被赋予多种事件角色。例如，在（50）中，the table 既是 wipe 动作的经受者，同时也是 clean 这一结果状态的持有者，该论元通过移位（或内部合并）操作相继占据[Spec, v_{Do}P]和[Spec, v_{Bec}P]位置，分别获得 v_{Do} 和 v_{Bec} 赋予的"经历者"和"状态持有者"两个事件角色[①]。

（50）John wiped the table clean.（引自 Ramchand，2008：122）

我们提出的事件句法模型不仅可以较好解释动词句法行为的规律性，同时也可以合理解释其句法行为的可变性。根据我们提出的事件句法模型，论元实现的可变性主要来源于以下两个方面。

第一个方面是一个动词词根可能与不同类型的事件句法结构相融合。从前面的分析我们看到，不同类型的事件具有不同的事件句法结构，尽管动词词根在事件类型表达上只有活动方式词根和结果词根两个类型，它们只能允准带有相应事件特征的功能语类，但如果其所在句式中还存在其他允准事件功能语类的词项，它们所允准的事件句法结构就不同于该动词词根单独做谓词时所融合的句法结构，由此而引发事件论元的数量和语义角色均可能发生变化，最终表现为动词的句法行为发生变化。来看下面两个例句：

（51）a. 而且还可以把腿抬得高高的，慢慢地跑。（1995 年《作家文摘》，转引自 CCL 语料库）。
　　　b. 护兵急忙跑进屋来。（刘流《烈火金刚》，转引自 CCL 语料库）

（51）中的词根"√跑"属于活动类词根，具有[+活动性]事件特征，在（51a）

① 事实上，Gruber（1965：42）和 Jackendoff（1972：31）曾指出，即使从题元角色角度讲，一个名词也可能带有两个或两个以上的题元角色，如动词 sell 的主语既带有来源（source）的题元角色，也带有施事的题元角色。

中，它单独做谓词，在句法结构中它只能允准事件功能语类 v_{Do}，但不能允准 v_{Cause} 和 v_{Bec}，其事件句法结构就只包含 $v_{Do}P$，整个事件只表达活动类事件。相反，（51b）中的动词"跑"不是单独做谓语，其中还存在另一个结果性词根"√进"，它具有[+结果性]特征，可以核查 v_{Bec} 的[+结果性]特征，允准 $v_{Bec}P$ 投射，因此该句结构中同时包含 $v_{Do}P$ 和 $v_{Bec}P$，而根据前面的"论元实现原则"，"张三"首先占据[Spec, $v_{Bec}P$]位置作为结构性内部论元后，就不能再作为结构性外部论元占据[Spec, $v_{Do}P$]位置，这就造成了两句中同为主语的"张三"在论元的句法性质上发生变化。

（51）只是动词词根与不同类型的事件句法结构相融的一个代表，一个动词词根与各类型事件句法结构的融合在符合"事件句法允准原则"和"论元实现原则"的前提下存在多种可能性，这些可能性用图示表示如下（图 4-1）。

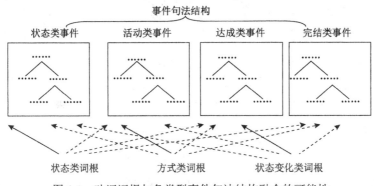

图 4-1 动词词根与各类型事件句法结构融合的可能性

在图 4-1 中，各种类型的事件结构包含带有特定类型的事件功能投射，具有不同的句法结构组成，而三种不同类型的词根（状态类词根、方式类词根和状态变化类词根）可能分别与四种类型的事件句法结构相融。图中的实线表示该类型的词根必然可以与该类型的事件结构相融，如方式类词根一定可以与活动类事件句法结构相融；而虚线表示该类型的词根存在与该类型的事件结构相融的可能性，或者说在一定条件下可以与类型的事件结构相融，由此而引发结构论元的数量发生改变，都是动词的句法行为发生相应的变化。

论元实现的可变性的第二个方面的来源在于不同类型的动词词根自身所允准的特质论元的数量和性质会发生变化。我们在前面讲到，词根本身虽然不包含论元结构信息，但具有由百科知识所决定的事件语义信息，该信息决定词根本身可以选择一定数量的特质论元。根据"论元实现原则"，特质论元与结构论元呈互补分布，而结构论元是由事件功能语类所允准，其所承担的语义角色是相对固定的，即一般只包含致使性事件的致事、活动性事件的发起者和承受者以及结果状态的持有者，那么特质论元所带的语义角色应该是除这些事件语义角色之外的其他语义角色，如（事件发生的）时间和地点、（发起者所用）工具、（事件发生的）原因等等，这些语义角色的出现是在一定的语境下由某些语用因素所决定的。它们一旦被动词词根所选择，就会以特质论元身份进入事件句法结构，这些论元作为名词性成分，其格特征必须通过与事件功能语类的一致操作得到核查，由此造成事件功能语类自身允准的事件论元无法进入句法结构。这些由词根所选择的特质论元的数量及其语义类型造成动词的句法行为发生变化。据此，我们可对图4-1 做进一步的完善，如图 4-2 所示。

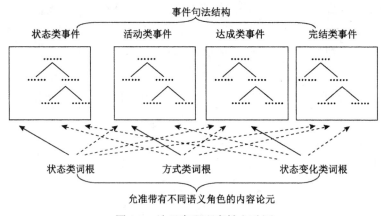

图 4-2　论元实现可变性之动因

综上所述，我们的事件句法模型的推导过程分三个阶段进行，自下而上分别是 $v_{Bec}P$、$v_{Cause}P$ 和 CP。事件句法结构由词项通过各种句法操作（包括合并和一致操作）以语段为单位逐级构建而成，而不是将词项直接插入相应的功能性投射之中。从本质上讲，该事件句法模型是推导性的（derivational），而非表征性的（representational），而先前生成性建构主义模型大都是将某个动词词根直接生成于相应的事件功能之下，但并未说明这些词根是否与相应的功能语类相符，而我们的事件句法模型是采用特征的核查机制自下而上逐级进行推导，这样既符合最简方案的基本精神，同时也可以有效地将动词的句法行为限定在可控范围之内。

4.5　本 章 结 语

在本章中，我们以生成语法理论的最新发展，即最简方案框架作为理论背景，同时借鉴 DM 理论的构词理念，对现有的生成性建构主义方法进行了重要的革新与完善，提出了一个基于特征一致操作的事件句法模型。在该模型中，动词词项是以词根形式进入事件句法结构，词根的百科信息决定其可以允准某些特质论元。

在词根投射之上是事件功能投射 $v_{Be}P$、$v_{Bec}P$、$v_{Do}P$ 和 $v_{Cause}P$，它们通过不同的组合方式构式不同类型的事件句法结构，代表整个句式的事件语义。在该模型中，我们还提出两种关于事件句法构建的普遍性原则，即"事件句法允准原则"和"论元实现原则"。我们提出的事件句法模型是对事件句法模型的继承和发展，两者的共性之处在于：将事件语义的特质性部分（词根）与结构性部分（事件）相分离，分别由词汇语类和事件功能语类所代表。事件结构部分通过 $v_{Cause}P$、$v_{Do}P$、$v_{Bec}P$ 和 $v_{Be}P$ 组成的句法结构得到表征，形成事件结构和句法结构的统一体。句法结构的组构性体现了事件结构的组合性特征。动词及其论元的句法性质是由它们所进入的句法结构来决定。

我们的事件句法模型与现有事件句法模型的不同之处在于：首先，动词虽然是以词根形式进入事件句法结构，但其自身带有由百科知识决定的可解读事件特征，在句法中能够允准相应的功能语类，并允许携带一定数量的特质论元；其次，词根与事件结构部分在句法中的融合不是任意的，而是以特征一致操作为基础，带有特定事件特征的功能语类必须通过与带有相应事件特征的词根发生一致操作才能得到允准；最后，句法结构不是由运算系统预设好的，而是以语段 $v_{Bec}P$、$v_{Cause}P$ 和 VoiceP 为单位通过一致和合并操作自下而上构建而成，只有当下层语段完成推导之后才能构建上层语段。大部分事件句法模型是表征性的，而我们提出的事件句法模型是推导性的。

最后需要指出的是，我们所提出的事件句法模型能够很好地解释动词句法行为的规律性和可变性。就规律性而言，词根能够与何种类型的事件句法结构相融要受到"事件句法允准原则"的严格约束，同时论元的句法实现方式（即论元数量和句法位置）要受到"论元实现原则"的制约；就可变性而言，一方面动词词根可能与不同类型的事件句法结构相融，造成结构论元的数量和性质发生变化，另一方面是词根本身在特定的语境下所允准的特质论元的数量和性质会发生变化。在第 5～7 章三章中，我们将应用已建立的事件句法模型对汉语论元可变性现象中的一些典型句式结构进行深入探究，在检验该模型解释力的同时，也尝试对困扰汉语界的一些热点和难点问题给出系统而合理的解释。

第5章 汉语论元增容现象研究[①]

前面一章，我们采纳生成性建构主义的基本思想，同时汲取最简方案框架的操作手段以及 DM 理论的构词思想，建立了一个集事件结构和句法结构于一体的事件句法模型，该模型能够较好地解释论元实现的规律性和可变性。对于论元实现的规律性，我们的模型基于特征一致思想，通过词根与事件功能语类的特征匹配机制，限制了词根与事件句法结构的融合，即事件句法结构中的功能投射若要得到允准，其中心语所携带的事件特征必须与词根携带的相应类型的事件特征发生一致操作。对于论元实现的可变性，我们提出的模型提供了两条解释渠道。一个渠道是一个动词词根可能与不同类型的事件结构相融合。在单独做谓词时一个动词词根可以与某种类型的事件结构相融，而当它与其他成分共同构建谓语部分时，它们所允准的事件句法结构不同于该动词词根单独做谓词时所融合的句法结构，由此引发事件论元的数量和语义角色发生变化，最终导致该词根所在句式的论元实现发生变化。另一个渠道是不同类型的动词词根自身所允准的特质论元的数量和性质可能发生变化，这会造成同一事件类型的动词内部在论元实现上存在差异。

在第 5～7 章，我们将应用已建立的事件句法模型对汉语论元实现可变性的三类基本现象，即论元增容现象、论元缩减现象和论元交替现象分别展开讨论，在对这三类现象所包含的句式结构进行深入解释的同时，也进一步证明本书所建立的事件句法模型能够较好地适用于解释汉语论元实现的规律性和可变性。本章首先考察汉语的论元增容现象。程杰（2013：79）提出，有六类句式可纳入汉语增元结构的范畴，即"给"字句、非典型双宾句、领主属宾句、假宾语句、双宾语句和役格句。在第 1 章，我们论述了其中的"给"字句、典型双宾句和役格句不属于真正意义上的增元现象，因为在这三类句式中，谓词所带的论元数量和性质并未发生实质性增加和改变[②]。据此，对于汉语的论元增容现象，本书主要关注以

[①] 本章部分内容发表于《生成语法框架下领主属宾句的派生过程新探》（《现代外语》2016 年第 3 期）一文。

[②] "给"字句、双宾语句和役格句例句如下所示，其中（a）中的"给"无论是介词还是动词，本身都可以允准论元"李四"，谓词"洗"的论元结构未发生变化，（b）中的双宾语动词"送"本身就可以允准两个论元，（c）中"笑"的论元数量并未增加，"大伙笑了"构成一个小句结构作为"使"的宾语（沈阳等，2000；杨大然，2003）。

（a）张三给李四洗了衣服。

（b）张三送了李四一本书。

（c）小红使大伙笑了。

下三类句式结构：

（1）a. 假宾语句：飞北京/跑课题/哭长城

　　b. 领主属宾句：王冕死了父亲。/张三掉了两颗门牙。

　　c. 非典型双宾句：张三吃了李四三个苹果。/司机按了他一喇叭。

这三类句式的共同特点是，与动词没有题元选择关系的外围语义成分，即所谓的"非核心论元"占据了论元位置，导致从表面上看，动词所带论元的数量相比其常规的用法有所增加。这些非核心论元的出现对以题元理论为代表的投射主义提出了严峻的挑战，但恰恰为事件句法模型的应用提供了契机。我们的分析表明，在假宾语句和宾语无选择性句式两类句式中，动词后的非核心论元均为动词词根本身允准的特质论元，它们不参与任何的事件结构组成，因而不能转换为相应的"把"字句和"被"字句。而对于领主属宾句中，其句首名词成分作为非核心论元，其允准方式是与动词后的核心论元共同组成一个小句，基础生成于 $v_{Bec}P$ 的标志语位置，而后在句法推导中移位到动词前的主语位置。

5.1　现象之一：假宾语句

以"飞北京"为代表的假宾语句作为汉语论元实现灵活性的一个典型代表，一直是语法研究中的热点和难点问题。其主要特点是非论元结构内的名词成分实现为核心论元，占据了句法所允准的常规论元位置。在名称上，先前文献将这样的论元称为"代体宾语"（邢福义，1991：77）、"外围格"（peripheral case）（袁毓林，1995：252）、"非核心论元"（程杰，2009：24）、"旁格宾语"（孙天琦，2009：71；孙天琦和李亚非，2010：21）以及"涉用格"[①]（胡建华，2010：13）等。但这些称谓都不甚准确。"外围格"是相对"核心格"而言，但这两个术语都不具有普遍性，两者之间的界限并不明晰，周国光（1997）就认为工具成分与动词的联系非常密切，工具格也应是核心的句法格。而"旁格"或"施用格"都是从施用操作角度来定义的，在后面的讨论中我们看到，此类结构的非核心论元与施用结构存在显著差异，并非由施用操作引入。据此，在本书中，我们将这些论元称为"假宾语"（pseudo object），而将类似的句式称为"假宾语句"。需要指出的是，除了"飞""跑"等不及物动词以外，很多及物动词也可构成假宾语句，如"吃大碗""开上午"等。在第 1 章中，此类句式被归入"论元交替"范畴，但从本质上来讲，此类句式与假宾语句存在诸多共性之处，两者的主要特点是其中动词（无论是及物还是不及物）的宾语都并非其子语类选择的论元，主

_____

① 这里的"涉用"对应的英文是 applicative，而目前学界较为普遍的译法是"施用"，本书采用"施用"一词。

动词不能为该论元指派题元角色。据此，这两类句式均可纳入假宾语句的范畴，两者应具有相同的生成机制，本节我们将一并讨论两者的派生机制。

经典生成语法理论认为，论元是由动词指派的题元角色，并依据映射规则投射到相应的句法位置。但从题元理论角度讲，带假宾语的句式违反题元准则的要求，它们无法被指派常规的题元角色，如不及物动词"飞"无法向"北京"指派题元，而"吃"的宾语一般应是吃的受事和对象，即表达可吃物体的名词（如"饭"），而不是类似"大碗"这样的工具成分。然而这些假宾语结构在汉语中又是合法的，因此对于此类结构来说，假宾语的允准问题是解决这些句式生成问题的重中之重。前人研究的出发点和视角各有不同，也取得了不少可观的成果（见 Lin，2001；Zhang，2002；郭继懋，1999；冯胜利，2005；杨永忠，2007，2009；程杰，2009；孙天琦，2009；孙天琦和李亚非，2010 等）。但正如胡建华（2010：13）所说，目前对于假宾语的分析大多是在贴标签，对于假宾语的使用条件，即什么情况下可以用，什么情况下不可以用，还没有一个明确的标准。下面首先重点回顾先前一些具有代表性的研究并阐述其存在的问题，在此基础上尝试应用已建立的事件句法模型对此类句式的句法生成，特别是对假宾语的句法地位做出系统的解释。

5.1.1　前人的研究及存在的问题

从句法角度研究假宾语句的学者主要关注假宾语的句法地位及其准入机制。总体上讲，先前的处理方案可分为三类，即"虚介词说""施用结构说""轻动词说"。

5.1.1.1　虚介词说

"虚介词说"最早来源于郭继懋（1999：338）的隐含谓词思想，他认为此类结构中暗含一个语义谓词说明动宾之间的事理关联。这个隐含谓词在句法上可体现为动词、介词（+处所词）或连词，如"睡仰脚"是由"睡+用……姿势+仰脚"派生而来。杨永忠（2007）认为假宾语与动词之间不存在题元关系，而是由介词或介词性空谓语引入，即"V_i+NP"是由"V_i+Prep（介词）+NP"或"Prep+NP+V_i"转换生成。杨永忠（2009：34）应用非受事句的动词移位参数进一步详细解析了此类句式的派生过程。以"他吃过食堂"为例。他认为该句的基础形式为"他在食堂过吃饭"，其中体标记"过"吸引动词移位，生成"他在食堂吃过饭"，随后动词与"过"一并移位至介词短语之前，生成"他吃过饭在食堂"，而后为满足动词短语支配非受事论元的要求，介词删除生成"他吃过食堂"，该推导过程如下：

（2）他在食堂过吃饭。→他在食堂吃过饭。→他吃过饭在食堂。→
　　　他吃过食堂。

程杰（2009：24）基于前人的研究明确提出"虚介词假设"，即认为该结构中的假宾语是通过一个虚介词 P 与动词相联系，P 选择假宾语构成 PP，PP 又被 V 所选择成为 V 的补足语，如"睡地板"的结构应表示如下：

（3）[$_{VP}$[$_{v'}$V 睡[$_{PP}$P$_{on}$[$_{DP}$地板]]]]（引自程杰，2009：25）

上述研究的细节虽然不尽相同，但主体思想一脉相承，即认为存在一个没有语言形式的空谓词成分（主要为介词）负责引入假宾语论元。这样的思想一定程度上维护了及物与不及物动词的划分，符合人们对汉语动词的常规认识；同时也反映出动词与其宾语和补语在紧密度上的差别，动词与直接宾语的选择关系较强，而与补语的选择关系较弱。

然而，虚介词分析法也存在一些难以克服的问题。首先，该方法所构建的假宾语的基础句式并不成立。汉语中的介词结构绝大多数应位于动词前，很少出现介词后置结构，如"吃在食堂""写用毛笔"都不合法，而即便像杨永忠（2009）那样加入体标记"过"或"了"，其基础句式［如（2）中的"他在食堂过吃饭"］也是不合法的。其次，如果假设假宾语结构是由带介词的状语结构经介词删除派生而来，那么两者应该具有相同的句法表现，但（4）表明，这两类结构在"把"字句和"被"字句转换中的表现并不一致：

（4）a. 在食堂吃：饭被在食堂吃了。/把饭在食堂吃了。
　　　b. 吃食堂：*饭被吃食堂了。/*把饭吃食堂了。

（引自姜兆梓，2015：17）

此外，这两种结构在转换前后意义上也发生了一定的变化。例如，当询问"在哪里吃"时，我们只能回答"在食堂吃"，但询问"怎么吃"时，我们既可回答"在食堂吃"，也可回答"吃食堂"。综上，假宾语结构无论在句法表现还是语义上与一般性的"状动结构"或"动补结构"都存在明显差异，两者之间不应存在派生关系。

5.1.1.2　施用结构说

程杰（2009）在讨论虚介词结构导致的论元增容时提出，基础生成的虚介词结构可以在后续的推导中转化为施用结构（applicative construction），其句法投射为施用投射（Applicative Projection，APPLP），介词引入的假宾语最终占据 Spec-APPLP 位置，该位置是额外增加的动词论元位。增元结构一词在其他文献中常译为施用结构，我们这里采用施用结构这一术语。施用结构是自然语言中将非核心论元引入动词论元结构，并将其升级为核心论元的一个重要手段。Pylkkänen

（2008：13-14）将施用结构分为高位施用（high applicative，H-Appl）结构和低位
施用（low applicative，L-Appl）结构。程杰（2009：28）根据 Pylkkänen（2008）
的划分标准提出，汉语的假宾语结构应属于高位施用结构，即其中的 APPLP 位于
vP 和 VP 之间，以"睡地板"为例，其结构如（5）所示：

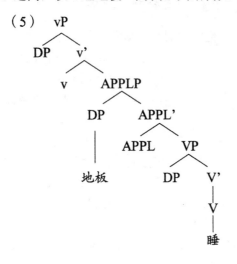

（5）

（引自程杰，2009：29）

　　孙天琦（2009）受班图语为代表的形态语言中施用结构的启发，也认为汉语的
假宾语结构应归入施用结构的范畴，并提出假宾语是由高位施用核心所允准。在班
图语典型的施用结构中，非核心论元的出现常常伴随有显性的形态标记，或者可以
说是施用标记（多为词缀）引入了一个新的论元。而与班图语不同的是，汉语中的
施用标记为零形态，即汉语施用结构的中心语 APPL(icative)没有显性的语音形式。

　　然而，孙天琦和李亚非（2010）又否定了孙天琦（2009）的分析，他们发现
汉语的假宾语结构与施用结构之间存在着较大差异，其中"最重要的一点是典型
的施用结构中受事宾语虽然丧失了一些宾语特征，但一般仍旧可以出现。而汉语
的相关结构中受事宾语则不能再出现在宾语位置"（孙天琦和李亚非，2010：24）。
也就是说，在假宾语结构中，一旦假宾语占据论元位置后，及物动词的宾语论元
则不允许再出现，即不能说"吃饭食堂"或"写字毛笔"等。另一方面，汉语作
为形态匮乏语言，很难找到确凿的证据证明其存在与形态丰富语言类型相同的非
典型性功能范畴。目前在汉语中唯一被普遍认可存在施用结构的是汉语的双宾结
构（Soh & Kuo，2005；程杰和温宾利，2008；何晓炜，2010 等），但如果我们
把假宾语结构与典型的双宾结构进行比较，会发现二者存在明显差异，如（6）和
（7）的对比所示：

　　（6）a. 张三给了那个人一本书。

　　　b. ? 那个人被张三给了一本书。（被动句）

　　　c. 张三把一本书给了那个人。（把字句）

　　　d. 那个人张三给了一本书。（话题句）

　　　e. 那个人张三给了他一本书。（话题句）

（7）a. 张三吃*（饭）食堂。

　　　b.*中午饭被张三吃了食堂。（被动句）

　　　c.*张三把食堂吃了中午饭。（把字句）

　　　d. 中午饭张三吃食堂。（话题句）

　　　e.*中午饭张三吃它食堂。（话题句）

　　（6）显示双宾句内部论元可进行被动转换、被"把"提取以及带接续代词的话题结构，而（7）则表明"饭"和"食堂"都没有相应的转换形式，这说明"饭"已在句法层面消失，"食堂"占据的就是内部论元位置，而不是由 APPL 额外引入的位置。

5.1.1.3　轻动词说

　　对于"吃大碗"和"开上午"等为代表的假宾语句，林宗宏（Lin，2001）基于 Hale 和 Keyser（1993）的研究曾较早运用轻动词理论进行过系统解释，他认为如"大碗""上午"等假宾语的引入与主动词无关，而是由各种不同类型的轻动词所允准，汉语动词词根与各类型轻动词融合的自由性造成汉语在主语和宾语语义类型的选择上有较大的自由度。Lin（2001：228）提出，汉语中控制宾语选择的轻动词包括 USE、AT 和 FOR 等，这些轻动词以修饰性的 DP 为标志语，以 VP 为补足语，主动词 V 上移与轻动词发生并入，最终形成修饰性 DP 位于动词后的表层语序。如"切这把刀"中的"这把刀"就是由轻动词 USE 引入，其结构表示如（8）所示：

（8）

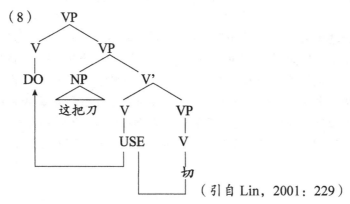

（引自 Lin，2001：229）

从（8）中可以看出，轻动词 DO 以轻动词 USE 的投射为补足语，后者又以动词短语 VP 为补足语。轻动词不能单独存在，需要有实义动词与其结合以获得语音支撑，因而在推导过程中，动词"切"首先上移与轻动词 USE 发生并入，二者的结合体又进一步上移与选择主语的轻动词 DO 发生并入。

冯胜利（2005）和蔡维天（2016）在 Lin（2001）的基础上对轻动词理论进行了发展，使之更适于解释汉语中一些较为特殊的语法现象。蔡维天（2016：364）提出，轻动词一般位于动词短语的边缘地带，但如汉语等强分析性语言也允许它们直接合并至左缘结构，以整个事件为其辖域；语法化程度越高的动词，其句法位置也就越高。据此，蔡维天将轻动词进一步划分为内、外两种类型，并提出汉语论元实现的灵活性与这两类轻动词的句法性质有关。下面两句分别显示了内、外轻动词的句法构造：

（9）a. 那把刀切得我直冒汗。

$[_{vPout}$ 那把刀 $[_{v'}$ CAUSE $[_{IP}$ 我 $_i$ I …$[_{VP}$ 切得 $[_{RC}$ Pro$_i$ 直冒汗$]]]]]$

　　b. 你切那把刀，我切这把刀。

$[_{VoiceP}$ 你 $[_{Voice'}$ Voice $[_{vPinn}$ 那把刀 $_i$ $[_{v'}$ USE $[_{VP}$ 切 …$]]]]]$

（参见蔡维天，2016：365）

（9a）包含外轻动词 CAUSE，它构成的是分句投射 IP 之上的外轻动词投射（记作 vP_{out}），该轻动词需吸引主动词"切得"上来以获得音韵上的支撑，并形成合法的表层语序。而（9b）包含的轻动词 USE 属于内轻动词，它的投射（记作 vP_{inn}）在语态投射 VoiceP 之内，负责引入工具等非核心内部论元。该轻动词同样需要吸引下层的主动词"切"上来作为它的"靠山"，同时它也负责引入"切"这一动作所需的工具论元。"切"与 USE 的结合体再进一步上移到 Voice，形成合法的表层语序。

轻动词分析法为假宾语结构的研究提供了新的思路，一定程度上能够避免虚介词说和施用结构说的问题，能够使不同类型的非核心论元结构得到不同的解释。但在第 2 章中，我们也深入指出了该方法存在的一些弊端，其主要问题是假宾语结构中的假宾语类型非常庞杂，那么我们就需要设置多种不同类型的轻动词来允准论元，但究竟设立多少种轻动词才能涵盖汉语所有的假宾语结构呢？如孙天琦和李亚非（2010）、Lin（2001）等提出的轻动词 USE、AT 和 FOR 显然无法解释如下的句子：

（10）a. 不少顾客进饭馆、酒吧、舞厅，就是来"吃环境，玩环境"……

（1994 年《市场报》，转引自 CCL 语料库）

　　　 b. 我说："吃酱豆是吃文化，吃亲情，吃历史。"（2000 年
《人民日报》，转引自 CCL 语料库）

　　USE、AT 和 FOR 这三个轻动词显然都不适用于这里的"吃环境""吃文化""吃亲情"等，我们还需额外设置更多的轻动词。一个相关的问题是：即使我们为汉语设置了足够种类的轻动词，这些轻动词是否属于普遍语法的一部分？如果是，为什么英语（或日语）在词汇句法，甚至是句子句法中都没有启用这些轻动词；如果不是，不同语言中所包含的轻动词的类型该如何来进行限定？持轻动词说的学者对于这些问题都未给出合理的解释。蔡维天（2016）的内外轻动词说虽然颇具新意，但本质上只是对于引入内外论元的轻动词做了更为细致的划分，并未从根本上摆脱轻动词理论面临的困境。此外，内外轻动词的定义应该是相对同一个句法投射而言，而该文设置的外轻动词在 IP 之上，内轻动词在 VoiceP 之下，并提出 IP 引入外主语，VoiceP 引入内主语，但所谓的内、外主语又该如何定义？如为何（9a）中的"我"是由 IP 引入，而（9b）中的"我"是由 VoiceP 引入？根据 Kratzer（1996）和 Pylkkänen（2008），VoiceP 的句法功能就是引入外部论元，它本身其实就可以视为一种外轻动词，可以引入像（9a）中的致事论元"那把刀"。

5.1.2　基于事件句法模型的推导模式

　　上面的各种研究方案大都专注于对假宾语论元允准机制的探讨，但所构想的生成机制基本上都是为汉语单独所设，难以纳入普遍语法的框架。此外，上述研究对一些语言事实的考察也不够充分和细致，特别是忽视了假宾语句式中存在的非对称现象。而这些非对称现象的存在表明，所谓的假宾语与真正的宾语论元在句法表现上存在不小的差异。基于这些句法性质上的差异，我们根据事件句法模型提出，假宾语的引入与事件功能语类或事件轻动词无关，而是由动词词根本身所允准的论元成分；相反，真正的宾语（即核心论元）则是参与事件组成的必有性论元成分，是由事件句法结构中的各种功能语类所引入。

5.1.2.1　假宾语结构中的非对称性

　　姜兆梓（2015）的研究注意到假宾语结构中存在三种不同形式的非对称现象。第一种非对称现象是假宾语与状语结构的不对称性，如（11）所示：

（11）　　　　A　　　　　　　　B

　　　　a. 在食堂吃饭　　　　a' 吃食堂

　　　b. 在图书馆吃饭　　　b' *吃图书馆
　　　c. 在儿科看病　　　　c' 看儿科
　　　d. 在医院看病　　　　d' *看医院

（引自姜兆梓，2015：19）

　　在（11）中，A 列例句全部合法，B 列则是部分合法。A 组中的 a 句和 c 句可以和 B 组中相应的句式进行转换，而两组中的 b 句和 d 句则不能转换。

　　第二种非对称现象与动词的类别有关，如（12）所示，只有及物动词和非作格动词可构成假宾语结构，非宾格动词则无法构成该句式，如（12）所示：

　　（12）及物动词：吃*（饭）食堂写*（字）毛笔考*（试）研究生
　　　　　非宾格动词：*死周瑜 *到客人 *被杀张三
　　　　　非作格动词：哭长城走小路跳大神

（引自姜兆梓，2015：19）

　　第三类非对称现象涉及"把"字句和"被"字句的转换问题，需要借助一定的句法手段才能观察到，如（13）所示：

　　（13）a. 浇水：　　　把花浇了水　　　　　把水浇了花
　　　　　　　　　　　水被浇了（花）　　　（花）被浇了水
　　　　　b. 煮小米：　　把小米煮了粥　　　 *把粥煮了小米
　　　　　　　　　　　小米被煮了（粥）　 *粥被煮了小米
　　　　　c. 写毛笔：　 *把毛笔写字　　　　 *把字写毛笔
　　　　　　　　　　　 *毛笔被写字　　　　 *字被写毛笔
　　　　　d. 吃食堂：　 *把食堂吃了饭　　　 *把饭吃了食堂
　　　　　　　　　　　 *食堂被吃了饭　　　 *饭被吃了食堂

（引自姜兆梓，2015：19）

　　（13）中存在的合法与非法的对立显示了隐含性非对称的存在，并在合法与非法的对立上呈现递增趋势：a>b>c/d。

5.1.2.2　前人对于非对称性的推导与解释

　　Baker（1988a，1992）最早对非对称性现象进行了一定的解释，提出表层非对称现象源于底层结构的不同：当底层结构存在介词时，介词为后面的 NP 指派题元，然后介词与动词发生并入操作；当底层结构不存在介词时，动词直接为后面的 NP 指派角色。这一假设似乎可以对"吃食堂"进行解释，即介词 P 为"食堂"指派题元角色，之后与动词发生融合，动词为"食堂"赋格。在工具类结构

"写毛笔"中，"写"为"毛笔"指派题元角色并赋格。但问题是这样做不好处理句法转换中汉语与班图语的非对称性："食堂"被介词指派题元，在介词发生融合后成为直接宾语，应该有直接宾语的句法表现，如被动化和把字句转化等，但汉语事实并非如此整齐划一，如"*食堂被吃了""*把食堂吃了"。如果说汉语操作与班图语不同，需提升主动词指派的题元 NP 做主语，"食堂"由于不是"吃"的题元，就可对这一现象做出解释。问题是 Baker 认为，工具宾语是由主动词指派的题元，应该能被动化，但汉语的事实并非如此，如（13c）和（13d）不能进行"把"字句和"被"字句的转换，这意味着在汉语中主动词不能为工具宾语指派题元。可以看出，"吃食堂"类句式并非 Baker 的方案所能解释，解释能力不是过强就是过弱。

胡建华（2008：399）认为汉语存在一个抽象动词"有"，对事件或状态的存在做断言。"有"可以出现在两种句法环境，选择 VP 或者 TP 做补足语，前者如果有动词移入，实现为"了"，后者实现为显性词汇性动词"有"。李亚非（2009：105）认为"在"有轻介词的性质，与处所词组合，在功能上对应于其他语言中的静态处所词。这显示汉语与其他语言在存在句和领有句的表现上具有一致性，即介词在英语中拼读为 have，在汉语中拼读为"有"。姜兆梓（2015：21）在上述研究的基础上提出，汉语中表示拥有的"有"的变体除了以上两种情况外，还可以实现为介词性成分①。他假设假宾语句式具有以下的推导模式：

（14）[vP DP$_1$[v' v[vP[v'有[VP V DP$_2$]]]]]

    a. [vP DP$_1$[v' v[vP [v' V-有[VP ~~V~~ DP$_2$]]]]]

    b. [vP DP$_1$[v' v[vP[v' DP$_2$-有[VP V ~~DP$_2$~~]]]]]

如（14）所示，当"有"表示事件存在时实现为体貌成分（Asp）"了"，吸引动词移位，如果主动词后面有 DP，则自动默认为自己的题元角色，如（14a）。当"有"表示实体存在时实现为介词，吸引 DP 移位，这样做一是可以避免介词悬置，二是为 DP 指派题元角色。前一种情况生成"吃饭了""死人了"等结构，后一种情况生成假宾语结构②。从意义上看，"DP$_2$-有"断言"存在"，（14b）表示"存在一个 DP，是 V 操作的对象"，由两个事件构成，即"有 DP$_2$"和"DP$_1$+V"，

---

① 黄正德（1988：58）认为汉语中的"有"可表示事件（event）存在和实体（entity）存在。当表示存在一个事件时，可实现为"了"，表体貌（胡建华，2008，2010）；当表示存在一个实体时，可实现为介词。

② 鉴于"有"表事件和实体存在的不同选择机制，所涉句式更为完整的推导逻辑式如下：

[vP DP1 [v' v [AspP[Asp' 有 [vP[v' 有 [VP V DP$_2$]]]]]]]

以"浇水"为例，首先表实体存在的"有"吸引"水"，若"有"显性实现为"用"，形成"用水浇花"，再与表示事件存在的"有"合并，最终生成"用水浇了（花）"；如果"有"无显性实现，形成"浇水"，后与表事件存在的"有"合并，最终生成"浇了水"。

DP₁ 与 DP₂ 之间存在"领有"关系。姜兆梓（2015：21）提出"吃食堂"应具有如下面（15b）所示的推导模式：

（15）[vP DP₁[v' v [vP [v' 有[vP 吃食堂]]]]]
　　　a. *[vP DP₁[v' v [vP [v'吃-有[vP ~~吃食堂~~]]]]]
　　　b. [vP DP₁[v' v [vP [v'食堂-有[vP 吃~~食堂~~]]]]]

（15a）不合法是因为违反了题元指派原则，由于"有"实现为"了"，吸引动词移位，"食堂"的题元角色没有得到指派；（15b）合法是因为"有"实现为介词，吸引"食堂"并为其指派了题元角色。当"有"具有语音形式时，生成的句子为"在食堂吃"，当没有语音形式时，实现为"吃食堂"。而"煮小米"的推导如下：

（16）[ᵥP DP₁[v' v[ᵥP[ᵥ'有[VP 煮小米]]]]]
　　　a. [ᵥP DP₁[v' v[ᵥP[ᵥ'煮-有[VP ~~煮~~小米]]]]]
　　　b. [ᵥP DP₁[v' v[ᵥP[ᵥ'小米-有[VP 煮~~小米~~]]]]]

（引自姜兆梓，2015：21）

在（16）中，当"有"实现为"了"时，吸引动词"煮"，此时"小米"的题元角色由"煮"指派，而当"有"实现为介词时，吸引"小米"移位并为其指派题元角色，"有"有语音形式则实现为"用小米煮"，若无，则实现为"煮小米"。值得注意的是，虽然（16a）和（16b）中的"有"实现为隐性形式时推导出来的表层形式一样，但其底层推导模式却完全不同[①]。

姜兆梓（2015）的分析虽然能够较好地解释假宾语的允准问题，但其设置的推导过程也存在一定的问题。首先，他借助轻动词在汉语中的语音实现"有"来解释此类句式的生成，认为（15a）的"有"实现为"了"，吸引动词移位，由于"食堂"的题元角色未得到指派而导致句子不合法；而（15b）的"有"实现为介词（"在""用"或零形式），吸引"食堂"并为其指派题元角色，可生成"在食堂吃"或"吃食堂"。但他并未具体说明"有"何时实现为"了"，何时实现为介词（包括介词的各种不同的语音实现），其解释具有一定人为规定性；此外，如果说（16b）的"有"可实现为"用"而生成"用小米煮"，但为何像"煮鸡蛋"这样的句式中的"有"就不能实现为"用"而生成"用鸡蛋煮"？另外，这种方法本身似乎也无法合理解释假宾语句式与常规的主-动-宾句式在"把"字句与"被"字句中表现出的不对称性，而必须借助语用或其他的因素来加以解释。

---

① 与"浇水"不同，"煮小米"具有（16a）的推导是因为"小米"还可做"煮"的题元，理据是"小米被煮了""把小米煮了"是合法的，而"水被浇了""把水浇了"并不合法，除非"浇了"之后带有"花"。

5.1.2.3　基于事件句法模型的解释

从上面的分析我们看出，以"吃食堂"和"飞北京"为代表的假宾语句与普通的主-动-宾句式在句法表现上存在着诸多差异，其中最显著的一点是它们在"把"字句与"被"字句的转换上存在着不对称性。常规的主-动-宾句式在"把"字句与"被"字句的转换上一般不存在问题，而假宾语句却不存在对应的"把"字句和"被"字句。例如：

（17）a. 张三早上吃了饭。
　　　 b. 张三早上把饭吃了。
　　　 c. 饭早上被张三吃了。

（18）a. 张三今天吃食堂。
　　　 b. *张三今天把食堂吃了。
　　　 c. *食堂今天被张三吃了。

除了句式转换上的不对称性，"假宾语"与作为核心论元的宾语在指称特征上也存在着一定的差异。假宾语结构中的宾语都具有抽象的非指称特征，且不能受到量词结构或指称性代词的修饰；而常规的宾语成分可以受到上述成分的修饰，获得定指性或有指性特征，如（19）所示：

（19）a. 张三吃了一碗/那碗/昨天李四买的饭。
　　　 b. 张三今天吃*一家/*那家/*学校里的食堂。
　　　 c. 李四写*一只/*那只/*昨天刚买的毛笔。

基于上面的两种句法现象，我们提出，假宾语的引入与事件句法模型中的功能性成分无关，而是由词根自身所携带的非事件表达性轻动词所引入。其理据如下。

首先，根据我们所提出的事件句法模型，判断一个宾语论元究竟是事件论元还是特质论元可以通过"把"字句的转换来进行检验。如果一个主-动-宾句式能够变成相应的"把"字句，那么其中的宾语一定是受到影响或发生状态改变的事件论元，它是由事件功能语类所允准，被赋予特定的事件角色，是事件组成中不可缺少的一个元素。相反，如果一个主-动-宾句式不能变成相应的"把"字句，说明其中的宾语论元并未发生状态或位移的改变，该宾语并非由事件功能语类所选择的，而是由动词词根本身所允准的特质论元。根据上述判定标准，对于（17）所示的普通及物结构，它具有相应的"把"字句和"被"字句，那么其中的宾语"饭"应该是由事件功能语类所允准。但此时我们应区分这里的"吃饭"事件是否达到了某种结果状态，如果这里的"饭"处于"被吃完"的结果状态，那么（17a）

就与对应的"把"字句（17b）具有相同的语义真值，此时的宾语"饭"不仅是"吃"这一事件的受事论元，同时也处于一定的结果状态，那么它应同时被事件功能语类 v_{Do} 和 v_{Bec} 所允准，分别占据这两个事件投射的标志语位置，由这两个轻动词赋予不同的事件角色，其事件句法结构如下所示：

（20）

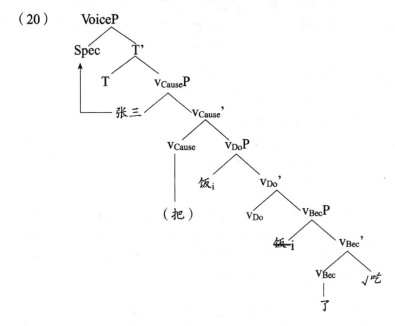

在（20）中，"吃"作为动词词根基础生成于最下层位置，而后通过移位相继与 v_{Do} 和 v_{Cause} 发生融合，宾语"饭"同时占据 $v_{Do}P$ 的下层标志语[Spec2, $v_{Do}P$]位置和 $v_{Bec}P$ 的标志语[Spec, $v_{Bec}P$]位置，获得"事件经历者"和"结果状态持有者"两个事件角色，在推导式推送到音系接口后，根据同音删除规则位置较低的"饭"被删除，只保留位置较高的"饭"。主语"张三"占据[Spec1, $v_{Do}P$]和[Spec, $v_{Cause}P$]位置，既是活动事件的发起者，又是致使事件的外部使因，而后在推导中移位到[Spec, TP]核查 T 的 EPP 特征。当该结构变成"把"字句时，词根"√吃"只与 v_{Do} 融合，由"把"字占据 v_{Cause} 位置，主语和宾语的事件角色均不发生变化。

相反，如果（17a）的"饭"只是受到"吃"这一活动事件的影响（如处于数量不断减少之中），但并未达到"被吃完"的结果状态，那么（17a）与对应的"把"字句（17b）就不具有相同的语义真值，此时其宾语论元"饭"应该只是由事件轻动词 v_{Do} 来允准，而不是由 v_{Bec} 来允准，因为在该事件句法结构中并不存在任何的结果性事件投射。此时该句式的事件结构如下所示：

（21）

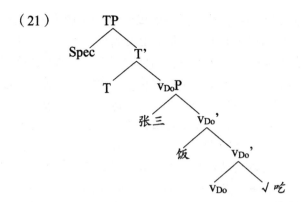

由于 v_{Cause} 的[致使性]事件特征和 v_{Bec} 的[结果性]事件特征均未能得到相应词根的核查，因此该事件结构中并不包含表示致使事件的 $v_{Cause}P$ 和表示结果状态的事件投射 $v_{Bec}P$。词根"√吃"只与活动性事件轻动词 v_{Do} 发生方式性融合，宾语"饭"作为动作的承受者占据[Spec, $v_{Do}P$]位置，获得"事件经历者"角色。由于该结构中不存在 $v_{Cause}P$，表致使的"把"找不到相应的句法位置，因此不存在与该结构具有相同语义真值的"把"字句。

对于假宾语句（18a），由于没有与之相对应的"把"字句和"被"字句，根据我们的判定标准，此类句式中的宾语论元并非事件论元，而是由词根自身的特质性语义内容直接允准的特质论元，它不参与事件句法结构的组成。在该句式的事件结构中，v_{Cause} 的[致使性]事件特征和 v_{Bec} 的[结果性]事件特征均得不到相应词根的核查，因而其中只包含表达活动类事件的 $v_{Do}P$。动词词根首先与其特质论元合并形成词根投射 RootP，而该投射的中心语属于活动类词根，根据我们提出的事件句法模型，它应该通过方式融合与事件轻动词 v_{Do} 发生直接合并，其结构如下所示：

（22）

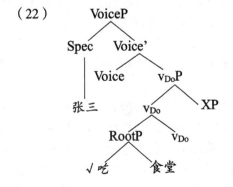

Huang 等（2009：62）提出，事件中可选或必选的内在参与者都是由词根 √所决定，只要一个名词成分与词根处于适当的语义关系就能得到允准。该主张的问题是会导致汉语动词句法行为的可变性过于随意，难以控制。而在我们提出的事件句法模型中，参与事件组成的事件论元都是由事件轻动词所允准，而特质论元都是由词根所允准，但任何名词成分的格特征都必须得到，由于事件句法结构中核查格特征的功能语类的数量有限，因而特质论元和事件论元的数量是相互制约的。在（22）中，由于词根优先选择了一个<u>特质论元"食堂"</u>，其格特征必须得到核查，该结构能够核查宾格特征的只有轻动词 v_{Do}，因而当两者发生一致操作后，就不能再出现任何其他的内部论元（无论是事件论元还是特质论元），这也就是为什么"张三吃饭食堂"不合格的原因。由于该事件结构中不存在致使性投射 $v_{Cause}P$，"把"字找不到合适的句法位置，而且宾语"食堂"作为特质论元也不可能作为"把"字宾语参与事件组成，因而该句式没有与之对应的"把"字句。

　　上述分析也同样适用于"飞北京"等假宾语句，即其中的宾语论元"北京"是不及物动词"飞"允准的特质论元，而不是事件句法结构中的事件论元，因而也不可能把宾语提前变成把字句"把北京飞了"。需要指出的是，并非所有的不及物动词都能构成此类句式，在能否带宾语上，不及物动词内部也存在不对称性。Zhang（2018：8）的研究指出，能构成此类假宾语句式的只能是非作格动词，而不能是非宾格动词［如（12）所示］。按照传统分析，非宾格动词的唯一论元在深层结构处于内部论元位置，因而不能再有其他的内部论元占据该位置；而非作格动词的唯一论元在深层结构不占据内部论元位置，因而可能再加入一个内部论元而可以生成该结构，但这样的分析需要借助深层结构和表层结构的区分，而这种区分在目前的最简方案框架下已经被摒弃。事实上，我们所提出的事件句法模型同样可以对非宾格与非作格动词的差别做出解释。根据我们的分析，非宾格动词词根一般表达状态变化类事件，那么此类动词所允准的事件句法结构一般只包含 $v_{Bec}P$，其唯一论元是 v_{Bec} 所允准的事件论元，其句法结构中不存在核查宾格特征事件轻动词，因而不能再加入任何论元成分。相反，非作格动词词根一般表达活动类事件，此类动词所允准的事件句法结构一定包含 $v_{Do}P$，在非作格动词不带宾语时，其唯一的论元是动作的施事，占据 $v_{Do}P$ 的外层标志语位置，而 $v_{Do}P$ 的内层标志语是可以核查宾语特征位置，因此非作格动词词根本身还可以允准一个特质论元，该论元的宾格特征被 v_{Do} 核查，这样就较好地解释了非宾格与非作格动词在能否带宾语上的不对称性。

　　其次，从指称性上的差异来讲，按照 DM 理论（Halle & Marantz，1993；Nunes，2004），一个词项的形式越简单，它与其他词项发生融合的可能性就越大；反之，其形式越复杂，发生词项融合的可能性就越小。根据（19a）和（19b）、（19c）的对比，假宾语结构中的假宾语只能是光杆名词形式，前面不允许出现任何的修饰性成分对其进行扩展。据此我们可以推断，在该结构中，主动词与假宾语极有可能在后句法阶段发生了词项融合。另一条证据是，杨大然和程工（2013）通过一系列证据证明，在汉语重动中存在词项融合现象，词项融合发生在第一个重复动词与其宾语之间，这样可以解决重动句中的动词的多重拼读现象与"线性对应定理"（Linear Correspondence Axiom，LCA）之间的矛盾。如对于重动句（23），他们认为其中的第一个动词"看"与其宾语"书"发生了词项融合，其内部结构不为 LCA 所见，因而成为合法句子。

（23）张三看书看累了。（引自杨大然和程工，2013：37）

对于假宾语结构来说，虽然该结构没有相应的"把"字句和"被"字句，却可以与普通动宾结构一样，构成重动句的一部分，如（24）所示：

（24）a. 任保良吃工地食堂吃腻了，没去食堂，从外边买了一个盒饭。（刘震云《我叫刘跃进》，转引自 CCL 语料库）
　　　b. 整个暑假，他跑钟家跑得最勤。（琼瑶《聚散两依依》，转引自 CCL 语料库）

上面两句的合法性证明，假宾语和动词完全具备发生词汇融合的可能性和必要条件。而根据我们提出的事件句法模型，能够发生词项融合的一般都是词汇性成分，而不可能发生于一个词汇成分和一个功能性成分之间。换句话说，发生词汇融合的动词本身一定是不携带任何事件功能语类的光杆词根，否则融合操作无法发生。

最后，Zhang（2018）提出诸多证据证明，此类结构中的假宾语不是由事件轻动词所引入，其句法表现类似英语中的同源宾语，并基于 Ramchand（2008）的句法模型将在其生成于功能语类 proc(ess)的 Comp 位置，语义上分析为划分事件类型的成分（event kind-classifying element）。本书与 Zhang 的看法有异曲同工之处，即都认为假宾语不是参与事件组成的事件论元，但 Zhang 依然认为假宾语由功能范畴 proc 所允准，这似乎存在自相矛盾之处，而本书认为它是在词根的投射 RootP 内生成的论元，这样就把功能语类允准的事件论元和词根允准的特质论元清晰地区分开来，因而本书的分析似乎更为合理。

5.1.3　句法-语用互动层面的考量

基于"假宾语结构"与典型动宾结构的一系列非对称性的句法表现，本书提出将前者中的"假宾语"分析为由动词词根本身所允准的特质论元，而并非由事件功能语类引入的结构论元。问题是，"假宾语结构"中的"假宾语"在语义类型上有什么限制呢？我们在第 4 章曾指出，动词本身的词根义是由百科知识所决定的特质性意义，因此其在所允准的论元类型上相比功能性中心语所允准的结构论元的语义类型具有更多不可预测性，因而也更容易受到来自语用交际方面的因素的影响。来看下面两组例子的对比：

（25）a. 吃食堂/吃肯德基/吃大排档/看儿科
　　　b. *吃宿舍/*吃工厂/*吃前门的全聚德/*看医院

上面（25b）的不合法恐怕很难从句法上找原因，因为其中的"宾语"也属于光杆名词，符合假宾语的句法限制，这促使我们要从句法系统以外的语用认知层面来寻求解释。王占华（2000：60）依据认知语法提出，"吃食堂"中的"食堂"是"食堂的饭"的转喻，因此应分析为受事宾语而非处所宾语。任鹰（2000a：62-63）也提出"吃食堂"是一种语法转喻，是由"容器-内容物"这一认知框架决定，由容器"食堂"转喻内容物"食堂里的食物"。姜兆梓（2015：23）也提出"食堂"与"饭"密切相关，允许以地点代替"食物"的转喻，同理"看儿科"也是以地点代替"病"的转喻。相反，"宿舍""工厂"虽然可作为"吃饭"的场所，但与"饭"不存在内在近接关系，无法纳入"容器-内容物"这一认知框架，不能发生转喻；而"医院"概念大而模糊，难以在认知系统中凸显为焦点，因而这些名词都无法进入假宾语结构。这说明句子的合法性不仅要在结构层面符合题元、格等句法原则的要求，同时也要符合句法系统之外语用上的约定俗成性。句子合法性的差异并非由一个固定因素进行解释，而往往涉及句法-语义-语用之间的互动。据此，我们赞同姜兆梓（2015：24）的提法，认为在词汇层面、接口层面和语用层面之间存在如下的层级关系：

（26）语用规约＞完句条件（接口条件）＞句法推导（运算系统）
　　　　　　　　　　　　　　　　　　　（引自姜兆梓，2015：24）

其中语用规约层面处于最高层级，句法推导处于最低层级，即违反了左边条件，可能存在句法上合法但语义不可接受的情况，如 Chomsky 的经典例句"Colorless green ideas sleep furiously."（Chomsky，1957：2）；但违反右边的条件句子则完全不可接受，如"*吃那个食堂"。按照这一思路，"吃宿舍""看医院"等虽然没有违反句法推导和接口上的完句条件，却违反了语用制约条件。不过如果我们稍微改变一下上下文语境，句子则可能被接受，如任鹰（2000a：66）提出像"吃前门的全聚德"的句子并非完全不可接受，语料库中就有下面的句子：

（27）这是吃了一次"老莫"的标志，和军功章一样值得炫耀……
　　　　　　　　（陈建功《飘逝的花头巾》，转引自 BCC 语料库）

这里以"老莫（莫斯科西餐厅）"代"老莫的西餐"是合格的转喻，可以为读者所接受和理解。可见，句子的合法与不合法是相对的、有条件的，而并非绝对的、无条件的。说它合法是因为把它放在了"三个平面语法观"（胡裕树和范晓，1993：1-11）的某个平面上，而放在另一个平面上它可能就不合法。

最后需要说明的是，尽管语用因素在决定"假宾语句"的合法性上起着重要作用，但"假宾语句"与真正的动宾结构的差异还要交由句法来解释，语用认知方法对于两类句式在"把"字句和"被"字句上的不对称性似乎无能为力。如采用语法转喻可以解释为什么"吃食堂"合法而"吃宿舍"不合法，却无法解释"张三把食堂吃了"为何不合法，既然在"吃食堂"中"食堂"可以转喻"食堂的饭菜"，为何在"把"字句中这种转喻的作用却消失了？而依据本书的模型，"把"字后的论元必须是由功能中心语允准的结构论元，而不允许词根允准的特质论元，因而排除了"假宾语句"转换为"把"字句的可能性。从这个方面来讲，本书的研究无论是相比传统的句法解释还是语用认知框架下的解释都取得了一定的进步。

5.2　现象之二：领主属宾句

5.1 节我们主要分析了以"吃食堂"为代表的宾语无选择句式和以"飞北京"为代表的假宾语句，两类句式都可归入假宾语句式，它们的共同点是动词所带的宾语都属于非核心性论元成分，都是由动词词根本身携带的轻动词所允准的特质论元，即此类句式论元实现的可变性是由动词词根的性质所决定。接下来，我们来分析汉语中另一类带非核心性论元的句式结构——领主属宾句（简称领属句）。如以下例句所示：

（28）a. 这人姓王名冕，……<u>七岁上死了父亲</u>。（《儒林外史》第一回，转引自 CCL 语料库）

b. <u>她死了父亲</u>，境遇又很不好，说是要去"带发修行"。（巴金《家》，转引自 BCC 语料库）

c. <u>后来女婿断了双腿</u>，成了终身残废，她偏偏又和他生活在一块……（路遥《平凡的世界》，转引自 BCC 语料库）

d. ……<u>有的房子倒了墙</u>，有的没屋顶。（老舍《鼓书艺人》，转引自 CCL 语料库）

在第 1 章中，我们将此类句式归为论元数量增加的范畴，其主要特点是句子的谓语动词都是不及物动词，前后分别带有一个名词成分，两个名词之间存在稳定的广义性领有-隶属关系（郭继懋，1990：24；徐杰，1999：18 等）。此类句式之所以受到学界的普遍关注，主要有两个问题值得探讨。一是传统认定的不及物动词"死""断"等为何看上去像及物动词，既带主语又带宾语？（28）中与动词"死""断"直接发生联系的是"父亲"和"双腿"，那么额外的论元"王冕"和"女婿"是如何引入句法结构的？二是从生成语法角度讲，"死"是不具赋格能力的非宾格动词，处于宾语位置的隶属名词该如何获得格位？先前学者在生成语法框架内进行了大量研究，但未能对这两个问题给出满意的解答。在前人研究的基础上，我们提出此类领属句应被纳入汉语广义存现句的范畴，并借鉴Hazout（2004）对英语 there 存现句的分析以及 Chomsky（2013）关于句法加标的思想，应用新的事件句法模型对领属句的派生过程提出了一套新的解释方案。

5.2.1　前人研究回顾

以"王冕死了父亲"为代表的句式早在 20 世纪 50 年代的"主宾语问题大讨论"中就受到广泛关注，当时的焦点是"王冕"与"父亲"的语法语义关系及类属问题。而后李钻娘（1987）和郭继懋（1990）等对此类句式的性质和特征进行了详细的考察，并将其定名为"领主属宾句"，但他们的研究仍处于描写性阶段，而未对此类句式的生成机制作深入分析。近年来，随着生成语法理论特别是"非宾格假说"的引入，学者们在解释方面做出了许多有益尝试。现有生成语法框架下的研究主要有三种解释方案："领有名词移位说"（徐杰，1999；韩景泉，2000；温宾利和陈宗利，2001；陈宗利和肖德法，2007 等），"功能语类引入说"（朱行帆，2005；王奇，2006；安丰存，2007；熊仲儒，2015 等）以及"话题结构说"（潘海华和韩景泉，2005；杨大然，2008 等）。除了生成语法的研究之外，该句式也同受到认知与功能领域学者的关注，主要形成了"'糅合'造句说"和"存现转喻说"两类观点。下面我们对上述各类观点进行扼要评述，并进而提出本书的分析方法。

5.2.1.1　领有名词移位说

徐杰率先尝试用生成语法理论解释领属句的派生。依据动词"死"的非宾格性质，徐杰（1999：21）认为（29a）和（29b）的底层结构都是深层无主句（29c）。前者由领有名词"张三"分裂上移生成，后者由领有短语整体上移生成，两者移位的动因都是为在句首获得主格：

（29）a. 张三掉了两颗门牙。
　　　 b. 张三的两颗门牙掉了。
　　　 c. 掉了张三的两颗门牙。

对于（29a）中隶属名词的格位，徐杰（1999：24）援用"部分格"理论提出，非宾格动词"掉"虽不具备赋宾格的能力，但可以给保留宾语"两颗门牙"赋"部分格"（partitive case），使其满足"格鉴别式"的要求。

后来一些学者基本认同领有名词分裂上移的分析（简称移位说），但对移位的动因及隶属名词的格位持不同意见。韩景泉（2000）指出，援用部分格理论无法解释非宾格动词在汉语中的特殊表现，削弱了"非宾格理论"的普遍性。他主张采用"语链传递格位"，即移位到句首的领有名词通过语链将自身的主格传递给"语迹 e（的）+隶属名词"这一整体结构，以使句中的名词成分均能获得格位。温宾利和陈宗利（2001）指出，"格传递说"违反一个语链只有一个格位的原则，且领有名词的[格]特征为弱特征，不能驱动其显性移位。他们提出，领有名词上移的动因是核查 I^0 的强[D]特征（即定指特征），其弱特征[格]和[φ]作为"搭车者"一并被核查，隶属名词的[格]特征通过与 I^0 的远距离一致操作（long-distance agreement）得到核查。

持"移位说"的学者采取的方法不尽相同，但都面临一些共性的问题：一是领有名词脱离整个领有短语发生上移违反生成语法关于移位的一些限制条件，如"左向分枝条件"（Left Branching Condition）（程杰，2007：20）和"扩展条件"（Extension Condition）（杨大然，2008：19）等；二是重复赋格问题，领有名词在底层结构中已带有"所有格"，移位到句首后又被赋予主格，违反"格鉴别式"；三是领有短语中"的"的消失无法得到解释。限于篇幅，这里不再展开讨论，具体请参见潘海华和韩景泉（2005）、王奇（2006）、程杰（2007）和杨大然（2008）等的论述。

5.2.1.2　功能语类引入说

鉴于"移位说"的弊端，一些学者提出领有名词不是移位而来，而是由某些功能语类所引入，功能语类负责赋题元角色和核查名词格位。朱行帆（2005：229）基于黄正德（Huang，1997）的轻动词句法理论提出，（30）中的"王冕"是由一个表示"经历"的事件轻动词 EXP（ERIENCE）引入，在底层结构生成于[Spec, EXP]位置。EXP 向"王冕"指派经历者题元，动词"死"向"父亲"指派受事题元，在推导中"死"上移与事件谓词 EXP 合并，填入后者的语音内容。其结构如下所示：

（30）[$_{VP}$ 王冕 EXP-死 [$_{VP}$ 父亲 t]]

（引自朱行帆，2005：230）

王奇（2006：234-235）运用 Cuervo（2003）的多层轻动词理论进行分析。他提出，领有名词不是从大的领有名词短语中分裂出来，而是由处于两个事件轻动词 v_{GO}（表示变化）和 v_{BE}（表示状态）之间的轻动词 Appl(icative)所引入，基础生成于[Spec, Appl]位置，后经移位占据主语位置[Spec, TP]。其基础结构可表示为：

（31）$[_{vP2}\, v_{GO}\, [_{ApplP}\, DP_2(张三)\ \ Appl\, [_{vP1}\, DP_1(父亲)\, v_{BE}\ \sqrt{}\,死]]]$

（参见王奇，2006：234）

　　对于名词的格位，王奇依据德语和西班牙语中的类似结构认为，句首领有名词带的是与格（dative case），动词后的隶属名词带的是主格。

　　熊仲儒（2015）也认为领属句中的领有主语不是移位生成，而是由某种功能范畴所引入。但他不赞同先前学者提出的 OCCUR、EXP 或 APPL 等功能范畴，而是将此类句式分析为一种致使性结构。他援引赵元任（1979）和朱德熙（1982）等的例句（如"张三把个爸爸死了"，"把老伴儿死了"等），认为领属句中的轻动词可以实现为"把"，据此提出此类句式中主语应该由功能范畴 Cause 所引入。此外，他还将领属句与结果连谓句（即动结式）进行了横向比较，发现二者有着非常相似的句法表现，如动结式也有相应的"把"字句，也存在变价现象，且主语和宾语之间往往也存在领属关系，如（32）所示：

（32）a. 王冕死了父亲。　　　　a'. 张三哭哑了喉咙。

　　　b. 王冕的父亲死了。　　　b'. 张三的喉咙哭哑了。

　　　c. 王冕，父亲死了。　　　c'. 张三，喉咙哭哑了。

（参见熊仲儒，2015：316）

　　按照目前学界通行的看法，及物性动结结构［即（32a'）］具有致使意义，其句法结构包含 Bec 和 Cause 两个功能范畴。鉴于两类结构的相似性，熊仲儒将同样的句法构造赋予领属句（32a），而（32b）则只受到功能范畴 Bec 的扩展，（32a）和（32b）的句法结构分别表示如下：

（33）a. $[_{CausP}$ 王冕 $[_{Caus'}$ Caus $[_{BecP}$ 父亲 $[_{Bec'}$Bec $[_{VP}$　死$]]]]]$

　　　b. $[_{BecP}$ 王冕的父亲 $[_{Bec'}$Bec $[_{VP}$ 死$]]]$

（引自熊仲儒，2015：314）

　　通过功能语类直接引入领有名词可以克服"移位说"的一些不足，但其根本上与"非宾格理论"的基本思想相违背。庄会彬（2013：21）总结指出，目前绝大多数学者仍把领属句的谓语动词定性为非宾格动词。根据最简方案思想（Chomsky，2001，2008），以非宾格动词为谓词的句法结构中即使存在轻动词，也是不具备引入外论元能力的有缺陷的 v*，因此无论通过 EXP、Appl 或是 Cause 等轻动词引入领有名词，都与该思想相悖。如果非宾格结构中也像及物结构一样存在引入外论元的功能语类，非宾格动词与及物动词的区分显然失去意义。此外，虽然有一小部分领属句可以转换为"把"字句，但领属句与动结结构在句法性质上还是存在较大的差异。首先，很多领属句并不允许构成相应的"把"字句。例如：

（34）a. *约翰把手臂断了。
　　　b. *李明把门牙长了。
　　　c. *工厂把一面墙倒了。

其次，汉语中绝大多数的单语素动词已经失去了使动意义，即不能单独构成致使句式，其表达致使意义必须借助双音节的动结式，如下面（35）中的动结式如果去掉 V1 只保留 V2 都是不合法的。

（35）a. *张三（吹）破了气球。
　　　b. *李四（哭）哑了嗓子。
　　　c. *王五（冻）僵了大腿。

如果说领属句具有致使义，（34）和（35）的句子理应都能成立，而事实却恰恰相反。因此，领属句可以进一步扩展至功能范畴 Cause 的假设是不合理的。

5.2.1.3　话题结构说

针对上述研究的不足，一些学者根据汉语自身特点提出，领有名词既不是移位而来，也不是由功能语类引入，而是基础生成的话题成分。潘海华和韩景泉（2005）、杨大然（2008）指出，汉语的话题既可以移位生成，也可以基础生成。领有名词与谓词之间不存在直接的语义关系，述题中也没有与其相关联的结构位置，因此应将其分析为一种悬垂话题（dangling topic），基础生成于[Spec, CP]位置。该话题通过语义空位与述题部分发生联系并从语义上得到允准，述题部分的主语位置由空位成分 e 占据，谓词仍保留非宾格性质，其论元结构不受影响。对于名词的格位，潘海华和韩景泉（2005：7）认为，与英语等语言不同，汉语的非宾格动词具有向后赋主格的能力，可以赋给隶属名词主格，而句首的领有名词作为"额外"成分，其格特征可以不予考虑。

话题结构说将领有名词置于动词的论元结构之外，一定程度上维护了"非宾格假说"，但单纯靠语义空位来允准句法成分会导致任何句子都可能加入"悬垂话题"，衍生能力未免过强。如下面的（36a）若作为述题成分在"父亲"之前也应存在一个语义空位，但加入悬垂话题"王冕"后生成的句子［即（36b）］并不成立，说明"话题结构说"的分析还不够严谨：

（36）a. 汽车撞伤了父亲。

　　　　b.*王冕汽车撞伤了父亲。

此外，假设汉语非宾格动词具有向后赋主格的特性不符合"非宾格理论"的基本思想，同时"也违背了生成语法理论寻求共性的精神"（陈宗利和肖德法，2007：11）。

综上所述，在领属句的研究中，学者们对于一些事实已达成共识，但在某些问题上仍存在争议。大家基本认同该句式具有以下三个特征：一是谓语动词一般为非宾格动词，二是与谓词存在直接语义关系的不是句首名词，而是其后的名词成分，且该名词在指称上一般为不定指或类指，三是动词前后的两个名词之间存在广义的领属关系，符合这三点的句式都可以归入领属句的范畴。目前仍存在争议的问题有两个：一是领有名词是如何进入句法结构的，究竟是移位生成，由功能语类引入，还是基础生成的话题成分；二是领有名词和隶属名词的格特征如何得到核查。

5.2.1.4　"糅合"造句说

除了上述生成语法框架的解释，也有学者从认知功能角度来阐释此类句式的生成机制。沈家煊（2006）逐一指出了生成语法的"移位说"、"轻动词说"和"话题结构说"所存在的问题，并依据构式主义提出"王冕死了父亲"实际上是如下（37a）、（37b）两种句式通过"类推糅合"所形成的结果：

（37）a. 王冕的父亲死了+b. 王冕丢了某物→c. 王冕死了父亲

　　　　　　　　　　　　　　　（参见沈家煊，2006：296）

沈家煊指出，说话人要表达"王冕因父亲死去而受损"的意思，但缺乏一个合适的句式。语言中现有（37a）句式，但只表达"父亲死了"这一事实，但不含"王冕受损"之义；同时语言中还存在常见句式（37b）可以表达王冕受损，因此可以选定（37b）为类推源项，将（37a）和（37b）糅合形成（37c），（37c）借用了（37b）的句式和（37a）的词汇，产生说话人要表达的语义。

"糅合"造句说提出后，也有一些学者对此提出了质疑，如胡建华（2008：398）就提出"糅合"造句说要考虑如何限制生成能力的问题，即如何既能排除像"王冕病了父亲"这样的不合法句子，同时又能允许像"王冕家病了一个人"（沈家煊，2006：295）这样可以接受的句子。事实上，刘探宙（2009：110-111）也发现汉语的所谓"领属句"中存在大量非作格动词做谓词的情况，如"郭德纲一开口，我们仨就笑了俩""在场的人哭了一大片"等等。这里的非作格动词"笑"和"哭"似乎不表达"得"或"失"这样的结果义，因而找不到像（37b）那样的类推源项，"糅合"造句也就无的放矢。沈家煊（2009：16）对这些质疑给予了回应，他认为即便是"病笑类"用在"N1V了N2"这一句式中也具有了得失义，只不过它们偏重表一般的隐现，而"死来类"则偏重表典型的隐现即得失。

沈家煊从认知语法的构式主义出发，强调了句式对动词的压制作用，即不管谓语动词具有怎样的句法属性，谓语动词用在特定的句式中就可以表达相应的句式意义。从这个意义上讲，沈家煊的思想与本书提出的新建构主义模型有异曲同工之妙，即都认为句式的意义和论元数量与动词本身的词汇语义无直接关系，两者的匹配程度是影响句子合格性的重要因素。然而，沈家煊的"糅合"造句说最重要的问题是与句式的历时发展脉络不符。石毓智（2007：43-44）通过大量证据证明，"王冕死了父亲"一类句式可以上溯到13世纪，但用作"丧失"意义的"丢"却是到18世纪才出现，因而前者不可能来自"王冕丢了某物"的类推糅合。从历史语料来看，石毓智认为此类句式更应归入存现句的范畴，下面我们对存现转喻说进行评述。

5.2.1.5　"存现转喻"说

沈家煊的"糅合"造句说提出后不久，刘晓林进行了回应。刘晓林（2007）认为"王冕死了父亲"与存现句有相通之处，基本存现句句首一般为环境（或处所）成分，在语用目的的驱动和语言类推机制的作用下，其生命度增强而形成领属句，并且句中的体标记"了"对完句具有重大作用。石毓智（2007）从历时角度也印证了领属句属于存现句范畴，可表示"丧失"和"得到"两种对立意义，句首主语是通过转喻由地点名词变成指人名词。任鹰（2009）通过比较领属句与典型存现句一系列的句式特征及句法表现得出，两者的语义内涵确有一致性，句式义的核心都可归结为领属关系的保持、建立与消除，而领属关系与附着关系在认知模式上彼此关联，有些名词兼表"存现"和"领属"，如"动物园跑了一只熊"，因而可以实现从"存现"到"领属"的转喻。后来的一些研究，如宣恒大（2011）、吕建军（2013）等也赞同把领属句看作是存现句的扩展句式。而王立永和韩红建（2016）总体上认同领属句的类型归属，但不赞成从领属名词到存现名词的转喻说，理据是如果下面（38）中的"王冕"和"老板"都转喻处所，那么（38a）句理应不合法，因为后面句子仍以"王冕"为主语，而（38b）句则理应合法，因为"老板"可以转喻"饭店"。但事实的情况则恰恰相反，说明转喻说存在一定问题：

（38）a. 王冕ᵢ七岁上死了父亲，øᵢ不得不靠给地主家放牛养活自己。
　　　b.？老板一下来了十几个客人，都坐不开了。

（引自王立永和韩红建，2016：59）

王立永和韩红建（2016）在认知语法框架下提出，领属句是与存现句一样属于场景主语句，其构造是场景主语结构和活跃区操作进行概念整合的结果。本书也赞同将领属句分析为存现句的一个子类，并提出更多的证据来对此加以证明（见5.2.2 节）。但总体上而言，认知语法框架内的研究更偏重句式之间的构式联系，对于为何一元动词允许携带两个名词这一根本性问题却很少涉及甚至避而不谈。此外，无论是"糅合"造句说、"存现转喻"说亦或"压制"说等认知研究都存在过度生成的问题，即对于哪些动词能进入领属句缺乏明晰的规定，对于句式的生成机制缺乏深入的探索。

5.2.2 领属句的定性与派生过程

我们认为，要想较好解决领属句所面临的问题，不应对其进行孤立研究，而应寻求此类句式与其他句式的内在联系。事实上，一元动词带有两个名词成分的现象并非仅限于领属句，存现句也是此类结构的典型代表。如果能将汉语的领属句纳入存现句的范畴，找到两类句式的共性问题所在，就为我们应用生成语法的相关理论提供了切入点，研究上会有所突破。从该思想出发，我们首先通过一系列证据证明领属句本质上属于汉语的广义存现句，而后借鉴生成语法框架下对存现句的研究成果在新的事件句法模型内对领属句的生成过程进行分析。

5.2.2.1 领属句的定性

如果将领属句与汉语的典型存现句加以比较，会发现两类句式存在着诸多共性。从形式上看，汉语存现句可分为三段，即"处所名词+存现动词+存现主体"，而领属句也是由三部分构成，即"领有名词+一元谓词+隶属名词"，如（39a）和（39b）所示：

（39）a. 家里来了客人。（存现句）
　　　b. 王冕死了父亲。（领属句）

我们发现，5.2.1.3 小节总结的领属句的三个基本特征在存现句中也同样存在。首先看谓语动词的性质。领属句的谓词一般为非宾格动词，对于存现句，其谓语动词的非宾格性质也为绝大多数学者所认可（顾阳，1997；韩景泉，2001；隋娜和王广成，2009 等）。韩景泉（2001：147）指出，存现动词除包含"有""是"等基本动词外，还包含"来""出"等出现义动词以及"死""跑"等消失义动词，后两类动词正涵盖了领属句中非宾格动词的基本类型，可见领属句动词是包含在存现动词这个大的类别之下的。

其次，从语义特征上讲，两类句式的句首名词都不是施事，与动词不存在直接的语义关系，句中真正的主语是动词后的名词成分，如（39a）中"来"的客体是"客人"而非"家里"，（39b）中"死"的客体是"父亲"而非"王冕"。此外，动词后的名词成分都必须满足"无定效应"（indefiniteness effect），一般只能由不定指或类指名词担任，而不能是定指名词，如（40）所示①：

（40）a. 家里来了几位客人/*我的老师。

　　　b. 他家死了一只猫/*那只猫。

（引自顾阳，1997：19）

最后，领属句中动词前后的两个名词间存在广义的领属关系，但存现句的句首一般为处所名词，与后面的名词似乎不构成领有/隶属关系。但刘晓林（2007：441）指出，尽管两类句式的句首成分不同，但在一定条件下，语言的类推机制可使存现句的处所成分获得一定的生命度，成为有生名词，这样存现句就变成了领属句。任鹰（2009：310）也指出，"存在"本质上表示一种依附状态，某物存在或出现于某处即某物依附于某处，这种依附状态可以被理解为广义的领属关系，如（39a）中"客人"来到"家里"就蕴涵"家里"与"客人"间存在一种领属关系。相反，某处"消失"某物即是某物脱离某处，意味着二者之间领属关系的消除。从这个意义上讲，领属句和存现句的语义内涵是一致的，句式的核心义都可归结为领属关系的保持、建立与消除。

综上所述，领属句在句式特征上与存现句表现出很多共性之处，该句式应被视为存现句的一种拓展句式，据此我们将领属句定性为汉语的广义存现句。既然两类句式在本质上是相通的，那么它们在生成上也面临着同样的问题，即一元非宾格谓词缘何能带两个名词成分，这两个名词成分的格特征是如何核查的。在这两个问题上，生成语法关于英语 there 存现句的研究为我们提供了一些重要启示，下面简要阐述生成语法的相关理论，然后提出我们的解释方案。

5.2.2.2　生成语法理论关于 there 存现句的研究

生成语法理论对英语 there 存现句的研究主要围绕句首 there 的地位性质和名词的格位展开。随着生成语法理论的发展，Chomsky 对于 there 的解释先后提出了"虚词替代说"（Chomsky，1981），"逻辑词缀说"（Chomsky，1991，1995）和"一致操作说"（Chomsky，2000，2001）等分析方法，目前所形成的基本假

---

① 韩景泉（2000：269，2001：149）曾提出汉语的部分存现句和领属句并不完全遵守"无定效应"，表现在非宾格动词后可出现某些有定名词组和全称量化名词组。例如：

（a）村子里住着这位老汉。

（b）农场死了所有的猪。（引自韩景泉，2001：149）

而笔者认为，上面的"这位老汉"和"所有的猪"都具有句末焦点性质，其强调或对比作用，是焦点效应允许有定名词组和全称量化名词组，若这些名词组不充当焦点，则不允许采用有定或全称量化形式。

设是，虚词 there 只有不可解读的人称特征，而没有格特征。但这一假设后来受到部分学者的质疑［如 Groat（1999）和 Hazout（2004）］，他们通过一系列证据证明 there 确有格特征[①]。据此，Hazout（2004：411）提出将英语的 there 存现句分析为由系动词 be 次语类选择述谓结构（PredicateP, PrP），即小句（small clause, SC）为补足语，there 充当小句主语，系动词后的名词成分充当小句的逻辑谓语，而后 there 经提升移位到句首核查 T 的 EPP 特征，并通过与 T 的核查操作被赋予主格特征。按照 Hazout 的分析，（41a）的结构应分析为（41b）：

（41）a. There are many problems (in this proposal).

　　　b. [$_{IP}$ there$_i$ [$_{I'}$ [$_{VP}$ [$_{V'}$ be [$_{PrP}$ t$_i$ Pr [$_{NP}$many problems] [$_{PP}$(in this proposal)]]]]]]]

（参见 Hazout，2004：411）

Hazout（2004）提出，名词成分在语法上得到允准的方式不止一种，它们可以通过格特征的核查得到允准，也可作为小句谓语得到允准。在（41）中，there 是通过格特征的核查得到允准，而 many problems 作为小句谓语本身也可以得到允准，无须进行格特征的核查，这样句中名词的格位问题都得以解决。他认为这一分析可以推广到 be 以外的其他存现动词[②]。

我们将汉语存现句与英语 there 存现句进行比较会发现，两者在谓语动词的性质上差别不大，都是由一元非宾格动词来充当（顾阳，1997：19；韩景泉，2001：147）。它们的主要区别在于英语存现句的句首是虚词 there，而汉语存现句（包括领属句）的句首是表处所或表人的普通名词。但如果 there 确如 Hazout 所说具有格特征的话，再加之它具有人称特征，我们几乎可以将其视为一般性的名词成分[③]。因此可以说，英语的 there 存现句和汉语的存现句所面临的问题是一致的，即非宾格谓词为何能够带两个名词成分，句首名词具有怎样的句法功能，句中各名词成分（包括 there）的格特征如何核查。这些问题在 Hazout 的小句分析法中都得到了很好的解决，为我们研究汉语的存现句提供了重要的思路[④]。既然领属句

① 限于篇幅，这里不再给出实例，具体请见 Groat（1999：38-39）和 Hazout（2004：424-427）给出的证据。

② 事实上，Hazout 的小句分析法并不限于存现结构。Moro（2000：110）提出，一元动词选择小句做补足语的分析可适用于所有的系动词结构（copularstructure），即系动词前后的名词基础生成[XP, YP]形式的小句，然后系动词选择该小句结构为补足语，如 Lighting is the cause of fire 的基础结构应分析为[be [$_{SC}$lighting, the cause of fire]]。

③ 根据 Hazout（2004），there 与普通名词的差别在于它不具有数特征，其 φ 特征并不完整。there 作为小句主语，从小句谓词（即动词后名词）那里继承完整的 φ 特征，然后上移至[Spec, TP]位置，与 T 发生一致操作，这样就保证了动词后名词与主句谓词在 φ 特征上的一致性。

④ 先前已有一些学者借鉴 Hazout 的思想来解释汉语的典型存现句，并取得了一定成果（见李京廉和王克非，2005；李京廉，2009 等）。

已被证明属于汉语广义存现句的范畴，我们有理由相信 Hazout（2004）的理论也可用于解释领属句的派生过程。

5.2.2.3　领属句的推导过程

下面我们依据 Hazout（2004）提出的小句分析法，以"王冕死了父亲"为例具体说明领属句的生成过程。

第一步，NP1"王冕"与 NP2"父亲"从词库中提取出来首先发生合并，形成一个小句结构，其中 NP1 为小句主语，NP2 为小句谓词。由于 NP1 一般为定指，而 NP2 一般为不定指或类指，我们遵从温宾利和陈宗利（2001）将两者分别标识为 DP 和 NP，那么该小句结构可表示为[$_{SC}$ DP, NP]。NP"父亲"作为小句谓语，本身可以得到允准，不再有格位和题元角色的要求；DP"王冕"由小句谓语"父亲"指派"所有者"（possessor）题元，其格特征有待核查①。

第二步，选择功能语类进入句法推导。我们在 5.2.2.2 节已经证明，领属句的动词前后虽然也存在两个名词成分，但该句式在句法性质上与及物性动结结构仍存在较大差异，此类句式的事件句法结构中并不包含致使性功能投射，而应只包含结果性投射 v_{Bec}P。领有名词"王冕"和隶属名词"父亲"并不单独占据事件投射 v_{Bec}P 的标志语和补足语位置，而是首先合成一个小句结构[$_{SC}$DP, NP]，该小句结构整体被功能语类 v_{Bec} 所选择，合并于补足语[v_{Bec}, Comp]位置，由 v_{Bec} 向整个小句指派一个事件角色（event role）。也就是说，领有和隶属名词构成的小句结构整体上作为一个事件论元参与事件结构的组成。整个句式的事件语义应解释为：有一个结果性的事件发生，其结果是"王冕"失去了"父亲"。该句式表达一种领属关系的消除。

第三步，动词"死"以光杆词根形式进入句法，其本身并不允准任何论元成分。按照词根类型的划分，词根"√死"应归属为结果类词根。而根据我们的事件句法模型，结果类词根与活动类词根常规上是以不同的方式进入事件句法结构，前者是作为功能语类的补足语与其发生并入，而后者则是以嫁接于功能性中心语，即融合的方式与后者发生直接合并。据此，词根"√死"作为结果类词根合并于 v_{Bec} 的补足语位置，并与后者发生并入。但在上一步推导中，领有和隶属名词形成的小句结构已经占据[v_{Bec}, Comp]位置，即 v_{Bec} 已选择小句作为其唯一的论元成分。因此，词根"√死"无法再作为 v_{Bec} 的补足语进入句法推导，否则将违反句法结构的"二分叉"（binary branching）要求，因此词根"√死"与事件句法结

---

① "王冕"与"父亲"合并后，两者的领属关系已经建立，此时"王冕"应与"王冕的父亲"一样，都是由"父亲"指派"所有者"题元。

构相结合的手段只能是"方式融合"，二者形成一个句法复合体"√死-v_{Bec}"①。

第四步，"了"作为体态中心语进入推导，与 v_{Bec}P 合并形成体投射 Asp（ect）P。由于"了"为黏着语素，吸引词根"√死"上移与其合并，形成谓词"死了"。

第五步，AspP 与中心语 T 发生合并形成 TP，T 带有不可解读的 φ 特征。"王冕"上移到[Spec, TP]位置，核查自身的格特征及 T 的 EPP 特征。与 there 不同的是，"王冕"本身具有完整的 φ 特征，它无须从其他成分那里继承 φ 特征，可以直接核查 T 的 φ 特征。至此，句中所有的不可解读特征均得到核查，狭义句法部分的推导过程结束。该过程显示如下：

（42）步骤一：[_{SC} [_{DP} 王冕] [_{NP} 父亲]]

　　　步骤二：[_{vBecP} v_{Bec} [_{SC} [_{DP} 王冕], [_{NP} 父亲]]]

　　　步骤三：[_{vBecP} √死-v_{Bec} [_{SC} [_{DP} 王冕], [_{NP} 父亲]]]

　　　步骤四：[_{AspP} 了 [_{vBecP} √死-v_{Bec} [_{SC} [_{DP} 王冕], [_{NP} 父亲]]]]

　　　步骤五：[_{TP} [_{DP} 王冕]_j T [_{AspP} 了 [_{vBecP} √死-v_{Bec} [_{SC} [_{DP} t_j], [_{NP} 父亲]]]]]

上述推导过程与前人研究的重要区别在于合并操作的顺序，即初始合并的对象不是非宾格动词与其后的名词，而是动词前后的两个名词成分，两者首先形成一个小句结构，而后再与谓词发生合并。在 Hazout（2004）的研究中，他并未说明为何 there 能与动词后名词先合并，这种合并的条件是什么。我们认为，动词前后的两个名词能够率先合并是有条件的，该条件恰恰来自领属句自身的语义特性。宁春岩（2010：114）依据最简方案框架提出，一个词项的意义依靠它和另外一些词项的关系所构成，词项之间的关系性特征是合并操作的必要条件之一②。换言之，两个词项只有处于一定的语义关系中才能发生合并。词项关系建立的条件是两个词项能够相互蕴涵（mutual inclusion），即如果 α 是 β 集合的成员，且 β 是 α 集合的成员，则 α 和 β 存在相互蕴涵关系，两者才可能发生合并。前文提到，领属句的成句条件之一是两个名词间存在广义领属关系。徐杰（1999：18）指出，广义的领属关系既包括一般意义上人与物的"领有/隶属"关系［如（43a）］，也包括"部分/整体"关系［如（43b）］和"亲属"关系［如（43c）］等（引自徐

① 袁毓林（2004：3）从构式语法角度提出，"王冕死了父亲"是"王冕失去了父亲"精细化表达的具体实现，即前者是在后者构式的基础上用更为具体的"死"代替了意义更为抽象的上位词。而本书采用"方式融合"手段插入词根"√死"与袁毓林的方法异曲同工，即功能语类 v_{Bec} 表示更为抽象的"失去"义，而词根"√死"以"融合"方式嫁接于 v_{Bec} 上，即相当于使后者的事件语义更为具体化。同样的分析也可以适用于其他类似的句式，如"老王烂了一箱橘子""王大爷飞了一只鸽子"等。

② 宁春岩（2010）提出，除了相互蕴涵关系外，两个成分合并的另一个条件是两者合并后形成的新成分能够继续与其他实体发生合并。DP 与 NP 形成的小句能够继续与 V 发生合并，因此两者的合并符合这一条件。

杰，1999：18）[1]：

（43）a. 张三烂了一筐梨。

  b. 行李房倒了一面墙。

  c. 王冕七岁上死了父亲。

我们认为，这种广义领属关系使得两个名词成分能够在语义上相互蕴涵，建立两者之间的一种关系性特征，构成合并的语义基础。如（44）所示，"王冕"的隶属者集合之中包含成员"父亲"，而"父亲"的所有者集合之中也包含成员"王冕"，表明两者之间存在相互蕴涵的语义关系：

（44）{$_{隶属者}$王冕}={父亲，母亲，弟弟，妹妹，……}

  {$_{所有者}$父亲}={王冕，张三，李四，……}

同理，（43a）和（43b）中"张三"与"一筐梨"、"行李房"和"一面墙"之间也存在相互蕴涵的关系，具备合并的可能性。领属关系是两个名词合并的语义基础，换句话说，两个名词合并后，其领属关系也就自然建立起来。相反，如果两者之间不存在领属关系或领属关系不明确，初始合并就无法进行，也就无法依据我们设置的推导过程生成合法句式。以下面两句为例：

（45）a. *张三死了一个人。

  b. 见我死了一位契己的良朋，便送来一位娴淑的腻友来。(《作家文摘》1994 年，转引自 CCL 语料库)

（45a）的"张三"与"一个人"的领属关系并不明确，两者不能发生合并，推导无法进行，因而句子不成立。相反，（45b）中"我"与"一位契己的良朋"存在较明确的领属关系，两者能发生合并，推导得以顺利进行，句子因而合法。

（45）表明，广义领属关系是否建立直接影响领主属宾句的成立与否。需要指出的是，领属关系应该是一个相对概念，而非绝对概念，换句话说，领有者与被领有者之间的密切程度也会对句子的合法性产生影响。王姝（2012）认为人际关系中领有者与被领有者的密切程度应视为一个连续统，并进而提出下面的"领有梯度"（possession degree）。

---

[1] 我们注意到下面两句存在区别：（a）王冕死了父亲。（b）王冕死了*（一个）邻居。马志刚和肖奇民（2014）区分了习语性领属句（如"王冕来了精神"）和常规性领属句（如"王冕死了四棵桃树"），前者的 NP2 为抽象名词或表唯一性的亲属关系名词（如"父亲""母亲"），此类领属句数量较少，结构较为固化；后者的 NP2 为数量短语，此类领属句占绝大多数，领属句中的"无定效应"主要是针对此类而言。我们认为，（a）与（b）的差异代表了上述两类领属句的区别，前者不能带数量词，而后者必须带数量词。但两类领属句的共同点是 NP1 与 NP2 都存在广义的领属关系，我们设置的推导过程同样适用于这两类句式。我们仍以"王冕死了父亲"为例进行分析，是因为该句式为大多数研究所采用，但事实上 NP2 大都应为无定的数量短语。

（46）血亲＞姻亲＞干亲＞恋人＞熟人（引自王姝，2012：91）

在该梯度中，越靠近左侧领有关系越紧密，从"可让渡性"角度来讲，越靠近左侧越不可让渡，越靠近右侧越可让渡（张敏，1998：229）。在句法表现上，"领有梯度"可通过领有者与隶属者之间是否必须加入领有标记"的"来区分。不可让渡性强的领属关系一般无须加"的"，即多采用"AB"形式，如"我的爸爸"也可说成"我爸爸"。相反，可让渡性强的领属关系则一般需加"的"，即多采用"A的B"形式，如"我的老师"不能说成"我老师"。王姝（2012：91-92）通过语料库的考察也证明了这一点，在其调查的语料中，（46）中左侧"血亲"和"姻亲"的"AB"形式数量明显多于"A的B"，而右侧"熟人"的"A的B"数量明显多于"AB"。就本书所考察的领主属宾句而言，领属关系的紧密也直接影响句子的合法性。领属关系越强，即隶属名词越靠近"领有梯度"的左侧，则句子的合法性越高，反之合法性则越低。这样我们就可以较好解释下面句子在合法性上的差异：

（47）李四前年死了丈夫/一个亲戚/？女朋友/*老师/*学生/*老乡。

上述差异的原因在于"丈夫"和"亲戚"的不可让渡最强，"女朋友"的不可让渡稍弱，而"老师""学生"的不可让渡最弱，因而最不可接受。即便是同一类型关系，领属关系紧密度的不同也会影响句子的可接受度，如下面两句中，虽然同属朋友关系，但前者的紧密程度明显高于后者，因而在可接受度上也明显强于后者。

（48）a. 张三死了一个相识多年的好友。
　　　　b. ？张三死了一个刚认识的朋友。

我们通过对 CCL 语料库的调查发现，绝大多数领属句的隶属者属于"血亲"或"姻亲"。下面是我们收集 CCL 语料库中"A死了（一个）B"句式的有关数据（表5-1）。

表5-1　CCL 语料库以"死"为谓词与"血亲、姻亲"等有关的数据

人际关系	句式	数据
血亲	（某人）死了父亲	32
	（某人）死了母亲	14
	（某人）死了哥哥/妹妹	5
姻亲	（某人）死了丈夫/老公	26
	（某人）死了妻子/太太/老婆	28
恋人	（某人）死了男朋友/女朋友	1
熟人	（某人）死了一个老师/学生/同学	0
	（某人）死了一个老乡/同事/老板	0

从上表看出，领主属宾句中一般只允许与领有者关系密切的"血亲"或"姻亲"类名词充当 NP2，这也进一步证明领属关系的紧密程度也是影响句子合法性的一个重要因素。

我们的分析不仅能够阐释领有度与句子合法性的关系，也能较好解释谓词性质与句子合法性的关系。例如，我们可以说"王冕死了父亲"，但不能说"王冕病了父亲"或"王冕咳嗽了父亲"。根据本书提出的"事件句法允准原则"，事件轻动词必须通过某种方式与词根发生一致操作，以消除其不可解读特征。领属句的生成是动词词根与功能语类 v_{Bec} 相结合，v_{Bec} 携带不可解读的[终止性]事件特征，需要带有相应特征的实词语类（即词根）与其进入一致操作。词根"√死"带有[终止性]特征，它可以与 v_{Bec} 进行特征核查，消除后者的不可解读特征，保证表达式满足"接口条件"。相反，词根"√病"不具有该特征，无法核查 v_{Bec} 的[终止性]事件特征，导致表达式在接口层面崩溃，"王冕病了父亲"因此不合法。如果我们对句子稍做改动，在"病"后加入具有终止性的"倒"，句子就可以成立，如（49）所示：

（49）譬如说：一家三口的病倒了一口，你要隔离他么……

（茅盾《锻炼》，转引自 BCC 语料库）

该句符合领主属宾句的基本特征，与"病倒"发生直接语义关系的是后面的"一口（人）"，而句首的"一家三口的（家庭）"与后面的"一口（人）"存在领有和隶属的关系。该句子之所以合法，是因为"√病倒"具有[终止性]特征，可以核查 v_{Bec} 的[终止性]特征。该句与"王冕病了父亲"在合法性上的对比也进一步证明本书分析的合理性。

5.2.2.4　领有名词移位的动因

在我们设置的推导过程中，领有名词是从基础生成的小句主语位置上移到句首，这种移位的动因是什么呢？对于英语存现句，Hazout（2004）提出 there 上移到句首是为核查中心语 T 的强 EPP 特征，但这种分析不适用于领属句，因为汉语 T 的 EPP 特征是弱特征（潘海华和韩景泉，2005：7），领有名词的显性移位不是必须发生，即汉语的主语允许为空（由空代词 pro 占据或完全脱落），下面的显性非宾格句式和无主句就是有力证据：

（50）a. 来客人了。[①]

[①] 也有学者提出（50a）的句首应为 pro 主语，指称"家里""单位"等地方，我们基本认同这一说法。但我们认为，汉语中之所以允许 pro 主语，而英语中不允许，根本原因还是汉语 T 的 EPP 特征为弱特征。至于汉语中为什么存在"客人来了"这样的句子，并非因为汉语的 EPP 特征为强特征而驱动"客人"显性移位，而很可能是信息结构方面的要求，即这里的"客人"作为已知信息必须移位占据句首位置；相反，"来了客人"中的"客人"是未知信息，所以不能移位。关于信息结构对句法结构的影响见胡建华（2008）、孙天琦和潘海华（2012）。

　　　b. 下雨了。（引自杨素英，1999：37）

　　像"移位说"那样认为领有名词是为核查格特征发生移位也解释不通。依照我们的分析，隶属名词作为小句谓词其格特征可以不予考虑，只有领有名词的格特征需要核查，而该特征完全可以通过领有名词与中心语 T 的远距离一致操作得到核查，无须发生显性移位，否则如果（50a）中动词后的名词都必须移到句首核查主格，汉语中就不可能存在显性非宾格结构。由此看来，无论是 T 的 EPP 特征还是其自身的格特征都无法驱动领有名词发生显性移位。

　　Chomsky（2013）提出关于移位的新构想为我们提供了一个解决办法。他指出，除核查强不可解读特征外，名词成分显性移位的另一个驱动力是满足句法加标的要求。根据合并操作的要求，合并后的句法实体必须带有标识，否则无法在接口层面获得解读，导致推导失败。合并后的新成分通过固定的加标算法（Labeling Algorithm，LA）获得标识，LA 以最简搜索方式进行，即首先搜寻参与合并的中心语成分，找到后即以该中心语的标识作为新成分的标识。中心语一般应是终端节点 X^0 成分，不能是最大投射 XP。例如，轻动词 v 与 VP 合并形成{v, VP}，其中 v 是终端节点，可以担任中心语，而 VP 是最大投射，不能担任中心语，那么 LA 将自动选择 v 作为合并成分的标识。Chomsky（2013：43-44）还指出，在有些情况下，合并的两个对象可能都不是中心语，如最大投射 XP 和 YP 发生合并形成{XP, YP}，此时 LA 搜索不到中心语信息，会导致该实体无法被加标，此时的解决办法是让 XP 和 YP 两者之一发生显性移位脱离合并实体，这样 LA 就将留在原位成分的标识作为合并实体的标识。

　　根据我们的分析，在领属句的推导中，领有名词 DP 与隶属名词 NP 先合并为小句，由于两个成分都是最大投射，均不能担任中心语，LA 将无法对合并后的{DP, NP}加标，会导致推导过程失败①。依据上述最简方案思想，为保证推导的顺利进行，DP 和 NP 两者之一必须发生移位以使合并的成分获得标识。NP 作为小句谓语，自身处于不活跃（inert）状态，因此发生上移的只能是小句主语 DP，上移的位置也自然是[Spec, TP]位置，在该位置核查其主格特征，同时核查 T 的弱 EPP 特征。DP 上移后 LA 就将隶属名词的标识 NP 作为合并成分的标识。可见，领有名词上移的真正动因是满足合并成分的句法加标要求，其格特征和 T 的 EPP 特征作为"搭车者"一并获得核查。

5.2.3　本推导方案的优势

　　相比于前人的研究，我们为领属句所设置的推导方案既可以很好解决领属句

---

　　① 这里不能用"小句"作为{DP, NP}的标识，因为任何的句法加标都必须符合向心原则，即只能以参与合并的成分之一作为标识。我们可以将{DP, NP}构成的成分称为小句结构，但只能以 DP 或 NP 其中之一作为该成分的标识。

生成中的一系列问题，也可以避免先前研究的各种问题，总结下来有如下四个方面的优势。

首先，我们的推导方案解决了领属句中非宾格动词带有两个名词成分与"非宾格假说"之间的矛盾。根据"非宾格假说"，非宾格动词的典型特征是，非宾格动词句的主语在深层结构中是宾语，而后提升到主语位置（Perlmutter，1978：157-189），即非宾格句是深层的无主句。按照我们的派生方案，领有名词与隶属名词先合并形成小句后再与非宾格谓词合并，这样非宾格谓词是以小句结构作为其唯一的内论元，基础生成的结构仍然是不带外论元的无主句［见（42）中的步骤二］。因此，我们的方案既解决了领有名词如何进入句法推导的问题，也较好地维护了"非宾格理论"的基本思想。事实上，根据我们提出的事件句法模型，论元实现可变性的影响因素有三个，其中之一是同一个动词词根可能以不同的方式与事件功能语类结合。对于领属句来说，其生成机制是"死"等状态变化词根进入以功能语类 v_{Bec} 为核心的事件句法结构，由于 v_{Bec} 选择由 DP 和 NP 组成的小句为补足语，给人以动词携带两个论元的错觉。但实质上是功能语类的句法性质起了决定作用，词根只是作为修饰语进入句法，但两者的结合并非随意，需要符合事件特征的匹配原则，即只有表达终止性的状态变化词根才能进入此类句式。

其次，我们的方案可以较好解释名词成分的格特征、无定效应及领有名词的移位动因。依据 Hazout（2004：424-426）的假设，充当谓语成分的名词自身可以得到允准，那么领属句中隶属名词 NP 作为小句谓语，其格特征无须核查。对于领有名词，它在初始合并的小句主语位置不核查格特征（自身也不带内在的所有格），在移位后它与 T 发生一致操作，其格特征被定值为主格，不存在所谓"重复赋格"问题，这样两个名词的格特征都得以圆满解决。将隶属名词处理为小句谓词还可以很好解释句中的"无定效应"，由于"强量化词组/有定 DP 通常<u>不能</u>做谓词"（潘海华和韩景泉，2006：32），因此充当小句谓语的隶属名词一般只能是不定指名词或类指名词，而不能是定指性名词。此外，我们将领有名词的上移归因于满足句法加标的要求，而非格位和 EPP 特征的核查需要，这也很好反映了英汉语之间在 EPP 特征强弱性上的差异。

再次，我们的方案可以避免先前"移位说"的一些弊端。虽然我们认为领有名词与隶属名词首先发生合并，但两者构成的不是领有名词短语，而是小句结构。领有名词要脱离领有短语这个整体发生移位，会违反生成语法的"左向分枝条件"和"扩展条件"等限制条件；相比之下，小句结构较为松散，领有名词从小句主语上移到句首要容易得多，不受上述移位条件的制约。此外，我们的小句结构是由两个名词直接合并构成，其中不必引入"的"字，也就无须费力解释"的"的去向问题。同时，我们的方案可以避免"话题结构说"衍生性过强的问题。与"话题结构说"不同的是，我们认为领有名词不是在句首基础生成，而是从动词后的小句结构上移到句首。如果句子主语位置已经有名词成分占据，领有名词的上移将被禁止，这样就能很好解释下面（51b）［即（36b）］不合语法的原因。与（51a）一样，在（51b）推导的初始阶段，"王冕"先与"父亲"合并为小句而后发生上移，但由于该句已有名词成分"汽车"占据句首，"王冕"跨过该名词直接移位到话题位置会违反"相对最简性"（Relativized Minimality）原则（Rizzi，1990：4），因此（51b）不合语法。而如果按照"话题结构说"，"王冕"作为话题成分都能被述题中的语义空位所允准，那么两个句子都应是合法的（见5.2.1.3节）。相比之下，我们的分析更经得起语言事实的检验。

　　（51）a. 王冕死了父亲。
　　　　　　b.*王冕汽车撞伤了父亲。

　　最后，相比于认知语法框架内的"糅合"造句说和"存现转喻"说，本书与它们有一定的相通之处，我们一方面承认句式的结构意义相比于动词的词汇意义在论元选择上的作用更大，另一方面也承认"领属句"与"存现句"之间存在内在联系，可以做统一分析。但本书与认知语法研究的根本区别在于对领属句的生成机制提出了原则性的解释。认知语法只是简单强调句式结构对动词的压制作用，而本书则是对一元动词如何允准两个论元以及词项之间的合并顺序做了详尽的分析，并且对领属句中领属关系与句式合法性之间的内在联系也进行了深入剖析。此外，本书还能够解释认知语法所无法解释的一些现象，如为何动词后隶属名词往往是无定形式，原因在于只有无定名词，即 NP 才能充当小句谓语，而只有充当小句谓语的名词成分的格特征才无须核查；相反，如果隶属名词为有定的 DP，则无法充当小句谓语，而 T 只能核查领有名词的格特征，v_{Bec} 不具核查格特征功能，隶属名词的格特征得不到核查而导致句子不合格，认知语法的各种分析似乎都无法合理解释该问题。

5.3　现象之三：非典型双宾句

　　5.1～5.2 节我们应用已建立的事件句法模型分别讨论了假宾语句和领主属宾句的派生过程，这两类论元实现的变化分别涉及词根自身允准特质论元和事件结构类型的变异。本节我们来讨论汉语论元增容现象中的第三类句型，即非典型双宾句。按照传统定义，双宾语句是指"……句中述语动词后边带两个互相之间没有句法结构关系的宾语的句子"（陈昌来，2002：200）。从定义上讲，典型双宾句的谓词（或述语动词）应该是三元动词，即带有施事、受事和与事三个论元成分，如"我送了张三一本书"，其中与动词较近的宾语"张三"为间接宾语（用

NP1 表示），与动词较远的宾语"一本书"为直接宾语（用 NP2 表示）。"非典型双宾句"是相对"典型双宾句"所提出的术语（蔡维天，2005；程杰和温宾利，2008；程杰，2013），它与典型双宾句的主要区别在于其中的谓语动词并非为三元动词，它是绝大多数由二元动词构成的 V+NP1+NP2 句式。文献中常被拿来作为"非典型双宾句"的例子如下所示：

> （52）a. 张先生吃了他三个苹果。
>
> 　　　　b. 张先生打碎了他四个杯子。（引自徐杰，1999：185）
>
> 　　　　c. （这点事儿）跑了我一身汗。
>
> 　　　　d. （这张桌子）摸了我一手油。（引自孙天琦和郭锐，2015：
>
> 　　　　　　459）

（52）中各句的谓词大都是典型的二元动词，甚至还包含了"跑"这样的一元动词，但它们所构成的 V+NP1+NP2 句式都是合法的句子。曹道根和黄华新（2011：40）指出，解释此类句式派生的一个最大难题在于如何解释为什么非三元动词可以进入双宾语结构。我们的研究表明，（52）所示的非典型双宾句其内部是不同质的，它可以进一步分为致使性和非致使性两类非典型双宾句。而在解释上，我们基于本书提出的事件句法模型提出，非典型双宾句所涉及的论元实现变化主要源于动词词根通过"融合"方式与包含三个论元成分的事件句法结构发生结合，致使性和非致使性非典型双宾句是词根与具有不同的组构方式的事件句法相结合的结果。

5.3.1　非典型双宾句的基本特点

在研究非典型双宾句的句法构造之前，首先需要界定此类句式的范围，即典型和非典型双宾句的界限该如何划分。早期的一些学者对汉语双宾语结构的范围定义得比较宽泛，凡是符合 V+NP1+NP2 结构形式的都纳入双宾语句，这就导致双宾语句的具体范畴难以界定。朱德熙（1982：117-119）将汉语的双宾句分为两大类：一类是带两个真宾语，其包含给予（如"送他一份礼"）、取夺（如"偷了我一张邮票"）和等同（如"叫他老大哥"）三种语义类型；另一类是带一个真宾语和一个准宾语，即真宾语后面加上一个动量宾语、时量宾语或数量宾语，如"等了小王一会儿""骂了他一顿"。马庆株（1992：116-117）把真宾语（即"实指宾语"）和准宾语的语义类型进行了更为细致的划分，共归纳出双宾句的 14 个小类。李临定（1986：56-65）则是按照动词的语义类型划分出近十个类型的双宾句。顾阳（1996）则认为，上述各家的语义划分虽然有一定意义，但过于细致的分类似乎只是为了描写的方便，不仅缺乏理论上的依据和命名上的严谨性，也将很多非双宾句混入了双宾句的范围，导致双宾句的类型过于泛滥。她提出，从语义上讲，宾语的语义角色应严格限定为客体、受事、经验者、接受者（recipient）和受惠者（beneficiary）等，那些表示结果、时间、工具和处所等成分应视为补语而非宾语。从句法上讲，直接宾语的特点是可以充当被动句或非宾格句式的主语（如"我被他打了""杯子打破了"），而非宾语性质的论元则不能做被动句的主语。据此，顾阳认为双宾语的范围除了包含由"V+给"构成的双宾语结构之外，不带"给"的动词单独所构成的双宾句仅限定于朱德熙先生所定义"给予类"（如"送""卖"等）和"取夺类"（如"偷""抢""买"等）两种类型，在这两类句式中，前者的间接宾语是接受者或受惠者论元，后者的间接宾语是受损者论元，而两者的直接宾语都是客体论元。

尽管顾阳对双宾语的界定有助于我们进一步认清此类句式的特点，但双宾语句的范畴问题并未就此结束。诚然，顾阳划定的双宾语动词都属于三元动词，但如张伯江（1999：176）所说，如果拿三元动词和双宾语句来相互界定，不免有循环论证之嫌。而且在实际语料中，有相当数量能构成 V+NP1+NP2 句式的动词并不是典型的三元动词，如前面提到的"吃""打碎"等。那么类似（52）这样的句式该如何处理呢？有一种办法是采纳朱德熙（1979）的"显性"和"隐性"双宾动词之分，即将"送""偷"等具有明显"给予"或"取夺"义的动词归为显性双宾动词，而"吃""拿"等二元动词虽然也有"取夺义"，但该意义是隐性的，非固有的，故可归入隐性双宾动词。但这样的处理并不理想，把"吃"和"拿"也归入双宾动词显然有悖于此类动词的常规用法。另外，陆俭明（2002：323）通过对语类的细致考察发现，有很多词汇意义中根本不包含给予或取夺义的动词依然能构成 V+NP1+NP2 句式，如（53）所示：

（53）a. 一共表扬了一班五个人。（引自陆俭明，2002：322）

　　　　b. 一共纠正了他五个错误。（引自陆俭明，2002：322）

　　　　c. 一共修了王家五扇门。（引自陆俭明，2002：323）

（52）和（53）这样的"非典型双宾句"虽然具有 V+NP1+NP2 形式，但谓语并非三元动词，而是由典型的二元动词充当。如果此类句式确实属于双宾而非单宾结构的，那么它显然涉及动词论元实现的变化，应归属于论元增容结构的一个子类（程杰，2013）。对于此类句式，我们目前主要关心两个方面的问题，一是从描写充分性来讲，这些句式与典型双宾句在句法表现上是否存在差异？非典型双宾句内部是否同质，即各句式之间的句法表现是否相同？二是从解释充分性来讲，这些句式是如何生成的，即为什么二元甚至一元动词可以带两个宾语？能构成非典型双宾句的动词具有什么样的语义和句法特征？下面我们首先回顾前人的研究，指出其中存在的一些问题，而后提出本书的分析方案。

5.3.2　既有研究回顾及存在的主要问题

5.3.2.1　关于非典型双宾句归属问题的讨论

前人对于双宾结构进行了大量扎实且富有成效的研究，限于篇幅，我们这里主要关注生成语法框架下对非典型双宾句的一些代表性研究。先前研究首先关注的是非典型双宾句的归属问题，即此类句式究竟是双宾句还是单宾句？对这一问题的回答本质上决定了其中动词的论元结构是否发生了变化：如果是单宾句式，则说明 V 后的 NP1+NP2 是一个句法成分，那么其中的动词仍是二元的，我们只需解释 NP1+NP2 这一句法成分的形成，与论元结构的变化无关。但如果是双宾句式，那么就需要解答我们前面提出的问题，即解释为什么这些二元动词能够进入双宾句结构。

先前支持"单宾说"的代表性研究包括沈阳（1995a）、李宇明（1996）、满在江（2004）和刘乃仲（2001）等，这些研究主要是强调此类句式与典型双宾句在语义和句法上存在着重要差别，其给出的证据主要包括如下四点。

第一，在非典型双宾句中，NP1 和 NP2 一般具有语义上的领属关系，可以构成"NP1 的 NP2"的领属结构，但对于"给予类"典型双宾句而言，至少在传递关系发生前 NP1 和 NP2 并不存在领属关系。据此，沈阳（1995a：86）和李宇明（1996：72）都提出，NP1 和 NP2 有领属关系的是单宾结构，无领属关系的是双宾结构。

第二，对典型双宾句来说，V 与 NP1 和 NP2 都存在语义关系，即 V+NP1 和 V+NP2 都能单独成立（如"我送他""我送一本书"）。但非典型双宾句中的动词为典型二价动词，词汇意义中只能带一个宾语，它只与 NP2 存在语义关系，而与 NP1 无语义联系，因此只有 V+NP2 合法。如对于（52a），我们可以变换为"张先生吃了三个苹果"，但不能说"张先生吃了他"。

第三，按照传统生成语法理论，若将非典型双宾句也归入双宾句，则需要在词库内为这些动词列出具有不同论元结构的独立词项，由于这样的动词数量众多，会导致词库内词项大幅增加，增加语言处理的困难，不符合语言习得的经济性。

第四，典型和非典型双宾句在句法表现上，特别是在"把"字句和"被"字句的转换上存在较大差异。典型双宾句允许 NP2 提前构成"把"字句，也允许 NP1 或 NP2 提升为主语构成"被"字句，而大多数非典型双宾句则没有对应的"把"字句和"被"字句。如（54）和（55）所示：

（54）"把"字句

  a. 张三送给了李四那两本书。→张三把那两本书送给了李四。

  b. 张三吃了李四两个苹果。→*张三把两个苹果吃了李四。

　　　　c. 张三修了李家两扇门。→*张三把两扇门修了李家。
　　（55）"被"字句
　　　　a. 张三送给了李四那两本书。→那两本书被张三送给了李四。
　　　　b. 张三吃了李四两个苹果。→*两个苹果被张三吃了李四。
　　　　c. 张三修了李家两扇门。→*两扇门被张三修了李家。

　　另有一些学者则支持"双宾说"，即认为此类句式中除主语之外，动词还带有两个各自独立的宾语成分，代表性研究包括徐杰（1999）、张宁（2000）、张国宪（2001）、陆俭明（1997，2002）和何晓炜（2008a，2008b）等。这些研究主要强调此类句式与单宾结构的差异性和与典型双宾句的一致性，证据包括以下四点。

　　第一，徐杰（1999：189）发现，非典型双宾句与单宾句在代词指代上差异较大，如（56）所示，a 句中"他"不能指称"张三"，只能指称其他人或虚指；相反，b 句中"他"可以指称"张三"或其他人。徐杰提出，这一差异的根源在于两句中代词的约束域（binding domain）不同，前者为整个句子，后者则是领有短语：

　　（56）a. 张先生$_i$吃了他$_{*i/j}$三个苹果。
　　　　　b. 张先生$_i$吃了他$_{i/j}$的三个苹果。

　　第二，陆俭明（2002：317-318）发现，非典型双宾句允许"总共/一共""只"等的修饰，这一点与典型双宾句趋于一致，而单宾句则不允许出现这些副词：

　　（57）a. 张三总共送了李四五本书。
　　　　　b. 张先生总共吃了他三个苹果。
　　　　　c.*张先生总共吃了他的三个苹果。

　　第三，典型双宾句与单宾句在被动句的转换上存在差异，前者与典型双宾句一样，可以将 NP1 提至句首变成被动句，而后者的领有短语则不能拆分，说明两者不具有相同的底层结构：

　　（58）a.？他被张先生吃了三个苹果。
　　　　　b.？他被我拿了一本书。[①]
　　　　　c.*他被张先生吃了的三个苹果。

　　第四，张伯江（1999：184）注意到，非典型双宾句与单宾结构不能在高一层

---

　　① 孙天琦和李亚非（2010：28）认为（58a）句和（58b）句都是完全合法的句子，但在我们采访的约 30 个受试者中，约三分之一的人认为这两句不太能接受，但两句的合法性明显要好于（58c）句。

次上并列，同时也不允许并列成分的同一形式删除，这些特点都说明非典型双宾句与典型双宾句一致，而与单宾句不同：

（59）a. *他偷了那辆汽车和我一头牛。

　　　b. *他偷了老王一头牛之后又偷了老李。

（引自张伯江，1999：184）

　　如果非典型双宾句是从带领有短语的单宾句派生而来，那么两句应具有大致相同的句法表现，但上述证据表明，两者在语义和句法特征上都存在较大差异。而支持"单宾说"的几条证据也难以令人信服。首先，存在领属关系的 NP1 与 NP2 不一定就构成领有短语。前面我们分析"王冕死了父亲"一类领属句，其动词前后的两个名词成分虽具有领属关系，但假设两者构成领有短语会带来很多问题（参见 5.2.1.1 小节）。同理，对于非典型双宾句，我们也认为它不是由领有短语经过"的"的省略派生而来。其次，非典型双宾句不允许"V+NP1"结构，而典型双宾句看似允许 V 单独与 NP1 和 NP2 共现，但"V+NP1"（如"我送张三"）的合法性也很值得怀疑[①]，在这一点上非典型双宾句与典型双宾句并无差异。至于动词因论元结构变化会导致词库的臃肿，若按照本书所持的生成性建构主义方法则不存在这样的问题，任何动词在词库内均以光杆词根形式存在，不包含论元结构信息，其句法性质取决于其所融入的事件句法结构，因此动词的多种论元实现并不增加词库本身的容量和负担。

　　据此，本书认为非典型双宾句中的 NP1 和 NP2 是两个彼此独立的宾语成分，它与单宾句不存在任何派生关系。那么现在问题是，此类句式是如何生成的？为什么二元甚至一元动词可以带有两个宾语成分？它与典型双宾句之间的差异又该如何解释？我们接下来回顾前人对于此类句式生成问题的讨论。

5.3.2.2　关于非典型双宾句生成问题的讨论

　　先前研究对于汉语非典型双宾句的生成方式主要是借鉴典型双宾句的生成模式来分析，而典型双宾句的分析方法主要包括"转换说"、"致使说"和"施用说"三种观点，而对于非典型双宾句的生成也主要围绕这三种方法展开。下面我们来分别进行简要阐述。

　　对于典型双宾句的生成研究，早期很多学者是借鉴 Larson（1988，1990）针对英语双宾结构所提出的"VP 壳"分析（顾阳，2000；沈阳等，2000）。按照 Larson（1988：350-351）的分析，英语的双宾结构［如（60a）］是在与格结构［如

---

　　① 在 CCL 语料库中搜索到的"送"带表人宾语的句式中，"送"均表示"送别"之义。而其他双宾动词如"拿""卖"等，并未搜索到只带唯一表人宾语的句子。

（60b）〕基础上派生而来，派生过程中发生了类似"被动化"（passivization）的操作，使原来的与格宾语 Mary 提升至直接宾语位置，而客体 a book 则降位至附加语（adjunct）位置。该被动化剥夺了 to 的格位指派功能，其自然也无须存在：

（60）a. I gave a book to Mary.
　　　b. I gave Mary a book.

Larson（1988：353）还指出，英语中一些单宾动词（如 bake 等）也可构成与格和双宾结构，这些动词在词库内经历了论元增容（argument augmentation）操作，增加了一个"受惠者"题元，该题元实现为介词宾语并构成与格结构[如（61a）]，而双宾结构同样经历了类似（60）的转换过程，由与格结构经过被动处理生成双宾结构［如（61b）］：

（61）a. Mary baked a cake for Bill.
　　　b. Mary baked Bill a cake.

顾阳（1999：75-82）等提出，汉语非典型双宾句的生成也可采用论元增容加句式转换的方法来解释。但这样的分析实际上存在较大问题：首先，大量研究指出（Marantz，1993；Harley，2003；何晓炜，2008a；Pylkkänen，2008 等），双宾结构和与格结构在动词选择和语义表达上存在较大差异，类型学上的证据也不支持两者之间的转换关系；其次，对于汉语来说，句式转换法显然不适用，因为即便动词可以发生论元增容，但也生成不了类似英语的与格结构。如（62）所示，汉语非典型双宾句偏爱"受损者"而非"受益者"，而与格句中的与事只能是受益者，由"给"引入，与格句和双宾句存在损益不对称现象，这也进一步说明两者间不存在派生关系（见孙天琦和李亚非，2010：29，因研究需要例句略有更改）：

（62）a. 他吃了我一块蛋糕。/*他吃了一块蛋糕给我。
　　　b. 她做了一块蛋糕给我。/*他做了我一块蛋糕。

鉴于转换说存在的问题，Harley（2003）基于 Pesetsky（1995）的研究，提出了词汇分解法，赋予双宾结构和与格结构不同的语义分解模式，前者的语义分解为 CAUSE+HAVE，表示"主语使 NP2 拥有 NP1"的语义；后者的语义分解为 CAUSE+GO TO，表示"主语使 NP2 移向 NP1"。Beck 和 Johnson（2004：98）将小句结构融入了 Harley（2003）的分析，提出双宾句中"NP1+NP2"构成一个小句结构，其中心语是隐性谓词 HAVE，其和与格结构的内在结构不同，两者之间没有转换关系。邓思颖（2003：129-130）和王奇（2005：134）都曾提出，汉语双宾结构表达的基本语义为"主语致使间宾拥有或失去直宾"。熊仲儒（2015：235-237）提出将英汉语的给予类双宾句统一处理，两者都包含致使范畴 Cause 和达成范畴 Bec，并增加了一个表示领有关系的功能范畴 Poss(ess)，负责激发间接宾语的移位。那么汉语给予双宾句的句法构造如下所示：

（63）张三送了李四一封信。

[_{CauseP} 张三 [_{Cause'} 送了 [_{PossP} 李四 [_{Poss'} <送> [_{BecP} 一封信 [_{Bec'} <送> [_{VP} <李四> [_{v'} <送>]]]]]]]] （引自熊仲儒，2015：237）

但这样的致使性分析并不适用于汉语非典型双宾句呈现的论元增容现象。首先，前面提到，汉语大部分非典型双宾句偏爱表达"受损义"，即"NP1 因 V 动作的发生失去 NP2"，功能范畴 Poss 显然与此事件义相冲突。其次，熊仲儒（2015：231）认为（63）包含致使义的证据是可以转换为"把"字句，即"把"是功能范畴 Cause 的语音实现。但如前面的（54）所示，很多的汉语非典型双宾句并没有相应的"把"字句，表明其并不具有致使义，在其句法结构中设置 Cause 范畴值得商榷。

针对上述分析的问题，一些汉语学者采纳了 Pylkkänen（2008）的施用分析法来解释非典型双宾句中的论元增容问题。前面我们提到，施用投射（ApplP）的主要作用是负责非核心性增容论元的语义和句法允准，该投射可进一步分为高位施用（H-Appl）和低位施用（L-Appl）两种类型，前者位于引入外部论元的 VoiceP 和 VP 之间，表示增容论元与动词所描述事件之间的关系；后者位于 VP 之内，其引入的论元与动词没有直接的语义关系，而是与直接宾语建立起领有关系。两种类型的施用结构如下所示：

（64）a. 高位施用结构（Chaga 语）

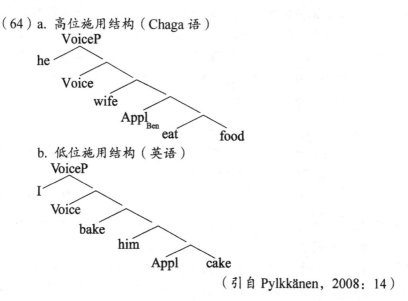

b. 低位施用结构（英语）

（引自 Pylkkänen，2008：14）

　　汉语界的很多学者采纳了施用结构来解释汉语双宾句的生成，并将该方法拓展至非典型双宾句，但对于其中究竟包含何种施用结构学界存在分歧。程杰和温宾利（2008：83）主张将汉语的双宾结构归入 H-Appl 结构，其理由有三点：一是很多的双宾句［如（52）所示的非典型双宾句］并不表达领属关系的转移，不符合 L-Appl 结构的语义特点；二是汉语非典型双宾句既允许"各"在动词之前，也允许"各"出现在两个宾语之间［如（65）］，而只有 H-Appl 结构能为"各"提供两个可能的句法位置，L-Appl 只能提供一个句法位置，证明 H-Appl 结构的分析更为合理。他们进一步提出，H-Appl 的核心是一个表示"经受"义的轻动词，在[Spec,H-Appl]位置允准一个经受者的施用论元。

　　（65）a. 张三和李四各吃了小王三个苹果。

　　　　　b. 张三和李四吃了小王各三个苹果。

　　　　　　　　　　　　　　　　　　　　（引自程杰和温宾利，2008：84）

　　Tsai（2007）提出汉语的非典型双宾句既不是 H-Appl 结构，也不是 L-Appl 结构，而是一类单独的中阶施用（middle applicative，M-Appl）。理据是这类结构的句法特征（如移位测试和及物性测试）符合 L-Appl 的定义，但在语义上则表示增容论元与事件之间的关系，而非个体之间的领有关系转移。M-Appl 的核心是一个表蒙受的功能范畴（Affective），它选择 VP 为补足语，负责允准增容论元。孙天琦（2015）则仍维持 Pylkkänen（2008）的看法，认为汉语的双宾结构属于 L-Appl 结构，并将 L-Appl 处理为具有"得到"和"失去"两种语义的空动词。她认为这样的分析不仅可以涵盖汉语"给予"和"取夺"两类双宾句，也可以较好解释汉语双宾句的一些特殊语料。如（66a）所示，与常规的非典型双宾句不同，这里的"工资"与"吃"之间并不存在题元关系，而只有 L-Appl 结构才允许直接宾语与动词之间没有直接的语义选择关系，该句可解读为"某人吃饭，我失去了半月工资"，其句法结构如（66b）所示：

　　（66）a. 一顿饭吃（掉）了我半个月工资。

　　　　　b. [VP 一顿饭 [V' V [VP [V' 吃 [LApplP 我 [LAppl' Vlose（掉）半个月
　　　　　工资]]]]]]

　　　　　　　　　　　　　　　　　　　　　　（引自孙天琦，2015：55）

　　此外，也有一些学者反对采用 Appl 结构来分析汉语的双宾结构。如何晓炜（2010）提出，Appl 结构的基本语义为"致使拥有"，但只有部分双宾语结构表达"致使拥有"，Appl 分析法不适用于所有双宾结构，据此他为双宾句设置了一个特有的功能语类 G，G 的参数化取值（G$^+$/G$^-$）可以解释英汉语的差别，汉语 G 的取值可正可负，而英语 G 的取值只能为正。但曹道根和黄新华（2011：36）提出异议，质疑为何某些非典双宾结构［如（66a）］中的 G 值只能为负，且认为 G 参数不符合生成语法理论对参数值的定义。陈宗利和赵鲲（2009）提出将 NP1 分析为话题，即 NP1+NP2 的结构为[$_{TopP}$ NP1[$_{Top'}$ Top^0 NP2]]，NP1 可能是话题，也可能是宾语，既有单宾结构的某些特征，又有双宾结构的特征，可看作一种句法歧义结构，正在经历一个语法化过程，从原来的单宾向双宾转化的一个过程。但这样的分析无法解释 NP1 与 NP2 之间的语义关系，也不能解释为何非典型双宾句中 NP1 无法提升为话题（如"张先生啊，他吃了三个苹果"）。

　　在我们看来，施用结构的引入的确有助于非典型双宾句论元增容问题的解决，它所允准的额外句法位置恰恰为增容论元提供了立足点，而 H-Appl 和 L-Appl 分析法可以说各有优点，但也都存在一定的问题。胡建华（2010：13）曾指出，大多数的涉用分析似乎只是在贴标签，并未明确施用格的使用条件，也未看到这样的设置能解决什么问题。胡先生的意思是，这一功能语类的具体名称其实不重要，关键是这样的功能语类应设置在什么位置，设置之后能够解决什么问题。目前看来，对于非典型双宾句仍有下面几个问题悬而未决：第一，引入增容论元的功能语类在句法层级中处于什么位置？该位置如何摆脱 H-Appl 和 L-Appl 结构各自面临的困境？第二，非典型双宾句与典型双宾句在句法配置上是否存在差异？两者在句法表现（如"把""被"转换）的差异该如何解释？下面我们基于本书提出的事件句法模型来探讨非典型双宾句的生成方式，并尝试对上述问题给出较为合理的答案。

5.3.3　非典型双宾句生成结构的分析

　　先来看第一个问题。上述各类 Appl 分析法的共同之处在于增容论元 NP1 都是在[Spec, ApplP]位置引入，根据我们提出的句法模型，NP1 显然属于事件论元，因为所有的事件论元都是由功能语类所允准。H-Appl 和 L-Appl 形式上差别在于它们与 VP 的相对位置，前者在 VP 之上，表示动词与事件的关系；后者 L-Appl 在 VP 之下，表示两个论元之间领有关系的转移。目前困扰学者的是究竟哪类 Appl 结构适用于汉语的双宾句。而根据本书提出的事件句法模型，所有动词均以词根形式存在于词库并以此形式进入句法推导，词根只有在引入特质论元时才可能投射为 RootP，该投射处于所有功能投射之下，事件论元由上层各类功能语类引入。那么，如果采用当前的事件句法模型，H-Appl 与 L-Appl 分析法就可以得到有机统一。如（64）所示，如果我们将其中的 VP 投射都去掉，两类结构的句法配置是基本相同的，都只剩下 VoiceP 与 ApplP 两个功能投射，后者作为前者的补足语。

　　问题是动词词根与 NP2 该如何进入句法推导呢？有两种可能：若 NP2 是词根

√V 允准的特质论元，则应存在词根投射 RootP；相反，若 NP2 是由功能语类引入的事件论元，则词根只能以融合或并入方式进入句法推导。我们认为，NP2 应属于事件论元，而非特质论元，有两个方面的证据。第一，如果 NP2 是词根选择的论元，两者理应在线性关系上距离更近，但双宾句的表层形式为 V+NP1+NP2，V 与 NP2 之间受到 NP1 的阻隔，这说明 NP2 不大可能是 √V 直接选择的论元。第二，我们在 4.1 节指出，特质论元与事件论元的主要区别在于前者一般为无指称的光杆名词，与动词无题元选择关系，不能受各类限定词修饰，在后句法阶段与词根发生词项融合，而非典型双宾句中的 NP2 允许受到较长限定词的修饰，如下面（67a）所示，其中的 NP2 是一个带有多重修饰成分的复杂名词。此外，尽管（66）中 NP2 似乎与动词不存在题元关系，但其中的 NP2 可以做"把"的宾语或"被"字句的主语［如（67b）所示］，而特质论元则不可以［如（67c）所示］：

（67）a. 父亲的一句话打碎了她<u>不知用多少花环编织了多么久的这个少年绮丽的梦</u>。（1994 年《作家文摘》，转引自 CCL 语料库）

　　　b. 张三把半个月工资都吃了。/半个月工资都被张三吃了。

　　　c. *张三把食堂吃了。/*那个食堂被张三吃了。

以上两点说明 NP2 应属于参与事件组成的事件论元，而非词根引入的特质论元。根据本书的句法模型，事件论元均由功能语类引入，那么 NP2 应由哪个功能语类引入呢？该问题实际上涉及整个非典型双宾句中功能投射的配置问题，除了引入外部论元的 VoiceP 和引入非典型宾语论元 NP1 的 ApplP 之外，是否还存在其他的事件功能投射？我们首先来解决该问题。

既然 NP1 和 NP2 都是由功能语类引入，动词词根本身不存在发生投射的可能，它只能以融合（conflation）或并入的方式与功能语类相结合，具体选择哪种方式取决于动词词根的本体类型。在非典型双宾句中，一个显著且可靠的事实是其中动词都是表示活动方式的及物动词。我们前文提到，区分活动类词根与状态变化类词根的主要手段有两个，一是看能否与自主性副词（如"故意"等）连用，活动类词根一般都具有自主性，可以与此类副词连用，而非自主性的状态变化类词根则不可以。如（68）所示，进入非典型双宾句的动词一般都可以与"故意"共现。二是汉语状态变化类词根允许施事后置构成非宾格结构，而活动类词根一般不允许施事置于动词之后（顾阳，1996：11；杨素英，1999：37；徐杰，1999：20 等）。如（69）所示，在非典型双宾句中，动作的施事都不允许出现在谓语动词之后。通过这两个检验手段我们发现，在陆俭明（2002：322）列举的能构成非典型双宾句的 98 个动词中，不存在任何一个表示状态变化事件的动词，所有动词均表示活动的方式和手段：

（68）a. 以后每次嘴馋的时候，照例故意打碎一只碗。（陆步轩《屠夫看世界》，转引自 CCL 语料库）

　　　　b. 王五故意砍了张家五棵树。

　　　　c. 警察故意没收了他们五辆车。

（69）a. *调了北大五个人。（意即：北大调走了五个人。）

　　　　b. *纠正了他一些错误。（意即：他纠正了一些错误。）

由此得出，此类句式中动词词根的本体类型都属于方式类词根，通过方式融合手段与功能语类相结合，但这些词根所嫁接的功能语类不能是 Appl。首先，Appl 所表达的事件语义与动词词根本身的事件类型不匹配，Appl 表示的是受影响性事件义，其需要以一个结果性事件为补足语，而这一结果性事件实际上是通过动词与其宾语的组合共同来表达；其次，如果将词根直接并入 Appl，而非典型论元 NP1 处于[Spec, ApplP]位置，则 NP1 与动词词根建立了直接的语义关系，但事实上，非典型双宾句的 NP1 与动词词根并不存在语义选择关系，如果拿掉直接宾语 NP2，V+NP1 不是合法的句子（如"张三打碎了李四两个杯子。"不能说成"张三打碎了李四。"）。因此，我们在 VoiceP 和 ApplP 基础上再增加一个功能投射 $v_{Bec}P$，该投射表示某个结果类事件，动词词根与该投射的中心语 v_{Bec} 发生方式融合，$v_{Bec}P$ 位于 ApplP 之下，即 Appl 选择 $v_{Bec}P$ 为补足语，NP1 由 Appl 引入，占据 Spec-Appl，这里的 ApplP 的事件语义是表示其允准的论元 NP1 受到所表达事件的影响，为了与本书提出的其他事件功能语类相统一，我们将 Appl 改写为 v_{Aff}[①]。而 NP2 是由 $v_{Bec}P$ 所允准，占据 $v_{Bec}P$ 的 Spec 位置，如前面（52b）的事件句法构造如（70）所示，该句式的事件语义解读为"存在一个张三吃了两个苹果的结果性事件，李四受到该事件的影响（而失去两个苹果）"：

[①] 正如胡建华（2010：13）所说，引入非核心论元的功能语类的具体名称并不重要，重要的是它是表达的事件语义和句法功能。我们认为，这里的 Appl 是表达"受影响义"（affective），而非表示 NP1 与 NP2 之间领属关系的转移。理由是虽然汉语存在一定的损益不对称现象，较偏爱受损者或来源进入非典型双宾结构（孙天琦和李亚非，2010：29），但仍有相当一部分非典型双宾句并不表示受损义（见陆俭明，2002：323；程杰和温宾利，2008：84），如下所示：

　　（a）承担了国家五个项目。（引自程杰和温宾利，2008：84）

　　（b）林校长表扬了一班五个人。（引自陆俭明，2002：323）

　　（c）一共修了王家三扇门。（引自陆俭明，2002：320）

上面几句在我们设置的事件句法模型中可以得到合理的解释，即其中的 NP1"国家"、"一班"和"王家"都是受影响论元，如（a）表示某人承担了五个项目，而由于这"五个项目"原本属于"国家"，"国家"因而受到"某人承担五个项目"这一事件的影响。

（70）张三吃了李四两个苹果。

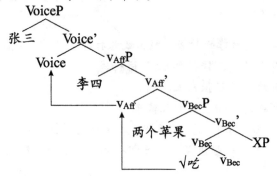

　　我们的分析可以较好解释非典型双宾句一系列较为特殊的句法表现。首先，此类句式之所以允许二元甚至一元动词做谓词，是因为如"吃"等动词以词根形式与如上所示的事件句法结构相结合，词根本身不允准任何的特质论元，所有的论元成分均由功能语类所引入，即非典型双宾句是动词词根与引入三个论元的事件句法结构相结合的结果，这样就无须在词库内为同一个动词设置具有不同论元结构的多个词项。其次，在非典型双宾句构成的"把"字句中，NP1 和 NP2 一般都不能单独提前做"把"字的宾语［如（71a）～（71b）所示］，唯一的方法是将 NP1 和 NP2 整体前移［如（71c）所示］：

　　（71）a. ？张三把李四吃了两个苹果。/? 李四把王家修了两扇门。
　　　　　b. *张三把两个苹果吃了李四。/*李四把两扇门修了王家。
　　　　　c. 张三把李四两个苹果吃了。/李四把王家两扇门修了。

　　对于上面的差异，先前的几种 Appl 分析似乎都无法给出合理解释。按照本书的分析，"把"字句表达致使性事件，若生成"把"字句，需要在 $v_{Aff}P$ 之上增加一个致使性投射 $v_{Cause}P$，"把"占据中心语 v_{Cause} 位置。若要生成（71a）的语序，"√吃"与 v_{Bec} 融合形成的复合体"√吃-v_{Bec}"必须上移至 v_{Aff} 位置。然而，我们前面的讨论已经提出，词根"√吃"所表达的事件类型与 v_{Aff} 所表达的事件不符，前者不能与后者发生融合，因此"√吃-v_{Bec}"这一复合体也不能以中心语移位方式上移至 v_{Aff}，因此（71a）无法生成。对于（71b），处于[Spec, $v_{Bec}P$]位置 NP2 要成为"把"字宾语，需要跨过处于[Spec, $v_{Aff}P$]的位置更高的 NP1，但该移位违背了 Rizzi（1990：4）提出的"相对最简性"原则。该原则规定，若 Z 为成分 X 和 Y 移位的可能目标位置，X 到 Z 的移位不可能跨过成分统制 X 及与 X 具有相同性质的另一成分 Y。而这里的 NP2 在结构上成分统制 NP1，后者要跨过前者移至更高的[Spec, $v_{Cause}P$]明显违反了这一原则，因此也不能成立。而对于（71c），我们可以直接插入一个 $v_{Cause}P$。根据"相对最简性"原则，作为下层中心语的复合体"√吃-v_{Bec}"不能跨过上层中心语"把"移至 Voice 位置，而只能留在原位（in-situ），与此同时，NP1 和 NP2 也无须发生移位即可进行格特征的核查，所形成的表层线性顺序如（71c）所示，因此该句为合法的句子。

再次，我们还注意到，非典型双宾句中 NP2 的性质较为特殊，它只能由数量性名词成分充当，而一般不允许为光杆名词或定指名词，这一点在先前的研究中未受足够关注或很少提及。请看如下例子：

（72）a. 张三吃了李四两个苹果/*那个苹果/*苹果。

　　　b. 老李修了王家三扇门/*那扇门/*门。

　　　c. 张三故意打碎了李四两个杯子/*那个杯子/*杯子。

上面的形态差异所产生的句法后果该如何解释呢？在我们设置的事件句法结构中，功能语类 v_{Aff}（即 Appl）的补足语不是表示活动类的 v_{Do}P，而是表示结果的 v_{Bec}P，这样的设置符合非典型双宾句的语义特征。NP1 是 v_{Aff} 引入的受影响论元，尽管"受影响"这一概念相对比较模糊，但可以肯定的是，该句式的事件组成中要求包含一个结果性事件，以此表达 NP1 受到的是何种影响（Li & Thompson，1981：469；Huang et al.，2009：186）。换句话说，v_{Bec}P 是 v_{Aff}P 存在的前提，没有某种结果的显现，也就谈不上受到影响。而结果性事件的构成需要几个条件：如果动词词根本身属于状态类或状态变化类词根，其自身就可以允准结果性投射 v_{Bec}P；但如果词根本身属于活动类词根，则需要与特定的名词成分共现才能实现。根据先前的诸多研究（Dowty，1991；Tenny，1994；Krifka，1998 等），数量名短语区别于带指示代词的定指性短语或光杆名词短语的主要特点是前者可以担任所谓的"渐进客体"，其基本特征是在担任活动动词的直接宾语成分时会改变原句的体态类型①。以汉语为例，陈平（1988：166）提出，汉语中宾语的量化性质会影响句式的事件类型，光杆名词构成的谓词部分只表示非终止性活动类事件[如（73a）]，而数量名短语构成的谓词则表达具有终止性的完结类事件，这种体态类型的变化可以通过与"在 X 时间内"的共现加以检验：

（73）a. *俞伯孙用它在两天之内演奏了曲子。

　　　b. 俞伯孙用它在两天之内演奏了 20 支曲子。（1996 年《作家文摘》，转引自 CCL 语料库）

对于（73a），活动动词"演奏"与光杆名词共现后，句式的事件类型并未发生改变，仍表达活动类事件，不能与框架性时间状语"在两天之内"连用；相反，如果将光杆名词"曲子"换成数量名短语"20 支曲子"，则该句由单纯的活动类

---

① 关于"渐进客体"的详细定义及其对汉语体态类型的影响见后面第 6 章 6.1.2 小节。

事件转化为复合性的完结类事件，能够与框架性时间状语共现。需要指出的是，虽然"渐进客体"会对整个事件的体态特征产生影响，但学者们也发现（Jackendoff，1990，1996；Krifka，1998；Levin，1999 等），"V+NP"结构能否表达结果性事件不仅与宾语的指称特征有关，也与动词的语义特征密切相关。例如，汉语中某些动词（如"推"和"骂"等）即便带上量化宾语也不改变原有事件类型，仍表达内部同质的活动类事件，请看下面两句的对比：

（74）a. 张三在一天内读了两本书。
　　　b.*李四在十分钟内推了那辆车。

上例表明，只有适当的活动动词与适当的宾语组合在一起才会产生结果性事件。从这个角度讲，动词词根和"渐进客体"都对该事件结构的生成有所贡献，两者应该都基础生成于 $v_{Bec}P$ 内部。据此，本书认为，表达活动方式类的动词词根应与 v_{Bec} 发生方式融合，而"渐进客体"NP2 基础生成于[Spec, $v_{Bec}P$]，这样不仅解释了绝大多数的 NP2 与动词之间存在直接语义关系的事实，也解释了为何非典型双宾句中的 NP2 必须由数量名短语来担任。

下面我们来看第二个问题，即非典型双宾句与典型双宾句在句法构造和语义特征上是否存在差异。先前的很多研究已经发现，两类句式在句法表现，特别是在"把"字句和"被"字句的转换上存在差别，前者允许 NP2 提前构成合法的"把"字句和"被"字句，而非典型双宾句则不允许，如前面（54）和（55）所示，重复如下：

（75）"把"字句
　　　a. 张三送给了李四那两本书。→张三把那两本书送给了李四。
　　　b. 张三吃了李四两个苹果。→*张三把两个苹果吃了李四。
　　　c. 张三修了李家两扇门。→*张三把两扇门修了李家。
（76）"被"字句
　　　a. 张三送给了李四那两本书。→那两本书被张三送给了李四。
　　　b. 张三吃了李四两个苹果。→*两个苹果被张三吃了李四。
　　　c. 张三修了李家两扇门。→*两扇门被张三修了李家。

此外，两者在语义特征上也存在一些重要差别。首先，非典型双宾句的 NP1 与 NP2 之间不存在领属关系的转移，但典型双宾句表达的事件语义则明确表达"NP1 得到或失去 NP2"这一子事件，如（75a）的事件语义解读为"张三送的结果是使李四获得了两本书"。从这个角度讲，典型双宾句中的施用功能语类 Appl 所具体实现的事件语义并不是"受影响"，而是直接表达 NP1 与 NP2 之间领属关系的建立或消失。据此我们认为，其中 Appl 的具体实现为事件轻动词 $v_{get/lose}$，以其为中心语构建表达领属关系建立的结果性子事件 $v_{get/lose}P$。该事件是由一个由动词词根所允准的活动类事件 $v_{Do}P$ 所引发，因而在事件句法中 v_{Do} 以 $v_{get/lose}P$ 为补足语。对于典型双宾句来讲，其中的动词也都是表示活动方式的动词，表达状态变化的动词不能充当典型双宾句的谓词，此类动词的词根是以融合的方式与活动类事件中心语 v_{Do} 结合，并使得后者得到允准。汉语典型双宾句的事件句法结构如下所示：

（77）张三送了李四两个苹果。

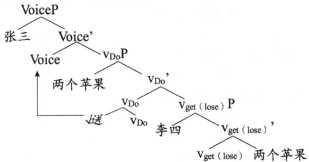

从形态上来讲，上述结构中的 $v_{get/lose}$ 并非总是零形式：汉语中的 v_{get} 可以实现为"给"，引入接受性的施用论元，表示 NP2 归属 NP1 的所有权；而 v_{lose} 可以实现为"走"或"掉"，引入来源性的施用论元，表示 NP2 脱离 NP1 的所有权。需要说明的是，根据本书提出的事件句法模型，参与事件表达的名词性成分均由功能语类所选择，而不同的功能语类可能选择同一个名词性成分参与其所表达的事件，结果会造成一个名词成分在事件句法中占据多个句法位置，获得多个事件角色。（77）中的 NP2"两个苹果"就属于这样的名词性成分，它既被功能语类 v_{get} 选择，作为所有权转移事件中的论元之一占据[v_{get}, Comp]，同时它也被功能语类 v_{Do} 所选择，占据[Spec, $v_{Do}P$]位置，参与活动类子事件的表达[①]。

上面提出的典型双宾句的事件句法构造可以较好解释典型双宾句和非典型双宾句在句法和语义性质上的差别。我们已经解释了非典型双宾句不允许 NP1 或 NP2 提前构成"把"的原因，而较之非典型双宾句，典型双宾句在"把"字句上的特点是允许 NP2 提前，但不允许 NP1 提前，也不允许 NP1 和 NP2 一起充当"把"字宾语。例如：

---

　　① 在语音实现上，根据 Kayne（1994）提出的"线性对应定理"（Linear Correspondence Axiom），如果一个成分与其拷贝同时获得语音实现，则其所在的表达式无法获得有效的线性排序，而无法成为合法的句子，因此为保证句子的合法性，（77）中的"两个苹果"只能有一个在 A-P 层面上获得语音实现。关于线性对应定理在汉语中的具体应用可参见杨大然和程工（2013）的讨论。

（78）a. 这位戎马一生的上将把一束鲜花送给代表团。（1995 年《人
　　　　　民日报》，转引自 CCL 语料库）

　　　b. *这位戎马一生的上将把代表团送给一束鲜花。

　　　c. *这位戎马一生的上将把代表团一束鲜花送给。

　　依据（77）中的事件句法结构我们可以对上述差异做出合理解释。对于（78a），我们只需在 $v_{Do}P$ 上层增加一个以"把"为中心语的致使性投射 $v_{Cause}P$，宾语需要移至[Spec, $v_{Cause}P$]核查格位，而相比 NP1"上将"，NP2"一束鲜花"距离该位置要更近，因此前者可以直接移位至该位置，生成（78a）［如（79）所示］；而根据"相对最简性"原则，NP1 不能跨越 NP2 上移至[Spec, $v_{Cause}P$]，因此（78b）被排除。而对于（78c），由于 $v_{get}P$ 处于 $v_{Do}P$ 之下，而词根"√送"是在 v_{Do} 位置进入句法，其基础位置高于 NP1"上将"，即使加入"把"字，"上将"也没有可供上移的句法位置，不可能上移到能够成分统制"√送"的句法位置，因此也不可能形成（78c）所示的表层线性顺序。

（79）

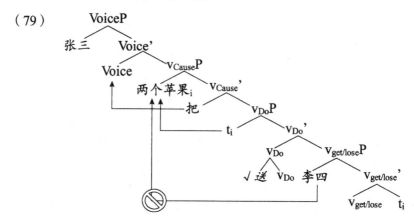

　　此外，我们所提出的事件句法构造还能较好解释典型双宾句与非典型双宾句在宾语指称上的差异。前文指出，非典型双宾句一般只允许数量名短语充当 NP2，而典型双宾句的限制则不太严格，允许带指示代词的定指性甚至是光杆名词充当 NP2。如下例所示：

（80）a. 邓开圯向他的学生卢怀军传授了国画用墨的窍门，还送了
　　　　　他一幅题作"人之初，性本善"的人物小像。（新华社 2003
　　　　　年 10 月份新闻报道，转引自 CCL 语料库）

　　　b. 有一个地痞名叫阿章的，硬说苏拉文偷了他的钱。（李文
　　　　　澄《努尔哈赤》，转引自 CCL 语料库）

两类句式不同的句法构造可以对上述差异做出解释。对于典型双宾句，其事

件句法中所包含的功能语类本身 $v_{get/lose}$ 分别选择 NP1 和 NP2 为标志语和补足语，其形成的投射 $v_{get/lose}P$ 本身就可以表达一个结果性的达成类事件，而无须借助 NP2 的量化特征来表达这样的事件语义。例如，我们完全可以说"张三赢了钱"或"张三输/丢了他刚买的手表"，其中动词本身已经属于状态变化性词根，对于直接宾语的指称性特征则没有要求。因此，典型双宾句中 NP2 的可选类型相对较多，而在非典型双宾句中由于不包含 $v_{get/lose}P$，其结果性事件的表达需要活动类词根与直接宾语的组合来共同表达，因此直接宾语必须为"渐进客体"，其自身的量化特征自然要受到限制。

5.4 本 章 结 语

在本章中，我们应用第 4 章提出的新型事件句法模型对汉语论元增容现象中的几个典型句式进行了深入解释，主要包括以"吃食堂""飞北京"为代表的假宾语句式、以"王冕死了父亲"为代表的领主属宾句和以"张三吃了李四两个苹果"为代表的非典型双宾句。这些句式的共同特点是其中都存在一个非核心性论元成分，该论元成分的出现是论元实现变化的一个标志性特征，其结果是句式中论元的实际数量多于动词论元结构中的论元数量。过去几十年间，这几类句式一直是汉语学界研究的热点和难点问题。虽然先前研究采用各种不同的理论框架对这些句式的生成过程进行过探索，但由于没有认识到这些句式结构内在的共性及其与其他句式的相通之处，在解释方面显得捉襟见肘，一些关键性问题未得到很好的解决。相比而言，我们应用新的事件句法模型对这些句式的解释则更为合理和可信，特别是我们从事件论元和特质论元角度，对汉语的宾语无选择性句和假宾语句进行了统一分析，将其中的非核心论元分析为是由动词词根引入的特质论元，不仅较好地分析了这些句式的生成过程，也很好地解释了此类句式与普通及物性结构在"把"字句转换上的不对称性以及非作格和非宾格动词在能否带宾语上的不对称性。

对于领属句，我们并未将其作为一种孤立的句式来分析，而是发现其与存现句存在诸多的共性特征，并以此为切入点，应用本书提出的事件句法模型为此类句式的派生过程提出了一套新的解释方案。该方案与先前研究的重要区别在于：一是领有名词和隶属名词发生初始合并构成小句结构，而后再与非宾格谓词发生合并；二是领属句的谓词是以词根形式与结果性事件谓词 v_{Bec} 发生了方式融合；三是领有名词是为满足合并成分的句法加标而上移至句首。我们的分析不仅可以较好解释为何领属句的一元谓词能够在论元数量上实现增容，同时也可以在维护"非宾格假说"的基础上使名词格位、领有名词移位动因及无定效应等一系列问题得到圆满的解决。

　　对于非典型双宾句，我们重点关注此类句式的基本特点及其与典型双宾句在句法和语义特征上的重要差别，并基于本书所建立的事件句法模型对此类句式的生成机制进行了解释。我们提出，非典型双宾句的事件句法结构是由 $v_{Bec}P$、$v_{Aff}P$ 和 VoiceP 三个功能性投射依次组合而成，此类句式这种的非核心论元 NP1 是由功能语类 v_{Aff} 所引入，二元（或一元）动词是以词根形式与下层的 $v_{Bec}P$ 的中心语 v_{Bec} 发生方式融合，具有量化特征的 NP2 作为"渐进客体"占据[Spec, $v_{Bec}P$]，与动词词根共同允准 $v_{Bec}P$，整个句式的事件语义表示"存在一个某人所进行的 VNP2 的结果性事件，NP1 受到该事件的影响"。与非典型双宾句不同，典型双宾句的事件句法由 $v_{get/lose}P$、$v_{Do}P$ 和 VoiceP 组成，NP1 和 NP2 分别占据 $v_{get/lose}P$ 的 Spec 和 Comp 位置，后者还占据 $v_{Do}P$ 的 Spec 位置，参与活动类事件的表达。这样的事件句法配置可以较好解释两类句式在句法和语义性质上的差异，特别是在"把"字句转换和直接宾语 NP2 指称特性上所表现出的差别。

第6章 汉语论元缩减现象研究

汉语句式中所体现的论元实现可变性主要包括论元增容、论元缩减和论元交替三大类现象。在第5章我们应用已建立的事件句法模型对汉语句式中的论元增容现象进行了深入的分析。本章中，我们将继续应用该模型对汉语句式中的论元缩减现象进行探讨，以进一步证明该理论模型的合理性和解释效力。论元缩减现象是指出现在一个句式中的论元数量少于该句式谓语动词常规用法中的论元数量。一般来讲，一个做谓词的动词性成分至少应该带一个（显性或隐性的）论元成分才能组成一个合法的句子[①]，因此汉语中发生论元缩减现象的句式中的谓词应该只限于那些在常规用法中强制性带有两个或两个以上名词性成分的动词，也就是我们通常所定义的及物动词（或二元动词）或双及物动词（或三元动词）。在本章中，我们将分别关注这两类动词分别所呈现的一种论元缩减现象。对于二元活动动词来讲，我们将关注以这些动词为谓词的受事主语句，此类句式呈现"NP+VP"的表层形式，我们通过证据证明其中不包含任何的隐含成分，即动词只带有唯一的客体论元，论元的实际数量相比此类动词常规及物用法的论元数量发生了实质性缩减。对于三元动词来讲，我们主要关注有一些表示活动类的"定位动词"所构成的存现句，汉语的典型存现句呈现"NP+VP+VP"的表层形式，并且其中也不包含任何的隐含论元成分，因此，论元的实际数量相比此类动词的必有论元数量也发生了实质性减少。通过本章的讨论，我们发现，这两类论元缩减现象尽管细节不同，但共性之处在于两者的形式都是动词词根以特定方式与特定类型的事件句法构造相融合的结果。

6.1　现象之一：受事主语句

20世纪60年代起，研究者们逐渐认识到，及物动词和不及物动词的内部都是不同质的。不及物动词存在"非宾格动词"（unaccusative verb）［又称作格动

---

① 部分学者［如郭锐（1995：171）和袁毓林（1998：149）］参照英语中一些气象动词的分析，将汉语中反映自然现象的短语（如"刮风""下雨""打雷"等）中的动词也分析为零价动词，也有学者将它们分析为一价动词［如鲁川（2001：101）和陈昌来（2002：79）］，还有学者提出（周统权，2006：10），汉语中没有"零价动词"，但存在"零价现象"。但不管怎样，其中的动词不能孤立存在，后面必须带一个表示自然现象的名词成分。

词（ergative verb）〕和非作格动词（unergative verb）之分（Perlmutter，1978：160；Burzio，1986：6 等），而及物动词包括致使动词和单纯的活动动词两类，前者可以构成致使/作格的论元交替，后者只表示动态活动，不能进入论元交替。下面的 break 和 write 分别代表这两类及物动词：

> （1）a. John broke the window.　　b. The window broke.
> （2）a. Bill wrote the man.　　b. *The book wrote.

　　break 呈现的致使性交替形式体现了作格语言的基本特性，学界故称为"作格动词"。近年来，汉语界的相关研究注意到（Cheng & Huang，1994：201；顾阳，1996：11；杨素英，1999：36-37 等），汉语中很多状态变化类动词也呈现出类似 break 的作格性特征，其中主要包括小部分的单语素动词以及大部分的动结式。例如：

> （3）a. 她灭了火。/火灭了。
> 　　 b. 水手们沉了船。/船沉了。（引自顾阳，1996：11）
> （4）a. 他为此憋得摔碎几十个碗。（2000 年《人民日报》，转引自 CCL 语料库）
> 　　 b. 一个失手，碗摔碎了。（老舍《骆驼祥子》，转引自 CCL 语料库）

　　然而，与英语有所区别的是，汉语中除了状态变化类动词外，一些活动动词也能构成及物句式与不及物句式的结构交替形式。例如：

> （5）a. 黄蓉写了那封信。
> 　　 b. 那封信写了。（引自潘海华和韩景泉，2005：10）
> （6）a. 郭靖洗了那条毛巾。
> 　　 b. 那条毛巾洗了。（引自 Cheng，1989：81）

　　对于上面（3）～（6）呈现的句式转换，如果我们将其中的动词"灭""写""洗"以及动结式"摔碎"都看作及物动词的话，那么其中的 b 句应该都存在论元缩减现象，即动词从携带两个论元的及物性用法转换为只携带一个论元的不及物用法。但事实上，（3）和（4）、（5）和（6）所体现出的论元交替现象存在着本质的区别。（3）中的"灭"在词库中是以状态或状态变化类词根形式存在，（4）中的"摔碎"是由两个单语素词根组成的动结式，目前学界普遍认为动结式表达的是结果性达成类事件。这两类动词虽然也发生了从及物形式到不及物形式的转换，但目前学界对这两个句式的转换方向还存在较大争议①。换句话说，我们并不能认定它们的派生方向一定是从 a 句的致使性用法到 b 句的非宾格（或作格）用法的转变。因此，此类论元实现的变化不应归入论元缩减现象的范畴。我们在第 7 章的讨论表明，（3）和（4）中的句式转换代表了汉语中一类独立的论元实现模式，即论元交替现象，其中的状态类（或状态变化类）动词作为光杆词根与同一种类型的事件句法结构发生融合，致使和非宾格结构是否交替在于事件句法结构中的功能投射 VoiceP 的出现与否。

与（3）和（4）不同的是，（5）和（6）中的动词"写"和"洗"只表达动作方式，而不蕴涵结果，它们应归入活动方式类词根，而不属于状态或状态变化类词根，且在及物性用法时并不具有致使义。为了加以区分，我们将（3）和（4）为代表的状态或状态变化类词根呈现的交替形式称为"致使性交替"，而将（5）和（6）为代表的活动动词词根构成的交替形式称为"及物性交替"（transitive alternation）②。对于及物性交替而言，其中的活动类词根在缺省情况下应该与及物性活动类的事件句法相融，或者说及物性用法是这些动词词根的基础性用法，而（5b）和（6b）所显示的"受事主语句"则属于它们的派生性用法，因此此类词根所构成的交替形式应该具有明确的派生方向，即从二元的及物性用法向一元的不及物用法派生，因此，这些及物性交替现象应归入论元缩减现象的范畴。

对于及物性交替现象，先前的一些学者（Cheng，1989：83；王灿龙，1998：15-16）注意到，汉语中并非所有的活动动词都能进入这种交替形式。例如：

　　（7）a. 他在压那条面包。b.*那条面包压了。（引自 Cheng，1989：83）
　　（8）a. 他在推那辆车。 b.*那辆车推了。（引自 Cheng，1989：83）

同为活动动词词根的"写""洗"与"压""推"为何在句法表现上存在显著差异？先前研究对此并未给出合理的解答。据此，本书将主要关注如下三个问题：第一，就汉语内部而言，什么样的活动动词能够形成论元交替？或者说能够进入及物性交替的动词相比其他活动动词具有怎样的区别性特征？第二，这些活动动词词根构成的不及物句式［如（3b）和（4b）］是否是作格结构？这类结构与汉语状态类词根构成的作格结构有何分别？第三，从跨语言角度讲，为什么汉语某些活动动词存在所谓的"及物性交替"，而对应的英语动词则不允许，即前面（2）和（5）的区别该如何解释？

下面我们先简要回顾前人的研究，而后通过列举相关现象，提出汉语的活动

---

① 具体请见后面第 7 章的讨论。

② 从本质上，（3）和（4）中的交替形式也是及物和不及物结构的转换，也有学者［如 Cheng（1989）］将（3）～（6）统称为汉语的"及物性交替"。但在下文可以看到，（5）和（6）与（3）和（4）在成句条件和句法结构上等方面都存在差异，为了避免混淆，我们用"及物性交替"单纯指称由及物性活动动词构成的交替形式。

动词发生论元交替的允准条件，之后进一步论证汉语在终止性表达上采取的句法机制，并尝试对汉语不同类型的作格结构之间的区别与联系进行深入分析，最后对英汉语在相关结构上的差异做出解释。

6.1.1　既有分析回顾及简要评述

对于活动动词的论元交替，学界争论的焦点主要在于不及物句式中动词性质的认定，即（5b）和（6b）的"写"和"洗"是否为作格动词。从形式上讲，上面的（1）～（6）都表现为"NP1+VP+NP2"和"NP2+VP"的结构转换，但并不能就此推断其中的动词都具有作格性质，因为这种转换形式只是判定作格动词的一个必要条件，而非唯一条件（曾立英，2006：37）。对于英语的（1b），the window是从深层宾语移位至表层主语位置，符合作格动词的特性，这一点并无异议。但由于汉语中允许空主语 pro，像（5b）和（6b）这样不及物句式的句首名词就存在两种可能的性质：它们可能是深层宾语移位而来的主语，也可能是宾语前移形成的话题，而主语是没有语音形式的空代词。因此目前学界的主流分析有两种：一种是"受事主语说"，另一种是"话题结构说"，下面我们分别进行简要阐述。

秉持"受事主语说"的大部分学者认为，（5）和（6）中动词从及物用法变为不及物用法的同时，其论元结构因词库规则所致发生了根本性变化（Cheng，1989；倪蓉，2008；马志刚和肖奇民，2014 等）。Cheng（1989：87）根据 Levin和 Rappaport Hovav（1986）等的研究提出，词库内的动词表征涉及词汇概念结构和谓词论元结构两个层面，使役动词派生为作格动词发生在词汇概念结构到论元结构的映射过程中。如（5a）的"写"在词汇概念结构层包含施事和受事两个题元，在向论元结构层的映射中施事受到抑制，无法在句法层面得到体现，受事题元成为唯一句法论元，这一过程与 break 的派生机制完全一致[①]。马志刚（2014：81-82）则提出，汉语的非宾格化本质上不同于英语的非使役化，后者是抑制致事，无须借助动词的形态变化，而前者是抑制施事，必须依赖非宾格语素得以完成。他认为（5a）的"写"自身不带致使义，无法完成类似 break 的非使役化操作，因此（5b）并不合法。若要使该句成立，必须借助一个非宾格语素来抑制施事题元（如说成"那封信写好了"），这是汉语动词非宾格化（或作格化）的必要条件。

我们认为，词库派生说将句首名词分析为主语有其合理之处，但词库内部的派生手段，无论是非使役化还是非宾格化，都需要人为设置多个表征层面，在概念上极为不经济，有悖于当前最简方案的基本精神，对施事论元的压制操作也与语段推导理论格格不入，这一点我们在第 2 章已详细讨论过，在此不再赘述。其

----

① 顾阳（1996）和董秀芳（2015）也持有相同观点。

次，该方法对于汉语中哪些动词允许作格化派生没有明确的限定，如 Cheng（1989）一方面提出施事题元的抑制只适用于宾语受影响的结果类动词，另一方面又将"洗""写"等活动动词也纳入其中，却又将其他的活动动词（如"推""压"）等排除在外，分析缺乏统一的标准，更无法解释活动动词与其宾语之间的互动关系（参看下文的讨论）。此外，该方法对语言间的差异也无法给出合理解释，如为何汉语的"写"允许非宾格化派生，而英语的 write 则不允许。

　　对于活动动词形成的论元交替结构，另一种有影响的观点是"话题结构说"，即认为句首的名词为话题，而非主语，（5）和（6）的"写"和"洗"并未发生从及物动词到作格动词的转化。黄正德（Huang，1997）反对将这些句子分析为作格句，理由是很多语言中对应的动词（如英语的 write 和 drink 等）都没有类似的作格用法。他提出真正作格句式中的施事在显性和隐性上都没有句法实现，而（5b）这样的句式中隐含着施事，因此应分析为（主语）省略句更为合理。潘海华和韩景泉（2005：10）、王国栓（2015：25）也不赞同将这里的"写"和"洗"与 break 作类比分析。在他们看来，广义的使役义是动词发生作格化的基本条件，"写"和"洗"没有使役义，因而不具备非宾格化的要求，其呈现的交替现象"实际上是一种假象"（王国栓，2015：25）。潘海华和韩景泉提出（5b）和（6b）的句首名词是从动词宾语位置移位到句首做话题成分，其后存在一个空主语 pro，此类句式本质上属于"受事话题句"，而非受事主语句。按照"话题结构说"，发生交替的"写"和"洗"在句法性质上未发生改变，仍带施事和受事两个论元，施事主语为空代词 pro，受事经话题化过程提升至句首。

　　"话题结构说"看似可以解释英汉语之间的差异［如（2）和（5）］，但对于其他事实则无能为力。例如，下面两句似乎都可分析为宾语因话题化前移，主语为空代词的话题结构，但两者在合法性上的对立却无法得到解释（引自 Cheng，1989：82）。

　　　（9）a. 那封信写了。
　　　　　　那封信$_j$，e_i写了 e_j
　　　　　b. *郭靖很喜欢。（意即"某人很喜欢郭靖"）
　　　　　　郭靖$_j$，e_i很喜欢 e_j

　　胡建华（2010：9-10）尝试应用所谓"外题元优先确认原则"对（9b）的不合法性做出解释。根据该原则，外题元θ1 应首先得到释放，"郭靖"与θ1 的语义解读特征相符，它作为占据该题元位置的论元应自动获得施事解读，而不能理解为受事，故句子不合语法。但这样的分析也存在漏洞，因为即使我们将"郭靖"换成与受事题元θ2 语义特征相符的名词（如"苹果很喜欢"），句子仍然不成立。"苹果"作为无生命名词，与外题元的语义特征不符，不会成为干扰成分，外题元本应可以作为隐性论元解读，但句子仍然不合法，这说明将（9b）分析为施事主语隐含的话题化结构是行不通的。此外，倪蓉（2009）和马志刚（2014）等从指称、语音停顿、关系化结构以及能否加"特意"等主语倾向副词等方面证明了（9a）的"那封信"具备明显的主语特征。

综上，将及物性交替现象中不及物句式的句首名词分析为主语应该更为合理，句中不存在任何隐含的施事成分，其中的动词相比及物性用法在论元结构和句法性质上都发生了实质性变化，这为我们下文分析其谓词特征和句法结构奠定了基础。下面我们将首先探讨汉语活动动词发生论元交替的允准条件，证明该现象实际上涉及动词与论元间的互动以及体标记的辅助作用，这种多成分之间的关联性是单纯依赖词汇操作的派生论观点所无法解释的。然后，我们通过量化特征的核查机制，力图体现动词和论元性质间的互动关系，并依据本书建立的事件句法模型对受事主语句的生成机制进行深入解释。

6.1.2　汉语活动动词论元交替的允准条件

文献中一般把（5）和（6）中的不及物结构称为"受事主语句"，句中这些动词的基本属性是及物性活动动词，不及物用法是变体形式。但从语言事实来看，并非所有的活动动词都能构成受事主语句，除了前面（7）和（8），其他例子还包括：

（10）a. 他压了一个面包。→*面包压了。

　　　 b. 小李骑了一匹马。→*马骑了。

　　　 c. 李四砸了一张桌子。→*桌子砸了。

按照 Cheng（1989）的说法，能发生论元交替的必须是带"受影响"（affected）宾语的达成类或完结类动词，它们要么是自身具有该特征（如"卖"和"撕"等），要么是活动动词与补语构成的动结式或动趋式复合词（如"推走""压扁"等），而不带"受影响"宾语的单纯活动动词不能形成论元交替。王灿龙（1998：16）也提出，一个动词若要构成宾语提前的受事主语句（他称为"无标记被动句"），必须同时具备[+可控]、[+强动作性]和[+可致果]三种特征，这三个特征代表了完结类动词的基本特性，其中的[+可致果]特征与"受影响"概念基本一致，即要求动作及于某人或某物产生某种结果或达到某种状态。（10）中的几个动词虽然都有强动作性且动作可控，但不具备[+可致果]特征，因而不能构成受事主语句。在这两位学者看来，结果义是动词形成论元交替的关键性语义特征。

如果上述分析成立的话，汉语所有的活动动词理应不存在论元交替，因为它们本身属于方式类词根，不含结果义（或[+可致果]特征），这一点可以从两方面加以证明。首先是通过时间状语来判定。汉语的状态变化类动词一般表达终止性事件，可以与时间状语"在 X 时间内"连用；相反，活动动词具有非终止性的（atelic）特征，一般不能与该时间状语连用（见 Tai，1984；Cheng，1989）。

（11）a. 他在三分钟内灭了火。

　　　b. 火在三分钟内灭了。

（12）a.*李四在半小时内写了信。

　　　b.*老张在十分钟内喝了水。

另一个判别方式是否定性测试。Lin（2004：64-65）指出，汉语活动动词本身不蕴涵结果，因此允许对可能的结果进行否定；相反，结果类动词（或动词短语）蕴涵某种结果状态的形成，对该结果进行否定会导致语义上出现矛盾。例如：

（13）a. 我昨天写了一封信，可是没写完。

　　　b.*我昨天写完一封信，可是没写完。

依据上述手段可以判定，"写"和"洗"都属于典型的活动动词，本身不具有[+可致果]特征，却依然可以呈现论元交替。那么它们进入论元交替的条件是什么？它们与其他的活动动词（如"推"和"骂"等）又存在怎样的区别呢？

在 Vendler（1967）最初把事件划分为状态类、活动类、达成类和完结类四种类型时，他依据的是动词自身的体态性质，一个动词即代表一类事件。后来的一系列研究发现，句子的事件类型并非单纯由动词决定，除了动词外，名词性成分的指称特征以及其他修饰性成分（如状语和补语）也对句子的体态特征产生影响（Verkuyl，1972；Dowty，1991；Parsons，1990；Tenny，1994；Jackendoff，1996等）。如（14）所示，其中直接宾语的指称特性直接影响着整个句式的事件类型：

（14）a. Bill ate apples/sandwiches for an hour/*in an hour.

　　　b. Bill ate the apple/fifteen sandwiches *for an hour/in an hour.

（参见 Jackendoff，1996：306-307）

eat 本身为活动动词，它与类指名词 apples 共现仍指称活动类事件，for an hour 标志这一事件具有持续性；但当 eat 带上量化性名词或定指名词 fifteen sandwiches 或 the apple，句子转换为有终点的完结类事件，in an hour 标志这一事件具有终止性。量化宾语之所以能将非终止性事件变为终止性事件，是因为它们指称的概念是有界的（bounded），动词所表征的事件随着这些量化宾语的指称性特征逐渐展开并最终达到某一终点，Dowty（1991：572）将这种具有量度功能的动词宾语称为"渐进客体"。

Singh（1998：185）提出，"渐进客体动词"带上量化宾语表示动词行为对其宾语产生渐进影响，主要包括创造、制作和消耗义动词，其客体宾语被创造出来或被消耗掉即标志整个事件的结束。Lin（2004：69）依据 Singh（1998）的研究将渐进客体结构分为如下三类：

（15）a. 非消耗类（non-modifying）：read a letter，recite a poem
　　　 b. 消耗类（modifying）：eat a cake，paint the wall
　　　 c. 创造类（creating）：build a house，draw a picture

这三类渐进客体结构有两个共同点：一是内部论元可以量度整个事件，二是事件过程的内部是不同质的，如 eat a cake 事件中的任何一点均不能代表整个事件。

汉语界的研究也注意到汉语事件类型的表达涉及动词与宾语的相互作用。陈平（1988：166）指出，汉语与英语等其他语言一样，宾语的量化性质也会影响句式的事件类型。如"读书"是非终止性活动类事件，而"读那两本书"则是具有终止性的完结类事件，这种变化可通过与"在 X 时间内"的共现加以检验：

（16）a. *他在一天内读了书。
　　　 b. 他在一天内读了那两本书。

此外，Soh 和 Kuo（2005：201）也观察到，汉语中很多"活动动词+量化宾语"的结构无法通过类似（13）的否定性测试［如（17）所示］，说明该结构可以表达结果状态的形成[①]：

（17）a. *他做了一个蛋糕，可是没做好。
　　　 b. *他造了一间房子/一座桥，可是没造好。

在我们看来，（13a）之所以能通过否定性测试，是因为其中"一封信"的"一"可能发生虚化，使该短语泛化为类似"封信"的虚指名词（参见宗守云，2008：11），如果换作其他的量化短语，句子的可接受度会大大降低，来看下面印地语的例子：

---

① Soh 和 Kuo（2005：202-203）提出，（17）与（13a）的区别在于"蛋糕"、"房子"和"桥"都属于"无部分宾语"（No Partial Object，NPO），此类宾语具有不可分解性，必须是整个事件结束才能认定为宾语所表达事物的形成或消失，如"蛋糕"在制作出来之前不能称为"蛋糕"，因此不能对结果进行否定。相反，（13a）的"信"属于"允许部分宾语"（Allowed Partial Object，APO），具有可分解性，即"一封信"的一部分可以代表这封信，因此可以对结果进行否定。这样的划分看似有道理，但在实际操作中，这两类宾语的界限比较模糊，如我们很难说清"吃一个鸡蛋"和"修一座桥"中的宾语究竟属于哪一类。况且，如果这种划分成立的话，为什么汉语的"一封信"是 APO，而英语中对应的 a letter 却是 NPO［见（14b）］，英汉语的差异该如何解释？因此，我们统一认定汉语的量化名词都属于 NPO，都具有量度事件的作用。

（18）us ne do gilaas biiyar pii   (*par puurii nah~i~i pii)

他 作格 二 杯子 啤酒 喝-完成时（但是 全部 否定词 喝-完成时）

"他喝了两杯啤酒（*但是没全部喝完）。"

（引自 Singh，1998：186）

然而，汉语中也有相当一部分的活动动词带上量化宾语仍表达活动类事件，如前面提到的"推"和"骂"等动词。Cheng（1989）注意到这些动词即使带上量化宾语也不能受到"在 X 时间内"的修饰。下例改编自 Cheng（1989：85）：

（19）a. *张三在十分钟内推了那辆车。

b. *他在一个小时内骂了李四。

据此可以得出，汉语的活动动词与英语中的一样，也存在"渐进客体动词"与"非渐进客体动词"之分，前者带上量化宾语后转化为终止性的完结类事件，其事件过程内部是不同质的，而后者无论所带宾语是否被量化都始终表达非终止性事件。

我们认为，汉语活动动词在论元交替上的差别来源于因动词性质不同而造成的事件类型的差异。（5b）、（6b）中的"写"和"洗"属于消耗类的"渐进客体动词"，且句首名词具有定指性，句子因此具有终止义；相反，（7b）、（8b）中的"压"和"推"不属于"渐进客体动词"，尽管句首也是定指名词，整个句式并不表达终止性事件。由此我们得出，终止性事件义是活动动词进入论元交替的关键性语义特征，但这里的终止义并不体现于动词本身，而是由整个句式的事件类型所决定。下面的对比进一步证明了句子的终止性特征对论元交替的决定作用：

（20）a. 小张昨天打了篮球。 b. *篮球昨天打了。

（21）a. 他们昨天打了篮球赛。b. 篮球赛昨天打了。

（20）和（21）的 b 句只有一字之差，在合法性上却截然相反，原因在于两句所表达的事件类型不同。虽然谓词都是活动动词"打"，但（20b）中的"篮球"指称某个具体事物，其不具备量度事件的作用，句式表达没有内在终结点的无界事件（见沈家煊，1995：369）。相反，（21b）的"篮球赛"指称具有时间跨度事件的名词，且该事件是有界的，"篮球赛"的结束即标志着事件的完成，该论元是具有量度事件功能的"渐进客体"，整个句式指称一个终止性事件。我们将此类由渐进客体做主语的句式称为"渐进客体主语句"。

6.1.3　渐进客体主语句的事件句法构造

就受事主语句而言，其中动词（如"写""洗"等）的基本用法为及物性用法，而受事主语句是此类动词的一种派生性用法。从词根的事件类型上来讲，这些动词都是标明活动方式的动作动词，本身不包含结果义或状态变化义，其词根显然属于方式类词根，根据我们提出的事件句法模型，这些词根应通过"融合"的手段进入事件句法结构，典型的方式是与活动性事件轻动词 v_{Do} 发生直接合并。但对于受事主语句而言，情况则有所不同。下面以（22）[即前面的（5），a 句和 b 句调换]为例来加以说明（引自潘海华和韩景泉，2005：10）：

（22）a. 那封信写了。

　　　 b. 黄蓉写了那封信。

我们先来看（22a）。前面已经证明其中的"写"作为"渐进客体动词"与定指性宾语"那封信"共同表达终止性的结果类事件。按照生成性建构主义观点，终止性事件义属于句式的结构性意义，在句法中通过功能投射 $v_{Bec}P$ 来表达，那么该句的事件句法中一定包含 $v_{Bec}P$，在汉语中，"了"是 v_{Bec} 的语音实现。"写"作为渐进动词，其词根"√写"对终止性事件义的产生有一定的贡献，那么它进入事件句法的位置应在 $v_{Bec}P$ 内部。同时，由于该词根属于典型的方式类词根，我们认为，该词根是以"融合"方式与事件功能语类 v_{Bec} 发生直接合并，表示结果性事件的发生方式，并借此来核查功能语类 v_{Bec} 的不可解读事件特征。黄正德（Huang，2006）也曾提出类似的看法。他基于 Rappaport Hovav 和 Levin（2001）的事件语义表征式提出，某些结果性结构的语义组成虽然以状态变化类事件为主体，其中也可以包含活动动词标明该结果性事件的发生方式。也就是说，方式类词根不仅可以作为活动性轻动词 DO 的修饰语，表示活动类事件的发生方式，还可以作为结果性轻动词 BECOME 的修饰语，表示结果性事件的形成方式。这两种事件模板分别如下所示（见 Huang，2006：18）：

（23）a. [x DO$_{<MANNER（方式）>}$(ON y)]
　　　 b. [BECOME$_{<MANNER（方式）>}$[X$<STATE（状态）>$]]

如果将这两个线性表征式用句法结构来表示，其中的方式类词根应分别附加（adjoin）在表达活动性和结果性的事件功能语类 v_{Do} 和 v_{Bec} 上，即分别与 v_{Do} 和 v_{Bec} 发生"融合"操作。那么对于（22a），其事件句法结构应表示为：

（24）

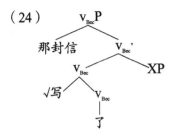

其中的唯一论元"那封信"占据[Spec, v_{Bec}P]位置，被解读为"客体"（theme）。对于及物性结构（22b），该句除了表达终止性事件义之外，还表达由施事引发的活动类事件义，那么其事件句法中不仅包含 v_{Bec}P，还应包含 v_{Do}P，后者选择前者作为补足语。其中的方式类词根" √写"既与 v_{Bec} 发生"融合"，表达结果性事件的发生方式，又与 v_{Do} 发生"融合"，表达活动性事件的具体手段。根据我们提出的事件句法模型，一个事件论元可能占据多个功能性投射的标志语位置，对于（22b），"那封信"可以同时占据[Spec, v_{Bec}P]和[Spec, v_{Do}P]位置，分别被 v_{Do} 和 v_{Bec} 赋予"受事"和"客体"两种事件角色，其格位通过与功能语类 v_{Do} 的一致操作得到核查；而外部论元"黄蓉"则是由最外层的功能语类 Voice 所引入，被解读为"事件发起者"，其主格特征通过与上层的中心语 T 的一致操作得到核查，如（25）所示：

（25）

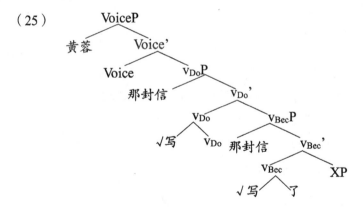

下面来看"那辆车推了"一类句子为什么不能成立。由于"推"不属于"渐进客体动词"，整个句式无法表达终止性事件义，那么在事件句法中就根本不存在表达终止性的事件投射 v_{Bec}P。词根" √推"进入事件句法的方式只可能是与 v_{Do} 发生直接合并，表示活动事件的发生方式。而句中的唯一论元"那辆车"其初始位置应该是 v_{Do} 的补足语位置，而后移位至 v_{Do}P 的标志语位置核查宾格。然而，由于句中不存在显然或隐性施事主语，"那辆车"必须进一步上移至 TP 的标志语位置核查 T 的一致特征并获得主格，这样就导致一个论元成分既获得主格特征又获得宾格特征，无法通过接口条件的检验，句子因而无法成立。其可能的推导过程如（26）所示：

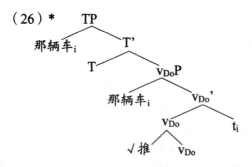

（26）*

从上述分析得出，受事主语句若要成立，活动类词根必须与 v_{Bec} 发生"方式融合"，以使唯一论元获得合理的语义解读。而两者结合的前提是 $v_{Bec}P$ 能够在事件句法中得到允准，这就要求整个句式必须表达终止性事件，而受事主语句的终止性特征又依赖于"渐进客体动词+量化宾语"这一组合。这样，我们就依据本书提出的事件句法模型解释了汉语及物性交替结构，特别是其中受事主语句的成立条件和句法构造。

6.1.4　与小句分析法之比较

目前学界对汉语作格结构的分析影响力较大的是小句分析法（Sybesma，1999；司马翎和沈阳，2006；沈阳和司马翎，2012 等）。其基本假设是：动结式的 V1 表达一个无界的动作行为，它选择的小句为补足语，该补语小句为 V1 的动作行为提供一个自然终点，实现结构的有界性，二者合起来表示一个完整的"动作-结果"事件。按照小句分析法，类似（27a）的不及物性动结式应具有（27b）的结构：

　　（27）a. 米饭煮糊了。

　　　　　b. [VP[V0 煮[SC 米饭糊了]]]（引自沈阳和司马翎，2012：310）

沈阳和司马翎（2012：312）进一步指出，像"煮糊、唱哭"这种"双动词形式"才是汉语最典型的作格动词，那些所谓的"单动词作格结构"都是补语隐含的结果，本质上都具有动结式的句法和语义表现。其中一种情况是补语动词发生脱落，如本书所讨论的"信写了""衣服洗了"等，在他们看来是补语动词"完""好"等脱落所造成；另一种情况是单个动词内在包含补语，如前面（3）中的"灭"，其本身就具有有界性，语义中包含结果或终点，其他动词还包括"死、病、飞、跑"等，它们也可分析为表结果义的补语发生隐含。据此，这两类单动词结构均可沿用小句分析法来分析。例如：

（28）a. [$_{VP}$写[$_{SC}$信$_{(光)}$了]]→信$_i$[$_{VP}$写$_{(光)}$了$_j$[[$_{SC}$ t$_i$ t$_j$]]]

　　　b. [$_{VP}$病[$_{SC}$孩子$_{(例)}$了]]→孩子[$_{VP}$病$_{(例)}$了$_j$[[$_{SC}$t$_i$ t]]]

　　　　　　　　　　　　　　　（b 句引自沈阳和司马翎，2012：315）

　　沈阳和司马翎将汉语所有的作格结构（包括单动词和双动词）都归结为"主动词+小句补语"的结构，看似使汉语的作格现象得到了统一解释，但实际上该分析法存在着不少问题。首先，无论动结式的 V1（包括单动词谓语）原本是何种类型的动词，在小句分析法中它们都变性为非宾格动词，构成深层无主句。那么我们不禁要问，这种变性的机制和条件是什么？词库中究竟存在何种操作可以使得动词的句法性质发生根本性改变？对此，沈阳和司马翎并未交代清楚[①]。其次，按照小句分析法，无论是及物还是不及物性动结结构（包括单动词结构），其中都包含"活动事件（V1）+结果事件（补语小句）"的双事件结构。但对于不及物性动结结构（即真正的作格结构），其中只包含一个论元成分，这显然有悖于Rappaport Hovav 和 Levin（2001）提出的"子事件与论元数量对等原则"，即论元的数量必须与事件结构中独立子事件的数量相匹配。如果说唯一论元参与的是小句表达的结果性事件，那么主动词 V1 在不带任何论元的情况下如何表达一个完整的活动性事件？最后，按照小句分析法，VP 中心语 V1 和小句中心语 V2 理论上都可以受到副词的修饰，但在动结式作格结构中，V1 被修饰的接受度要远低于 V2，而单动词的作格结构则更是如此，这也从另一个侧面说明了作格结构中V1 不能构成独立的子事件[②]。例如：

（29）a. ？气球费力地吹破了。

　　　b. 气球一下子吹破了。

（30）a. *信潦草地写了。

　　　b. *衣服费力地洗了。

　　从（24）与（27）的对比可以看出，本书的分析法与小句分析法的根本区别有三点。第一，我们认为动词以词根形式进入事件句法，其性质完全暴露给句法，即它的句法属性是由其所占据的结构位置所决定，并非在词库中预先规定好，因此本书无须对词库内的所谓"变性操作"做出解释。第二，我们提出，无论是单动词还是动结式构成的作格结构，其事件句法中都是单事件结构，即只包含结果类子事件 v$_{Bec}$P，活动类单语素动词词根与 v$_{Bec}$ 发生"融合"，状态变化类单语素动词词根作为 v$_{Bec}$ 的补足语与其发生"并入"，而动结式恰恰是将两者合二为一，

---

① Cheng 和 Huang（1994：205）、Tang（1997：207）均提出质疑，为什么英语等其他语言中不存在这样的变化，如为何英语中的 laugh 不能发生性质改变而构成"John laughed tired"？

② 我们将在第 7 章对动结式的状语修饰等问题进行详细讨论。

V1 和 V2 分别以"融合"和"并入"方式进入句法。这样的单事件分析法既符合"子事件与论元数量对等原则",也可以较好解释 V1 无法受到副词修饰的原因。第三,本书还观察到论元性质对部分单动词作格结构合法性的影响,即某些活动动词必须带有量化性或定指性宾语才能构成作格结构,而小句分析法虽然也提及了有界概念的重要性,但并未考虑论元性质的影响,因此显得不够全面细致。

6.2　现象之二:及物动词构成的存现句

6.2.1　研究现象概述

存现句是说明人或事物的存在、出现或消失的句子,是语法学界长期以来研究的热点之一。英语的存现句主要包括由虚主语(expletive)there 引导的存现句和处所倒装句(locative inversion)两种类型,而汉语中不存在类似 there 的虚主语成分,因此汉语的存现句一般只包括处所倒装句,即呈"处所短语+动词+名词"的表层形式。由于汉语属于主语脱落型语言(pro-drop language),允许空语类占据句首位置,因此位于句首的处所短语在某些情况下可以省略[①]。那么,汉语存现句的抽象形式可以表示为"DP$_{Loc}$+VP+NP"(顾阳,1997:19;杨素英,1999:37)。典型的英汉语存现句如(31)、(32)所示:

(31) a. There are some books on the top shelf.

b. Under the roof stood an old woman. (引自顾阳,1997:15)

(32) a. 桌子上有一些书。

b. 班里来了一个新同学。(引自顾阳,1997:18-19)

尽管在表层形式上存在一定差异,汉语和英语的存现句却具有很多共性的句法特征。首先,英汉存现句中的动词一般都具有非宾格性质(顾阳,1997;韩景泉,2001;唐玉柱,2001;隋娜和王广成,2009 等)。非宾格动词的基本特征是一般表达非活动性的达成类事件,在语义上不具有施事性或自主性特征,即它们只带有语义上的宾语而无语义上的主语,在句法上只带唯一的内部论元。具有施事性意义的非作格动词或及物动词一般不能构成存现结构。

(33) a. *In the room cried/was crying a baby.

b. There arrived our guests. (引自顾阳,1997:15-16)

(34) a. *门口哭着一个孩子。(引自顾阳,1997:19)

---

① 我们在后文讨论汉语带"着"和带"了"存在句的区别时将讨论处所短语的省略条件。

　　b.*工作着很多外国人。（引自唐玉柱，2005：86）

　　其次，英语存现句中存在所谓的"定指效应"（Definiteness Effect）（Safir，1982：164），即存现动词后只能是表示不定指称的名词性成分。而汉语界的一些学者发现（Yu，1995；顾阳，1997；李京廉，2009等），汉语存现句中存在同样的指称性限制，即一般只允许具有不定指称的名词成分进入存现句，这些名词成分一般表现为"数+量+名"形式或光杆名词形式。英汉语的例子分别如下：

　　（35）a. There are two boys/*the two boys/*them in the room.（引自顾
　　　　　　阳，1997：16）
　　　　　b.*他家死了那只猫/一只猫。（引自顾阳，1997：19）

　　然而，除了上述的相似之处外，英汉语的存现句之间还存在几点差别。首先，英汉语存现句的一个重要区别在于进入存现句的动词类型不同。Levin 和 Rappaport Hovav（1995）通过对英语等欧洲语言的考察提出，能够充当存现句谓语动词的除了非宾格动词之外，还包括一小部分非作格动词，但不允许及物动词充当。相比之下，汉语中存现动词的范围则更为宽泛，既包括非宾格动词和非作格动词，同时也包括很多的及物动词。例如：

　　（36）a. 墙上挂着几幅画。
　　　　　b. 黑板上写着字。
　　　　　c. 台上唱着戏。（引自隋娜和王广成，2009：221-222）

　　事实上，汉语中能够进入存现句的及物动词还为数不少。范方莲（1963：388）将汉语的静态存在句分为三类：一是典型不及物动词，如：立、站、睡、躺、卧、跪等，称为"坐"类动词；二是及物或不及物两用的动词，如：放、挂、摆、堆、贴、插、糊等，称为"放"类动词；三是及物动词，如：写、画、绣、刻、雕、标、题等，称为"写"类动词。李临定（1986：76-78）将能出现于汉语存现句的动词归纳为七类，其中有三类是及物动词，具体的动词如下所示[①]：

　　（37）a. "挂"型。动词包括：挂、放、搁、摆、贴、插、别、架、
　　　　　　铺等；
　　　　　b. "绣"型。动词包括：绣、织、印、刻、写、抄、画等；
　　　　　c. "戴"型。动词包括：戴、穿、拿、握、托、含、叼、背、扛等。

_____

　　① 李临定（1986）将这些及物动词构成的存现句称为"存在句"，因为其中的动词大都是静态的。聂文龙（1989：95）将此类存现句称为"静态存现句"。在静态存现句中，动词后往往用"着"，但也可以换成"了"（见任鹰，2000b），但李临定指出，存在句中动词带"着"应该是基础形式，因为它表示的是事物持续的存在状态，用"着"来体现最为合适。

我们来看来自语料库中的一些具体例子：

（38）a. 上边挂着 12 条彩带，每条彩带上都绣着一种生肖。（1995 年
　　　　11 月《人民日报》，转引自 CCL 语料库）

　　　b. 黄瘦的脸上涂了一些血迹，眼睛微微闭着。（巴金《爱情三部
　　　　曲》，转引自 BCC 语料库）

　　　c. 我记得一进大院就是一座高大的影壁，影壁上刻着"紫气东来"
　　　　四个大字。（莫言《会唱歌的强（墙）》，转引自 BCC 语料库）

　　　d. 襟前系着一条雪白的围裙，手里握着一大卷的五色纸。（冰心
　　　　《冰心全集（第二卷）》，转引自 BCC 语料库）

　　董成如（2011：19）对孟琮等（2003）编写的《汉语动词用法词典》中的 240
个存现动词进行了考察，发现其中及物动词有 147 个，占比高达 61%。从上述研
究看出，出现在汉语存现句中的及物动词并非特例，而是具有较大的普遍性。按照
这些及物动词常规的论元结构，它们应该带有一个施事论元和至少一个受事论元。
而在（38）中我们看到，其中动词"绣""涂""刻"等只携带了一个受事论元，
而施事论元均未出现，其论元实现方式相比其常规的论元实现显然发生了变化。

　　其次，汉语存现句的谓语部分不允许是光杆动词，而必须有助词"了""着"
或趋向动词等共现［如（39）所示］。此外，在及物动词构成的存现句中，很多
动词既可以带"了"，也可以带"着"，在语义上似乎并不存在明显差别［如（40）
所示］：

（39）a. 家里来*（了）几位客人。

　　　b. 门口站*（着）几个人。

　　　c. 岸边游*（过来）一只海龟。

（40）a. 正面墙上挂了一幅中国古画寒梅图。（1997 年 3 月《人民
　　　　日报》，转引自 CCL 语料库）

　　　a'. 墙上挂着一幅油画，一个顶着水罐的女人，赤条条一丝不
　　　　挂。（莫言《丰乳肥臀》，转引自 BCC 语料库）

　　　b. 坟前还立了石碑，上面刻了一只大鹰，还刻了六个大字。
　　　　（魏巍《东方》，转引自 BCC 语料库）

　　　b'. 这是一万年前的一座石罐，上面刻着一种外国字。（老舍
　　　　《猫城记》，转引自 BCC 语料库）

6.2.2　先前研究回顾及存在的问题

　　早期汉语界虽然对汉语存现句进行较为充分的描写，发现了其中存在着大量

的及物动词，却并未尝试对这一现象进行合理的解释。朱德熙（1982：115）很早就注意到及物动词可用于汉语存现句的事实，他提出这些及物动词本身虽然表示动作，但用于存现句中表示的是动作结束以后遗留下来一种状态（如写着、贴着、挂着）。这是对谓词语义特点一种概括，但并未阐明什么样的及物动词能够用于存现句，它们的句法性质究竟发生了怎样的变化。随着以生成语法理论为代表的各种国外语言学理论逐渐引入汉语的研究，学者们开始尝试应用各种理论方法分析及物动词构成的存现句的生成机制，其中主要的理论方法包括词汇规则派生法、轻动词分析法和构式压制法，下面我们分别来阐述这三种方法的主要思想。

　　词汇规则派生法是早期一些汉语界生成派学者所采用的方法（Huang，1987；Gu，1992；Pan，1996；顾阳，1997，2000；潘海华，1997 等），其基本思想是，词库中的某些词汇规则改变了及物动词原有的论元结构，删除或抑制了施事题元，使其派生出存现句所要求的论元实现形式。顾阳（1997，2000）采纳了 Levin 和 Rappaport Hovav（1995）的分层词汇映射思想提出[①]，汉语存现句中的及物动词具有一些共性特征，它们原本应是三元动词，即其词汇概念结构中包含三个固有名词组——施事、客体和处所。按照常规的题元层级排列，客体位于处所之前，但在构成存现句时，词汇概念中的处所题元与客体题元发生所谓"处所倒置"（顾阳，2000：147），前者指派给外部论元，在句法层面投射为主语；而后者指派给内部论元，在句法层面投射为动词后的宾语。同时，顾阳还对及物动词带"了"和带"着"存现句的差异进行了解释。虽然两类句式的施事都受到抑制，但该抑制手段所发生的层面不同，导致两者具有不同的派生过程，从而解释了两者在句法表现上有所不同[②]。例如（引自顾阳，1997：22）：

　　（41）a. 桌子上放着很多书。

　　　　　b. *桌子上被小王放着很多书。

　　（42）a. 桌子上放了很多书。

　　　　　b. 桌子上被小王放了很多书。

　　顾阳认为，（41a）中"放"的施事题元是在词汇语义层受到抑制，在该层面派生为非宾格动词，由于该层面和句法结构层之间还存在词汇句法层，因而句法

---

　　① 关于 Levin 和 Rappaport Hovav 的分层映射思想可参看第 2 章的 2.1.1.2 小节。

　　② 何元建（2002：121）的研究也支持顾阳的观点。他指出，由"挂"等及物动词构成的存现句与"来""跑"等非宾格动词构成的存现句在句法表现上有所不同，前者为倒装谓语句，而后者为非宾格谓语句。例如：

　　（a）墙上挂着一幅画。（倒装谓语句）

　　（b）家里来了一个人。（非宾格谓语句）

　　他指出两类句式的不同之处在于：（a）倒装谓语带"着"，非宾格谓语无此特征；（b）处所成分在倒装句里为必要条件，在非宾格谓语句里则可有可无，也可以换成时间成分。据此可以推断，在倒装谓语句（即带"着"存现句）中，处所论元应是动词的固有论元，不可省略。

结构层上就看不到受控的施事，施事成分不可能出现在带"着"的存现句中。（41a）中"放"的词汇衍生过程如下所示：

（43）"放+着"

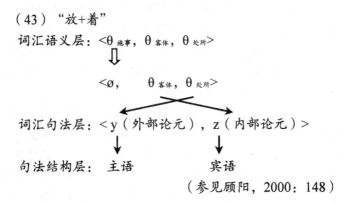

（参见顾阳，2000：148）

相反，（42a）中"放"经历了被动化过程，该过程发生在词汇句法层。由于词汇句法层和句法结构之间无其他层面，那么尽管动词的施事论元也受到抑制，但它仍然存在于论元结构中，在句法层面仍可表达出来，即加入施事主语使其显现，这样就解释了（41b）和（42b）的对比。（42b）中"放"的派生过程如下：

（44）"放+了"

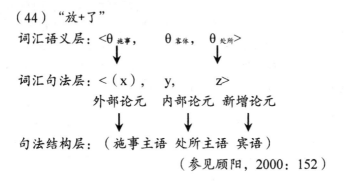

（参见顾阳，2000：152）

此外，顾阳还对进入存现句中及物动词的性质进行了深入考察，区分了所谓的"定位动词"和"非定位动词"。前者包含的处所是施事将客体放置的落脚点，其构成的存现句表示形成的"结果以某种方式存在下去"（顾阳，1997：22），符合存现句的语义特征。相反，后者的处所是施事使客体脱离之位置，所产生的结果不能通过这类动词来表示，因此不能构成存现句。请看下面两句的对比：

（45）a. 桌子上放着很多书。

　　　b. *碗里舀着一些汤。（引自顾阳，1997：22）

虽然"汤"的着落点是"碗里"，但该处所不属于"舀"的基本语义的一部分，因此在结果状态产生后，"舀着"无法表示结果状态的持续，句子不能成立。

相反，定位动词"放"不仅能表示状态的实现，还可以表示状态的延续。因此，进入存现句的及物动词不仅是带处所义的三元动词，还必须是定位动词。

潘海华（Pan，1996；潘海华，1997）重点关注了"及物动词+着"构成的存现句的生成过程。潘海华（1997：9-10）提出，汉语之所以允许及物动词进入存现句，是因为非完成体标记"着"可以引发施事者的删除，他称为"施事者删除规则"。在这一规则的作用下，（41a）的动词"放"经历的构词过程改变了其论元结构，使该动词子语类属性中的施事角色被删除，仅剩下客体和处所两个角色。当动词向句法层面投射时，经过固有角色分类和特殊默认分类规则的调整，两个题元角色分别投射到宾语和主语位置。潘海华（1997：11）进一步提出，"着"引发的"施事者删除规则"的应用有两个条件，一是及物动词必须是包含施事、客体和处所三个角色的定位动词，二是客体和处所处于一种主谓关系中，即后者是前者所处的位置。对于带"了"的存现句如［（42a）］，其中不存在体标记"着"，"着"规则无法得到应用，潘海华认为该句的派生过程有两种可能，它既可能是从（42b）省略施事主语而来，也可能是动词经历被动化的词汇操作后省略间接格施事而来。

顾阳（1997）是将类似"着"规则的施事删除操作应用于词汇语义层，将被动化操作应用于词汇句法层。但潘海华基于词汇映射理论（Lexical Mapping Theory，LMT）提出，词库和句法之间只存在一个层面，即论元结构（或 a-结构）。在他看来，带"着"和带"了"存在句的差异不在于动词论元结构的差别，而在于成句过程不同，即"着"规则和被动化操作都是应用于论元结构，前者是将施事删除，而后者是将施事降级，由此造成两者呈现出如（39）和（40）所示的句法差异。

袁毓林（2004：5-6）综合了上面两位学者的思想，提出当及物动词带"着"构成存现句时，"着"会引发施事者删除规则。而当及物动词带"了"构成存现句时，它们经历了广义被动化（generalized passivization）的词汇操作规则，论元结构中的施事被降级（demotion），同时处所论元得到升级（promotion）。对于"了"引发施事降级的条件，袁毓林在顾阳（1997）的基础上还增加了一条，即客体论元是句子的焦点，处所论元为已知信息。通过这样的两种词汇衍生过程，及物动词可以在不改变词义的情况下得到跟存现句要求的论元结构相匹配的论元结构。

上述研究的共性之处在于都认为进入存现句的及物动词需具有定位性，它们在词库内经过了某种构词过程，该过程使其中的施事题元受到抑制或被删除，这种对施事题元的控制实际上就是及物动词（或非作格动词）的一种"非宾格化"（unaccusativization）［或"作格化"（ergativization）］过程（见邓思颖，2004：291；唐玉柱，2005：87）。在论元结构向句法结构映射中，客体和处所题元的相对位置发生倒置，前者被投射到宾语（或内部论元）位置，后者被投射到主语（或外部论元）位置。这样的处理方法可以在词义不变的情况下改变动词原有的论元结构，创造出适合某种句式的动词所特有的论元结构，无须为同一个动词设置具有不同论元结构的独立词项，避免了词库内词项资源的大量增加。然而，正如我们在第2章所说，这种基于论元结构的投射主义方法也存在不少问题。首先，"着"引发的施事者删除规则虽然可以解释汉语某些存现句的派生过程，但由于"着"是汉语特有的一个体标记，"着"引发的施事者删除似乎是为汉语存现句所专门设立的词汇派生规则，不具有语言共性，与普遍语法的精神不符，有人为规定之嫌。其次，虽然上述研究提出带"着"和带"了"存在句具有不同的成句过程，却无法解释两类存现句中在无定效应上的差异，即为什么带"着"的动词可以带有定或无定名词，而带"了"的动词后只能跟无定名词。

针对上述问题，隋娜和王广成（2009）提出摒弃词库内的词汇衍生方法，而是从整体的事件类型出发来考察存现句的派生过程。隋娜和王广成（2009）认为，存现句表达的是以客体为中心的状态变化类事件，其中动词后的名词论元在语义上都是客体而非施事，句法上处于动词的补足语位置。在此基础上，隋娜和王广成（2009：225-226）采纳 Huang（1997）的轻动词句法理论提出，存现句在事件句法组成上不同于常规的非作格或及物句式，后者是以施事为中心，反映这两类句式事件类型的事件轻动词是 DO；而反映存现句事件类型的是事件轻动词 OCCUR。那么，无论进入存现句的动词是非作格动词（如"飞""爬"）还是及物动词（如"写""刻"等），它们都基础生成于下层 VP 的中心语位置，带有唯一的客体论元，而后在推导中上移与轻动词 OCCUR 结合。同一个动词分别与不同的事件谓词合并，会形成不同的论元实现方式，轻动词 OCCUR 的存在决定了进入存现句的动词都具有非宾格性质。

我们支持从句式的事件类型来考察存现句的派生过程，也赞同应对存现句和非存现句的事件句法构成进行区分，并依据动词所在句式的事件类型来区分动词的非宾格性和非作格性。但隋娜和王广成（2009）仍遗留了一些有待挖掘的问题。首先，按照隋娜和王广成（2009）的分析，似乎任何动词都可通过与事件谓词OCCUR 的结合构成存现句，但事实证明，并非所有的及物或非作格动词都能构成存现句［如（34）所示］，它们与事件轻动词 OCCUR 的结合应该受到一定的限制，然而隋娜和王广成（2009）并未对这一问题进行深入讨论。其次，用轻动词 OCCUR 来表达所有存现句的事件语义并不准确。英语的 OCCUR 一词为"发生"或"产生"义，按照这一语义解释，似乎世界上发生的任何事件均可用 OCCUR表示，如下面（46a）中的三句都表示某种事情的发生或状态的形成，其事件语义应都可以用 OCCUR 来表示，但事实上这三句的动词都无法进入存现句，说明用

OCCUR 作为存现句的事件轻动词概括性未免过强①:

（46）a. 他胖了。/他昨天去了北京。/奶奶去世了。

　　　　b. *家里胖了他。/*北京去了几个人。/*医院里去世了奶奶。

　　最后，从隋娜和王广成（2009）的行文来看，他们并未对带"着"和带"了"的存现句加以区分，而是将所有类型的存现句统一分析为以 OCCUR 为核心的事件句法结构。但这样的分析无法解释前文提出的带"着"和带"了"存在句在句法表现上的种种差异。董成如（2011）也对将带"着"和带"了"的存现句统一处理提出质疑，认为将两类句式分开进行分析更能揭示它们各自的句法和语义特性。

　　基于隋娜和王广成（2009）的研究，董成如（2011）采用构式语法框架下的构式压制方法探讨了及物动词和非作格动词在存现句中的性质问题。董成如（2011：23-24）提出，存现句缺乏施事性和意愿性，只突显处所和客体之间的关系，该句式作为一个整体构式具有非宾格性。及物动词在体意义上与非宾格动词有部分重合性，因而存现句可以对含有处所义的及物动词进行压制，但不同类型的存现句对及物动词的压制方式不同。在带"了"的存现句中，及物动词的事件过程中施事性的起始阶段和中间过程被抑制，只保留并凸显完结性的终止阶段，表示实体在某处的隐现和隐现后的结果状态。而在带"着"的存现句中，及物动词起始、中间和完结性的终止阶段都被抑制，只凸显产生的结果状态及该状态的持续过程。以下面两个存现句为例，在（47a）中，"了"字存现句将动词"挂"非宾格化，使其失去施事性意义并抑制该事件的起始和中间过程，同时激活并凸显其产生的结果状态，表示"画"已经挂完并存在于"墙上"。而在（47b）中，"着"字存现句也将"唱"非宾格化，但它是通过抑制该动词的起始和终止阶段，而凸显其中间过程及其产生的结果状态，即该句是突出"唱戏"事件在"台上"的持续状态，而抑制"唱戏"的施事性意义：

（47）a. 墙上挂了一幅画。

　　　　b. 台上唱着大戏。

　　董成如汲取前人的研究成果，将非宾格性或非作格性定性为构式的特征，而非动词本身的句法特性，这一点值得肯定。同时，她为带"了"和带"着"存现句中的及物动词设置不同的非宾格化机制，也较好地揭示了两者句式各自的事件语义特性。但问题在于，构式压制方法虽然可以笼统解释及物动词在存现句中的允准问题，却未对此类句式具体的生成机制进行研究，而当前句法研究的基本任

---

① 朱行帆（2005：230）曾提出像"工厂倒了一面墙"这样的句子也可分析为包含轻动词 OCCUR，该分析与隋娜和王广成（2009）对存现句的分析基本一致。

务是要弄清人类语言官能是如何通过运算系统所提供的操作手段将语言单位逐级构建成最终的表达式，简而言之，就是要具体阐明及物动词构成的存现句的生成模式。同时我们也看到，与设置轻动词的方法一样，构式压制方法的派生能力也似乎过强，对于什么样的及物动词能够被压制而发生非宾格化缺乏明确的限制，结果会产生很多不合法的句子。例如，按照董成如的分析，下例中带"着"和"了"的存现句应该也可以通过抑制动词的施事性将其非宾格化，但事实上它们都不是合格的存现句：

> （48）a. *饭店里吃着几个人。
> 　　　 b. *电影院里看着一部电影。
> 　　　 c. *碗里舀了一些汤。

此外，董成如认为带"着"和"了"的存现句对及物动词的压制方式不同，其言下之意是及物动词的非宾格化与体标记"着"和"了"有直接关系。但事实上，"着"和"了"的存在并非及物动词发生论元结构变化的必要条件。如朱德熙（1982：115）指出，存现句中的主宾语可以互换位置，换位后体标记"着"相应地转换为介词"在"或是"在"的弱化形式·de，如（49）所示（引自朱德熙，1982：115）：

> （49）a. 黑板上写着字/字写在（·de）黑板上
> 　　　 b. 墙上贴着标语/标语贴在（·de）墙上
> 　　　 c. 池子里养着鱼/鱼养在（·de）池子里

我们看到，右侧句子中并不存在体标记"着"或"了"，但句中及物动词的论元实现方式仍然发生了变化，其施事论元同样受到抑制。从这个角度讲，究竟是何种机制导致及物动词的非宾格化还有待进一步探讨。

6.2.3　本书的分析

对于存现句中及物动词所代表的论元缩减现象，先前学者的解释方法虽然各有千秋，但它们有一点是相通的，即都认为及物动词构成的存现句所表达的事件类型与常规主谓宾句中所表达的事件类型不同。如范方莲（1963：388）很早就提出，存现句中的动词与一般动词谓语句的动词不同，只表示一种事物"存在的姿态"，而不表示施事的动作行为。顾阳（2000：147）指出，抑制施事题元的过程实际上是将主谓宾句所表达的复杂事件中的活动性事件进行抑制，只保留状态性或状态变化性事件部分。隋娜和王广成（2009：225）提出存现句是以客体为中心的事件，而主谓宾句是以施事为中心的事件，两者含有不同的事件论元。董成如

（2011：22）提出，存现句表达的事件凸显实体所存在或消失的处所以及实体本身，而不关注施事使用何种工具将实体置于处所上。本书也赞同存现句与常规以施事为主语的主-谓-宾句式表达不同的事件类型，但与先前研究不同的是，本书是依据新型的事件句法模型来解释及物动词构成的存现句的生成过程。本书的基本理念是，任何动词在词库内都是以光杆词根形式存在，词根本身除允准可能的特质论元之外，不包含论元结构信息或其他的句法信息。也就是说，在本书的分析中，动词从词库中提取出来时并没有所谓的及物动词、非作格动词或非宾格动词之分，词根的差别只在于它们的本体类型上的差别。它们究竟有怎样的论元实现方式基本上是由其所进入的事件句法结构所决定，那么及物动词能够在存现句中出现并非因为其自身的论元结构或事件类型发生了改变，而是因为其能够与表达特定事件类型的句式相融。

　　新的事件句法模型要想得到有力的证明，既要实现自身理论方法的合理解释，同时也要能够解决先前研究所遗留下来的一些关键性的问题。那么本书需要关注的问题有以下几个方面：第一，及物动词带"着"和及物动词带"了"构成的存现句在事件句法配置上有何不同？第二，两者在语义和句法性质上的一系列差异（如施事能否出现和定指效应等）该如何解释？第三，及物动词词根是以何种机制与存现句的事件句法结构相融？第四，进入存现句的及物动词究竟具有哪些区别性特征？下面我们就这几个问题分别进行讨论。

6.2.3.1　带"着"和带"了"存在句的事件句法结构

　　先前学者提出汉语的存现句按照句式意义和相关的形式特点可分为两大类：表示存在义的一类存现句称为"存在句"，表示出现或消失义的一类存现句称为"隐现句"。对于"存在句"，聂文龙（1989）、宋玉柱（1991）和陈昌来（2000）等又区分了"静态存在句"和"动态存在句"。静态存在句的谓语主要由"V 着"构成，表示人或物持续存在于某处的一种静止状态，典型的动词除了身体姿态动词（如"站""坐"）外，还包括很多的及物动词，如"刻""写"等。除了"着"之外，静态存在句的谓语也可由"V 了"构成，此用法中"了"的完成义已不明显，"V 了"只表示存在的状态。在先前的大部分学者看来，静态存在句中的体标记"着"和"了"是基本等价的，两者可以实现互换，如（50）所示[①]：

（50）a. 台上坐着/了主席团。

　　　 b. 墙上挂着/了几幅画。

　　　 c. 地上铺着/了红地毯。

---

①　宋玉柱（1991：100）指出，除了"着"和"了"外，体标记"过"也可用于静态存现句中，表示某处曾经存在过某人或某物，即曾经有过某种存在的情状，如"窗户上晒过咸鱼"。

对于动态存在句来说，其谓语部分也主要是由"V 着"构成。但与静态存在句不同的是，该句式虽然也是表示人或物存在于某处，但所描绘的事件不是静止存在的，而是处于不断的活动当中，如（51）所示：

（51）a. 浪花的白沫上飞着一只鸟，仅仅一只。（汪曾祺《复仇》，
　　　　　转引自 CCL 语料库）

　　　　b. 春天时，田野里奔驰着成群的野兔子。（莫言《红高粱家
　　　　　族》，转引自 BCC 语料库）

上面两句称为"进行体动态存在句"（宋玉柱，1991：109），其中的"着"不能换成"了"，原因是在动态存在句中，体标记"了"不再表示静止状态，而是具有明显的完成义。如果将（51）中的"着"换成"了"，句子要么不成立，要么变成表达"某处出现或消失某物"的隐现句。从另一方面讲，体标记"了"也可用于动态存在句，构成"完成体动态存在句"，其中的"了"也不能换为"着"。我们来看下面句子的对比：

（52）a. 路两边栽着修剪整齐的冬青木。（莫言《生死疲劳》，转
　　　　　引自 BCC 语料库）

　　　　b. 院子里栽了三棵枣树。（井上靖《敦煌》，转引自 BCC 语料库）

　　　　c. 今春，草垛山林场又栽了 50 亩杉树苗，使这座山全部绿化
　　　　　了。（1980 年 8 月《人民日报》，转引自 BCC 语料库）

　　　　d. *草垛山林场又栽着 50 亩杉树苗。

（52b）是静态存在句，而（52c）是动态存在句，原因在于前者只表示"院子里"有"枣树"这一静止状态，而后者多了一个"又"，表示"林场"相比原来增添了"50 亩杉树苗"这样一种动态的结果义，因此只能用"了"来表示。据此，先前研究认为可通过能否进行"着"和"了"互换来判定存在句的类型：如果一个存在句能够实现"着"和"了"之间的互换，同时句式的语义保持不变，则它属于静态存在句，否则就属于动态存在句。

下面来看存现句的另外一种类型，即隐现句，该类句式包含出现句和消失句两个子类，表示某处或某时出现或消失某人或某物。例如：

（53）a. 家里来了客人。小林晚上下班回来，一进楼道，就知道家
　　　　　里来了客人。（刘震云《一地鸡毛》，转引自 BCC 语料库）

　　　　b. 乾隆是孝子，他妈妈掉了头发怎么办？（阎崇年《清十二
　　　　　帝疑案（二十二）光绪（下）》，转引自 CCL 语料库）

　　　　c. 我断了一条腿，不说瞎话。（吴强《红日》，转引自 CCL
　　　　　语料库）

将隐现句与存在句进行对比我们会发现，两者在句式的中段，即谓语部分存在很大的差别。首先从动词的类型来讲，存在句的动词除了"有"和"是"之外，主要包括表示身体姿态的活动动词或具有定位意义的及物动词，而隐现句的动词主要包括"出现、来、长、死、走、丢、掉"等，这些动词都是表示出现或消失的纯正的"非宾格动词"，而不能是表示活动方式的及物或不及物动词。其次，从动词后的成分来讲，存在句允许"着""了""过"三种体标记出现于动词后，而隐现句则只允许体标记"了"或者趋向补语（如"出""起""下"等）与动词共现。从上述两点来看，存在句与隐现句虽然同属存现句，但这两者所允许的动词类型似乎呈现一种互补关系，后者包含的是那些典型的一元非施事性存现动词，而前者动词类型则以传统的非作格动词和及物动词为主。因此，对于存现句中的论元缩减现象，我们应主要关注存在句及其生成过程，而将隐现句排除在本书的研究范围之外。

我们回过头来看存在句。前人将存在句分为"静态"和"动态"两种类型（或再进一步细分）虽然可以从语义上实现细致的描写，但从句式整体的事件意义和句法表现来讲，这样的划分并不合理。事实上，所谓静态存在句和动态存在句只是相对而言，两者的差别只在于动词语义上的差别，在句式的事件语义和句法性质上有很多的重合之处。潘文（2003）注意到，带"着"的动态和静态存在句在形式和变换关系上基本一致。例如（引自潘文，2003：28）：

（54）a. 树下躺着一位老人。→操场上跑着一群学生。

　　　b. 树下有一位老人。→操场上有一群学生。

　　　c. 有一位老人在树下躺着。→有一群学生在操场上跑着。

　　　d. 树下正躺着一位老人。→操场上正跑着一群学生。

据此我们认为，对带"着"存在句来讲，所谓"静态"和"动态"的对立实际上是动词本身的词根意义所造成的差异，它们所表达的句式事件意义并不存在本质区别。然而，带"了"存在句不允许上述的变换形式，这说明带"着"和带"了"的静态存在句并不能完全互换。例如：

（55）a. 树下坐着一位老人/树下有一位老人坐着/树下正坐着一位老人

　　　b. 树下坐了一位老人/*树下有一位老人坐了/*树下正坐了一位老人

此外，Yu（1995）指出，带"着"和带"了"存在句在"定指效应"上也存在差别：前者中动词后的名词在指称上可以是定指和不定指；而后者中动词后只能是不定指或泛指的名词成分。例如（引自 Yu，1995：347）：

（56）a. 门口站着几个学生。

　　　　b. 门口站着我们的老师。

（57）a. 门口站了几个学生。

　　　　b.*门口站了我们的老师。

从上述证据来看，我们对于存在句的划分不应依据动词本身表达的意义，而应从句式整体的事件意义出发，从体标记"着"和"了"及其所带来的事件语义的差别角度来进行划分。我们认为，带"着"的静态和动态存在句都表达存在义的状态类事件，即某个物体以某种活动方式存在于某个处所的静止状态。根据 Rappaport Hovav 和 Levin（1998：120）提出的状态类事件模板，我们用如下的事件语义模板来表示英语中存在义的状态类事件，其中 y 和 z 分别代表客体和处所论元，BE 是表存在义的事件轻动词：

（58）处所性状态类事件：[y BE z<*PLACE*>]

然而我们认为，上面的语义模板只能表征汉语的一部分带"着"存在句（即"是"字句和"有"字句），而不能表征由表达活动方式的及物或不及物动词构成的存在句，其原因是汉语的及物性动词无法与表示静止状态的事件谓词 Be 相融。张达球（2006：14-15）基于 Mateu（2002）的关系句法-语义理论框架提出，英汉语的存现结构应由两部分组成：一个是（56）所示的非宾格性核心结构，表达存现的核心意义；另一个是活动事件，该事件一般由不及物动词来表达，但汉语中也有及物动词与之相融。他提出，以"挂"和"来"为代表的两类存现动词都表达活动事件，但前者构成的存在句表达存在状态，其事件谓词为 HOLD；后者构成的隐现句表达趋向动作，其事件谓词为 GO。我们认为事件谓词 HOLD 恰恰可以为方式类词根进入事件模板提供位置，带"着"存在句的事件模板可表示为：

（59）带"着"存在句：HOLD_{<MANNER>}[y BE ON/AT z]

依据上面的事件模板，带"着"存在句的事件语义为，某人或某物（客体论元 y）以某种方式（即动词词根所表达的<MANNER>）存在于某位置（处所论元 z）。<MANNER>代表充当存在句谓语的方式类动词词根，既主要包括表达活动方式的姿态性动词词根，也包括某些及物性动词词根。这些动词词根需要与事件谓词 HOLD 所表达的事件相融，相融的条件是 y 和 z 都是该动词所表达事件的内在参与者。换句话说，这些动词词根所表达的事件中不仅包含客体论元，还应包含处所论元；同时，它们带上"着"后还要能表示状态的持续。符合该特征的动词既包括"站"和"坐"等非作格动词，也包括本书所探讨的"刻""挂""绣"等三元定位动词。这样，（59）中的事件结构不仅解释了为什么处所论元是带"着"

存在句谓词的必有论元，还解释了为什么某些及物动词也能成为带"着"存现句的谓语。

下面我们依据（59）所示的事件语义模板来构建带"着"存在句的事件句法结构。在事件句法中，我们用事件轻动词 v_{Hold} 来作为事件谓词 HOLD 所对应的句法构件，以便与我们设置的其他事件轻动词保持一致。以下面的（60）为例，其事件语义模板和事件句法结构分别如下所示：

（60）墙上挂着一幅画。

　　　事件语义模板：[HOLD$_{<挂>}$[一幅画 BE ON/AT 墙上]]

　　　事件句法结构：

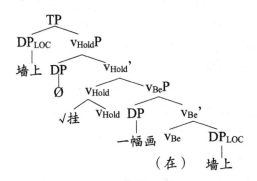

如（60）所示，所谓的及物动词"挂"在词库内以词根形式存在，它从词库提取出来时只有事件语义信息，而无任何句法信息。在事件句法中，它作为方式类词根与事件轻动词 v_{Hold} 发生方式融合，即表示"一幅画"以何种方式处于"墙上"，这两个名词成分都是事件轻动词 v_{Be} 所选择的论元。在句法推导中，论元的移位有两种可能：一种是距离上层[Spec, TP]位置更近的客体论元"一幅画"发生上移，形成"一幅画挂在墙上"，该移位是缺省形式；另外一种可能是将处所论元上移，即形成存现句。处所论元的上移是由信息结构驱动的，存现句的基本事件语义是某处存在某人或某物，即处所论元是话题性的旧信息，而客体是新信息，人类在信息表达上一般是让旧信息居前，让新信息居后，因此处所论元"墙上"根据信息结构的要求前移至句首。存现句其实是处所句式的一种变形形式，先前也有学者认为存现句是一种修辞手法。

下面来看带"了"存在句。前面的分析指出，带"了"和带"着"存在句在句法表现上存在差异，这种差异的根源在于两者整体上所表达的事件语义不同。虽然两者都包含同一个核心事件，即某个物体以某种方式存在于某个处所的状态，但带"着"存在句重在表达存在的静止状态，相比之下，带"了"存在句则突显某种活动方式所造成的一种结果性状态，即表达的事件类型是包含结果状态的达成类事件。根据前人的研究（Huang，2006 等）以及我们前文的讨论（见 6.1.2 小节），结果性结构的语义组成虽然以状态变化事件为主体，其中也可以包含活动动词标明该结果性事件的发生方式，即方式类词根不仅可以作为活动性谓词 DO 的修饰语，表示活动类事件的发生方式，也可作为结果性谓词 BECOME 的修饰语，表示结果性事件的形成方式。那么，我们将带"了"存在句的事件语义模板表示如下：

（61）带"了"存在句：[y BECOME_{<MANNER>}[y BE ON/AT z]]

依据这一模板，带"了"存在句的事件语义为：某人或某物（客体论元 y）以某种方式（即动词词根所表达的<MANNER>）实现了处于某个位置（处所论元 z）的结果状态。<MANNER>代表进入存在句的方式类动词词根，既主要包括表达活动方式的姿态性动词词根，也包括某些及物性动词词根。与带"着"存在句一样，这些动词词根与这一事件模板相融的条件是 y 和 z 都是该动词所表达事件的内在参与者，即这些动词词根所表达的事件中不仅包含客体论元，还应包含处所论元。符合这一条件的动词包括"站"和"坐"等非作格动词及"刻"、"挂"和"绣"等三元定位动词。在我们所设置的事件句法模型中，事件谓词 BECOME 所对应的事件轻动词为 v_{Bec}，该功能语类以状态性事件投射 v_{Be}P 为补足语。以（62）为例，其事件语义模板和事件句法结构分别如下所示：

（62）墙上挂了一幅画。

事件语义模板：[一幅画 BECOME_{<挂>}[一幅画 BE ON/AT 墙上]]

事件句法结构：

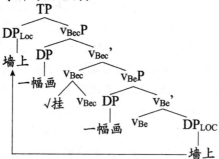

如（62）所示，及物动词"挂"在词库内仍以词根形式存在，它作为方式类词根与事件轻动词 v_{Bec} 发生方式融合，即表示"一幅画"以何种方式最终实现处于"墙上"的结果。"一幅画"和"墙上"仍是事件轻动词 v_{Be} 所选择的论元，与此同时，"一幅画"作为发生位置变化的客体也占据[Spec, v_{Bec}P]位置。与带"着"存在句一样，处所论元"墙上"在信息结构表达的驱动下上移至[Spec, TP]位置。

（60）和（62）设置的两种事件句法结构可以较好体现并解释带"着"和带"了"存在句在语义和句法特征方面的共性和差异。从共性来讲，两者具有相同的核心事件部分，即事件句法中都包含表示某物处于某处的 $v_{Be}P$，并且两类句式都允许及物动词充当谓词，其原因在于及物动词作为方式性词根可以分别与事件句法结构中的 v_{Hold} 和 v_{Bec} 发生融合。因此，及物动词在存在句中得到允准的原因是词根与相应的事件句法结构相结合。

从差异上来讲，我们前面指出，两类存在句主要有三个方面的区别。一是在能否加入施事主语上存在差异，如下面的（63）和（64）所示：

（63）a. 桌子上放着很多书。

　　　b.*桌子上小王放着很多书。

（64）a. 桌子上放了很多书。

　　　b. 桌子上小王放了很多书。

上例显示，带"了"存在句可以加入施事主语，而带"着"存在句则不可以，这一差异可以从事件类型变化角度得到合理解释。根据 Dowty（1979：123-124）、Rappaport Hovav 和 Levin（1998：108）提出的事件类型之间的衍生关系，达成类事件是由状态类事件加上 BECOME 算子构成，而前者又与活动类事件一起构成完结类事件。而状态类事件和完结类事件之间一般不存在直接的派生关系。按照我们的分析，带"着"存在句表达状态类事件，状态类与完结类事件之间不存在直接的派生关系，前者必须先转化为达成类事件后，才可能进一步转化为后者。因此，我们无法通过加入施事所引发的活动类子事件直接将（60）所示的事件句法结构转化为完结类事件的事件句法，形成的（63b）自然不合语法。相反，（64a）表达的是达成类事件，该事件可以通过加入一个动作发起者直接转化为完结类事件（64b），（64b）的事件句法结构如下所示：

（65）桌子上小王放了很多书。

　　　事件语义模板：[很多书 BECOME_{<放>}[很多书 BE ON/AT 桌子上]]

$\Downarrow$ 加入施事和活动类子事件

　　　[小王 DO] CAUSE [很多书 BECOME_{<放>}[很多书 BE ON/AT 桌子上]]

两类存在句的第二点区别在于名词性成分的指称差异。如下面（66）所示，带"着"存在句允许定指或不定指名词出现在动词后，而带"了"存在句的动词后面则只允许不定指名词出现：

（66）a. 门口挂着几个大大的灯笼/那个大大的灯笼。

　　　b. 门口挂了几个大大的灯笼/*那个大大的灯笼。

　　上述差异也可以在我们设置的两类句式的事件句法结构中得到解释。按照我们的分析，带"着"和带"了"存在句在事件句法上的差异在于 TP 和 $v_{Be}P$ 之间的事件句法不同，前者是表达状态事件的 $v_{Hold}P$，后者为表达达成事件的 $v_{Bec}P$。我们在前文讲到，$v_{Bec}P$ 在事件句法中得到允准的方式有两种，一种是动词词根本身属于状态类（或状态变化类），另一种是由具有渐进性质的活动动词加上一个"渐进客体"共同组成一个渐进结构来允准。对于带"了"存在句来讲，它与带"了"隐现句的一个重要区别在于动词的类型不同，前者主要包括表达活动方式的及物或非作格动词，而后者主要包括表达状态或状态变化的非宾格动词。因此，在（65）所示的事件句法中，与 v_{Bec} 发生方式融合的活动动词词根不能单独允准 $v_{Bec}P$，它要求与处于其 Spec 位置的客体成分共同表达达成类事件。而按照我们前文的陈述，一个名词成分若要成为"渐进客体"，它需要是由"数+量+名"构成的数量名短语，而不能是定指性或光杆名词。那么，$v_{Bec}P$ 要想得到允准而使带"了"存在句在接口层面得到完全解读，动词后的名词只能是数量名短语，它们作为"渐进客体"与活动方式类动词共同允准 $v_{Bec}P$。相反，定指性名词"那个大大的灯笼"并非渐进客体，虽然动词"挂"属于渐进客体动词，但两者共现后并不能允准 $v_{Bec}P$，因此构成的存在句不能成立。另一方面，对于带"着"存在句来讲，其中的 $v_{Hold}P$ 的中心语 v_{Hold} 在与方式类动词词根结合后即得到允准，因为其中的动词词根本身可以表达物体静止存在的方式（顾阳，1997）。换句话说，$v_{Hold}P$ 的允准无须借助动词后的名词成分，因此该句对名词成分的指称性质没有要求，定指性名词也可以进入此类句式。

　　两类存在句的第三点区别在于句式转换上的差异。如（67）和（68）所示，带"着"存在句允许动词后的名词移到动词前，带"了"存在句则不允许类似的转换形式：

（67）a. 墙上挂着一幅画。

　　　　b. 墙上有一幅画挂着。

（68）a. 墙上挂了一幅画。

　　　　b. *墙上有一幅画挂了。

　　上面句子的合法性差异也可以在我们设置的事件句法构造中得到较好解释。按照宋玉柱（1991：99）的划分，汉语中"有"字存现句是最为典型的静态存在句，是表示某处存在某物的原型句式，即"有"字句所表达的是纯静止性的状态类事件。上面（67b）、（68b）中带"有"的句式实际上可以看作"有"字存在句和带"着"或带"了"存在句糅合之后形成的句式，而这两种句式的结合就涉及事件类型的匹配问题。按照前面的分析，带"着"存在句是由 $v_{Hold}P$ 和 $v_{Be}P$ 两个核心事件投射组成的状态类事件句法结构，该结构与"有"字句表达的事件类型一致，二者匹配后可以构成"DP$_{Loc}$+有+NP+V 着"的糅合句式，"有"可以作为上层轻动词投射的中心语，选择 v$_{Hold}$P 为补足语，（67b）的事件句法结构可以表示为：

（69）[$_{vP}$ 墙上 [$_{v'}$有 [$_{vHoldP}$ [$_{vHold'}$ √挂-v$_{Hold}$ [$_{vBeP}$ 一幅画[$_{vBe'}$ v$_{Be}$ t ₊$_{上}$]]]]]]

相反，带"了"存在句是由 v$_{Bec}$P 和 v$_{Be}$P 两个核心事件投射组成的达成类事件句法结构，它表达的事件类型与"有"字句不一致，那么以"有"为中心语的投射不能再选择 v$_{Bec}$P 作为其补足语，因此无法形成（68b）所示的表层形式。

6.2.3.2　存在句中及物动词的句法和语义性质

前面我们对带"着"和带"了"存在句的事件句法构造进行了分析，同时也解释了及物动词分别以何种方式与这两种句式的事件句法相融。接下来还有一个问题有待解决。前文我们讲到，并非所有的及物动词都能进入存现句，那么带"着"和带"了"存在句中的及物动词究竟具有怎样的语义和句法特征呢？

在 6.2.3.1 节，通过对带"着"和带"了"存在句事件语义模板的分析，我们已对其中的动词性质进行了部分讨论。如（70）所示，表示活动方式的动词词根（即<MANNER>中填入的动词词根）若要与这两个事件句法模板相融，其表达的事件中需要显著包含客体和处所两个参与者，且其中的处所论元 z 应是客体 y 被处置后最终所处之处所，即顾阳（1997）所定义的"三元定位动词"。而那些表达的事件中不包含处所论元或包含的处所论元只表达客体脱离之处所（即顾阳（1997）定义的"非定位动词"）的动词则不能与这些事件模板相融：

（70）带"着"存在句：HOLD$_{<MANNER>}$[y BE ON/AT z]
　　　带"了"存在句：[y BECOME$_{<MANNER>}$[y BE ON/AT z]]

这样我们就可以排除如（71a）、（71b）所示的不合法的存在句，其中"吃"和"观看"两个动词词根所表达的事件中不包含（客体最终所处之）处所论元，证据是这些动词不能在带"把"的处所句中充当谓词 [如（72）所示]；而（71c）、（71d）中"舀"和"脱"两个动词虽然可以构成带"把"的处所句，但客体所处的位置状态不能通过这两个动词来表示，即这两个动词与谓词 Hold 的语义类型不符，因此（71c）和（71d）也不能成立：

（71）a.*屋里吃着两个人。
　　　b.*电影院里观看着一些观众。
　　　c.*碗里舀着一些汤。

　　　　d. *床上脱着两只袜子。

（72）a. *张三把饭吃在屋子里。

　　　　b. *李四把电影看在电影院里。

　　　　c. 厨师把一些汤舀在碗里。

　　　　d. 小王把袜子脱在床上。

　　然而，有部分及物动词所表达事件中的处所论元似乎也并不凸显，但它们依然能够在存在句中充当谓词。例如：

（73）a. 屋里开着会。

　　　　b. 台上唱着他的歌，台下没有他的位置。（1994 年《作家文摘》，转引自 CCL 语料库）

　　　　c. 一觉醒来，凉是不凉了，身上却有些发着烧热。（张恨水《金粉世家》，转引自 BCC 语料库）

　　朱德熙（1982：115）对此类句式的存在句身份提出质疑。他注意到此类句式与典型存现句在句式转换上存在差异，典型存现句允许主语（即处所论元）和宾语（即客体论元）互换位置［如前面（49）所示］；相反，此类句式则不允许这样的转换形式。例如：

（74）a. 屋里开着会。→*会开在屋里。

　　　　b. 身上发着烧。→*烧发在身上。（见朱德熙，1982：115）

　　朱德熙认为上面句子之所以不合法，是因为它们表示的是动作的持续，而非事物的位置，因此动词后的名词并非存现宾语。它们与存现句虽然形式相似，但结构不同。宋玉柱（1991：112）也认为这些句子不属于存在句范畴，它们虽然表示动作的持续状态，但与典型的动态存在句还是存在区别。例如：

（75）a. 天上飞着两只鸟。/天上有两只鸟。

　　　　b. 台上唱着大戏。/*台上有大戏。

　　此外，我们还注意到此类句式与典型的带"着"存在句还有另外两点区别。一是此类句式可以在动词前加入施事主语，而带"着"存在句则不可以。例如：

（76）a. 台上他们唱着大戏。/屋里他们开着会。

　　　　b. *墙上他挂着一幅画。/*石头上他刻着几行小字。

　　二是此类句式的动词在常规的及物句式中不允许直接带处所宾语，而带"着"存在句的动词则可以与处所宾语共现，请看（77）和（78）的对比：

（77）a. 沙发上躺着一个人。/你躺哪儿？→躺沙发上。

　　　b. 屋顶上挂着灯笼。/这些灯笼挂哪儿？→挂屋顶。

（78）a. 台上唱着大戏。/*他们唱哪儿？→*唱台上。

　　　b. 锅里蒸着馒头。/*馒头蒸哪儿？→*蒸锅里。

上述证据表明，"唱""蒸"等动词与"躺""挂"等动词虽然都可进入"DP_Loc+VP+NP"的句式，但它们所构成的句式存在本质区别，这与其中动词所蕴涵的事件语义密切相关。后一类动词属于定位动词，其事件语义中必然包含处所义，这样才能与（70）所示的事件模板相融，句式整体表达"某物以某种方式存在于某处"；相反，前一类动词的事件语义中并不要求包含处所义，其所构成的存现结构并不表达"某物以某种方式存在于某个处所"的事件语义［如（78a）并不表达"大戏以唱的方式存在于台上"］，而是表达"某个处所中以某种方式发生着某事"。据此，本书部分采纳隋娜和王广成（2009）的分析，认为此类存在句事件句法中的核心功能语类不应是 HOLD，而应是 OCCUR，该事件轻动词直接选择一个名词性成分为补足语，并进而选择一个处所成分 DP_Loc 为标志语，表达活动方式的动词词根"√唱"或"√蒸"等以"融合"方式与该轻动词结合。以（78a）为例，其事件句法结构为：

（79）

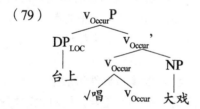

这里的事件轻动词 v_{Occur} 应归属为无事件起始者的活动性轻动词的一个子类，它不属于状态类事件轻动词，这样我们不仅可以解释上面（74）～（78）的一系列差异，同时也可以解释为什么此类动词构成的存在句只能带"着"，而不能带"了"，原因是 v_{Occur} 所表达的事件类型与状态变化类事件之间不存在派生关系，如（80）所示：

（80）a. 台上唱着大戏。/*台上唱了大戏。

　　　b. 屋里开着会。/*屋里开了会。

6.3　本章结语

本章中我们主要考察了汉语论元缩减现象中涉及的两类代表性句式，即及物动词构成的受事主语句和存现句。这两类句式的共同特点是，其中谓语动词的常规用法都是及物性用法，而在这两类句式中动词所带的论元数量相比其常规用法都发生了减少。就受事主语句而言，其中只包含一个受事论元，且不存在任何的隐含论元成分，即谓词的句法性质发生了实质性改变，该句式与常规主谓宾句构成了"及物性交替"。我们通过一系列证据证明，汉语的活动动词能否进入及物性交替，或者说能否构成"受事主语句"与终止性事件语义特征密切相关。其中的终止性特征并非完全取决于动词本身，而是由动词与其论元的性质共同决定，即"受事主语句"必须由"渐进客体动词+量化宾语"构成，只有这一组合才能保证整个结构的有界性。而后我们采用事件句法模型对受事主语句的事件句法结构进行了分析，提出此类句式的事件句法中只包含结果性事件投射 $v_{Bec}P$，活动性的及物动词作为方式类词根与轻动词 v_{Bec} 发生"融合"，以保证句子的合法性以及论元的合理语义解读。

对于及物动词构成的存现句，本书在摒弃词库内词汇分层派生思想的基础上，提出及物动词能够进入存现结构是光杆性动词词根与存现性事件句法相融的结果。具体讲来，我们区分了带"着"和带"了"存在句，认为两种类型的存在句具有不同的事件语义模板和事件句法结构。带"着"存在句具有两种事件句法结构，一种是由事件轻动词 v_{Hold} 和 v_{Be} 的功能投射所组成，其中的动词词根所表达的事件语义中必须包含处所义；另一种是由事件轻动词 v_{Hold} 的功能投射所组成，其中的动词词根不包含处所义，两者的动词都作为活动类词根与事件轻动词 v_{Hold} 发生融合。带"了"存在句的事件句法结构只有一种，由事件轻动词 v_{Bec} 和 v_{Be} 的功能投射组成，其中的动词词根的事件语义中也必须包含处所义，该动词与事件轻动词 v_{Bec} 发生融合。相比前人的分析，我们设置的事件句法结构既可以深入解释带"着"和带"了"存在句在句法和语义特征上的差异，同时也较好概括了及物动词进入存现结构所必须满足的限制条件，或者说其必备的句法和语义特性。

第 7 章　汉语论元交替现象研究①

在第 5、第 6 章，我们应用已建立的事件句法模型分别对汉语论元增容和缩减现象所涉及的一些典型句式进行了深入分析。这两类现象的主要特点是谓语动词在句式中实际携带的论元数量及论元的语义类型相比其常规的论元实现方式都发生了变化。对于论元增容现象，我们主要探讨了以"吃食堂""飞北京"为代表的假宾语句式，以"王冕死了父亲"为代表的领主属宾句和以"张三吃了李四两个苹果"为代表的非典型双宾句。这些句式的共同点是其中都存在一个非核心的增容性论元成分，结果导致句式中论元的实际数量多于动词常规论元结构中的论元数量。对于论元缩减现象，我们主要探讨了及物动词构成的受事主语句和及物动词构成的存现句，这两类句式的特点是其中的论元数量少于动词常规携带的论元数量。本章中，我们将探讨汉语论元实现变化中的第三类现象。此类现象的句式都是以组对形式出现，组对句式中的论元在语法功能和句法位置上发生了交替，如在一句中充当主语的成分在另一句中充当宾语。但与前两类现象不同的是，其中不存在一个常规的论元实现形式，或者说我们无法明确判定组对句式中哪一个是基础形式，哪一个是派生形式。我们将具有这种性质的组对句式形成的论元实现称为"论元交替现象"。本章中，我们将探讨汉语中两种典型的论元交替句式：一种是"致使性交替"，其涉及的组对中一个是带双论元的致使句式，另一个是带单论元的非宾格句式，如（1）所示。另一种是"主宾语交替"，其涉及的组对均带有两个论元成分，但两个论元的位置发生了交替，即前一句中充当主语和宾语的成分在后一句中充当宾语和主语，如（2）所示：

（1）a. 火灭了。

　　　b. 她灭了火。（引自顾阳，1996：11）

（2）a. 一锅饭吃三十个人。

　　　b. 三十个人吃一锅饭。（引自宋玉柱，1991：152）

7.1　现象之一：致使性交替现象

前面曾提到，汉语中单语素动词词根一般只表达状态类或活动类意义，无法

---

① 本章的部分内容发表于《生成性建构主义视角下动结式的核心问题探究》（《外国语》2018 年第 2 期）一文。

单独表达复合性事件类型，汉语中达成类事件的谓词是由状态类动词加上完成体标记"了"构成，或是由活动动词和状态类动词构成的动结式所构成。对于汉语表达状态变化的谓语而言，它们不仅可以构成所谓的"领主属宾句"，还可以呈现如下所示的致使性交替现象：

（3）a. 他灭了火，把烧烤用完的东西收拾好。（石康《奋斗》，转引自 CCL 语料库）

　　 b. 火灭了，鸟孩便怔怔地跪着不动。（阎连科《鸟孩诞生》，转引自 BCC 语料库）

（4）a. 一次长工不小心打碎了一只碗……（陆步轩《屠夫看世界》，转引自 CCL 语料库）

　　 b. 砂壶掉在地上打碎了。（田岸《黄河滩》，转引自 BCC 语料库）

　　（3）和（4）的谓词分别由单语素动词"灭"和动结式"打碎"构成，两例的共同点是同一个动词在组对句式中具有不同的句法性质，带有不同数量的论元。a 句中的动词是及物性致使用法，其中的"火"和"一只碗"是受事，在底层和表层结构都处于宾语位置。b 句中的谓词具有非宾格性质，其特点是存在与之对应的致使（及物）形式，并且其句法主语（如"火"和"砂壶"）的语义角色与致使句式中宾语的语义角色一致，在早期的 GB 理论中被分析为基础生成于底层宾语位置。（3）和（4）中两句之间所呈现的转换关系在文献中被称为"致使性交替"。

　　致使性交替与前面第 6 章讨论的及物动词构成的"及物性交替"存在着重要的差别，主要有两个方面。第一，及物性交替中的动词（如"写"）其常规用法为及物动词，从本书提出的事件句法模型来讲，其基础性结构是带有双论元的活动类事件句法结构，及物动词作为光杆词根与该结构发生"方式融合"；而其形成的不及物句式（或称"受事主语句"）是一种派生形式，其成立条件是事件句法中存在表达终止性事件义的功能投射 $v_{Bec}P$。而对于致使性交替现象而言，我们似乎无法直观判定（3）中的两个"灭"哪个是常规用法（或基础形式），哪个是衍生用法（或派生形式）。第二，致使性交替中的动词（无论是单语素还是动结式）都含有状态义或状态变化义，即属于状态类词根或包含状态类词根；相反，及物性交替中的动词是典型的活动类词根。词根类型上的差别决定了两句句式中的动词应以不同方式与事件句法结构发生融合。基于上述两点，我们不应将致使性交替归入论元增容或论元缩减现象中，将其单独作为论元交替现象来讨论似乎更为合理。

　　致使性交替现象近年来引起学界的普遍关注，对于该现象的研究涉及多种语言，如英语（Levin & Rappaport Hovav，1995，2005）、法语（Labelle，1992）、德语（Härtl，2003）、希腊语（Zombolou，2004）和日语（Matsumoto，2000）等。近年来，汉语中的致使性交替现象也引起普遍关注，学者们主要关注以下两个方面的问题。第一个方面的问题是该现象中致使动词与非宾格动词的关系问题。早期研究大都持"派生观"（derivational approach），认为（3）中所示的两个"灭"存在由某些词汇规则所致的派生关系，但学界对于其中哪个动词是基础形式，哪个是派生形式一直存在分歧。而近年来，一些学者发现"派生观"存在诸多问题，并将研究转向"非派生观"（nonderivational approach）。秉持该观点的学者认为致使和非宾格变体两者不存在直接的派生关系，而是来源于一个共同基础（common base）。第二个方面的问题是什么样的动词能够呈现致使性交替，即此类动词具有哪些基本特征。在系统回顾前人研究的基础上，本书认为，"非派生观"相比"派生观"能够更为合理地解释跨语言事实。但目前的非派生性研究也存在一些不足，据此我们主张放弃"派生观"，并应用已建立的事件句法模型对致使性交替现象提出一种新的非派生性解释方法，在解决现有非派生观问题的同时，也对致使性交替现象中的跨语言差异给出合理的解释。

7.1.1　既有研究回顾及其主要问题

先前对致使性交替现象的研究主要包括词汇语义、句法派生和认知功能等多个角度，但总体上可归纳为"派生观"和"非派生观"两大类。下面简要回顾这两类观点，并指出它们的主要问题。

7.1.1.1　派生观及其主要问题

持"派生观"的学者认为，在致使性交替现象中，一种形式通过词库内的某些词汇规则派生出另一种形式，两者之间存在着依附关系。但对于致使动词和非宾格动词究竟哪个是基础形式（basic form），哪个是派生形式（derived form），学者们的看法不一。一些学者（如 Dowty，1979；Williams，1981a；Pesetsky，1995等）的研究认为，呈现致使性交替的动词本质上是一元动词。其理据是从事件类型角度讲，非宾格动词表达的是达成类事件，而致使动词表达的是相对复杂的完结类事件，按照事件结构由简单到复杂的构成方式，理应先有非宾格动词这一简单形式，表达复杂性事件的致使动词是在其基础上派生而来。Dowty（1979：206）提出，致使性 break 在词库内经历了如下的"致使化"过程：

（5）break（非宾格动词）：λx[BECOME *broken*(x)]

$$\downarrow +CAUSE$$

break（致使动词）：λxλy[(y) CAUSE[BECOME *broken*(x)]]

　　从上述语义分解式出发，以 Dowty 为代表的"致使化"观点认为，致使动词是在非宾格动词的基础上加入致使性谓词 CAUSE 派生而来，后者是前者的一个组成部分，因此非宾格动词应是基础形式，而致使动词是派生形式。

　　从语言事实看，英语中某些表示存现义的非宾格动词没有相对应的致使形式，似乎印证了"致使化"派生方向的合理性。例如（引自顾阳，1996：6-7）：

　　　（6）a. The guests arrived.

　　　　　a'. *The party arrived many guests.

　　　　　b. Problem of this type always exists among the residents.

　　　　　b'. *The residents exist a problem.

　　如果我们假设非宾格动词由致使动词派生而来，那么致使性结构至少应该是成立的，而（6a'）的不合法性说明这种假设并不成立。由此我们可以推出，非宾格动词应该是基础形式，而致使动词是派生形式。

　　与"致使化"观点相反，另有一些学者认为（如 Chierchia，1989；Levin & Rappaport Hovav，1995，2005；Reinhart，2002 等），致使性交替动词本质上是二元动词，它在词库内只有一个词汇语义表征式，即包含致使性子事件和状态变化性子事件构成的双事件（bi-event）结构，非宾格变体是通过抑制外部致使论元的"去及物化"过程派生而来。Levin 和 Rappaport Hovav（1995：108）设定此类动词的词汇语义表征式是包含致使性和状态变化性子事件的双事件结构，在用作非宾格动词时，致使者 x 在从词汇语义表达式向论元结构的映射过程中受到词汇约束（lexical binding），无法在论元结构得到体现，只有 y 通过链接规则映射为客体论元，该过程如下所示：

　　　（7）break（非宾格动词）

　　　　　词汇语义表征：[[x DO-SOMETHING] CAUSE [y BECOME BROKEN]]

　　　　　论元结构：Ø　　　　　　　　　　　　<y>（客体论元）

　　Levin 和 Rappaport Hovav（1995：102-105）提出一系列证据证明"去及物化"派生的合理性，其中最重要的是动词的选择性限制，即一个动词只有选择某些特征的论元才能呈现致使性交替，而选择其他论元时则只有致使形式，而无非宾格形式。例如（引自 Levin & Rappaport Hovav，1995：85）：

　　　（8）a. Antonia broke the vase/window/bowl ...

　　　　　b. The vase/The window/The bowl ... broke.

（9）a. He broke his promise/the contract/the world record.

b. *His promise/The contract/The world record broke.

如果假设非宾格性的 break 是基础形式，那么（9b）理应是合法的句子，但这与事实不符，说明致使性的 break 应是基础形式，语义上受限的非宾格动词应是派生形式。另一个更为有力的证据是，英语中某些动词只有表致使的及物性用法，而根本没有非宾格用法，说明非宾格用法应是在其致使用法的基础上派生而来，而这种派生形式并非总是合法的，如下所示：

（10）The baker cut the bread./*The bread cut.

（引自 Levin & Rappaport Hovav，1995：102）

（11）a. He broke his promise/the contract/the world record.

b. His promise/The contract/The world record broke.

（引自 Levin & Rappaport Hovav，1995：105）

Reinhart（2002）从"词汇功能语法"角度的研究也认为非宾格动词是由致使动词派生而来。他基于 Chierchia（1989）的研究，将题元角色通过一系列特征丛来表示。他赋予致事以词汇特征[+c(ause)]，施事除表达致使外，还具有主观意愿（mental state），其特征丛为[+c, +m]；无主观意愿的工具题元的特征丛则为[+c, −m].对于呈现致使性交替的动词，Reinhart 认为它们本质上是及物性的，选择带有[+c]特征的外部论元（致事、施事或工具）和带有[−c, −m]特征丛的客体，非宾格动词是在词库中由及物动词通过"去主语化"（expletivization）操作去掉外部[+c]角色派生而来，该过程可以表示如下：

（12）去主语化：

a) $V_{acc}(\theta_{1[+c]}, \theta_2) \rightarrow R_e(V)(\theta_2)$

b) $R_e(V)(\theta_2) = V(\theta_2)$

（引自 Reinhart，2002：241）

原本带有两个题元的及物动词 V_{acc} 经过减量操作 R_e（Reduction）变为不及物动词。虽然 Reinhart 与 Levin 和 Rappaport Hovav 采用的理论框架不同，他们所主张的派生机制是一致的，即通过抑制外部致使性题元将二元致使动词派生为一元非宾格动词。

近年来，一些学者对"派生说"提出质疑（如 Piñón，2001；Alexiadou et al.，2006；Schäfer，2009），"派生说"不能合理解释不同语言中致使与非宾格动词在形态标记上的差异，其所依据的动词选择性限制也不可靠，这使得我们有必要重新审视两类动词的内在联系。

首先，按照形态标记的普遍规律，词项的基础形式应是无标记的（unmarked），派生形式是有标记（marked）的。如果非宾格动词是基础形式，那么致使动词应带有显性的形态标记；反之，如果致使动词是基础形式，非宾格动词应带有显性标记。Alexiadou（2010：178）将这两种派生方向抽象表示为：

（13）a. 非宾格形式：V（基础形式）
    及物形式：<u>V-X</u>

 b. 非宾格形式：<u>V-X</u>
    及物形式：V（基础形式）

但事实上，两种派生方向在自然语言中都能找到形态证据：某些语言中，致使变体带有相对复杂的形态标记。例如：

（14）a. 格鲁吉亚语（Haspelmath，1993；转引自 Alexiadou，2010：178）
    非宾格动词：duy-s（煮熟）
    致使动词：a-duy-ebs（使……煮熟）

 b. 蒙古语（Piñón，2001；转引自 Alexiadou，2010：178）
    非宾格动词：ongoj-x（开）
    致使动词：ongoj-lg-ox（开）

相反，在其他语言中，非宾格动词的形态标记更为复杂，这说明致使动词应是基础形式。例如：

（15）a. 俄语（Haspelmath，1993：91）
    非宾格动词：katat'-sja（滚动）
    致使动词：katat'（滚动）

 b. 波兰语（Piñón，2001；转引自 Alexiadou，2010：178）
    非宾格动词：złamać-się（破）
    致使动词：złamać（打破）

另有一些语言的致使和非宾格变体各自带有不同的形态标记，难以判定哪个是基础形式，哪个是派生形式。例如：

（16）a. 日语（引自 Schäfer，2010：120）
    非宾格变体：atum-aru（聚集）
    致使变体：atum-eru（使……聚集）

 b. 德语（引自 Schäfer，2010：36）

非宾格动词：versinkt（沉没）

致使动词：versenkt（使……沉没）

以上证据表明，无论依据形态特征判定两类动词中的哪一类为基础形式，都会在自然语言中找到反例，因此用"派生观"解释两类动词的相互关系并不合理。

其次，"派生观"以某个动词的致使或非宾格变体不成立为由，证明另一个合法形式为基础形式。从跨语言角度来看，该证据并不可靠。如 arrive 和 exist 等非宾格动词没有相应的致使动词［见（6）］，但在其他语言中类似动词却能呈现致使性交替，如日语例子所示：

（17）a. Takushi-ga　　genkan-ni　　　tsui-ta.

　　　　出租车-主格　前门-目标　　到达-过去时

　　　　"出租车到达了前门。"

　　　b. Untenshû-ga　takushi-o　　genkan-ni　　tsuke-ta.

　　　　司机-主格　　出租车-宾格　前门-目标　　到达-过去时

　　　　"出租车司机把他的车开到了前门。"

（引自杨大然，2015：42）

另一方面，虽然英语的 break 等动词在非宾格用法上有选择性限制，cut 和 kill 等动词只有致使性用法，但在其他语言中，与他们相对应的动词都能用于非宾格结构，以希腊语为例：

（18）希腊语（Alexiadou et al.，2006，转引自杨大然，2015：42）

　　　a. O athlitis espase to　simvolaio/to　pagkosmio record

　　　　冠词 运动员 打破　冠词 合同/　冠词 世界纪录

　　　　"那个运动员撕毁了合同/打破了世界纪录。"

　　　b. To simvolaio/to　　pagkosmio record espase.

　　　　冠词 合同 /冠词　世界纪录　　　打破

　　　　"合同撕毁了/世界纪录打破了。"

（19）希腊语（Alexiadou et al.，2006，转引自杨大然，2015：42）

　　　a. O Petros/o sismos/i vomva　skotose　ti　　　Maria

　　　　皮特/地震/炸弹　　　　杀死　定冠词　玛丽

　　　　"皮特/地震/炸弹杀死了玛丽。"

　　　b. I　　Maria　skotothike　（apo/ me　ton　　sismo）

　　　　定冠词玛丽　杀死　　　被/用　定冠词 地震

　　　　"玛丽被地震杀死了。"

以上证据表明，单一语言中某种形式的不合法性不能作为派生方向的证据，两种"派生观"所依据的语言事实都是片面的，可以证伪的。

7.1.1.2　非派生观及其主要问题

针对"派生观"的上述问题，一些学者尝试从非派生性视角来审视致使性交替现象，认为两个变体之间并不存在直接的派生关系，而是来源于一个共同基础（如 Piñón，2001；Alexiadou et al.，2006；Schäfer，2009，2010；Alexiadou et al.，2015）。Alexiadou 等（2015：25）提出，按照传统的事件分解式，（20）所示的致使性结构理应有三种解读：

（20）John opened the door again.
  a. 施事行为（以及事件和结果状态）被重复
   [*again*[…CAUSE…[...BECOME...[…STATE…]]]]
  b. 引起事件（和结果状态）被重复
   […CAUSE…[*again* [...BECOME...[…STATE…]]]]
  c. 只有结果状态被重复
   […CAUSE… [...BECOME...[*again*[…STATE...]]]]

但事实上（b）的解读不存在，该句与"The door opened again."一样，只有恢复性的（restitutive）和重复性的（repetitive）两种解读。据此 Alexiadou 等（2015：27-29）认为，致使和非宾格变体具有相同的事件分解式，即[CAUSE [√词根+DP 客体]]。同时他们基于 Pylkkänen（2008）的研究提出，CAUSE 不负责引入外部论元，外部论元是由 Voice 所引入，它负责将外部论元与后面 CAUSE 事件联系在一起。两种变体的语义分解式可表示为（以 open 为例）：

（21）a. 非宾格变体：[v-CAUSE [the door √open]]
  b. 致使变体：[John *Voice* [v-CAUSE [the door √open]]]
        （引自 Alexiadou 等，2015：29）

在 Alexiadou 等人看来，致使性交替本质上是功能语类 Voice 的隐现问题。致使和非宾格动词是同一个词根派生而来的不同变体，两者具有相同的事件组成，区别仅在于句法结构中是否存在引入外部论元的 Voice 投射。

既然两个变体来源于同一个词根，就不存在基础形式和派生形式之分，"派生观"所面临的问题似乎可以迎刃而解，但上述非派生性研究也并非无懈可击。首先，Pylkkänen（2008）提出的 Voice 只有引入外部论元的句法功能，而无实质性事件语义，将其放入致使变体的语义分解式中实际上是把句法单位和事件谓词杂糅在一起，混淆了句法和语义概念。其次，如果认为两个变体的事件组成中都只包含谓词 CAUSE，那么该谓词究竟是表达外部致使还是内部致使？如果是前者，显然无法合理诠释非宾格变体；如果是后者，外部论元与该事件的语义关系似乎又存在矛盾。此外，一些学者对 CAUSE 占据独立的节点参与句法操作也持怀疑态度（如 Lin，2004；Ramchand，2008 等）。

7.1.2　汉语界的相关研究

致使性交替现象近年来也受到汉语界的普遍关注，很多学者注意到汉语中也存在不少非宾格动词和使役动词交替的现象（顾阳，1996；杨素英，1999 等）。例如（引自顾阳，1996：11）：

（22）a. 火灭了。→她灭了火。
　　　b. 船沉了。→水手们沉了船。
（23）a. 乙队打败了。→甲队打败了乙队。
　　　b. 小李摔倒了。→他摔倒了小李。
（24）a. 一家人等得心急火燎。→那趟车等得一家人心急火燎。
　　　b. 老林念得口干舌燥。→那篇稿子念得老林口干舌燥。

从上例看出，汉语中能够呈现使役和不及物形式交替的动词（或动词短语）相比英语要丰富得多，它不仅包括单音节动词，还包括带有结果补语的复合动词以及与"得"共现的结果性谓词。在上面句式中，左侧不及物动词的主语与右侧及物动词的宾语由同一个成分担任，动词呈现出明显的作格性特征。不及物动词的唯一论元应分析为内部论元，在深层结构中占据直接宾语位置，然后通过句法推导移位到表层主语位置。根据 Burzio（1986：11）提出的非宾格动词定义，三组句子中左侧句子的动词都应属于汉语的非宾格动词[①]。

顾阳（1996：9-10）对上述汉语致使性交替现象的分析基本上采取了 Levin 和 Rappaport Hovav（1995）提出的"去及物化"分析法，认为从使役动词到非宾格动词中间经历了一个非使役化（decausativisation）过程，即在原来使役动词的基础上去除一个表示外因的外部论元，使本来的二元谓词变成一元谓词。顾阳（1996：9）认为在词库和句法之间除了论元结构外还有一个连接词汇语义和句法的界面，即词汇语义表达式，从词库到句法先后经历词汇语义表达式、词汇句法表达式（即论元结构）和句法表达式三个过程。顾阳（1996：9）提出非宾格动词的派生是在第一个词汇语义表达式界面进行，即在动词到达论元结构之前，外部题元角色已经受到抑制，因而在非宾格动词的论元结构中根本看不到"施事"或

---

① 顾阳（1996：11）指出，应该把（24）中的"等得"和"念得"看成是与单个动词"等"和"念"具有不同句法性质的谓词，前者属于非宾格动词，而后者一般都属于带有施事论元的非作格动词。

"致使者"这样的外部论元，在句法层面就不会产生任何影响。在顾阳看来，致使性交替是词库内依据构词规则通过改变动词的题元关系所产生的现象，因而她所秉承的是典型的派生性观点。

杨大然（2015）基于 Alexiadou 等（2006）和 Schäfer（2009，2010）的研究，主张对汉语的致使性交替现象的分析应采用非派生性观点。他借鉴黄正德等（Huang et al.，2009）的事件轻动词理论从非派生观视角对致使性交替现象进行了解释。根据黄正德等提出的事件轻动词理论，不同动词在论元结构上的差异根本上来源于词根概念化的事件类型的差异。

杨大然（2015：44）据此认为，致使性交替中的致使和非宾格变体共享同一个词根形式，但概念化不同的事件类型，选择不同类型的轻动词，进而形成具有不同的词汇语义结构和论元实现方式的独立词项。以动词"灭"为例，根据词根"√灭"的百科信息，它首先可以概念化无外部使因的自发性状态变化事件，此时"√灭"只选择轻动词 Lv1，而不选择 Lv2，因为后者与此时"√灭"概念化的事件类型相冲突。Lv1 筛选出唯一的客体论元，投射到底层宾语位置。例如：

（25）灭$_1$：[Lv1 √灭]（例：火灭了。）
　　　　V ＜客体＞

此外，词根"√灭"的百科信息决定它还可能概念化由外部使因引发的状态变化类事件，此时其词汇语义结构中除了包含标明状态变化性事件的 Lv1，还包含标明外部致使性事件的 Lv2，两个轻动词分别筛选出客体和施事论元，投射为宾语和主语。此时"灭"的词汇语义结构和论元结构表示为：

（26）灭$_2$：[Lv2 [Lv1 √灭]]（例：张三灭了火。）
　　　　V ＜施事，客体＞

（25）和（26）的"灭"在语义结构上看似只相差一个轻动词，但两者不存在直接的派生关系：灭$_2$不是在灭$_1$的基础上加入 Lv2 而来，灭$_1$不是在灭$_2$的基础上去除 Lv2 而来。根据事件轻动词理论，Lv1 和 Lv2 都不能从动词的语义组成中剥离出来，它们是拼读事件类型的内在语义标记。据此杨大然（2015：44-45）认为，类似"灭"或 break 这样的致使-起动动词组对来源于一个共同基础，即同一个词根"√灭"，该词根由于概念化不同类型的事件而包含不同类型的轻动词，最终构成具有不同论元实现方式的独立词项。

7.1.3　非派生视角下的分析

从前人的研究来看，从非派生性视角对致使性交替现象的研究能够更好地解释很多语言中致使动词与非宾格动词在形态标记和句法表现上所呈现出的不对称性。杨大然（2015）基于非派生性视角的研究为我们从事件句法角度解释汉语致使性交替现象的派生奠定了良好的基础，值得借鉴。但黄正德等（Huang et al., 2009）的研究也曾受到一些学者的质疑，我们在第 2 章讲到（见 2.2.3 节），其主要问题是 Lv 对于句法和语义的贡献不够明确。Lv 既不增加词项信息，也不直接指派语义角色，它们的存在似乎显得多余。此外，在黄正德等设立的句法结构中仍存在常规轻动词 v 和 Voice 等，它们与 Lv2 在语义功能上又存在很多重合之处，因而再为词根本身单独设立这些轻动词也显得画蛇添足。

　　基于本书提出的事件句法模型，我们认为，呈现致使性交替的两个动词属于同一个词根的不同变体形式，该词根概念化不同的事件类型，因而形成具有不同的词汇语义结构和论元实现方式的独立词项，在这一点上我们与黄正德等的看法基本相同。但与黄正德等研究不同的是，我们基于已建立的事件句法模型提出，动词本身始终是以光杆词根形式进入事件句法结构，词根的投射中不包含任何的事件轻动词，而只包含有限数量的特质论元。在致使性交替现象中，无论是致使句式，还是非宾格句式，它们的句式语义都是由事件句法结构中的功能性投射所决定，而哪些功能性投射能够得到允准取决于这些投射的中心语的不可解读特征能否与词根的相应特征通过一致操作得到核查。从这个角度讲，我们并不认为事件功能语类的类型是从词根的词汇语义直接推演出来，但由百科知识所决定的词根（或词根组合）的词汇语义决定着词根的事件类型归属，决定着它们以何种方式与事件句法结构相融，因此词根的词汇语义对于整个句式语义和句法也有着重要的影响。下面我们分别来讨论汉语中由单语素动词和动结式所构成的致使性交替现象。

7.1.3.1　单语素动词的致使性交替

　　下面我们应用已建立的事件句法模型来具体分析致使性交替结构的派生过程。以（27）为例［同（1）］：

　　（27）a. 火灭了。
　　　　　b. 她灭了火。

　　根据前面章节的论述，单语素的动词词根一般包括状态类、方式类和结果类三种类型，而汉语的单语素动词词根只能表达前两种类型，而具有终止性特征的达成类或完结类事件必须通过复合性词根来表达。汉语的达成类事件是由状态类词根与完成体标记"了"共同组成。在汉语中，除形容词之外，汉语中单语素的状态类动词词根主要包括"√沉""√碎""√破""√死""√病""√灭"

等。例如，以下句式均表达达成类事件，试与英语中的达成类事件相比较：

（28）a. 车胎瘪了/张三累了/脸红了

　　　b. 船沉了/花瓶破了/王冕的父亲死了

　　　c. The tire flattened/The boat sank/The vase broke

上述句式的共同点是它们的事件结构中都只包含结果性事件，而不包含外部致使性（或起始性）和过程性的事件，在句法结构上都只包含表达结果性事件的 $v_{Bec}P$ 投射，而不包含 $v_{Cause}P$ 和 $v_{Do}P$ 投射。句中的唯一论元是由事件功能语类 v_{Bec} 所选择，占据[Spec, $v_{Bec}P$]的内部论元。（27a）的事件句法结构可表示如下：

（29）

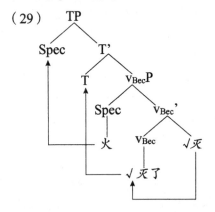

状态动词后的"了"作为结果性谓词，具有事件特征[+结果性]，它与结果性投射 $v_{Bec}P$ 的中心语 v_{Bec} 进入一致操作，删除后者的不可解读的[结果]特征并为其赋值。同时，"了"作为黏着语素要求必须有成分与其发生合并，处于下层的动词词根"√灭"上移与"了"发生合并，形成谓词"灭了"。由于动词词根"√灭"不具有事件特征[+起始]或[+过程]，功能语类 v_{cause} 和 v_{Do} 的不可解读事件特征无法得到核查。而根据"事件句法允准原则"，$v_{Cause}P$ 和 $v_{Do}P$ 投射在句法结构中得不到允准。

在句法推导中，处于 v_{Bec} 位置的谓词"灭了"继续上移占据中心语 T 位置。句中的唯一论元"火"占据[Spec, $v_{Bec}P$]位置，获得结果性事件角色。由于内部论元"火"在其初始位置无法核查格特征，因而它必须上移到[Spec, TP]核查其主格特征；同时 T 的 φ 特征和 EPP 特征也得到核查，这样整个推导式的不可解读特征都得到删除和定值，它在语言与外部认知系统的接口层面上能够成功汇集。

接下来来看及物性结构的事件句法结构。首先需要回答的问题是，是否有必要对不及物性和及物性的核心加以区分呢？根据目前生成性建构主义的主流看法（Kratzer，1996；Pylkkänen，2008；Schäfer，2010；Alexiadou et al.，2015 等），外部论元由功能语类 Voice 引入，该功能语类将事件的发起者与某种特定的事件相联系，而不介入事件语义的表达。如前面 4.2.1 节所述，我们有必要用不同的功能语类来表达"致使"与"施事"，那么与不及物句式相比，致使性及物句式的句法构造应增加一个致使性投射 $v_{Cause}P$ 和一个 Voice 的投射。汉语的致使性交替也被广泛认定为一种"起动/致使"的结构交替（顾阳，1996：11；杨素英，1999：37），那么根据生成性建构观，及物性与不及物性的单语素动词结构虽然在论元组成上不同，两者的核心事件却是一致的，即都是事件功能语类 v_{Bec} 所表达的状态变化性事件，其语义和句法核心都是事件谓词 v_{Bec}，区别在于前者的句法构造中增加了一个致使性投射和一个负责引入外部论元（即主语）的 Voice 投射，Voice 负责将事件的发起者与该事件本身相联系。那么及物性结构的句法树图可表示如下：

（30）

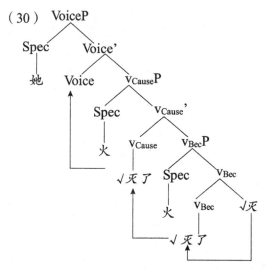

从（29）与（30）对比我们看到，内部论元"火"在两句中都是由 v_{Bec} 所允准的事件论元，表示"状态变化持有者"，都基础生成于[Spec, $v_{Bec}P$]位置，这是致使性交替现象的最典型特征。在（29）中，由于它在该位置无法核查格特征，因此必须上移到句首；而在（30）中，上层 v_{Cause} 的中心语可以核查内部论元的宾语格特征，因此该论元不必发生移位，外部论元基础生成于[Spec, VoiceP]位置，然后上移到[Spec, TP]核查主格特征。

7.1.3.2　汉语动结式的致使性交替

事实上，就汉语而言，能够呈现的致使/非宾格交替的单音节动词为数不多，绝大多数致使性交替现象中的谓语是由动结式来担任。接下来我们重点分析由动结式构成的致使性交替现象。根据 Li 和 Thompson（1981：59）的定义，动结式是汉语中存在一类较为特殊的复合性动词短语，由两个相邻的动词性语素（包括动词和形容词）组成，其中后面动词表示由前面动词描述的动作或过程所引发的结果状态，符号上可记作 V_1V_2，以动结式作为谓词的句式被称为"动结结构"。动结式中的"动"是指前面表示动作或过程的述语 V_1，"结"是指后面表示结果状态（或状态变化）的补语 V_2。绝大部分的动结式可以带宾语构成具有致使意义的及物性结构，但相比普通的及物动词，动结式在句法表现上的一个重要特征是可以形成及物句式与不及物句式的交替形式。

　　（31）a. 张三吹破了气球。⇄气球吹破了。

　　　　　b. 那段山路走累了王五。⇄王五走累了。

　　　　　c. 李四吃坏了肚子。⇄肚子吃坏了。

　　（31）中三句从形式上均可表示为"$NP1+V_1V_2+NP_2 \rightleftarrows NP2+V_1V_2$"，左边为具有致使意义的及物句式，右边为不及物句式。然而，从题元关系角度来讲，这三组句子之间存在一些明显差异。在（31a）中，NP_2 是 V_1"吹"的受事；在（31b）中，NP_2 是 V_1"走"的施事；而在（31c），NP_2 与 V_1"吃"之间不存在论元选择关系。从这些差异可以看出，动结式与单语素动词所构成的致使性交替存在重要区别，后者中的单语素词根可以直接允准事件功能语类 v_{Bec}，并由后者引入表示状态变化的事件论元 NP_2。但对于动结式而言，它们是由表示动作方式的活动类语素 V_1 和表示状态变化的状态类语素 V_2 所组成。那么对于动结式的论元交替来讲，我们需要回答的问题是，动结式句法结构中应包含哪些事件功能语类？这些功能语类是如何得到允准并引入相应的论元成分？动结式所呈现的致使性交替现象是由何种语义和句法特征所决定的？本书认为，要想合理地解决上述问题，我们首先应该从动结式的核心问题入手，即组成动结式的两个成分 V_1 和 V_2 哪一个是结构的核心，还是存在除这两个词项之外的其他核心成分？只有弄清动结式的核心成分是什么，才能对动结式的一系列语义和句法特征，特别是其所呈现的致使性交替现象做出合理的解释。

　　从既有研究来讲，对于动结式核心问题的研究主要分为两个阵营：一个是"词汇核心说"，另一个是"功能核心说"。"词汇核心说"认为组成动结式的词汇成分 V_1 或 V_2 两者之一为核心，具体可分为"V_1 核心说"、"V_2 核心说"和"核心分离说"三种观点。"V_1 核心说"是早期学界的主流观点（Hashimoto，1964；Lu，1977；Thompson，1973；汤廷池，1992 等），后来也得到一些生成派学者的支持。李亚非的一系列研究（Li，1990，1995，1999）依据题元理论提出，V_1 作为词汇核心将其题元信息渗透（percolate）给动结式，由此决定整个复合词的论元结构和句法性质。李亚非的观点后来受到很多学者的质疑，其主要问题是 V_1 与它所组成的动结式在论元结构和句法性质上往往不相匹配。如下面的（32）所

示，a 句中画线部分的 V_1 "听" 是及物动词，但动结式整体却只带一个论元；b
句的 V_1 "哭" 与论元 "枕巾和被头" 根本不存在题元关系；c 句的论元虽然与 "喝"
有题元关系，但 "喝" 的施事是动结式的宾语，而受事却是动结式的主语，"喝"
的常规题元顺序在动结式中发生了 "倒置"。这些证据表明，动结式的句法性质
似乎与 V1 的论元结构无关。

（32）a. 我爸爸总是 "嗯、嗯" 的，<u>我都听烦了</u>……（川端康成《生
为女人》，转引自 CCL 语料库）

b. 她看见秀米似乎正在流泪，<u>枕巾和被头都哭湿了</u>。（格非
《江南三部曲》，转引自 BCC 语料库）

c. 那瓶白酒喝醉了张三。（引自蔡军和张庆文，2017：304）

Cheng 和 Huang（1994）修正了李亚非的观点，他们也承认 V_1 的核心地位，
但认为决定动结式的句法性质并非 V_1 的论元结构，而是其体态特征（aspectual
property）。他们依据 V_1 的活动性/非活动性将动结式分为活动类和非活动类两种。
当 V_1 为自主活动动词，即表达活动性事件时，动结式的事件类型为[动结结构 V_1 活动类
[V_2 状态类/状态变化类]]，此时动结式呈现及物/非作格的交替形式，如（33a）和（33b）
两句的转换；当 V_1 为状态类或状态变化类动词，即表达非活动性事件时，动结式
的事件类型为[动结结构 V_1 非活动类[V_2 状态类/状态变化类]]，此时动结式呈现使役/作格（即非宾
格）的交替形式，如下面（33c）和（33d）的转换：

（33）a. 张三骑累了。非作格谓词

b. 张三骑累了两匹马。及物性谓词

c. 张三气死了。作格性（非宾格性）谓词

d. 这件事真气死张三了。使役性谓词

（引自 Cheng & Huang，1994：188）

事实上，依据 V1 的事件类型来判定整个动结结构的句法性质也不可靠。以
（33a）的 "骑累" 为例，其中 "骑" 是活动动词时，它不仅可以呈现及物/非作格
的交替形式，还可以呈现使役/作格（非宾格）的交替形式，如（34）所示：

（34）a. 张三骑累了。

b. 那匹马骑累了张三。

（34b）和（34a）是及物/非作格的交替形式，（34a）的 "骑累" 应属于非作
格谓语，"张三" 是深层主语；而（33a）和（33b）属于使役/非宾格的交替形式，
（33a）的 "骑累" 又属于非宾格谓语，"张三" 是深层宾语。这样就造成了一个
矛盾，同一个论元在深层结构中不可能既是主语（外部论元），又是直接宾语（内

部论元），它的句法位置应该是唯一的，这说明 Cheng 和 Huang 的分析显然存在问题。

另有一部分学者采用语义上的测试手段证明 V_2 的核心作用更为凸显。李临定（1984）和马希文（1987）分别采用"删除法"和"扩展法"来进行检验。前者是省去动结式的动词或补语，若留下的成分能保持句子的结构性质和语义功能不变，则该成分为动结式的核心；后者恰恰相反，是从单语素的 V_1 和 V_2 向复合谓词扩展，若扩展后原有的主谓语义关系维持不变，则扩展前的谓词就是该动结式的核心。这两种检验方法的结论都指向 V_2 的核心地位，如下所示：

（35）a. 我已经吃饱了。→我已经饱了。/? 我已经吃了。

　　　 b. 小孩子吓哭了。→小孩子哭了。/? 小孩子吓了。

（李临定，1984；转引自沈家煊，2003：247）

（36）a. 铅笔折了。/*铅笔写了。→铅笔写折了。

　　　 b. 头发白了。/*头发愁了。→头发愁白了。

（马希文，1987；转引自沈家煊，2003：247）

（35）显示，"吃饱"和"吓哭"都是在省略 V_1 而保留 V_2 的情况下才能维持原有的语义关系，这说明 V_2 应是核心成分，V_1 只起修饰和限定作用。（36a）显示，V_2 "折"扩展为"写折"后能够与"铅笔"维持原有的语义关系，但 V_1 "写"单独做谓词时句子本身就不成立，更谈不上表达"写折"的语义了，这说明"$N_1+V_1+V_2$"是由"N_1+V_2"扩展而来，V_2 应是动结式的核心成分。

事实上，上述两种检验方法存在较大的片面性，它们大都适用于不及物性动结结构（即所谓受事主语句），而对于大多数的及物性动结式则失去效力（见沈家煊，2003：20；宋文辉，2004：165）。如依照"删除法"，（37a）的核心只能是 V_1，（38a）则没有核心。"扩展法"也存在同样问题，既然以 V_2 为谓词的（37c）和（38c）都不合法，就谈不上对句子进行扩展，V_2 也自然成不了核心：

（37）a. 武松打死了一只老虎。b. 武松打一只老虎。c. *武松死一只老虎。

（38）a. 她哭昏了我的脑袋。b. *她哭了我的脑袋。c. *她昏了我的脑袋。

（引自宋文辉，2004：163）

"V_1 核心说"和"V_2 核心说"所面临的问题促使一些学者思考将动结式的语义和句法核心区分开来，让 V_1 和 V_2 承担不同的核心职能。宋文辉（2004：168-170）基于袁毓林（2000）的研究，着力证明动结式的句法核心在 V_1，而决定语义配价

的是 V_2。V_1 为句法核心的证据来自两个方面。首先，V_1 具有决定动结式范畴归属的核心特征。动结式与 V_1 都可以带宾语和时体助词"了"和"过"，说明两者在语法功能上更为一致。其次，在句法表现上，动结式与动宾结构趋于一致，而与状中结构差别较大。宋文给出两点证据。一是在反复问句中，动结式可以整体反复或反复 V_1，但不能反复 V_2，这与动宾结构的表现趋于一致，而与状中结构不同，如（39）所示：

（39）a. 动结式　　打碎没打碎？/打没打碎？/*打碎没碎？

　　　 b. 动宾结构　吃饭没吃饭？/吃没吃饭？/*吃饭没饭？

　　　 c. 状中结构　你们马上去还是不马上去？/*你们马上不马上去？

（引自宋文辉，2004：170）

二是动结式中的否定词只否定 V_2，而不否定 V_1，这一点也与动宾结构一致，后者是只否定宾语，而不否定核心动词。但在状中结构中，否定词则一般指向状语，而非核心动词。

（40）a. 他没打碎玻璃。→他打了，没碎。

　　　 b. 我没吃苹果。→我吃了，不是苹果。

　　　 c. 他没悄悄地进去。→他进去了，没悄悄地。

（引自宋文辉，2004：169）

"核心分离说"看似有一定道理，实则让核心问题变得复杂化。首先，"核心分离说"虽认定 V_1 是结构核心，却坚持认为 V_2 是配价（或题元结构）的决定者。如宋文辉（2004：171）提出，"走累"的句法核心是"走"，而决定其配价的却是"累"。也就是说，"走"作为句法上的核心，并不能决定其所在句式中名词成分的数量和性质，这不免让人对它的核心地位产生怀疑。在经典的生成语法理论中，句法核心的一个重要标志是能够决定论元的数量并指派语义角色。徐烈炯和沈阳（2000：5-6）也指出，配价（或题元结构）不应被看作纯粹的语义或句法概念，而应被视为句法-语义的"接口"成分。从这个角度讲，能够决定配价的成分应该既是语义核心，也是句法核心。其次，宋文辉给出的事实依据也难以令人信服。如对于（39），按照我们的语感，状中结构的反复问句应和动结式一样，除了整体反复外，只能反复修饰性的状语，而不能反复核心动词。例如：

（41）a. 他大声没大声地说话？/*他大声地说话没说话？

　　　 b. 你到底仔细没仔细看？/*你到底仔细看没看？

这说明反复的成分不一定是核心成分，反复问句并不是验证句法核心的有效手段①。此外，对于否定句来说，（40b）解读为"他吃了，不是苹果"也颇为牵强。按照这个逻辑，"他没杀人"应解读为"他杀了，但不是人"，这显然有悖常人的语感，该句应是对"他吃苹果"这一事件的整体否定，而不是单纯否定宾语。这说明在否定指向上动结式与动宾结构的表现并不相同，不能作为两者结构平行的证据。事实上，将动结式与动宾结构或状中结构进行类比来判定核心，其出发点就存在问题，因为后两种结构的语义和句法核心都是统一于核心动词上，而如果认定动结式的语义和句法核心是彼此分离的，则它们之间根本不具可比性，所得到的结论也自然无法令人信服。

在"词汇核心说"中，动结式的语义和句法核心难以得到统一，而"核心分离说"又存在诸多问题。面对此种情况，熊仲儒和刘丽萍（2005：45）依据近期的生成语法理论提出了"功能核心说"，认为动结式的核心与词汇成分 V_1 和 V_2 无关，而是某个看不见的功能性成分。他们的分析主要是建立在国外研究者对致使性复杂事件类型的语义分解的基础之上。根据众多的国外研究（Dowty，1979；Jackendoff，1990；Rappaport Hovav & Levin，1998 等），复杂性事件分为达成类和完结类两种，后者可细分为有意愿致使和无意愿致使，这三类事件的语义分解模式分别如下（参见 Rappaport Hovav & Levin，1998：108）：

（42）a. 达成类事件：The window broke.

　　　[x BECOME <BROKEN>]

b. 完结类事件 $_1$（有意愿致使）：John hammered the metal flat.

　　　[[x DO <HAMMER>] CAUSE [y BECOME <FLAT>]]

c. 完结类事件 $_2$（无意愿致使）：The wind broke the window.

　　　[x CAUSE [y BECOME <BROKEN>]]

熊仲儒（2004a：234）所主张的功能范畴分析法提出，汉语的三类动结式可以分别套用上面的三类事件模板②，如（43）所示：

（43）a. 张三喝醉了（喝-Bec）。

　　　语义表征：[BecP 张三[Bec 喝醉了 [VP [醉] [喝]]]]

b. 张三喝醉了酒。（有意愿致使，喝-Bec-Caus-Do）

　　　语义表征：[DoP 张三[Do 喝醉了] [CausP 酒 [Caus 喝醉了] [BecP

　　　张三[Bec 喝醉了] [VP [醉] [喝]]]]]]

---

① 另一条证据是，汉语"得"字句的反复问句只能反复"得"后补语，而不能反复动词，如只能说"他跑得快不快"，不能说"他跑不跑得快"，但"得"字句的句法核心显然不是补语，这也说明将反复句作为判定句法核心的手段存在问题。

② 其他很多学者也采纳了上面的分解模式，如沈家煊（2003）、汤廷池（2002）、彭国珍（2011）、沈阳和司马翎（2012）等。

c. 这瓶酒喝醉了张三。（无意愿致使，喝-Bec-Caus）

语义表征：[CausP 酒 [Caus 喝醉了] [BecP 张三[Bec 喝醉了] [VP [醉] [喝]]]]

（引自熊仲儒，2004：234）

熊仲儒和刘丽萍（2005：43）基于上面的事件语义模板提出，在动结式的生成中，激发移位并负责论元选择和题元指派的不是 V₁ 或 V₂，而是句法上扩展出的功能范畴 Bec（表述"达成"语义）或 Caus（表述"致使"语义）。他们（2005：47）还提出，动结式在表示自动变化和致动变化事件时选择不同的功能语类，具有不同的核心。如上面（43a）的核心是 Bec，（43b）和（43c）的核心都是 Cause。

然而，仔细对比一下（42）和（43）的语义表征式，不难发现一些问题。首先，（42）中 BECOME 后的尖括号内需要的是一个状态类词根，而（43）的"喝醉"显然不是合格的候选项。汤廷池（2002：617-618）指出，状态形容词（如"开"）与动结式（如"推开"或"踢开"）在语义和句法性质上是有差别的，后者并不单纯表示一种结果状态①。例如：

（44）a. 门（一直）是开的。［引自汤廷池，2002：618 例（8a）］

b. *门 pro（一直）是踢开/推开的。［引自汤廷池，2002：618 例（10c）］

（45）a. 门仍然（打）开着。［引自汤廷池，2002：618 例（10b）］

b. *门仍然踢开/推开着。［引自汤廷池，2002：618 例（10b）］

其次，如果确如（42b）所示，致使性动结式包含两个独立的子事件，且两者在句法上都有独立投射，那么它们理应能够受到状语成分的修饰，但事实并非如此。下面的例子表明，很多可以单独修饰 V₁ 和 V₂ 的状语或补语成分不能用来修饰动结式谓语（见 Williams，2014：315；程工和杨大然，2016：532）②：

（46）a. 那碗豆腐太辣。/*那碗豆腐太辣哭了孩子。

b. 他的身体非常累。/*他的身体非常累垮了。

c. 冷风呼呼地吹着。/*冷风呼呼地吹病了他。

（引自 Williams，2014：315）

---

① 有人也许会问，为什么不能将（44a）的事件表征为[[张三 DO <喝>] CAUSE [张三 BECOME <醉>]]？这样也有问题，首先，它不符合"子事件与论元数量对应原则"（Rappaport Hovav & Levin，1998），其中有两个独立的子事件，但只有一个论元成分"张三"；其次，它与（42）的问题一样，子事件不能受到状语修饰，而且该句没有相应的"把"字句，用 CAUSE 作为核心谓词也不合适。

② 这种现象似乎与"词汇完整性条件"（Lexical Integrity Condition）无关，因为有些动结式的活动类事件可以受到修饰，如"张三用力地打碎了玻璃"。

（47）a. 她的手指很疼。/*她很写疼了手指。（引自 Williams，2014：315）

　　　b. 王五哭了好几天。/*王五累哭了好几天。

　　上述证据说明两点：一是动结式与单纯状态类谓词（即 V$_2$）所表达的事件语义不同，两者应具有不同的核心事件谓词；二是动结式作为一个复合性结构，与英语的分离式致使结构［如（42b）］不同，其表达的事件应从整体上进行把握，而不能简单照搬（42）中的模板并据此确定核心成分。

　　根据本书提出的事件句法模型，组成动结式的 V$_1$ 和 V$_2$ 是以光杆词根形式进入狭义句法，可分别标记为 √V$_1$ 和 √V$_2$。两者虽具有百科知识所编码的事件语义信息，但由于缺乏语类信息和论元选择信息，其自身不能允准任何的事件参与者（即论元成分）。按照通行的戴维森主义（Davisonism）事件表征法，（43）中的"喝"和"醉"在生成性建构主义视角下的逻辑表达式应分别表示为：

（48）a. [he "喝"]=λe He(e)

　　　b. [zui "醉"]=λe Zui(e)

　　该逻辑式表明，V$_1$ "喝"和 V$_2$ "醉"作为词根只是编码一个特定类型的事件 e，而不选择任何的论元成分。换句话说，句中所有的论元成分都与动词词根本身无关，而是某一特定类型事件所选择的参与者，词根只是不同类型事件的外在表现。根据这一思想，以"喝"和"醉"为谓词的句子具有如下的逻辑式，其中"喝"编码的是活动事件 e$_{Do}$，"醉"编码的是状态变化事件 e$_{Bec}$：

（49）a. 张三喝了酒。

　　　b. e$_{Do}$ [He' (e$_{Do}$) & Agent (e$_{Do}$, Zhangsan) & Patient (e$_{Do}$, Jiu)]

（50）a. 张三醉了。

　　　b. e$_{Bec}$ [Zui' (e$_{Bec}$) & Theme (e$_{bec}$, Zhangsan)]

　　当 V$_1$ 和 V$_2$ 组成动结式，即词根 √V$_1$ 和 √V$_2$ 组成了复合性词根 √V$_1$V$_2$（如"√喝醉"）后，该复合性词根形成一种新的事件类型，该事件类型与词根 √V$_1$ 和 √V$_2$ 各自表达的事件均不相同，它整体上编码的是一种"方式+结果"的变化性事件，表示由某种活动方式事件所引发的某种结果状态的形成，即从活动到结果的一种变化过程。该事件虽然涉及 √V$_1$ 和 √V$_2$ 两个词根成分，但本质上 Shirley 有别于 e$_{Do}$ 和 e$_{Bec}$ 两种事件类型的一种独立性事件。相比活动性事件 e$_{Do}$，该事件多了一种结果状态；而相比单纯的状态变化事件 e$_{Bec}$，该事件又增加了活动的方式。程工和杨大然（2016：533）曾指出，动结式的 V$_1$ 和 V$_2$ 实际上都不能单独表达某个活动引发某个结果的语义，两者只有组合在一起才具有这样的事件语义。从这个意义上讲，（43）中的事件模板都不能合理表达动结式的事件语义，我们需要为动结式设定一个新的核心事件谓词以区别于单纯的状态变化事件 e_{Bec}。这里我们采纳 McIntyre（2004：537）的术语，将动结式的事件谓词设为"变化"（Change），它所表达的事件为 e_{Change}，该事件与 e_{Do} 和 e_{Bec} 的关系可表示为（51），（52a）具有如（53b）所示的逻辑式：

（51）e_{Change}：$e_{Do} \rightarrow e_{Bec}$

（52）a. 张三喝醉了。

　　　b. e_{Change} [Hezui' (e_{Change}) & Undergoer (e_{Change}, Zhangsan)]

根据本书提出的事件句法模型，事件句法结构是事件结构和句法结构的统一体。Change 作为动结式的事件语义核心，可以直接在句法结构中担任功能性的中心语成分，为了与 v_{Do} 和 v_{Bec} 保持一致，我们将动结式的句法核心设置为 v_{Change}。事实上，v_{Do}、v_{Bec} 和 v_{Change} 都属于轻动词 v 的不同"样式"，分别表达不同的事件语义。对于（52a）而言，"张三"实际上与 V_1 和 V_2 各自表达的事件都不存在直接的语义选择关系，而是 e_{Change} 这一整体性事件的参与者，即由句法核心 v_{Change} 所选择的论元成分，并由其指派"经受者"角色。句法核心的差异决定了句法性质的差异，因此动结式的句法特征在很多情况下与 V_1 和 V_2 都不相同。

对于及物性动结结构，熊仲儒和刘丽萍（2005：44）认为它们与不及物性结构具有不同的核心成分，前者的核心是 Cause，后者的核心是 Bec。然而，及物结构和不及物结构所呈现的"致使/起动"交替实际上是一种 Voice 交替，即 Voice 所引入的外部论元成分并不参与核心事件语义的组成。因此及物性与不及物性动结式虽然在论元组成上不同，两者的核心事件是一致的，即都是方式变化性事件 e_{Change}，其语义核心都是事件谓词 Change，区别在于前者的句法构造中增加了一个致使性投射 $v_{Cause}P$ 和一个负责引入外部论元（即主语）的投射 VoiceP，Voice 负责将 e_{Change} 事件的发起者与该事件本身相联系，而 v_{Cause} 负责核查内部论元的宾格特征。根据上述观点，呈现论元交替的不及物和及物性动结结构的句法树图分别表示如下：

（53）a. **不及物性动结结构**　　　b. **及物性动结结构**

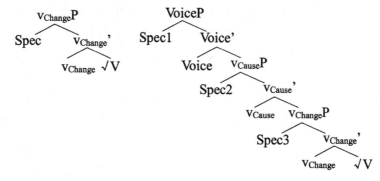

通过前面的讨论我们得出，动结式的核心始终是功能成分，与词汇成分无关，即词汇成分的核心地位被彻底取消。那么 V_1 和 V_2 两个词汇成分的作用是什么？两者在句法上又是如何参与推导的？这两个问题实际上涉及词根与功能语类在句法上的融合机制。

学界普遍认可的事实是，动结式的 V_1 和 V_2 分别由活动方式类和状态变化类（或状态类）动词来担任。对这一事实做进一步观察会发现，两者在表达的事件类型上呈现一种互补性关系。表示活动方式的动词只能担任 V_1，而不能担任 V_2，如"跳"是典型的活动方式动词，我们可以说"跳累"，但不能说"气跳"（见 Cheng & Huang，1994：192）。相反，表示结果状态的动词则只能担任 V_2，而不能担任 V_1，如我们可以说"气死"，但不能说"死累"。即便有某些动词既可担任 V_1，也可担任 V_2，两者也一定分属不同的事件类型。以"哭"为例，"哭累"和"唱哭"都合法，但前者的"哭"表示造成"累"这一结果状态的方式（试比较"喊累""洗累"），而后者的"哭"则表示由"唱"这一动作方式造成的结果状态（试比较"唱哑""唱乐"）（见 Huang et al.，2009：64）。如果假定动结式的 V_1 和 V_2 都是以词根形式存在的话，那么两者应分属于方式类词根和结果类词根。根据本书提出的事件句法模型，本体类型的不同决定了这两类词根以不同的方式进入（53）所示的事件句法结构。具体讲来，$\sqrt{V_1}$ 以直接合并的方式与功能核心 v_{Change} 发生"融合"，标明状态变化的具体方式；$\sqrt{V_2}$ 则是通过中心语移位与 v_{Change} 发生"并入"，标明具体的结果状态。我们以"洗累"的及物性交替结构为例来具体说明推导过程：

（54）a. 姐姐洗累了。

　　　　b. 那堆衣服洗累了姐姐。

两句的事件句法结构分别对应前面的（53a）和（53b）。（54a）的推导过程为，"$\sqrt{累}$"作为结果类词根基础生成于 v_{Change} 的补足语位置，即（53a）中的 $\sqrt{V}$ 位置，它通过"并入"方式整体拷贝至 v_{Change}，首先形成复合成分"$\sqrt{累}$-v_{Change}"；而后方式类词根"$\sqrt{洗}$"以直接合并的方式与该复合成分发生"融合"，最终形成"$\sqrt{洗}$-$\sqrt{累}$-v_{Change}"这一句法复合体。在合并方向上我们采纳戴曼纯（2003：114）的"广义左向合并理论"，"$\sqrt{累}$"左向移位到 v_{Change} 并与之发生左向嫁接，"$\sqrt{洗}$"与"$\sqrt{累}$-v_{Change}"的直接合并也采用左向嫁接，这样也维护了 Williams（1981b：248）的"右向核心规则"。句法核心 v_{Change} 负责向指示语位置的论元"姐姐"指派"经受者"角色。该推导过程如（55）所示：

（55）

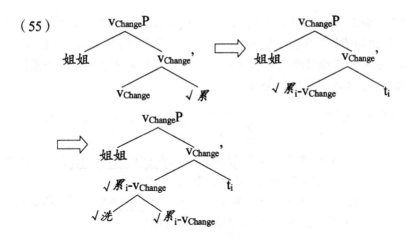

对于（54b），我们已证明它的核心事件部分与（54a）相同，即两者在 $v_{Change}P$ 以下部分的推导是一致的，词根"√洗"和"√累"仍分别与 v_{Change} 发生"融合"和"并入"，两者在结构上的区别在于（54b）多了功能语类 $v_{Cause}P$ 和 VoiceP，外部论元在 VoiceP 的标志语（Spec）位置被引入，由中心语 Voice 指派"起始者"（initiator）角色，如（56）所示：

（56）

7.1.3.3　本分析的优势

根据本书的分析，动结式的核心成分与词汇语类 V_1 和 V_2 无关，既不是 V_1 修饰限制 V_2，也不是 V_2 补充说明 V_1，两者共同服务于一个句法语义核心，即事件功能语类 v_{Change}。这样的分析相比前人的研究具有以下两方面的优势。

第一，设置 v_{Change} 为核心可以较好地解释动结式的句法性质与 V_1 或 V_2 各自的句法性质不相匹配的问题。如（57）所示，a、b、c 三句中"我""枕巾和被头""嗓子"都不是动结式 V_1 所支配的论元，而最后一句中的"这瓶酒"与"醉"不存在论元选择关系，但句子依然都合法。按照本书的分析，a、b、c 三句中的唯一论元实际上都是功能语类 v_{Change} 所选择的事件论元，由 v_{Change} 赋予"经受者"

的事件角色。而在（57d）中，宾语"张三"是 v_{Change} 所选择的事件论元，而主语"这瓶酒"是由功能语类 Voice 引入的外部论元。换句话说，无论 V_1 或 V_2 的句法性质如何，两者在构成动结式后形成了一种独立的事件类型，论元的选择只与该事件类型的核心有关，而与 V_1 或 V_2 无关。

> （57）a. 我爸爸总是"嗯、嗯"的，<u>我都听烦了</u>……（川端康成《生为女人》，转引自 CCL 语料库）
>
> b. 她看见秀米似乎正在流泪，<u>枕巾和被头都哭湿了</u>。（格非《江南三部曲》，转引自 BCC 语料库）
>
> c. 孩子一天赶两场，有时赶三场。<u>嗓子都唱哑了！</u>（李準《黄河东流去》，转引自 BCC 语料库）
>
> d. 这瓶酒醉倒了张三。（引自 Cheng & Huang，1994：26）

第二，设定 Change 为动结式的核心事件谓词还可以较好解释动结式的状语修饰问题。我们前面看到［见（46）和（47）］，V_1 和 V_2 在组成动结式后不能再单独受到状语成分的修饰。这一现象在本书的分析中可以得到自然的解释。当 V_1 和 V_2 单独做谓词表达各自的事件类型时，可以分别受到状语修饰；而当 V_1 和 V_2 两者组成动结式整体表达变化性事件 e_{Change} 后，V_1 和 V_2 各自表达的 e_{Do} 和 e_{Bec} 都不再作为独立的事件存在，因此单独修饰这两个事件的状语成分不能用来修饰 e_{Change}，这样就解释了前面（46）和（47）中的合法性差异。能够修饰动结式谓词的状语成分应是那些从整体上说明状态变化过程的副词，如下面（58a）中"一下子"，其修饰的都是功能核心 v_{Change}。一个更有力的证据是（58b），其中的两个状语"飞快地"和"渐渐地"语义上存在矛盾，但句子却是合法的，其原因在于两者分别修饰不同类型的事件，前者修饰的是"洗"表达的活动性事件，后者修饰的是动结式"洗干净"的方式性变化事件：

> （58）a. 气球一下子吹破了。
>
> b. 李四飞快地洗着，渐渐地洗干净了这堆脏衣服。

7.1.4　对跨语言差异的解释

我们应用已建立的事件句法模型不仅可以较为全面地解释汉语致使性交替现象的派生过程，区分不同词根所形成的非宾格句式和致使句式在事件句法结构上的差异，同时也能较好地解释不同语言在致使性交替现象上的差异，这是本书相比于前人研究的优势所在。

7.1.4.1　对形态标记差异的解释

首先来看致使性交替现象中形态标记方面所体现的跨语言差异。从形态角度讲，一个词项在构词上由"词根+功能性语素"两部分组成，这里的功能性语素即通常所说的词缀。在形态较丰富的语言中，存在各种显性词缀来标记不同事件类型的动词，同一个词根带上不同的词缀就构成不同类型的动词，如（59）的格鲁吉亚语所示：

（59）致使变体：a-duy-ebs（使……煮熟）

非宾格变体：duy-s（煮熟）

（引自 Alexiadou，2010：178）

致使变体在词形上看似比非宾格变体更复杂，但前者不是在后者基础上派生而来，因为前者增加的后缀-eb 并不是一个完整的功能语素，说明两者不存在直接的派生关系。但两者也应该具有不同的事件语义结构，因为如果它们都只包含谓词 CAUSE，区别只在于句法结构中是否存在 Voice，那两者在形态上的差异就无法得到解释。在我们看来，（59）的两个变体应共享同一个词根，即√duy，非宾格变体是在该词根基础上加上后缀-s 构成，致使变体是在该词根基础上同时加上前缀 a-和后缀-eb 构成，两个变体是由同一词根派生的独立词项，没有基础形式与派生形式之分。这样的分析同样适用于致使和非宾格变体形态复杂度相近的情况，如下面日语的例子：

（60）非宾格变体：atum-aru（聚集）

致使变体：atum-eru（使……聚集）

两个变体在形态上的复杂程度基本相同，无法判定哪个是基础形式。根据我们的观点，两个变体应共享同一个词根，即√atum，非宾格变体是在该词根基础上加入后缀-aru 构成，致使变体是在该词根基础上加入后缀-eru 构成，两个动词之间不存在直接的派生关系。

根据 Comrie（1989）的划分，汉语属于典型的分析性语言（analytic language），即汉语中缺乏曲折形态来标记一些典型的语法特征。那么在汉语中，由于没有显性的功能性语素标记不同事件类型的动词，一方面造成了词根与词项本身的形式相同，如汉语的词项"灭"与词根"√灭"在形式上无明显差别；另一方面也造成同一动词隶属不同事件类型的变体（如"灭"的致使和非宾格变体）具有相同的词形，这就是先前研究常错误地认为两者存在派生关系的原因。依据我们的观点，"灭"的致使和非宾格变体并非同一个动词，而应被视为同一个动词词根携带不同类型的隐性功能语素构成的独立词项，如（61）所示，其中 $\emptyset_1$ 和 $\emptyset_2$ 分别代表标记非宾格动词和致使动词的隐性词缀[①]：

（61）非宾格变体：灭$_1$＝√灭＋Ø$_1$
　　　　致使变体：灭$_2$＝√灭＋Ø$_2$

　　自 Borer（1994）和 Ouhalla（1994）之后，生成语法学界普遍认同语言间的差异主要在于功能性领域，主要体现为某些功能语类（如"格"和轻动词中心语 v 等）是否有显性的语音实现。如果我们的上述分析正确的话，那么语言间在致使性交替上的差异实际上仅来源于功能性语素的差别（包括形态上的差异以及显性和隐性标记的差异），这种分析与生成语法关于语言差异的基本思想是一致的，即语言的变异仅在于词库内的功能性语素部分，与计算系统无关（程工，1999：27）。

7.1.4.2　对句法表现差异的解释

　　以上我们对不同语言中的致使性交替动词在形态上的差异进行了解释，接下来要解决的问题是，为什么某些动词在一种语言中只有致使或非宾格用法（如汉语中的"杀"只有致使性用法，"死"只有非宾格性用法），而在其他语言中相应的动词却能够呈现致使性交替？

　　我们认为，这种跨语言差异的根源在于不同语言在形态丰富性上的差异。英汉语等形态匮乏的语言中没有显性的功能性语素标记不同类型的动词，那么动词能否呈现致使性交替的唯一决定性因素就是该动词的词根类型，只有那些使因不明性词根构成的动词才能呈现致使性交替。相反，对于形态相对丰富的语言来说（如希腊语、日语、格鲁吉亚语等），由于动词词项是由词根和显性功能性语素组合而成，词根类型并非动词句法性质的唯一决定因素，显性功能性语素也可能对动词的句法性质产生影响。以希腊语为例［同（19）］：

（62）希腊语（Alexiadou et al.，2006；转引自杨大然，2015：42）
　　a. O Petros/o sismos/i vomva　skotose　ti　　　Maria
　　　皮特/地震/炸弹　　　　　杀死　　定冠词　玛丽
　　　"皮特/地震/炸弹杀死了玛丽。"
　　b. I　　　Maria　skotothike　（apo/ me　ton　　sismo）
　　　定冠词　玛丽　　杀死　　　　被/用　定冠词 地震
　　　"玛丽被地震杀死了。"

---

　　① 汉语中虽然不存在标记事件类型的显性功能性语素，但汉语的体标记（如"着"和"了"）有时会对整个谓词的事件类型产生影响。如在把字句中，我们一般要在动词后加上"着"和"了"，以使其符合把字句要求的谓词事件类型，否则句子不能成立（见杨大然，2013）。

　　Zombolou（2004）指出，希腊语后缀-se 为活跃性形态标记，其标记的动词为致使或及物性动词，而后缀-ike 为非活跃性形态标记，用以标记不及物性（非宾格或非作格）动词。依据词根类型的分类，希腊语词根 √skoto（√kill）应属于外部致使性词根，它概念化的事件必须有外部使因的参与，它首先可以与活跃性形态-se 结合构成（62a）中的致使变体 skotose，同时非活跃性形态标记-ike 也可以与该词根结合，构成为（62b）中的非宾格变体 skotothike。相反，英语中不存在类似的非活跃性形态标记，因此英语词根 √kill 的类型就决定了它只可能构成致使动词。

　　同理，汉语的动词"倒"只有非宾格用法，因为词根"√倒"的百科知识决定它只表达内部致使性事件，要表达相应的致使性事件只能选择另一个活动性词根（如"√打""√推"）。相反，日语中只有一个表达 arrive 概念的词根 √tsu，它带上词缀后首先可以构成非宾格变体 tsui（arrive）；此外日语中还存在一个致使性功能语素-ke，它可以与内部致使性词根 √tsu 结合构成致使变体 tsuke（cause to arrive），如（63）所示：

　　　（63）a. Takushi-ga　　　genkan-ni　　tsui-ta.
　　　　　　　出租车-主格　前门-目标格　到达-过去时
　　　　　　　"出租车到达了前门。"
　　　　　　b. Untenshû-ga takushi-o　　　genkan-ni　　　　tsuke-ta.
　　　　　　　司机-主格　出租车-宾格　前门-目标格　　到达-过去时
　　　　　　　"出租车司机把他的车开到了前门。"

　　从汉语和日语的对比可以得出，越是形态匮乏的语言，它们所允许进入致使性交替的词根数量越少；越是形态丰富的语言，除了使因不明性词根外，其他类型的词根也有可能在功能性语素的转化下进入致使性交替。这种语言间的差异也是来源于词库中的功能性语素部分，符合最简方案的基本精神。

　　此外，本书为汉语动结式设置单一的句法核心 v_{Change} 也能够较好解释英汉语在结果性结构上的差异。英语的结果性结构表现为分离式，汉语的动结式表现为黏合式，且只有汉语允许所谓"倒置式动结结构"。这些差异的根源在于两种语言在普遍语法提供的功能语类库中选择不同类型的功能语类。在构建动结式时汉语选择了英语功能语类库中所没有的 v_{Change}，该功能语类允许两个光杆词根分别以不同方式与之结合，形成黏合式的双动词结构。相反，英语在构建结果性结构时使用常规的 v_{Do} 和 v_{Bec}，两者只允许词根以"融合"或"并入"方式之一与其结合，因此英语的结果性结构只能为分离式。同时，汉语倒置动结结构与普通动结结构一样，句法核心都是 v_{Change}，其论元选择与 V_1 和 V_2 本身（或其各自关联的事件 v_{Do} 和 v_{Bec}）的论元结构无关；英语中由于不存在 v_{Change}，只能按照 v_{Do} 和 v_{Bec}

常规的论元选择方式来构建结果性结构，无法生成"受主施宾"的倒置结构。总之，本书不仅摒弃了动结式中存在词汇核心的说法，进一步明确了功能语类的核心地位，同时也为解释语言间的差异提供了一种可能的思路。

7.2　现象之二：主宾语交替及相关句式

前面我们探讨了致使性交替现象中致使句式与非宾格句式的派生过程。除了致使性结构中的论元交替现象外，汉语中还存在另外一类能够更为深刻地反映汉语句法灵活性特点的论元交替现象。此类现象中有两个成对的句子，两者包含两个相同的名词性论元成分和形态上完全相同的谓语动词，其突出特点是这两个名词成分在两个句子中的位置发生了颠倒［或者说"线性位置刚好相反"（韩流和温宾利，2016：46）］，但两句表达的语义逻辑真值似乎不发生改变。典型例子如（64）～（67）所示：

（64）a. 三十个人吃一锅饭。b. 一锅饭吃三十个人。（引自宋玉柱，1991：152）

（65）a. 四个人住一间房。b. 一间房住四个人。（引自韩流和温宾利，2016：46）

（66）a. 粮仓堆满了稻谷。b. 稻谷堆满了粮仓。（引自宋玉柱，1991：155）

（67）a. 一条凳子坐了三个人。b. 三个人坐了一条凳子。（引自李宇明，1987：18）

此类主宾语互易现象是汉语中一种标记程度非常高的句法语义现象，长期以来备受学界关注。较早注意到此类主宾语互易现象的是丁声树等（1961）的《现代汉语语法讲话》。丁声树等（1961：37）指出，汉语中"有的动词是两面性的，主语跟宾语可以互换，意思上没有大差别"。但早期研究大都是在讨论其他问题时顺带提及此类现象，并未对其进行专门研究。宋玉柱（1982）第一次用"可逆句"来专门指称此类现象，并在后续的研究中（宋玉柱，1991）将此种句式列为汉语的一类特殊句法现象进行专题研究。其后的研究中学者们又采用了其他术语来指称此类现象或其中的动词，包括"主宾互易现象"（李宇明，1987[①]；李敏，1998），"双面动词"（白丁，1994），"主宾可换位句式"（任鹰，1999），"翻转结构"（蔡维天，2002；韩流和温宾利，2016），"施受倒置句"（朱佳蕾，2017）。当然，也有一部分学者继续沿用"可逆句"这一称谓，如沈阳（1995b）、

---

① 李宇明（1987）主要关注的是存现结构中的主宾语互易现象。

鹿荣（2012）、刘辰诞（2018）等。为了与本章及前面小节在标题上保持一致，在无特殊说明的情况下，我们采用"主宾语交替"这一术语来指称此类现象。

虽然学者们所采用的称谓不尽相同，但大家所关注的问题基本趋于一致。一般情况下，如果主动词前后的两个名词成分的位置发生颠倒，句法结构要么不再合法（如"我吃饭"→"*饭吃我"），要么在逻辑真值上会发生较大变化（如"张三打了李四"≠"李四打了张三"），而此类句式在主宾语位置互换后不但合法，且所表达的逻辑真值几乎没有变化。那么，学者们首要关心的问题是，是何种因素造就了此类句式的特点？或者说，此类句式的谓语动词相对于其他句式具有哪些独特性的句法和语义特征？下面我们首先回顾前人对于此类现象的研究，并重点关注从形式句法角度对此类句式派生过程的分析，在此基础上，我们将基于本书的事件句法模型对此类论元交替现象提出一种新的分析方法。我们的研究认为，汉语中的主宾语交替现象其内部是不同质的，可以总体上分为两个子类，一类是容纳句与普通主-谓-宾句式的交替，另一类是存现句与普通主-谓-宾句式的交替，两类句式在句法和语义特征上存在一定的差别，但在派生过程上都是同一个动词词根与不同类型的事件句法结构相融的结果。

7.2.1　前人研究回顾及主要问题

7.2.1.1　对主宾语交替现象内部类别的讨论

对于汉语的主宾语交替现象，马汉麟（1955：86）很早就提出应该将不同的类别区别对待。他提出，如下面（68）和（69）所示的两种句式交替是不同原因造成的，（68）是由动词自身的两面性所造成，即像"夹""加""炒"之类的动词词义本身就包含着"把它的前后两个并列成分联系起来"之义，动词前后的两个名词成分在地位上是平等的，两句的逻辑真值也完全相同。相反，（69）中的 b 句含有使动义，其中的动词"盖"不是两面性动词，发生交替的两个句子在逻辑真值上存在一定差别：

（68）a. 一个大饼夹一根油条。b. 一根油条夹一个大饼。
（69）a. 三四个人盖一条被子。b. 一条被子盖三四个人。

（引自丁声树等，1961：37）

白丁（1994）通过汉语的"双面动词"来讨论主宾语互易现象。他对"双面动词"的定义是，"……在该类动词前后两面兼涉同一语义类的名词（一般是一前一后两个名词……），这些名词可以互换位置而不影响该组合的基本句法格局和语义指称"（白丁，1994：115）。他进一步将双面动词与所谓"状态动词"构成的另一类主宾语交替现象进行了对比，如（70）所示：

（70）a. 窗户糊红纸。b. 红纸糊窗户。

（引自白丁，1994：116）

白丁（1994：116）提出，真正的双面动词其前后的动词都具有"可移动性"，两者互相附着，而（70）中的两个名词成分一个表示是可移动的物体（即"红纸"），而另一个是相对固定的处所（即"窗户"）。从这个角度讲，白丁似乎倾向于将（70）中的 a 句分析为处所做主语的存现句。

李宇明（1987）单独讨论了存现结构中的主宾互易现象。他提出，某些存现结构可以从 N1+VP+N2（甲式，即存现句）的语序变成 N2+VP+N1（乙式，即动作句或一般陈述句）的语序，即主宾语互换位置，而结构所表示的基本语义不变。如：

（71）a. 汽车盖着雨布。/雨布盖着汽车。
　　　b. 窗口不断闪过街景。/街景不断闪过窗口。

（引自李宇明，1987：14）

我们发现，存现句中的这种交替形式与白丁（1994）讨论的"状态动词"的交替形式非常相似。李宇明进一步对处所名词（N1）和主动词 VP 影响主宾互易的情况做了详尽的分析。李宇明（1987：15）指出，N1 的处所性越强，越难将其置于宾语位置形成乙式，主宾互易受到的限制也就越大。如下例所示，"门口"的处所性明显要强于"大门"，因此前者构成的存现句进行主宾互换的限制相比后者要大得多：

（72）a. 门口顶着杠子/? 杠子顶着门口[①]。
　　　b. 大门顶着杠子/杠子顶着大门。

（引自李宇明，1987：15）

对于 VP 的影响，李宇明将其分成单个动词（VP1）和"动词+补语"（VP2）两类进行讨论，对每类 VP 与处所成分组合能力的强弱及各类 VP 添加"了/着"后对整个结构主宾互易的影响进行了具体描述。其结论是：主宾能否互易取决于两个方面：N1 处所性的强弱和 VP 处所组合力的强弱。当 VP 的处所组合力等于或超过 N1 的处所性强度，两者的组合不影响主宾互易；相反，当 VP 的处所组合力低于 N1 的处所性强度，两者组合后不允许主宾互易，即甲式无法转换为乙式（见李宇明，1987：27）。换句话说，存现结构能否进行主宾互易最简便的判别方法是看 VP 能否同 N1 发生述宾关系。

---

① 李宇明（1987：15）对于该句是用星号标注，即认为该句完全不合法，但我们的调查显示，该句有一定的可接受性，这里我们用? 来表示该句部分可接受。

应该承认，李宇明对存现结构主宾互易现象的描写相当细致，但也遗留了一些问题。首先，"处所组合力"和"处所性强度"这两个概念不好把握，作者也未给出明晰的判别标准；其次，作者并未探讨存现结构的主宾互易与其他较为常规的主宾互易［如（69）］有什么样的区别和联系，而且他所讨论的部分存现结构（如"一条凳子坐了三个人"）似乎与常规的"可逆句"（如"一条凳子坐三个人"）更为接近。

宋玉柱（1991：153-159）将"可逆句"进一步划分为供动型、被动型和从动型三类，分别如下所示：

（73）a. 供动型：一锅饭吃三十个人。/三十个人吃一锅饭。

（引自宋玉柱，1991：154）

b. 被动型：粮仓堆满了稻谷。/稻谷堆满了粮仓。

（引自宋玉柱，1991：155）

c. 从动型：她的脸上掠过一丝笑意。/一丝笑意掠过她的脸上。

（引自宋玉柱，1991：159）

宋玉柱（1991：154）指出，供动型可逆句的特点是左边的 A 式有供动义，即 NP1 和 VP 之间存在一种供动关系，且一般含有计数作用；而右边的 B 式则没有这种语义功能。因此，A 式中动词两边的名词成分一般都是数量短语，而 B 式则没有这样的要求。被动型可逆句的 NP1 和 VP 之间在语义上存在一种被动关系，其中 NP1 往往表示动作发生的"处所"，NP2 往往表示实施该动作的"工具"。从动型可逆句中 NP1 对 VP 来说是运动的经过点，其前面往往可以加上介词"从"，如（73c）中的"她的脸上"可以说成"从她的脸上"。

尽管宋玉柱认为被动型和从动型可逆句中的 A 式在 NP1 前能否加"从"以及部分语用功能上存在差别，但从本质上讲，这两类句式都是表示"在/从某处存在、出现、经过或消失了某人或某物"，其中的 NP1 都是处所性名词，符合存现结构的基本语义特征，这两类句式中的绝大多数与李宇明所讨论的存现结构并无二致。陈昌来（2000：194-195）的划分将宋玉柱（1991）分类中的"被动型"和"从动型"均归入"存现"义可逆句，与表达"供用"义［相当于宋玉柱（1991）提出的"供动型"］的可逆句相对。无论从语义还是句法特征上来讲，这两类可逆句式都存在着显著的差别，主要体现在以下三个方面。第一，供动句一般要求动词前后的名词成分都是"数+量+名"构成的数量短语，但对于 A 式中 NP1 是否为处所名词不作要求；而发生主宾交替的存现结构则要求 A 式的 NP1 一般为处所名词，但其处所义似乎又不能过强（李宇明，1987：16）。第二，供动句的主动词一般为光杆动词，陈述一般性的供用事实关系，较少带体标记"了"、"着"或"过"［除非在表示"供用事实已经实现或成为过去"时可加体标记（陈昌来，2000：

195）]，而存现结构中的动词一般要求带上一定的体标记，发生主宾语交替的存现结构也不例外，它们的主动词必须带上体标记"着"、"了"或"过"才能成立 [如前面的（71）和（72）]。第三，"供用句"表示一种供用能力，在动词前可加上能性助词"能"或"可以"，而"存现"义可逆句则不可以。例如：

（74）a. 一锅饭能/可以吃十个人。/十个人能/可以吃一锅饭。
　　　 b. *粮仓能/可以堆满了稻谷。/*稻谷能/可以堆满了粮仓。

然而，陈昌来（2000）所探讨的可逆句范围相比前人研究要更为广泛。除"供用"义和"存现"义可逆句之外，他还划分了"并合"或"烹调"义、"是/等于/像"字句、"对、朝、挨"加"着"以及"气象类"可逆句。需要指出的是，后面类别中的可逆句动词更接近于白丁（1994）所讨论的"双面动词"，即这些动词本身所具有的语义特质性决定了论元交替的可能性。那么综合前人的研究，我们可以得出，汉语中的主宾语交替现象总体上可分为词汇特性造成的主宾语交替和句式结构形成的主宾语交替。前者是由所谓的"双面动词"构成，这些动词交替形式是由动词本身的词汇语义特性所决定，对于整个句式的语义特征、名词成分的指称要求及体标记的出现都没有要求，发生交替的 A 式和 B 式在逻辑真值上完全一致，或者说两个句式在语义上是等同关系；相反，后者所反映的交替并非由动词自身的特性所决定，而是与句式结构的特点直接相关，交替现象能否发生与句式的事件语义特征、名词成分的指称特性以及是否带体标记等多种因素有关。此外，此类主宾语交替现象内部是不同质的，主要包含供动句和存现结构形成的主宾语交替，且发生交替的 A 式和 B 式在逻辑真值上存在一定差异。由于本书是基于事件句法模型来探讨动词在不同事件句法结构中形成的不同性质，因此，我们将词汇特性造成的主宾语交替排除在研究范围之外，而重点探讨句式结构形成的主宾语交替中句对的句法语义特征及生成过程。

7.2.1.2　对主宾语交替现象句法特点和派生过程的讨论

对于汉语中的主宾语交替现象，学者们并未仅仅停留在分类刻画的描写性阶段，而是尝试对两种句式发生可逆的动因及派生关系进行深入的解释。学界对此类现象的派生分析与前面一节阐述的致使性交替现象一样，也存在"派生观"和"非派生观"两类观点。"派生观"认为发生主宾语交替的两个句子中有一个是基础形式，另一个是通过句法移位等手段形成的派生句式；"非派生观"是认为发生论元交替的两个句子属于两种不同的句式，在本质上具有完全不同的语义和句法属性，两者之间不存在句法结构上的派生关系。下面我们来分别讨论这两种观点。

陈平（1994）较早运用 Dowty（1991）的原型角色理论来解释部分可逆句的

生成。他提出，充当主语的语义角色优先序列为：施事>感事>工具>系事>地点>对象>受事，而充当宾语的优先序列与之相反。某些句式的主宾语之所以可以交换，是因为两者的语义角色都接近于序列的中段，彼此相距较近，在充当主语和宾语上的倾向性不大，在配位上具有较大灵活性。以"杠子顶了门"为例，陈平（1994：165）认为该句之所以能发生交替转换为"门顶了杠子"，是因为其满足了两个条件：一是主语"杠子"和宾语"门"分别为"工具"和"对象-地点"，这两种语义角色都比较靠近题元序列的中部，施事和受事特征较弱；二是两者在序列上距离较近，在施受性程度上相差不大，这两个条件使得主宾语的互换成为可能。

陈平将可逆句的生成归结为主宾语在配位原则上的灵活性，应该说有一定的解释力，但他的方法也有较大的局限性。首先，依据题元角色的方法本身并不可靠，题元角色的数量和类型并没有权威的认定，在题元层级的排列次序上学界也难以达成一致（见 Tenny，1994；Arad，1998；Croft，1991，1998；Levin & Rappaport Hovav，2005 等）。如陈平认为"地点"位于"受事"之前，比较靠近序列中部，而 Bresnan 和 Kanerva（1989：27）、Jackendoff（1990：135）则认为"目标/处所/来源"处于"受事"之后，位于题元层级的末端，这样可以解释与格结构（dative construction）中的论元实现问题，但这样的排序显然给陈平的解释造成困难。其次，陈平也认识到，上述方法并不能解释如（73a）所示的"供动型"可逆句，因为其中的"十个人"和"一锅饭"似乎具有明显的施事和受事特征，至少从题元角度来讲两者不存在互换的可能性。陈平的看法是两句中动词的同一性较弱，提议将两者归入不同的类别，但他并未对此进行深入探讨。

另有一些学者从句法推导角度来探讨两句间的派生关系。袁毓林（1998：144-145）提出，"一锅饭吃十个人"是由基础句式"十个人吃一锅饭"通过受事的话题化将"一锅饭"移至话题位置，而后再通过"施事述题化"将"十个人"后移而最终生成。但这样的分析显然有违移位的基本精神，句法上的移位一般只允许从结构低位向结构高位移动，而"十个人"从较高的主语位置下降至较低的宾语位置显然违背句法移位的基本操作原则。余祥越和黎金娥（2006：5）认为容纳结构"一瓶酒喝了两个人"（A 式）是由及物结构"两个人喝了一瓶酒"（B式）转换而来。其中，后者的施事外论元与受事/客体内论元分别处于 VP 的标志语（Spec-VP）和补足语（Comp-VP）位置。v 的强语素特征引发下层中心语 V 并入 v 以核查其强特征。V 移位至 v 后，由于 v 的标志语位置空缺，"一瓶酒"需经过两次移位，先由 Comp-VP 移入 Spec-VP，再提升至主语 Spec-vP 位置，以核查 v 的 EPP 特征，从而在句法位置上高于 Spec-VP 位置上的施事论元。两个句子拥有共同的论元结构和底层结构，其根本的语义内涵并未发生改变。

这种"派生说"在操作上也存在一定的问题。根据 Rizzi（1990：4）的"相对最简性"原则，成分 X 的移位不可能跨越成分统制 X 及与 X 具有相同性质的另一成分 Y 而移到更高的句法位置。在余祥越和黎金娥的分析中，B 式的"一瓶酒"从 Comp-VP 跨过位置更高的 Spec-VP 上的"两个人"去核查 v 的 EPP 特征，但由于两个名词成分的句法性质相同，且此句并没有较强的话题化动因驱动宾语前移，"一瓶酒"的移位显然缺乏动因。更为重要的是，如果按照"派生说"，发生主宾语互换的两个句式具有共同的基础句式，那么两者理应具有相同或相似的句法特征。然而，很多学者的研究表明（韩流和温宾利，2016；朱佳蕾，2017等），两类句式存在诸多的差异，归纳起来有以下四个方面。第一，动词类别上的差异，即并非能进入 B 式的单音节动词都能进入 A 式。A 式表示供用关系，在动词选择上受到一定的语义限制，只有表示事物常规的供用义动词才能得到允准（储泽祥和曹跃香，2005：27；丁加勇，2006：67-68；韩流和温宾利，2016：50），如下面的"烧"和"缝"似乎都不能进入供用句：

（75）a. 两个人偷了一匹马。/*一匹马偷了两个人。

b. 三兄弟缝过一条裤子。/*一条裤子缝过三兄弟。

（引自韩流和温宾利，2016：50）

第二，除动词上的语义限制外，A 式在修饰副词的选择上也受到严格限制。一些能够出现在 B 式中的副词却不允许出现在 A 式中，如（76）所示：

（76）a. 五个人欢天喜地地吃了一锅饭。/*一锅饭欢天喜地地吃了五个人。

b. 两个人不情愿地骑着一匹马。/*一匹马不情愿地骑着两个人。

（引自韩流和温宾利，2016：50）

第三，A、B 两式在被动化上也存在显著差异。B 式可以较自由地进行被动化操作，而 A 式却不能。如（77）所示：

（77）a. 五个人吃了一锅饭。/一锅饭被五个人吃了。

b. 一锅饭吃了五个人。/*五个人被一锅饭吃了。

（引自韩流和温宾利，2016：50-51）

第四，A、B 两式在主宾语的指称性上也存在差异。B 式对于主宾语的指称性没有明确的限制，即两个可以是有指（或定指），也可以是无指（或不定指）。相反，A 式中至少就宾语来讲必须是以数量短语出现的不定指成分（b 句参见朱佳蕾，2017：292-293）。

（78）a. 十个人/那个人/他们吃了一锅饭/那锅饭。

b. 一锅饭/这锅饭吃了十个人/*张三他们三个人/*张三和李四。

基于以上四点，一些学者提出"非派生说"，即认为 A、B 两式看似发生了主宾语交替，实则属于两类完全不同的句式，具有不同的生成机制。韩流和温宾利（2016：51）提出 A 式为供用句，而 B 式为正常的及物句式，两者之间不存在派生关系。以"十个人吃一锅饭"为例，该句作为普通及物句式，其中的及物动词"吃"语义选择"一锅饭"为受事/客体内论元，二者合并构成 VP"吃一锅饭"，该 VP 随后被及物性轻动词 v*选择，充当其补足语。v 的强动词特征吸引下层中心语 V 显性移位与之合并，同时负责引入施事外论元"十个人"，将其合并于 Spec-vP，构成 vP。对于供用句 A 式（韩流和温宾利称为"**翻转句**"），他们认为其中的动词与英语 measure 和 weigh 等不及物性系动词具有相同性质，本质上属于非宾格动词。以"一锅饭吃十个人"为例，不及物性系动词"吃"先与不具论元地位的谓词性名词"十个人"合并，然后与内论元"一锅饭"合并形成 VP，该 VP 与一个无外论元的不及物性轻动词 v 合并。"十个人"无格特征核查需要，属于惰性名词，而具有不可解读格特征的"一锅饭"作为活性目标与 T 发生核查，并移位至 Spec-TP 以满足 T 的 EPP 要求。两者不同的派生过程可以解释两类句式在句法特性上的诸多差异。

朱佳蕾（2017：298-299）也提出类似分析，她认为供用句中的 NP2（如"十个人"）作为无指数量短语无法充当论元，本身不承担事件参与者的题元角色，而仅具有对整个事件量化或描述的功能，类似英语"weigh 2001bs"中 2001bs 这类无指论元。她进而将此类句式分析为动词论元结构发生变化的受事主语句，其中的施事在论元结构中被充盈，无法投射到句法表层。她借鉴准宾语句中准宾语的分析，将 NP2 分析为嫁接成分，并基于 Bowers（1993）的述谓结构（PredP）提出了如下的推导过程：

（79）

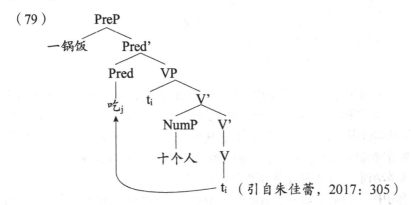

（引自朱佳蕾，2017：305）

朱佳蕾（2017）与韩流和温宾利（2016）的研究有很多相似之处，两者都将主动词分析为类似英语 weigh 等具有非宾格性质的系动词，将 NP2 分析为无格特征的非论元成分，并在 VP 之上设立无外论元的轻动词投射（vP 或 PredP）；所不同的是前者将 NP2 分析为嫁接成分，而后者认为是谓词性名词，以此来解释此类名词无格特征的特点。相比早期的"派生性"分析，上面的"非派生性"分析法似乎更为合理，它为表面上看似交替的句式设置不同的派生过程，能够较好地解释两类句式在句法性质上所表现的种种差异。

　　然而，上面的"非派生性"分析也并非无懈可击，仍留下不少值得探讨的问题。首先，从 A、B 两式的句法性质来看，两者的差异很大程度上受到体标记等其他因素的影响。如韩流和温宾利（2016：49-50）提出，两类句式在动词选择和副词修饰上迥然不同，A 式中的动词要受到严格限制，像"偷"和"缝"等都不能进入该句式［见（75）］。但事实上，（75）中右侧句子不合法的根本原因是 NP1 与动词的搭配无法满足供用的语义需求，即"马"是供人骑而不是供人偷的，"裤子"是供人穿而不是供人缝的。如果稍作改变，这些动词完全可以构成合法的供用句。例如：

　　　（80）a. 一把万能钥匙偷五户人家。
　　　　　　b. 一捆线团缝十条裤子。

　　上例中 NP1 与动词的搭配符合供用句的要求，因而可以成立，可见供用句对动词的限制只是一种表象，只要动词能够满足供用句的要求就可以得到允准。从副词修饰来看，（76）中合法性的差异更多地与体标记有关，B 式（即非倒置句）能够成立，主要原因在于体标记"了"和"着"的加入使其从原本的供用句变成陈述事实的普通及物句式，主语具有明显的施事性；如果去掉"了"和"着"，两句的接受程度会大大下降，变成被动句的可能性也大大降低。例如：

　　　（81）a. ？十个人欢天喜地地吃一锅饭。
　　　　　　b. ？两个人不情愿地骑一匹马。
　　　（82）a.*一锅饭被十个人吃。
　　　　　　b.*一匹马被两个人骑。

　　其次，如果认为 A 式（即倒置句）中的动词是由原来及物动词衍生而来的非宾格动词，就必须说清楚这一衍生过程发生的地点、发生的机制及相应的限制条件。韩流和温宾利（2016）的研究只是从带数量短语和表示度量意义等方面认为 A 式与英语度量句存在共性之处，进而将 A 式的动词分析为非宾格性的系动词，以免除解释动词后 NP2 的生成位置和格特征的核查问题。然而在我们看来，汉语主宾交替句中的动词与英语的 weigh 和 measure 等度量动词存在着重要差别。主宾交替句中的绝大多数动词原本都属于施事性较强的及物动词，都可以构成常规的主-谓-宾句式，而 weigh 和 measure 等并不是典型的及物动词，其后的名词成分始终受限于数量词，这些动词几乎没有施事性，也不能构成常规的及物句式。

那么，将 A 式的动词与 weigh 和 measure 等做类比就等于彻底割裂了它们与及物用法之间的联系。按照这一思路，我们只能假设 A 式和 B 式中的动词作为两个独立的词条存储于词库中，两者具有完全不同的句法性质和论元结构，但这样必然导致词库内词项资源的大幅增加，与语言习得的经济性原则相悖。

朱佳蕾（2017）的处理是将 NP2 分析为准宾语，将 A 式整体分析为受事主语句，并提出该句是词库操作或前句法操作的结果，即动词词汇概念结构中的施事受到抑制，无法在句法层面得到显现。但在前面第 2 章我们讲到，这种诉诸词汇内规则的派生方法存在诸多的问题。此外，朱佳蕾也承认，将 NP2 分析为嫁接语性质的准宾语也存在逻辑问题，因为 NP2 和准宾语在语义上的相似性不足以证明两者占据相同的句法位置。据此，她为 NP2 的句法位置提出两种可能性：一是与准宾语一样嫁接到 V 上，二是占据非题元性的宾语位置，这种方法虽然简洁，但需要解释如何得到类似准宾语的语义解读。

7.2.1.3　认知语法框架下的分析

可逆句特别是供用型可逆句也受到认知领域学者的广泛关注，他们主要聚焦于此类句式的语义和语用特点。任鹰（1999：3）提出，供用句中动词的具体意义在一定程度上被抽象化了，其主要作用是说明供用的方式，使前后两个数量短语成为"益源"和"受益者"。若 B 式中的谓词表达具体动作使句首名词成为动作的发出者，则不存在可逆形式。例如：

（83）a. 三个人搬一张沙发/*一张沙发搬三个人

　　　 b. 十个人做一锅米饭/*一锅米饭做十个人

（引自任鹰，1999：3）

陆俭明（2004：414）基于 Goldberg（1995）的"构式句法"（他称为"句式语法"）理论提出，供用句本质上是一种表示容纳性的数量结构对应式，而非表示事件结构的普通句式，其构式可统一概括为"容纳量-容纳方式-被容纳量"。丁加勇（2006）进一步发展了陆俭明的观点，他提出 A 式中动词后的 NP2 具有弱个体性、非自主性和非自立性等特征，丧失了原型施事的基本特征。据此，他主张将供用句的数量关系分析为一种数量转喻，即用施事参与动作的数量来转喻事物的容纳量，陆俭明提出的构式模型可归入更为基本的"容器-内容"这一认知框架，在该框架内事物的容纳量与施事参与动作的数量同时被激活。丁加勇提出，在该认知模型中，动词的动作性减弱，只作为受事（容纳物）和施事（被容纳物）之间的一种"联系项"存在。

鹿荣（2012：462）从认知角度分析了供用句的句式语义特点，她提出供用句反映一种"供用-益得"关系的建立，其表义重点不在于对已发生事件的叙述或描写，而在于说明供用者如何在 NP1 和 NP2 之间建立配给关系；谓语动词也不重在表达动作行为的执行或发生，而重在说明建立配给关系的具体方式。同时鹿荣（2012：462）提出，受句式语义的影响，虽然动词以非动态形式为其常态，但能进入该句式的动词必须是自主的动作动词，而不允许非自主的变化动词（如"是""掉"等）进入，其动词语义特征可概括为[+动作性][+方式性][+自主性][+非动态性]。

上述认知框架内的研究虽然视角不同，但共同点在于都认识到句式意义或基本认知框架是供用句成立的关键，其中的动词在语义上与普通及物结构存在重要差别，主要表现为具体语义被抽象，动态性大幅减弱，但这一点对于生成语法领域的研究来说值得借鉴。但遗憾的是，相比生成语法领域的研究，认知框架下的研究只是尝试从语义和语用上把握供用句的总体特点，对于句式的具体生成机制未做探讨，也没有深入分析供用句中的 A、B 两类句式之间的派生关系，更没有讨论句式的整体意义与动词的个体意义之间的内在联系。

综上，尽管生成语法和认知功能领域的既有研究都取得了可观的成果，但对于以（73a）为代表的供用句的研究仍留下不少亟待解决的问题，主要包括：第一，主宾语交替的自由度应该如何来把握，即什么条件下允准主宾语交替，什么条件下不允许？第二，对于主宾语交替的派生机制，如果我们不认同主宾语交替涉及从及物动词衍生为非宾格动词的过程，那么这些动词为何会呈现出多样性的论元实现方式，发生交替的 A 式和 B 式之间又存在怎样的内在联系？

7.2.2 解释方案

生成语法框架下对供用句派生的研究基本上可概括为两种观点，一种是供用句中的 A 式和 B 式都是供用句型，两者之间存在派生关系；一种是 A 式和 B 式分属不同句式，两者之间无内在联系。本书首先从两句的句式类型入手，而后再讨论两句的派生过程。先前研究对于下面（84）中的 a 句属于供用句基本没有异议，争论的焦点就在于 b 句是供用句还是普通及物句式（见宋玉柱，1991；任鹰，1999；陆俭明，2004；邹海清，2004；韩流和温宾利，2016）。

　　（84）a. 一锅饭吃十个人。
　　　　　 b. 十个人吃一锅饭。

韩流和温宾利（2016：49-51）提出了三条证据来说明这两个句式之间存在重要差异，以证明两类句式不存在派生关系。但我们在前面已指出，这三条证据都不是十分可靠。首先，两者在动词类型上的差别实际上与句式本身的语义表达有着直接关系。如果 B 式为及物动词，它对于动词的语义类型自然无特殊要求，只要是及物动词即可；但如果将两句都处理为供用句，则两者受到的语义限制应该是一样的，即只要"NP1+VP+NP2"的组合符合供用句的整体性语义要求句子就能够成立［见（80）］。换句话说，是句式结构允准动词的进入，而不是动词本身的类型决定句式结构的成立与否。此外，两个句式在句法表现上呈现的差异不能证明两者存在本质区别，而更多的是受制于体标记的影响。如果动词都采取光杆形式，两者在副词修饰和被动转换上的表现基本一致。

除上述证据外，我们还有更多的证据证明（84）中发生论元交替的两个句式都属于供用句。第一，学界普遍认可的一个事实是，汉语中动词前的主语位置一般由特指性（包括定指性）名词占据，主要包括（解释为定指并带零形指示词的）光杆名词、带指示词的名词短语、代名词或专有名词，而不能由（解释为不定指的）光杆名词或数量短语等不定指名词成分担任，如我们可以说"客人来了"或"那个客人来了"，但不能说"一个客人来了"[①]。那么，如果我们将（84）的 b 句分析为普通及物句式，该句显然违反上述的限制条件。李艳惠和陆丙甫（2002：328）曾提出，汉语中的某些结构是允许数量名词短语做主语的，而这些结构的共同特点是都表达数量概念，即其中的不定主语实际上是表达数量，而不是指称个体，否则句子不能成立。来看下面两句的对比：

（85）a. 三个步兵可以/能/应该、必须带九斤口粮。
　　　b.*三个步兵可以/能/应该、必须很勇敢。

（引自李艳惠和陆丙甫，2002：327）

（85a）的句义中包含了量的概念，即表示每三个步兵的能力是携带九斤口粮；而（85b）关注的并不是数量，而是表达步兵个体的特征，因此不能成立。任鹰（1999：3）指出，供用句中如果省去数量词，数量对比关系消失后，整个结构基本不可接受，即使能够成立的句子一般也不再是供用句，而是一般施动性质的及物句式。

朱佳蕾（2017：297）也通过代词回指的证据提出，供用句中作为宾语的数量短语必须为无指解读，而我们观察到，这样的限制同样适用于供用句的主语。朱佳蕾（2017：297）的例子如（86a），我们给出的拓展例子如（86b）：

（86）a. 一锅饭吃了十个人，? 他们ᵢ 都没吃饱。
　　　b. 十个人吃一锅饭，? 他们没吃饱。

可见，对于供用句来说，无论 A 式还是 B 式，其中的数量短语所表达语义特

---

① Tsai（2001）较早对英汉语在主语定指性上的差异进行了解释。他指出，英语允许不定主语（如"A man came."），是由于该不定主语由附加在动词短语上的存在封闭（existential closure）所允准，即该存在封闭使不定主语获得特指义；相反，汉语不允许不定指名词做主语，是因为汉语的存在封闭处于 VP 之内，其位置不能成分统制主语，因此不能允准不定主语，除非"有"出现在主语前，作为存在操作成分来统制不定主语（如"有一个人来了。"）

征是一致的，即都只能表达数量概念的无指意义，而不能表达个体概念的指称意义。换句话说，如果数量名词短语做主语句子能够成立的话，该句一定不是普通及物句式，而是表达数量匹配关系的供用句式。

第二，普通及物句式与供用型可逆句在句式的动态性特征上也存在差异。邹海清（2004：65）提出供用句同双数量结构一样，也具有一种非动态性特征。鹿荣和齐沪扬（2010：462）也认为，供用句重在对如何建立授受关系或配给关系进行客观说明，因此其中的动词应该以非动态形式存在，这也就是为什么供用句中的动词是以不加动态助词的光杆形式为常态。从句式表达的事件类型角度讲，普通及物句式表达活动类事件，此类句式具有明显动态特征；而供用句的动态特征则非常弱或者几乎没有动态特征。根据 Vendler（1967）、Dowty（1979）和 Bergman（1982）的研究，事件的动态性和非动态性可以通过一系列的句法鉴别式进行检验。首先，动态性事件可以与进行体（progressive aspect）连用，而非动态性事件则不可以。根据这一判别手段，下面的（87a）应该是普通及物句式，其中加入表进行体的"正在"句子可以成立；相反，（87b）如果作为普通及物句式来解读似乎还勉强可以接受，唯一的问题是它违反了前面提到的主语的指称要求，但如果作为供用义来解读，则句子完全不可接受，如（87c）所示，说明供用句的谓词不具有动态性。

　　（87）a. 那些人正在吃一锅饭。

　　　　　b.？十个人正在吃一锅饭。

　　　　　c.*十个人在吃一锅饭，二十个人在吃两锅饭。

第三，英语动态事件的另一个明显特征是可以做 persuade 或 force 等动词的补语，这条测试手段也同样适用于汉语。汉语的动态事件可以用于兼语句中做补语成分，而非动态事件则不可以［如（88a）所示］。下面（88b）和（88c）的对比表明，普通及物句式可以作为兼语句的补语成分，说明该句式具有动态性；而供用句的 B 式虽然也具有普通及物句的语序，却不能成为兼语句的一部分，说明该句式应属于非动态性事件：

　　（88）a. 张三劝李四了解时事/*知道时事！

　　　　　b. 张三劝那些人吃一锅饭。

　　　　　c.*张三劝十个人吃一锅饭。

第四，汉语中表达动态性事件的句式可以加入"故意"或"小心地"等主观性副词，而非动态性事件则不允许，如下面的（89a）所示，如果它作为及物句式来解读，句子勉强可以接受，唯一的问题是违反主语的指称性限制，但如果作为供用句式来解读，句子则完全不可接受［如（89b）所示］：

（89）a.？十个人故意吃一锅饭。

　　　　b.*十个人故意吃一锅饭，二十个人故意吃两锅饭。

事实上，作为供用句来讲，它们不仅不能与"故意"等主观性副词连用，甚至也不能与绝大多数修饰性的副词成分连用。虽然韩流和温宾利（2016）曾给出供用句 B 式受到副词修饰的例子，如下面的（90），但这些句子的合法性很值得怀疑，因为它们都是以数量短语作为主语，但又无法得到供用句的语义解读：

（90）a.？五个人欢天喜地地吃了一锅饭。

　　　　b.？两个人不情愿地骑着一匹马。

　　　　c.？三姐妹故意戴过同一朵花。

综上，供用句的 B 式（即非倒置句）与普通及物句式在两个方面存在重要区别：一是前者允许数量性名词短语做主语，而后者不允许；二是后者表达的事件具有动态性，而前者表达的事件为非动态性。根据 Vendler（1967）的经典分类以及后来的研究者对四类事件的语义刻画，其中表达非动态类的事件类型只有一种，即状态类事件；而其他三类事件（即活动类、达成类和完结类）均具有动态性特征。因此，我们基于本书提出的事件句法模型提出，供用句与普通及物句式的区别在于句式整体事件类型上的区别。普通及物句式整体上表达活动类或完结类事件，具有明显的动态性特征；而供用型可逆句（A 式和 B 式）均表达状态类事件，这一事件类型并不是由动词本身的事件语义特征所决定，而是由"NP1（数量短语）+VP+NP2（数量短语）"这一整体的句法构造所决定。陆俭明（2004：414）曾指出，对于供用型可逆句，不管动词前后的名词成分是否发生了位置交替，其语义关系都可统一概括为"容纳量-容纳方式-被容纳量"。可以看出，陆俭明提议从整体的"句式语法"角度来把握供用型可逆句的语义特征，这与本书从句式的事件类型和事件结构角度来探讨此类句式的派生过程的基本思想是一致的。

接下来我们依据本书提出的事件句法模型来具体分析供用型可逆句的派生过程。我们已经确定供用句中的两种变体（即 A 式和 B 式）都属于状态类事件。根据我们提出的事件句法模型，表达状态类事件的功能范畴有两个：一个是轻动词 v_{Be}，另一个是轻动词 v_{Hold}。轻动词 v_{Be} 主要用于表达事物的属性，其在汉语中的语音实现一般为"是"、"为"或"等于"等；而轻动词 v_{Hold} 主要用于表达某种静态（或非动态性）状态的持续。对于供用句而言，本书认为其两种变体（即 A 式和 B 式）的结构核心均为轻动词 v_{Hold}，该轻动词属于状态类事件轻动词 v_{Be} 的一种样式，它选择一个数量短语 NumP1 为补足语，并选择另一个数量短语 NumP2 为标志语，v_{Hold} 作为 NumP1 和 NumP2 之间发生语义联系的桥梁和纽带。那么，供用句的事件句法结构可表示如下：

（91）

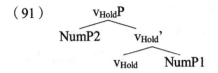

对于供用句两种变体之间的派生关系，本书主张采纳"非派生性"方法，即认为两个句式中的动词并非一个是基础词项，另一个是派生词项；两个句式之间也不是基础形式与派生形式的关系。两个变体共享如（91）所示的事件句法结构，换句话说，（91）所示的结构就是所有供用句共用的基础性句法结构。该事件句法的一个重要特点是 v_{Hold} 的补足语和标志语位置都必须由数量名短语 NumP 占据，这一特点决定了 v_{Hold} 与哪个 NumP 先发生合并对于整体的事件语义和句子的合法性几乎没有影响。就（91）的结构而言，v_{Hold} 也可以选择先行与 NumP1 合并后再与 NumP2 合并，v_{Hold} 与两个 NumP 在合并顺序上的可选性是供用型可逆句可以发生主宾语交替的根本原因。

依据本书的事件句法推导模型，动词词项都是以光杆词根形式进入事件句法结构。也就是说，供用句的动词本身不具有任何的论元结构信息，它们只是以光杆词根形式进入（91）所示的事件句法结构，NumP1 和 NumP2 两个论元的选择与动词本身无关，两者都是由轻动词 v_{Hold} 所选择。那么接下来的问题是，这些动词是以何种方式进入事件句法结构的呢？

我们认为，这些动词词根是以直接合并的方式附加在 v_{Hold} 上的，其理由主要有如下两点。首先，根据本书的事件句法模型，这两类光杆词根都与事件功能语类的结合方式及词根本身所编码的事件类型密切相关。方式类词根与事件功能语类发生直接合并，形成"方式融合"；而状态类词根是作为事件功能语类的补足语通过"并入"方式与后者相结合。对于供用型可逆句来讲，根据先前诸多学者的观察（李临定，1986：279；陈昌来，2000：194 等），供用句中的动词基本上都是表达供用方式的活动类及物动词，状态类或状态变化类动词不能进入供用句。例如：

（92）a.？三个人死了三头牛。/*三头牛死了三个人。

　　　　b.？两个工厂倒了四面墙。/*四面墙倒了两个工厂。

上例中左侧的句子有一定的接受度，因为它们作为存现句表达某人或某地以某种方式损失了某物（见前面 5.2 小节的讨论），唯一的问题是它们句首为数量名结构，违反汉语句首成分应为定指性名词的要求①。然而，它们只能获得存现义

---

① 从信息结构角度讲，存现句的句首一般表达已知的旧信息，而动词后名词一般表达未知的新信息，因此存现句的句首名词理应是定指性成分。

解读，而无法获得供用义解读，并且它们也不存在主宾语交替的可能。除了单语素的状态动词外，包含状态性（或状态变化性）语素的动结式也不允许进入供用型可逆句，这说明进入该结构的动词只能是表达方式或手段的活动动词，如（93）所示：

（93）a.　? 三个人打碎了三个花瓶。/*三个花瓶打碎了三个人。

　　　b.　? 一瓶酒喝醉了三个人。/*三个人喝醉了一瓶酒。

其次，任鹰（1999：3）曾指出，在特定语境下，供用句的主动词甚至可以省去，仅通过"NP1+NP2"组成的"双数量结构"来表达原句的供用义，类似的语言现象在其他学者的研究中也有所提及，如张旺熹（1999：63）和邹海清（2004：64）等。如（94）所示（引自任鹰，1999：3）：

（94）a.　一张沙发三个人。/三个人一张沙发。

　　　b.　一锅米饭十个人。/十个人一锅米饭。

在一般的及物句式中，动词普遍被认为是句法与语义的核心，因而也通常被认为是最难省略的结构成分。而上述例句中的动词略去之后，句式的语义并未发生明显变化，仍然可以得到供用义的解读。根据本书提出的事件句法模型，如果我们假设供用句中的语义和句法核心都是事件功能语类，而动词只是作为光杆词根成分对事件功能语类起着修饰性的语义填充作用，则这一动词省略现象可以得到较好的解释。按照我们的分析，对于供用型可逆句而言，其核心事件功能语类为 v_{Hold}，该轻动词表达供用句的事件语义，其在语音上为空，而表达供用方式的动词［如（94a）可填充的"坐"］作为该事件的修饰语在语义上只起着辅助性作用，那么这些动词就完全可能被省略而只依靠具体的语境来进行解读，这样也就解释了（94）中无动词句的合法性。

依据上述分析，本书认为，供用句的动词词根是以"融合"方式与（91）中的事件轻动词 v_{Hold} 发生直接合并，作为修饰语嫁接在该事件中心语上。那么，供用句 A 式和 B 式的事件句法结构分别如下所示：

（95）供用句 A 式：一锅饭吃十个人。

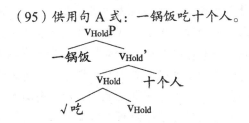

供用句 B 式：十个人吃一锅饭。

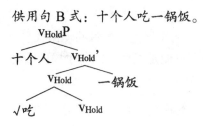

　　如（95）所示，供用句的 A 式和 B 式在整体的事件句法结构上基本一致，差异仅在于功能性中心语与论元合并的顺序不同。对于供用句 A 式，轻动词 v_{Hold} 首先与"十个人"发生合并，而后再与"一锅饭"合并；而 B 式的合并顺序恰好相反，轻动词 v_{Hold} 首先与"一锅饭"发生合并，而后再与"十个人"合并。在我们的分析中，两个数量名词的语义角色不再分析为传统意义上的"施事"和"受事"，而是分别由功能语类 v_{Hold} 指派"被持有者"（holdee）［或"被量度者"（measuree）］和"持有者"（holder）［或"量度者"（measurer）］的事件角色。对于处于 Spec-v_{Hold}P 的论元来讲，它在后续操作中移位到 Spec-TP 位置与 T 进入一致操作核查主格。现在的问题是，处于 Comp-v_{Hold} 位置的论元如何核查其格特征呢？根据我们的分析，这里的 v_{Hold}，属于状态类事件轻动词的一种变体，本质上与纯粹的状态类轻动词 v_{Be} 具有相同的句法性质，差别仅在于前者允许动词词根与其发生融合，表达的词汇内容更为丰富，而 v_{Be} 的功能地位较明显，词汇义匮乏。根据 Hale 和 Keyser（2002：76）的研究，系动词 be 不带句法上的宾语，而是选择一个名词性谓词做补足语，构成"系-补"结构，从而解决其后的名词性表语成分的格位问题。根据 Hazout（2004：424-426），名词成分在语法上可通过格特征的核查来满足"格过滤式"，也可作为谓词性成分得到允准。根据这一假设，我们提出，v_{Hold} 选择的数量性补足语成分也属于名词性谓语成分，其不受"格鉴别式"的约束，换句话说，其不带有需要核查的格位特征。

7.3　本章结语

　　论元交替现象作为论元实现灵活性的一个典型代表，既体现了论元实现的规律性，同时也反映了动词句法行为的可变性。本章中我们主要关注汉语中的两类论元交替现象：一类是状态性（或状态变化性）单语素动词和动结式形成的致使性交替现象，另一类是活动动词所呈现的供用型主宾语交替现象。汉语属于典型的分析性语言，缺乏显性的形态标记，因而汉语中的论元交替现象有着不同于其他语言的特点，其中较为显著的一个方面是汉语中没有显性的形态标记标明发生交替的组对中的动词哪个是基础形式，哪个是派生形式。在前人研究的基础上，本书提出摒弃先前学者所秉持的"派生观"，而主张采用"非派生观"作为总体思想对汉语中的论元交替现象进行研究。同时，我们依据已建立的事件句法模型对于现有的"非派生观"进行了修正，对两类致使性交替句式的生成过程进行了深入解析。具体讲来，对于致使性交替现象，其中的致使和非宾格变体共享一个词根形式，单语素动词和动结式的致使性交替句式具有不同的事件功能核心。前者的功能核心为 v_{Bec}，状态类词根作为 v_{Bec} 的补足语成分与后者发生"并入"；而动结式的事件句法核心是轻动词 v_{Change} 而非 v_{Bec}，V_1 和 V_2 作为活动类和状态类（或状态变化类）词根分别以"融合"和"并入"的方式与 v_{Change} 相融。此外，我们还对致使性交替现象所体现出的跨语言差异进行了解释，在汉语等形态匮乏的语言中，只有少数使因不明的状态类词根构成的动词才可以呈现该特征；而在形态丰富的语言中，除了使因不明性词根外，其他类型的词根也可能在显性功能语素的标记下呈现出致使性交替。不同语言在致使性交替现象上表现出的差异根本上来源于词库中功能性语素的差异。对于主宾语交替现象，根据我们的分析，其中的两个动词也共享一个词根形式，供用型句式的事件语义和句法特征以及携带论元的指称性特点共同决定了其事件句法结构不同于常规的及物性句式，其事件句法结构是以事件功能语类 v_{Hold} 为核心，其先后与两个表达无指的数量性名词成分发生合并，形成此类句式的事件句法结构。我们通过一系列证据证明，此类句式中的动词均为活动类词根，它们是以"融合"的形式与 v_{Hold} 直接合并，表达 NumP1 和 NumP2 两者之间的度量方式。在推导中，NumP1 获得"量度者"角色，其格特征由句子中心语 T 来核查；NumP2 获得"被量度者"角色，其作为 v_{Hold} 的补足语成分充当名词性谓语，其格特征无须核查。

第8章 结 论

　　本书所关注的核心问题是汉语中论元实现的可变性所反映出的词汇语义与句法结构的关系问题。整体的研究脉络是从变化之中找规律，从规律之中寻根源，按照事实梳理、理论构建和系统解释三个步骤有序展开。第1章中我们系统介绍了与论元实现有关的基本概念，并详细列举了汉语中动词论元实现可变性的具体表现，揭示了汉语各种发生论元变化的句式与其中谓语部分的事件类型之间较为整齐的对应关系。第2章中我们系统回顾了前人所提出的词汇语义与句法结构关系研究中的一些主要理论方法，并重点回顾了汉语界对汉语动词句法灵活性所提出的各种解释方案，在横向比较各方法优势与劣势的基础上，提出采用新建构主义方法作为本书的主要理论框架。第3章主要阐述了本书所依托的理论背景，即生成语法的最简方案框架和DM理论，重点关注最简方案的技术手段和推导模式以及DM理论的句法构词和迟后填音思想，进而归纳了我们从这两种理论框架所获得的启示。第4章我们结合最简方案框架和DM理论对目前的新建构主义方法进行了修正和完善，重点分析了词根的句法和语义性质、事件句法的组构形式以及词根与事件句法结构之间的融合机制，并在此基础上建立了一个集事件结构和句法结构于一体的事件句法模型。在第5～7章，我们应用已建立的事件句法模型对汉语论元实现可变性中的三大类现象，即论元增容现象、论元缩减现象和论元交替现象分别进行了研究。对于论元增容现象，我们选取假宾语句式（即假宾语句）、领主属宾句和非典型双宾句三种句式作为典型代表，这三种句式的共同特点是获得句法实现的名词性成分中包含一个非动词常规论元结构中的非核心性论元成分。对于论元缩减现象，我们选取受事主语句和及物动词构成的存现句两种句式作为典型代表，这两种句式的共同特点是获得句法实现的名词性成分相比动词常规论元结构中的论元数量发生实质性减少，即在句中不包含任何省略成分或隐含空语类成分的情况下论元数量发生了缩减。对于论元交替现象，我们主要讨论了同一动词的致使用法与非宾格用法形成致使性交替句式和主宾语位置发生互换的供用型可逆句式，这两类句式的共同特点是其均由成对句子组成，两者包含两个相同的名词性论元和形态相同的谓语动词，两个名词成分（或其中之一）在组对中发生了位置更替，如一句中的主语（或宾语）成为另一句的宾语（或主语），但两个句子的逻辑语义基本保持不变或者存在蕴涵关系。

　　本书是以句法-语义接口关系作为研究的切入点，站在更为宏观的角度审视汉语论元实现的可变性所反映出的词汇语义与句法结构的关系问题，并系统凝练出影响和制约动词论元实现可变性的关键性因素，寻求对汉语论元实现变化进行充分解释。在解释充分性上，我们一方面可以对词汇语义与句法结构的关系给出较为合理的解答，另一方面也可以对汉语论元实现可变性的内在动因给出较为系统的解释。

8.1 对词汇语义与句法结构关系的解答

汉语论元实现的可变性是词汇语义与句法结构之间灵活性互动关系的一种具体体现，通过前面章节的论述，我们对词汇语义与句法结构关系问题的解答如下。

在对词库内的词项信息的看法上，我们与新建构主义句法观下的反词库论思想基本一致，认为储存在词库中的词项并非具有完整的句法、语义、音系及形态信息。对于动词词项而言，其词项信息中并不包含词汇语义信息（或词汇概念结构）、词汇句法信息（论元结构或次语类框架），甚至不包含语法范畴标签信息，我们无法借助动词本身的论元结构信息来搭建句法结构。动词在词库中只以光杆词根的形式存在并以此形式进入句法推导，词根参与事件句法的主要信息来自由词根的百科信息所决定的事件类型信息，该信息从事件语义中抽象出来，作为词汇信息参与运算系统的句法操作，属于"与句法操作相关的语义特征"（grammatically-relevant semantic feature）。而词根的语音特征和形态特征都是在句法推导结束后在向"发音-感知"（Articulatory-Perceptual，A-P）接口层面输送的过程中通过"迟后填词"来实现的。

然而，现有新建构主义方法存在两个亟待解决的问题：一是对组成事件句法结构的功能语类的类型及层次缺乏明晰规定，二是对动词词根与事件结构的融合方式缺乏明确限定，结果造成论元实现的灵活性难以得到有效控制。对此，本书最重要的革新是对事件句法的构建过程以及词根与事件功能语类的结合进行了具体而明确的规定。首先，我们对组成事件句法的功能语类进行了设定，重点分析了施事、致使、终止性和状态变化等事件语义概念在事件句法中的表征方式，同时采用以语段为单位自下而上的句法推导模式，改变了现有新建构主义方法自上而下的表征模式。其次，我们基于词根的本体类型限定了词根与事件结构的融合方式，提出了表达不同事件类型的词根以不同方式与功能性中心语相结合，论元实现的可变性很大程度上可归结为词根所结合的事件句法结构发生变化以及词根与事件功能语类的结合方式不同。此外，我们还充分考虑了词根对于事件句法结构及论元实现的影响作用，将词根允准论元的可能性作为论元实现可变性的影响因素之一。

在对词根与事件句法结构的关系看法上，我们认为，句式的事件语义可以分解为特质性意义和结构性意义（即事件结构）两个部分，其中特质性意义由词根的语义内容填充，结构性意义由事件功能语类 v_{Cause}、v_{Do}、v_{Bec} 和 v_{Be} 及其可能的样式所组成，并通过它们的句法投射得到表征。事件句法结构作为句式的事件结构和句法结构的统一体，具有生成性的（derivational）特点，是由各种功能性投射自下而上逐级构建而成，并以语段为单位进行拼读分别向语言官能与外部认知系统的接口层面输入。句式的论元实现主要由事件句法结构决定，即参与句式事件组成的事件论元（或结构论元）全部由功能语类所引入，并由功能语类核查格特征并指派事件角色。词根与事件结构的融合发生在句法推导过程之中，而非词库之内。词根意义不能决定句法结构的构建，但一定程度上可以影响论元的句法实现，主要体现在两个方面：一是词根依据其自身的事件语义特征可以允准一部分特质论元；二是词根的事件类型决定了该词根与事件结构的融合方式。活动方式类词根一般以"融合"方式与事件功能语类发生直接合并，本质上属于一种复合性的嫁接操作，形成单一的复杂性中心语；状态（或状态变化）类词根一般作为事件功能语类的补足语进入句法，通过"并入"方式与功能性中心语相结合，本质上是一种中心语移位。

8.2　对汉语论元实现可变性的系统解释

基于已建立的事件句法模型，我们得出，汉语论元实现的可变性主要由三方面的因素所决定。第一个因素是某一特定事件类型的动词词根可能与不同类型的事件句法结构相融合。由于事件论元的数量和语义类型是由事件功能语类所决定，某个词根与带有不同功能语类的事件结构相融会引发事件论元的数量和语义角色发生变化，从而在表面上造成动词实际所携带的论元数量和性质相比其常规用法中的论元数量和性质发生了显著变化，但从本质上讲，这并非动词本身的语义和句法性质发生改变，而是由不同类型事件句法结构对同一词根的可容纳性所决定。例如，汉语中的活动方式类词根与事件功能语类 v_{Hold}、v_{Bec}、v_{Do} 和 v_{Cause} 都可能发生"方式融合"，从而进入不同类型的事件句法结构，而呈现出具有不同的论元实现方式。以第 6 章讨论的及物动词构成的存现句为例，其中的谓语动词属于二元或三元的典型施事性活动动词，但在实际的句法实现中，此类动词的施事主语并未出现，只有处所和客体成分得到句法实现，携带论元的数量看似发生缩减。但按照本书的分析，其词根本身的本体类型和语义性质并未发生改变，论元缩减的根本原因在于，此类句式中词根所结合的事件句法结构中功能语类所选择的论元数量相比词根常规所进入的活动类事件句法结构中的论元数量发生缩减，而这一变化并非由词根自身的语义和句法性质所决定。

第二个因素是动词词根在与特定事件句法结构相结合的同时，其自身也可能允准一定数量的特质论元，从而引发其事件句法结构中的论元数量和性质发生变化。以第 5 章讨论的"假宾语句"为例，该句式的特点是动词带有一个非常规性内部论元（即"假宾语"）。我们的研究发现，此类句式中，动词词根所结合的事件结构类型相比其常规用法并非发生改变，即都是以活动性事件功能语类 v_{Do} 为句法核心。而从此类句式中的"假宾语"与 v_{Do} 所选择的"真宾语"在句法性质上表现出一系列差异来看，"假宾语"并非由事件功能语类引入，而是动词词根本身所允准的特质论元，这些论元与功能语类本身所允准的论元在句法位置和格特征上存在竞争关系，导致后者在句法中无法得到允准。

第三个因素是不同本体类型的动词词根以不同方式与事件句法结构相结合，这既造成了词根在句法结构中的位置灵活性，同时也对词根与事件句法结构之间的结合进行了有效的限制。根据本书的分析，活动方式类词根和状态类（或状态变化类）词根分别以"融合"和"并入"两者方式进入事件句法结构。以汉语的动结式为例，该复合成分由活动方式类词根和状态类词根共同组成。根据本书的分析，动结式的事件功能核心为达成类事件功能语类 v_{Bec} 的变体 v_{Change}，活动类和状态类词根分别以"融合"和"并入"方式与该核心发生结合。这样的推导模式既解释了动结式一系列特殊的句法特性，也较好解释了英汉语在结果性结构上呈现的差异。

上面阐述的三种影响因素可以用图示表示如下[①]（图 8-1）。

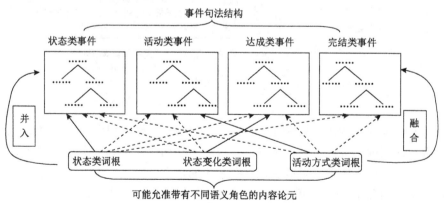

图 8-1　论元实现可变性的内在机制

通过对汉语中三大类七小类涉及动词论元实现变化的典型句式的分析，我们

---

① 图中实线表示该类型词根所进入的缺省性（default）事件句法结构类型，虚线表示该类型词根可能进入的事件句法结构类型。

得出，句式的事件语义类型与其所呈现的句法性质之间存在着规律性对应关系，动词句法性质的变化往往伴随着其所在句式事件语义类型的变化，论元句法实现的变化是动词词根与不同类型事件结构相结合、词根允准特质论元以及词根与功能语类不同结合方式这三种可能因素所造成的结果。我们将所讨论汉语中的涉及论元实现变化的具体句式类型及其生成机制总结如下（表 8-1）：

表 8-1　汉语涉及论元实现变化的句式类型及其生成机制

大类	具体句式类型	生成机制
（一）论元增容现象	1. 假宾语句 例：吃大碗/写毛笔	活动方式类词根本身允准特性特质论元，生成于 RootP 之内，词根所结合的事件类型不变。
	2. 领主属宾句 例：王冕死了父亲。	事件结构中功能语类 v_{Bec} 选择小句为补足语，状态变化类词根以"融合"方式与 v_{Bec} 发生直接合并。
	3. 非典型双宾句 例：他吃了我两个苹果。	事件句法结构由 $v_{Aff}P$ 和 $v_{Bec}P$ 组合而成，方式类词根以"融合"方式与 v_{Aff} 发生直接合并。
（二）论元缩减现象	1. 受事主语句 例：信写了。/水喝了。	事件句法结构由 $v_{Bec}P$ 组成，活动方式类词根以"融合"方式与 v_{Bec} 发生直接合并。
	2. 及物动词构成的存现句 例：桌上放着/了一本书。	包含及物动词带"着"和带"了"两类存在句，前者事件句法由 $v_{Hold}P$ 和 $v_{Be}P$ 组成，活动方式类词根以"融合"方式与 v_{Hold} 发生直接合并；后者事件句法结构由 $v_{Bec}P$ 和 $v_{Be}P$ 组成，活动方式类词根以"融合"方式与 v_{Bec} 发生直接合并。
（三）论元交替现象	1. 致使性交替句 例：张三灭了火。 ↔火灭了。 衣服洗累了姐姐。 ↔姐姐洗累了。	单语素动词致使交替句的不及物形式由 $v_{Bec}P$ 组成，动词词根通过中心语移位方式"并入" v_{Bec}，及物形式增加引入外部论元的 VoiceP。动结式致使交替句的不及物形式由 $v_{Change}P$ 组成，活动方式类词根 $\sqrt{V_1}$ 以"融合"方式与 v_{Change} 发生直接合并，状态类词根 $\sqrt{V_2}$ 通过中心语移位方式"并入" v_{Change}，及物形式增加引入外部论元的 VoiceP。
	2. 主宾语交替可逆句 例：一锅饭吃了十个人。 ↔十个人吃了一锅饭。	事件句法结构由 $v_{Hold}P$ 单独组成，活动方式类词根以"融合"方式与 v_{Hold} 发生直接合并，v_{Hold} 选择两个数量名短语 NumP 为补足语和标志语。

　　论元实现的规律性和可变性作为语法研究的一个核心问题，在语言学研究中具有重要而深远的理论价值。本书虽然在汉语动词论元实现可变性的研究上取得了一些新的发现，但也不可避免地存在一些局限性。首先，本书尽管努力尝试实现对汉语动词在论元实现可变性上的充分性描写，但由于语料搜集范围和研究能力的有限，无法实现对汉语所有动词可能呈现的论元实现的变化进行全面而穷尽性的覆盖。本书虽然提出了影响和制约论元实现变化的三种因素，也基于这三种因素探索了汉语论元实现可变性的一些典型实例，但汉语一些其他类型的特殊句式（如连动句、兼语句和中动句）等是否也可以在本书的事件句法模型中得到合理的解释还有待进一步的考察，该模型是否对汉语之外其他自然语言，特别是形

态丰富语言中论元实现的可变性具有解释效力还有待进一步的检验。

　　其次，由于语用因素的影响，语言的活用现象广泛存在，我们难以对一个动词可能进入的句法结构进行准确预测，也难以对某一动词出现在某一特定结构中的（不）合法性进行合理的解释。例如，我们可以说"吃食堂、吃馆子"，但却不能说"吃饭店"，在无语境情况下一般也不说"吃南区食堂"或"吃东北饺子馆"（张云秋，2004）；可以说"看儿科"，却不能说"看医院"（姜兆梓，2015：19）；可以说"写毛笔"，却不能说"砍斧子"。"食堂"和"饭店"、"儿科"和"医院"、"斧子"和"毛笔"都属于非常规性内部论元，从本书的研究视角来看，它们都可归为词根所选择的特质性论元，也就是说，这些论元在句法上似乎都可以得到允准，它们进入句法推导并不违反语言与外部接口上的接口条件。那么，这些句子在合法性上的差异很大程度上要从语用因素的制约条件上进行解释。张云秋（2004）认为工具格成分的宾语化与认知上的转喻机制有关，如"吃大碗""喝小杯"等隐含"大碗里的面"或"小杯里的水"，但"容器"与"容纳物"能否形成关联性则要取决于言语社团的认可度。此外，陶红印（2000：26）的研究表明，动词的高频性也是一个重要影响因素。"吃"和"写"都属于高频动词，因此更容易发生受事类型的扩展，即宾语从典型的施事和受事扩展至处所和工具等非核心论元，而动词的使用频率实际上也是语用范畴的一个考量参数。又比如，汉语动结式"淹死"可以进入致使性交替结构（如"张三淹死了"和"洪水淹死了"），而与其同属一个事件类型的"打死"却只有致使用法，而没有非宾格用法［如不能说"张三打死了"（意即"张三被别人打死了"）］，这种差异恐怕也难以从狭义句法内部得到合理的解释，而需要综合考虑语用上的制约条件。姜兆梓（2015：24）曾提出词汇层面、接口层面和语用层面之间的一个层级关系，即语用规约>完句条件（接口条件）>句法推导（运算系统），其中语用规约处于最高层级，句法推导处于最低层级，即违反右边条件在句法上首先被排除，而违反左边条件可能存在句法上合格但语义上不可接受的情况，如 Chomsky 的经典名句"Colorless green ideas sleep furiously."。从这个意义上讲，运算系统按照本书所设立的事件句法模型进行句法推导后会为一个动词生成多种可能的论元实现方式，这些实现方式在句法上或许能够得到允准，但在语义和语用层面却可能无法获得恰当解读，从而造成相同事件类型的动词在论元实现可变性上的各种差异。句法、语义和语用的互动关系是一个极其复杂的理论课题，这有待我们以后进行更为细致全面的研究工作。总之，为了实现对汉语动词论元实现可变性的充分描写和解释，我们需要对语言事实进行不断的探索和挖掘，并对其进行更为深入的分析和解释。

参 考 文 献

安丰存. 2007. 题元角色理论与领有名词提升移位. 解放军外国语学院学报, (3): 11-17.

白丁. 1994. 略论汉语双面动词. 中南民族学院学报, (5): 115-120.

蔡维天. 2002. 一二三//北京大学汉语语言学研究中心《语言学论丛》编委会. 语言学论丛(第 26 辑). 北京: 商务印书馆: 301-312.

蔡维天. 2005. 谈汉语的蒙受结构(手稿), 台湾清华大学语言学研究所.

蔡维天. 2016. 论汉语内、外轻动词的分布与诠释. 语言科学, (4): 362-376.

曹道根, 黄华新. 2011. 对双宾句生成 G 参数分析模式的几点疑问——兼论双宾结构的句法语义. 外国语, (1): 34-43.

曹火群. 2014. 题元角色: 句法—语义接口研究. 兰州: 甘肃人民出版社.

陈昌来. 2000. 现代汉语句子. 上海: 华东师范大学出版社.

陈昌来. 2002. 现代汉语动词的句法语义属性. 上海: 学林出版社.

陈平. 1988. 论现代汉语时间系统的三元结构. 中国语文, (6): 401-422.

陈平. 1994. 试论汉语中三种句子成分与语义成分的配位原则. 中国语文, (3): 161-168.

陈宗利, 肖德法. 2007. "领主属宾句"的生成句法分析. 外语与外语教学, (8): 9-12.

陈宗利, 赵鲲. 2009. "吃了他三个苹果"的性质与结构. 外国语, (4): 53-62.

程工, 李海. 2016. 分布式形态学的最新进展. 当代语言学, (1): 97-119.

程工, 杨大然. 2016. 现代汉语动结式复合词的语序及相关问题. 中国语文, (5): 526-540.

程工. 1999. 语言共性论. 上海: 上海外语教育出版社.

程杰, 温宾利. 2008. 对汉语两类非核心论元的 APPL 结构分析——兼论英汉 APPL 结构之差异. 四川外语学院学报, (2): 82-87.

程杰. 2007. 论分离式领有名词与隶属名词之间的句法和语义关系. 现代外语, (1): 19-29.

程杰. 2009. 虚介词假设与增元结构: 论不及物动词后非核心论元的句法属性. 现代外语, (1): 23-32.

程杰. 2013. 增元结构变异现象研究综述. 当代语言学, (1): 73-82.

储泽祥, 曹跃香. 2005. 固化的"用来"及其相关的句法格式. 世界汉语教学, (2): 22-30.

戴曼纯. 2003. 最简方案框架下的广义左向合并理论研究. 北京: 外语教学与研究出版社.

邓昊熙. 2014. 试析论元增容与施用结构——从汉语动词后非核心成分的允准与施用结构的差异说起. 语言教学与研究, (6): 54-64.

邓思颖. 2003. 汉语方言语法的原则和参数理论. 北京: 北京大学出版社.

邓思颖. 2004. 作格化和汉语被动句. 中国语文, (4): 291-301.

丁加勇. 2006. 容纳句的数量关系、句法特征及认知解释. 汉语学报, (1): 64-75.

丁声树, 吕叔湘, 李荣, 等. 1961. 现代汉语语法讲话. 北京: 商务印书馆.

董成如. 2011. 汉语存现句中动词非宾格性的压制解释. 现代外语, (1): 19-26.

董秀芳. 2015. 上古汉语叙事语篇中由话题控制的省略模式. 中国语文, (4): 306-314.

范方莲. 1963. 存在句. 中国语文, (5): 386-395.

冯胜利. 2005. 轻动词移位与古今汉语的动宾关系. 语言科学, (1): 3-16.

顾阳. 1996. 生成语法及词库中动词的一些特性. 国外语言学, (3): 1-16.

顾阳. 1997. 关于存现结构的理论探讨. 现代外语, (3): 17, 16, 18-27.

顾阳. 1999. 双宾语结构//徐烈炯. 共性与个性——汉语语言学中的争议. 北京: 北京语言文化大学出版社: 60-90.

顾阳. 2000. 论元结构及论元结构变化//沈阳. 配价理论与汉语语法研究. 北京: 语文出版社: 141-155.

郭继懋. 1990. 领主属宾句. 中国语文, (1): 24-29.

郭继懋. 1999. 试谈"飞上海"等不及物动词带宾语现象. 中国语文, (5): 337-346.

郭锐. 1995. 述结式的配价结构和成分的整合//沈阳、郑定欧. 现代汉语配价语法研究. 北京: 北京大学出版社: 168-191.

韩景泉. 2000. 领有名词提升移位与格理论. 现代外语, (3): 261-272.

韩景泉. 2001. 英汉存现句的生成语法研究. 现代外语, (2): 143-158.

韩流, 温宾利. 2016. 汉语翻转结构的句法生成. 外国语, (5): 46-57.

何晓炜. 2007. 语段及语段的句法推导——Chomsky 近期思想述解. 外语教学与研究, (5): 345-351.

何晓炜. 2008a. 最简方案框架下的英汉双宾语结构生成研究. 现代外语, (1): 1-12.

何晓炜. 2008b. 合并顺序与英汉双及物结构对比研究. 外国语, (2): 13-22.

何晓炜. 2009. 双宾语结构的生成语法研究. 当代语言学, (3): 216-223.

何晓炜. 2010. 论双宾语结构的 APPL 分析法. 解放军外国语学院学报, (2): 1-7.

何元建. 2002. 论元、焦点与句法结构. 现代外语, (2): 111-124.

胡波. 2011. 英语名转动词的词汇语义句法界面分析. 外语教学与研究, (3): 350-362.

胡附, 文炼. 1955. 现代汉语语法探索. 上海: 上海东方书店.

胡建华, 石定栩. 2005. 完句条件与指称特征的允准. 语言科学, (5): 42-49.

胡建华. 2008. 现代汉语不及物动词的论元和宾语. 中国语文, (5): 396-409.

胡建华. 2010. 论元的分布与选择——语法中的显著性和局部性. 中国语文, (1): 3-20.

胡建华. 2013. 句法对称与名动均衡——从语义密度和传染性看实词. 当代语言学, (1): 1-19.

胡裕树, 范晓. 1993. 试论语法研究的三个平面. 语言教学与研究, (2): 4-21.

胡裕树, 范晓. 1995. 动词研究. 郑州: 河南大学出版社.

黄正德. 1988. 说"是"和"有". "中央研究院"历史语言研究所集刊, (59): 43-64.

黄正德. 2007. 汉语动词的题元结构与其句法表现. 语言科学, (4): 3-21.

姜兆梓. 2015. "吃食堂"及其相关句式中的非对称性. 现代外语, (1): 15-25.

阚哲华. 2007. 致使动词与致使结构——句法-语义接口研究. 上海交通大学博士论文.

李京廉, 王克非. 2005. 英汉存现句的句法研究. 现代外语, (4): 350-359.

李京廉. 2009. 英汉存现句中的定指效应研究. 外语教学与研究, (2): 99-104.

李临定. 1984. 究竟哪个"补"哪个: "动补格"关系再议. 汉语学习, (2): 1-10.

李临定. 1986. 现代汉语句型. 北京: 商务印书馆.

李临定. 1990. 现代汉语动词. 北京: 中国社会科学出版社.

李敏. 1998. 现代汉语主宾可互易句的考察. 语言教学与研究, (4): 51-59.

李亚非. 2009. 汉语方位词的词性及其理论意义. 中国语文, (2): 99-109.

李艳惠, 陆丙甫. 2002. 数目短语. 中国语文, (4): 326-336.

李宇明. 1987. 存现结构中的主宾互易现象研究. 语言研究, (2): 14-29.

李宇明. 1996. 领属关系与双宾句分析. 语言教学与研究, (3): 62-73.

李钻娘(Alice Cartier). 1987. 出现式与消失式动词的存在句. 罗慎仪译. 语文研究, (3): 19-25.

刘辰诞. 2018. 汉语可逆句的作格分析视角. 外语教学, (1): 8-13.

刘丹青. 2003. 论元分裂式话题结构初探//话题与焦点新论. 上海: 上海教育出版社.

刘乃仲. 2001. 关于《"打碎了他四个杯子"与约束原则》一文的几点疑问. 中国语文, (6): 555-557.

刘探宙. 2009. 一元非作格动词带宾语现象. 中国语文, (2): 110-119.

刘晓林. 2007. 也谈"王冕死了父亲"的生成方式. 中国语文, (5): 440-443.

鲁川. 2001. 汉语语法的意合网络. 北京: 商务印书馆.

陆俭明. 1997. 关于语义指向分析//黄正德. 中国语言学论丛(第一辑). 北京: 北京语言文化大学
    出版社: 34-48

陆俭明. 2002. 再谈"吃了他三个苹果"一类结构的性质. 中国语文, (4): 317-325.

陆俭明. 2004. "句式语法"理论与汉语研究. 中国语文, (5): 412-416.

鹿荣, 齐沪扬. 2010. 供用句的语义特点及可逆动因. 世界汉语教学, (4): 459-467.

鹿荣. 2012. 供用类可逆句式的认知语义表现. 汉语学习, (2): 45-53.

吕建军. 2013. "王冕死了父亲"的构式归属——兼议汉语存现构式的范畴化. 语言教学与研究,
    (5): 75-83.

吕叔湘. 1986. 汉语句法的灵活性. 中国语文, (1): 1-10.

吕叔湘. 1987a. 句型和动词学术讨论会开幕词(代序)//中国社会科学院语言研究所现代汉语研究
    室编. 句型和动词. 北京: 语文出版社: 1-3.

吕叔湘. 1987b. 说"胜"和"败". 中国语文, (1): 1-5.

马汉麟. 1955. 语法讲义. 北京: 中共中央高级党校出版社.

马庆株. 1992. 汉语动词和动词性结构. 北京: 北京语言学院出版社.

马希文. 1987. 与动结式动词有关的句式. 中国语文, (6): 424-441.

马志刚, 肖奇民. 2014. 区分两类领主属宾句的实证理据和理论意义. 天津外国语大学学报, (1):
    16-22.

马志刚. 2008. 局域非对称成分统制结构、题元角色和领主属宾句的跨语言差异. 语言科学, (5):
    492-501.

马志刚. 2014. 汉语受事主语句的句法语义再分析. 华文教学与研究, (4): 79-86.

满在江. 2004. 与双宾语结构形同质异的两类结构. 语言科学, (3): 79-88.

孟琮, 郑怀德, 孟庆海, 等. 2003. 汉语动词用法词典. 北京: 商务印书馆.

倪蓉. 2009. 现代汉语作格交替现象研究. 长春: 吉林大学出版社.

聂文龙. 1989. 存在和存在句的分类. 中国语文, (2): 95-104.

宁春岩. 2010. 连续合并论. 现代外语, (2): 111-120.

潘海华, 韩景泉. 2005. 显性非宾格动词结构的句法研究. 语言研究, (3): 1-13.

潘海华, 韩景泉. 2006. 虚词 there 的句法地位及相关理论问题. 当代语言学, (1): 17-35.

潘海华. 1997. 词汇映射理论在汉语句法研究中的应用. 现代外语, (4): 4, 3, 5-18.

潘文. 2003. 现代汉语存现句研究. 复旦大学博士论文.

彭国珍. 2011. 结果补语小句理论与现代汉语动结式相关问题研究. 杭州: 浙江大学出版社.

乔姆斯基. 2006. 乔姆斯基语言学文集. 宁春岩译. 长沙: 湖南教育出版社.

任鹰. 1999. 主宾可换位供用句的语义条件分析. 汉语学习, (3): 1-6.

任鹰. 2000a. "吃食党"与语法转喻. 中国社会科学院研究生院学报, (3): 59-67.

任鹰. 2000b. 静态存在句中"V 了"等于"V 着"现象解析. 世界汉语教学, (1): 28-34.

任鹰. 2009. "领属"与"存现": 从概念的关联到构式的关联——也从"王冕死了父亲"的生成方式说起. 世界汉语教学, (3): 308-321.

沈家煊. 1995. "有界"与"无界". 中国语文, (5): 367-380.

沈家煊. 2003. 现代汉语"动补结构"的类型学考察. 世界汉语教学, (3): 243-256.

沈家煊. 2006, "王冕死了父亲"的生成方式——兼说汉语糅合造句. 中国语文, (4): 291-300.

沈家煊. 2009. "计量得失"和"计较得失"——再论"王冕死了父亲"的句式意义和生成方式. 语言教学与研究, (5): 15-22.

沈阳, 何元建, 顾阳. 2000. 生成语法理论与汉语语法研究. 哈尔滨: 黑龙江教育出版社.

沈阳, 司马翎(R. Sybesma). 2012. 作格动词的性质和作格结构的构造. 世界汉语教学, (3): 306-321.

沈阳. 1995a. 领属范畴及领属性名词短语的句法作用. 北京大学学报, (5): 85-92.

沈阳. 1995b. 数量词在名词短语移位结构中的作用与特点. 世界汉语教学, (1): 14-20.

沈园. 2007. 句法—语义界面研究. 上海: 上海教育出版社.

石定栩. 2000. 汉语句法的灵活性和句法理论. 当代语言学, (1): 18-26.

石毓智. 2007. 语言学假设中的证据问题——论"王冕死了父亲"之类句子产生的历史条件. 语言科学, (4): 39-51.

帅志嵩. 2008. "王冕死了父亲"的衍生过程和机制. 语言科学, (3): 259-269.

司马翎(R. Sybesma), 沈阳. 2006. 结果补语小句分析和小句的内部结构. 华中科技大学学报(社会科学版), (4): 40-46.

宋文辉. 2004. 再论现代汉语动结式的句法核心. 现代外语, (2): 163-172.

宋玉柱. 1982. 可逆句. 中国语文研究, 12 月 21 号.

宋玉柱. 1991. 现代汉语特殊句式. 太原: 山西教育出版社.

隋娜, 王广成. 2009. 汉语存现句中动词的非宾格性. 现代外语, (3): 221-230.

孙天琦, 李亚非. 2010. 汉语非核心论元允准结构初探. 中国语文, (1): 21-33.

孙天琦, 潘海华. 2012. 也谈汉语不及物动词带"宾语"现象——兼论信息结构对汉语语序的影响. 当代语言学, (4): 331-342.

孙天琦. 2009. 谈汉语中旁格成分作宾语现象. 汉语学习, (3): 70-77.

孙天琦. 2015. 汉语的双宾结构与施用操作. 语言教学与研究, (1): 49-58.

孙天琦. 2019. 试析汉语的旁格成分作宾语现象与施用结构——兼议零形素施用标记的设立标准. 当代语言学, (1): 68-82.

汤廷池. 1992. 汉语述补式复合动词的结构, 功能与起源//汤廷池. 汉语词法句法四集. 台北: 学生书局: 95-164.

汤廷池. 2002. 汉语复合动词的"使动与起动交替". 语言暨语言学, (3): 615-644.

唐玉柱. 2001. 存现句中的 there. 现代外语, (1): 23-33.

唐玉柱. 2005. 存现动词的非宾格性假设. 重庆大学学报(社会科学版), (4): 84-87.

陶红印. 2000. 从"吃"看动词论元结构的动态特征. 语言研究, (3): 21-38.

王灿龙. 1998. 无标记被动句和动词的类. 汉语学习, (5): 15-19.

王国栓. 2015. 非宾格化与汉语非宾格动词的范围. 语文研究, (2): 22-25.

王力. 1943/1985. 中国现代语法. 北京: 商务印书馆.

王力. 1954. 中国语法理论. 北京: 中华书局.

王力. 1958/1980. 汉语史稿. 北京: 中华书局.

王立弟. 2003. 论元结构新论(英文本). 北京: 外语教学与研究出版社.

王立永, 韩红建. 2016. 汉语领主属宾句的主语: 转喻还是活跃区? 语言教学与研究, (4): 56-65.

王玲玲, 何元建. 2002. 汉语动结结构. 杭州: 浙江教育出版社.

王奇. 2005. 领属关系与英汉双宾格式的句法结构. 现代外语, (2): 129-137.

王奇. 2006. "领主属宾句"的语义特点和句法结构. 现代外语, (3): 230-238.

王姝. 2012. 汉语领属构造的可让渡梯度. 语言教学与研究, (3): 90-97.

王占华. 2000. "吃食堂"的认知考察. 语言教学与研究, (2): 58-64.

温宾利, 陈宗利. 2001. 领有名词移位: 基于 MP 的分析. 现代外语, (4): 412-416.

吴为章. 1994. "动词中心"说及其深远影响——《中国文法要略》学习札记. 语言研究, (1): 10-20.

伍铁平. 1997. 语言和文化评论集. 北京: 北京语言文化大学出版社.

邢福义. 1991. 汉语里宾语代入现象之观察. 世界汉语教学, (2): 76-84.

熊建国. 2002. Chomsky: Beyond Explanatory Adequacy. 现代外语, (3): 323-330.

熊仲儒, 刘丽萍. 2005. 汉语动结式的核心. 暨南大学华文学院学报, (4): 39-49.

熊仲儒. 2002. 自然语言的词序. 现代外语, (4): 372-386.

熊仲儒. 2003. 汉语被动句的句法结构分析. 当代语言学, (3): 206-221.

熊仲儒. 2004a. 现代汉语中的致使句式. 合肥: 安徽大学出版社.

熊仲儒. 2004b. 论元的句法实现. 外国语, (2): 53-61.

熊仲儒. 2011. 现代汉语中的功能范畴. 芜湖: 安徽师范大学出版社.

熊仲儒. 2015. 英汉致使句论元结构的对比研究. 上海: 上海外语教育出版社.

徐杰. 1999. 两种保留宾语句式及相关句法理论问题. 当代语言学, (1): 16-29.

徐烈炯, 刘丹青. 1998. 话题的结构与功能. 上海: 上海教育出版社.

徐烈炯, 沈阳. 2000. 题元理论与汉语配价问题//沈阳. 配价理论与汉语语法研究. 北京: 语文出版社, 1-52.

宜恒大. 2011. 现代汉语隐现句研究的趋势. 学术界, (7): 162-169.

薛凤生. 1987. 试论"把"字句的语义特征. 语言教学与研究, (1): 4-22.

薛凤生. 1994. "把"字句和"被"字句的结构意义——真的表示"处置"和"被动"? //戴浩一, 薛凤生. 功能主义与汉语语法. 北京: 北京语言学院出版社: 34-59.

杨大然, 陈晓扣. 2016. 生成语法框架下"领主属宾句"的派生过程新探. 现代外语, (3): 314-325.

杨大然, 程工. 2013. 线性对应定理与汉语重动句的词项融合. 外国语, (4): 37-46.

杨大然, 周长银. 2013. 基于轻动词理论的汉语动结式补语指向研究. 山东外语教学, (5): 46-51.

杨大然. 2003. 现代汉语使动结构的 ECM 现象研究. 现代外语, (4): 365-372.

杨大然. 2008. 领有名词短语分裂与汉语话题结构. 解放军外国语学院学报, (3): 17-23.

杨大然. 2011. 现代汉语非宾格句式的语义和句法研究. 郑州: 河南大学出版社.

杨大然. 2013. 带"着"把字句与带"着"存现句的比较研究. 解放军外国语学院学报, (2): 16-21, 27.

杨大然. 2015. 基于事件轻动词理论的致使性交替现象研究. 解放军外国语学院学报, (3): 40-48.

杨素英. 1999. 从非宾格动词现象看语义与句法结构之间的关系. 当代语言学, (1): 30-43.

杨永忠. 2007. Vi+NP 中 NP 的句法地位. 语言研究, (2): 59-64.

杨永忠. 2009. 非受事宾语句类型的参数分析. 现代外语, (1): 33-41.

余祥越, 黎金娥. 2006. "人喝酒"与"酒喝人"——最简方案框架下的汉英动词句法差异比较. 外语研究, (1): 1-6.

袁毓林. 1994. 一价名词的认知研究. 中国语文, (4): 241-253.

袁毓林. 1995. 谓词隐含及其句法后果——"的"字结构的称代规则和"的"的语法、语义功能. 中国语文, (4): 3-17.

袁毓林. 1998. 汉语动词的配价研究. 南昌: 江西教育出版社.

袁毓林. 2000. 述结式的结构和意义的不平衡性. 现代中国语研究(日本), (1): 49-61.

袁毓林. 2004. 论元结构和句式结构互动的动因、机制和条件——表达精细化对动词配价和句式构造的影响. 语言研究, (4): 1-10.

曾立英. 2006. 现代汉语作格现象研究. 北京大学博士学位论文.

张伯江. 1999. 现代汉语的双及物结构式. 中国语文, (3): 175-184.

张伯江. 2000. 论"把"字句的句式语义. 语言研究, (1): 28-40.

张达球. 2006. 英汉存现结构句法-语义关系诠释. 外语研究, (4): 11-17.

张国宪. 2001. 制约夺事成分句位实现的语义因素. 中国语文, (6): 508-518.

张敏. 1998. 认知语言学与汉语名词短语. 北京: 中国社会科学出版社.

张宁. 2000. 汉语双宾语句结构分析//陆俭明. 面临新世纪挑战的现代汉语语法研究. 济南: 山东教育出版社, 212-223.

张庆文, 邓思颖. 2011. 论现代汉语的两种不同保留宾语句. 外语教学与研究, (4): 512-521.

张旺熹. 1999. 汉语特殊句法的语义研究. 北京: 北京语言文化大学出版社.

张云秋. 2004. 现代汉语受事宾语句研究. 上海: 学林出版社.

赵元任. 1979. 汉语口语语法. 吕叔湘译. 北京: 商务印书馆.

周国光. 1997. 工具格在汉语句法结构中的地位——与袁毓林先生商榷. 中国语文, (3): 215-218.

周统权. 2006. 从逻辑配价看语言中的"零价动词". 外语研究, (1): 7-10.

朱德熙. 1979. 与动词"给"相关的句法问题. 方言, (2): 81-87.

朱德熙. 1982. 语法讲义. 北京: 商务印书馆.

朱行帆. 2005. 轻动词和汉语不及物动词带宾语现象. 现代外语, (3): 221-231.

朱佳蕾, 胡建华. 2015. 概念-句法接口处的题元系统. 当代语言学, (1): 1-22.

朱佳蕾. 2017. "一锅饭吃十个人"与受事主语句. 世界汉语教学, (3): 291-310.

庄会彬. 2013. 建国以来"王冕死了父亲"句式的研究及其启示. 浙江外国语学院学报, (1): 20-27.

宗守云. 2008. "一量名"和"X量名"的差异. 阜阳师范学院学报(社会科学版), (1): 10-13, 30.

邹海清. 2004. 供用句的非动态性特征与句式语义. 乐山师范学院学报, (11): 63-66.

Acquaviva, P. 2008. Roots and lexicality in distributed morphology. Paper presented at the Fifth York-Essex Morphology meeting.

Alexiadou, A. 2010. The morphosyntax of (anti)causitive verbs. In M. R. Hovav, F. Doron and I. Sichel (Eds.), *Lexical Semantics, Syntax and Event Structure* (pp. 177-203). Oxford: Oxford University Press.

Alexiadou, A., Anagnostopoulou, E. and Schäfer, F. 2006. The properties of anticausatives crosslinguistically. In M. Frascarelli (Ed.), *Phases of Interpretation* (pp. 187-211). Berlin: Mouton de Gruyter.

Alexiadou, A., Anagnostopoulou, E. and Schäfer, F. 2015. *External Arguments in Transitivity Alternations*. Oxford: Oxford University Press.

Alexiadou, A., Borer, H. and Schäfer, F. 2014. *The Syntax of Roots and the Roots of Syntax*. Oxford: Oxford University Press.

Alsina, A. and S. Mchombo. 1990. The syntax of applicatives in Chicheŵa: Problems for a theta theoretic asymmetry. *Natural Language and Linguistic Theory*, 4: 493-506.

Anderson, S. R. 1992. *A-morphous Morphology*. Cambridge: Cambridge University Press.

Arad, M. 1998. VP-structure and the syntax-lexicon interface. PhD dissertation. London: University College London.

Aronoff, M. 1976. *Word Formation in Generative Grammar*. Cambridge: The MIT Press.

Baker, M. 1988a. Theta theory and the syntax of applicatives in Chicheŵa. *Natural Language and Linguistic Theory*, 6: 353-389.

Baker, M. 1988b. *Incorporation: A Theory of Grammatical Function Changing*. Chicago: University of Chicago Press.

Baker, M. 1992. Thematic conditions on syntactic structures: Evidence from locative applicative. In I. M. Roca (Ed.), *Thematic Structure: Its Role in Grammar* (pp. 23-46). Dordrecht: Foris.

Baker, M. 1997. Thematic roles and syntactic structure. In L. Haegeman (Ed.), *Elements of Grammar* (pp. 73-137). Dordrecht: Kluwer Academic Publishing.

Beavers, J. and A. Koontz-Garboden. 2012. Manner and result in the roots of verbal meaning. *Linguistic Inquiry*, 43: 331-369.

Beck, S. and K. Johnson. 2004. Double object again. *Linguistic Inquiry*, 35: 97-123.

Berman, R. A. 1982. Verb-pattern alternation: the interface of morphology, syntax and semantics in Hebrew. *Journal of Child Language*, 9: 169-191.

Borer, H. 1994. The projection of arguments. In E. Benedicto and J. Runner (Eds.), *Functional Projections*.University of Massachusetts Occasional Papers17 (pp. 19-47). Amgerst: GSLA.

Borer, H. 1998. Deriving passives without theta grids. In S. G. Lapointe, D. K. Brentari and P. M. Farrell (Eds.), *Morphology and its Relation to Phonology and Syntax* (pp. 60-99). Standford: CSLI Publications.

Borer, H. 2005a. *Structuring Sense, vol. 1: In Name Only*. Oxford: Oxford University Press.

Borer, H. 2005b. *Structuring Sense, vol. 2: The Normal Course of Events*. Oxford: Oxford University Press.

Borer, H. 2013. *Structuring Sense, vol. 3: Taking Form*. Oxford: Oxford University Press.

Bowers, J. 1993.The syntax of predication. *Linguistic Inquiry*, 24: 591-656.

Bresnan, J. and J. Kanerva.1989. Locative inversion in Chicheŵa: A case study of factorization in grammar. *Linguistic Inquiry*, 20: 1-50.

Burzio, L. 1986. *Italian Syntax: A Government Binding Approach*. Dordrecht: D. Reidel.

Chafe, L. W. 1970. *Meaning and the Structure of Language*. Chicago/London: University of Chicago

Press.

Cheng, L. S. 1989. Transitivity alternations in Mandarin Chinese. In *Proceedings of the 3rd Ohio State University Conference on Chinese Linguistics*, 81-94.

Cheng, L. S. and Huang, C. T. 1994. On the argument structure of resultative compounds. In M. Y. Chen and J. L. Tzeng (Eds.), *In Honour of Williams S-Y Wang: Interdisciplinary Studies on Languages and Language Change* (pp. 185-221). Taipei: Pyramid Press.

Chierchia, G. 1989. A semantics for unaccusatives and its syntactic consequences. ms. Itheaca: Cornell University.

Chomsky, N. 1957. *Syntactic Structures*. Den Haag: Mouton De Gruyter.

Chomsky, N. 1965. *Aspects of the Theory of Syntax*. Cambridge: The MIT Press.

Chomsky, N. 1970. Remarks on nominalization. In R. Jacobs and P. Rosenbaum (Eds.), *Readings in English Transformational Grammar* (pp. 184-221). Waltham: Ginn and Co.

Chomsky, N. 1981. *Lectures on Government and Binding*. Dordrecht: Foris.

Chomsky, N. 1986. *Barriers*. Cambridge: The MIT Press.

Chomsky, N. 1991. Some notes on economy of derivation and representation. In R. Freidin (Ed.), *Principles and Parameters in Comparative Grammar* (pp. 417-454). Cambridge: The MIT Press.

Chomsky, N. 1993. A minimalist program for linguistic theory. In K. Hale and S. J. Keyser (Eds.), *The View from Building 20: Essays in Linguistics in Honor of Sylvain Bromberger* (pp. 1-52). Cambridge: The MIT Press.

Chomsky, N. 1995. *The Minimalist Program*. Cambridge: The MIT Press.

Chomsky, N. 2000. Minimalist inquiries: The framework. In R. Martin, D. Michaels and J. Uriagereka(Eds.), *Step by Step: Essays in Minimalist Syntax in Honor of Howard Lasnik* (pp. 89-155). Cambridge: The MIT Press.

Chomsky, N. 2001. Derivation by phase. In K. Hale(Ed.), *Ken Hale: A Life in Language* (pp. 1-52). Cambridge: The MIT Press.

Chomsky, N. 2004. Beyond explanatory adequacy. In A. Belletti(Eds.), *Structures and Beyond: The Cartography of Syntactic Structures*, Volume. 3 (pp. 104-131). Oxford: Oxford University Press.

Chomsky, N. 2005. Three factors in language design. *Linguistic Inquiry*, 36: 1-22.

Chomsky, N. 2007. Approaching UG from below. In N.Chomsky, U. Sauerland and M. Gaertner (Eds.), *Interfaces+Recursion=Language? Chomsky's Minimalism and the View from Syntax-semantics* (pp. 1-29). Berlin/New York: Mouton De Gruyter.

Chomsky, N. 2008. On phases. In R. Freidin, C. P. Otero and M. L. Zubizarreta et al. (Eds.), *Foundational Issues in Linguistic Theory: Essays in Honor of Jean-Roger Vergnaud* (pp. 133-166). Cambridge: The MIT Press.

Chomsky, N. 2013. Problems of projection. *Lingua*, 130: 33-49.

Chomsky, N. 2015. Problems of projection: Extensions. In E. Di Domenico, C. Hamann and S. Matteini (Eds.), *Structures, Strategies and Beyond: Studies in Honour of Adriana Belletti* (pp. 1-16). Amsterdam: John Benjamins.

Chung, S. 1976. An object-creating rule in Bahasa Indonesian. *Linguistic Inquiry*, 7: 41-87.

Collins, C. 1997. *Local Economy*. Cambridge: The MIT Press.

Comrie, B. 1989. *Language Universals and Linguistic Typology: Syntax and Morphology* (2nd edn). Chicago: The University of Chicago Press.

Croft, W. 1991. *Syntactic Categories and Grammatical Relations: The Cognitive Organization of Information*. Chicago: University of Chicago Press.

Croft, W. 1998. Event structure in argument linking. In M. Buttand and W. Geuder (Eds.), *The Projection of Arguments: Lexical and Syntactic Constraints* (pp. 21-63). Stanford: CSLI.

Cruse, D. A. 1973. Some thoughts on agentivity. *Journal of Linguistics*, 9(1): 11-23.

Cuervo, M. C. 2003. *Datives at Large*. Ph.D Dissertation. Cambridge: Massachusetts Institute of Technology.

Dowty, D. 1979. *Word meaning and Montague Grammar: The Semantics of Verbs and Times in Generative Semantics and in Montague's Ptq*. Dordrecht: D. Reidel.

Dowty, D. 1991. Thematic proto-roles and argument selection. *Language*, 67: 547-619.

Embick, D. 1998. Voice system sand the syntax/morphology interface. *MIT Working Papers in Linguistics*, 32: 41-72.

Embick, D. 2000. Features, Syntax and Categories in the Latin Perfect, *Linguistic Inquiry*, 31(2): 185-230.

Embick, D. 2004. On the structure of resultative participles in English. *Linguistic Inquiry*, 35: 355-392.

Embick, D. 2010. *Localism vs Globalism in Morphology and Phonology*. Cambridge: The MIT Press.

Embick, D. 2012. Roots and features (an acategorial postscript). *Theoretical Linguistics*, 38: 73-89.

Embick, D. and C. Noyer. 1999. Locality in post-syntactic operations. *MIT Working Papers in Linguistics*, 34:265-317.

Embick, D. and M. Halle. 2005. *Word Formation: Aspects of the Latin Conjugation in Distributed Morphology*. Berlin: Mouton De Gruyter.

Embick, D. and R. Noyer. 2001. Movement Operations after Syntax. *Linguistic Inquiry*, 32(4): 555-595.

Embick, D. and R. Noyer. 2007. Distributed morphology and the syntax-morphology interface. In G. R. Ramchand and C. Reiss (Eds.), *The Oxford Handbook of Linguistic Interfaces* (pp. 289-324). Oxford: Oxford University Press.

Fillmore, C. J. 1968. The case for case. In E. Bach and R. Harms (Eds.), *Universals in Linguistic Theory* (pp. 1-88). New York: Holt, Rinehart, and Winston.

Fillmore, C. J. 1970. The grammar of hitting and breaking. In R. Jacobsand P. Rosenbaum (Eds.), *Readings in English Transformational Grammar* (pp. 120-133). Waltham: Ginn & Co.

Fodor, J. 1970. Three reasons for not deriving "kill" from "cause to die". *Linguistic Inquiry*, (1): 29-38.

Goldberg, A. E. 1995. *Constructions: A Construction Grammar Approach to Argument Structure*. Chicago: University of Chicago Press.

Goldberg, A. E. 2010. Verbs, Constructions and Semantic Frames. In E. Doron, M. Rappaport Hovav and I. Sichel (Eds.), *Lexical Semantics, Syntax, and Event Structure* (pp. 21-38). Oxford: Oxford

Session, Chicago Linguistic Society, Chicago, IL, 223-247.

Levin, B. and M. Rappaport Hovav. 1986. The formation of adjective passives. *Linguistic Inquiry*, 17(4): 623-661.

Levin, B. and M. Rappaport Hovav. 1995. *Unaccusativity: At the Syntax-lexical Semantics Interface*. Cambridge: The MIT Press.

Levin, B. and M. Rappaport Hovav. 2005. *Argument Realization*. Cambridge: Cambridge University Press.

Levin, B. and M. Rappaport Hovav. 2013. Lexicalized meaning and manner/result complementarity. In B. Arsenijecvić, B. Gehrke, and R. Marin (Eds.), *Studies in Composition and Decomposition of Event Predicates* (pp. 49-70). Dordrecht: Springer.

Li, C. N. and S. A. Thompson. 1981. *Mandarin Chinese: A Functional Reference Grammar*. Berkeley: University of California Press.

Li, Y. 1990. On VV Compounds in Chinese. *Natural Language and Linguistic Theory*, 8(2): 177-207.

Li, Y. 1995. The thematic hierarchy and causativity. *Natural Language and Linguistic Theory*, 13: 255-282.

Li, Y. 1999. Cross-componential causativity. *Natural Language and Linguistic Theory*, 17: 445-497.

Li, Y. H. A. 1990. *Order and Constituency in Mandarin Chinese*. Dordrecht: Kluwer Academic Publishing.

Lin, J. 2004. *Event Structure and the Encoding of Arguments: The Syntax of the Mandarin and English Verb Phrase*. Ph. D Dissertation. Cambridge: The MIT Press.

Lin, T. H. J. 2001. *Light Verb Syntax and the Theory of Phrase Structure*. Ph. D Dissertation. Irvine: University of California.

Lohndal, T. 2014. *Phrase Structure and Argument Structure*: *A Case Study of the Syntax-Semantics Interface*. Oxford: Oxford University Press.

Lu, H. T. J. 1977. Resultative verb compounds vs. directional verb compounds in Mandarin. *Journal of Chinese Linguistics*, 5: 276-313.

Marantz, A. 1993. Implications of asymmetries in double object construction. In S. Mchombo (Ed.), *Theoretical Aspects of Bantu Grammar* (pp. 113-150). Stanford: CSLI.

Marantz, A. 1997. No escape from syntax: Don't try morphological analysis in the privacy of your own lexicon. University of Pennsylvania Working Papers in Linguistics, 4(2): 201-225, Philadelphia: Department of Linguistics, University of Pennsylvania.

Marantz, A. 2000. Root: The universality of root and pattern morphology. *Conference on Afro-Asiatic Languages*. University of Paris.

Mateu, J. 2002. Argument Structure: Relational Construal at the Syntax-Semantics Interface. Ph.D dissertation. Bellaterra: Universatat Autonoma de Barcelona.

Mateu, J. and V. Acedo-Matellán. 2012. The manner/result complementarity revisited: A syntactic approach. In M. C. Cuervo and Y. Roberge (Eds.), *The End of Argument Structure* (pp. 209-228). Bingley: Emerald Group Publishing Limited.

Matsumoto, Y. 2000. Causative alternation in English and Japanese: A close look. *English Linguistics*, 17: 160-192.

McCawley, J. 1968. Lexical insertion in a transformational grammar without deep structure. In B.

Darden, C.-J. N. Bailey and A. Davison (Eds.), *Papers from the Fourth Meeting of the Chicago Linguistic Society* (pp. 71-80). Illinois: University of Chicago, Department of Linguistics.

McClure, W. 1994. *Syntactic Projections of the Semantics of Aspect*. Doctoral dissertation. Ithaca: Cornell University.

McIntyre, A. 2004. Event paths, conflation, argument structure and VP shells. *Linguistics*, (3): 523-571.

Moro, A. 2000. *Dynamic Antisymmetry*. Cambridge: The MIT Press.

Nunes, J. 2004. *Linearization of Chains and Sideward Movement*. Cambridge: The MIT Press.

Ouhalla, J. 1994. *Introducing Transformational Grammar: From Rules to Principles and Parameters*. London: EdwardArnold.

Pan, H. 1996. Imperfective aspect zhe, agent deletion, and locative inversion in Mandarin Chinese. *Natural Language and Linguistic Theory*, 14: 409-432.

Parsons, T. 1990. *Events in the Semantic English: A Study in Subatomic Semantics*. Cambridge: The MIT Press.

Perlmutter, D. 1978. Impersonal passives and the unaccusative hypothesis. *Proceedings of the Fourth Meeting of the Berkeley Linguistics Society*, 4: 157-189.

Perlmutter, D. and P. Postal. 1984. The 1-advancement exclusiveness law. In Perlmutter, D., C. Rosen and Postal, P. M., et al. (Eds.), *Studies in Relational Grammar* (pp. 81-125). Chicago: University of Chicago Press.

Pesetsky, D. 1995. *Zero Syntax. Experiencers and Casacades*. Cambridge: The MIT Press.

Pinker, S. 1989. *Learnability and Cognition: The Acquisition of Argument Structure*. Cambridge: The MIT Press.

Piñón, C. 2001. A finer look at the causative-inchoative alternation. In R. Hastings, B. Jackon and Z. Zvolenszky (Eds.), *Proceedings of Semantics and Linguistic Theory* (pp. 346-364). Ithaca: CLC Publications.

Pylkkänen, L. 2008. *Introducing Arguments*. Cambridge: The MIT Press.

Ramchand, C. G. 2008. *Verb Meaning and the Lexicon: A First-Phase Syntax*. Cambridge: Cambridge University Press.

Rappaport Hovav, M. and B. Levin. 1998. Building verb meanings. In Miriam Butt and Wilhelm Geuder (Eds.), *The Projection of Arguments: Lexical and Compositional Factors* (pp. 97-134). Stanford: CSLI Publications.

Rappaport Hovav, M. and B. Levin. 2000. Classifying single argument verbs. In M. Everaert, P. Coopmans and J. Grimshaw (Eds.), *Lexical Specification and Insertion* (pp.269-304). Amsterdam: John Benjamins.

Rappaport Hovav, M. and B. Levin. 2001. An Event Structure Account of English Resultatives. *Language*, 77: 766-797.

Rappaport Hovav, M. and B. Levin. 2010. Reflections on Manner/Result Complementarity. In H. M. Rappaport, E. Doron and I. Sichel (Eds.), *Lexical Semantics, Syntax, and Event Structure* (pp. 21-38). New York: Oxford University Press.

Rappaport Hovav, M. 2008. Lexicalized meaning and the internal temporal structure of events. In S. Rothstein (Ed.), *Theoretical and Cross linguistic and Theoretical Approaches to the Semantics of*

Aspect (pp. 13-42). Amsterdam: John Benjamins.

Reinhart, T. 1996. Syntactic effects of lexical operations: Reflexives and unaccusatives. OTC Working Papers in Linguistics. Utrecht: University of Utrecht.

Reinhart, T. 2002.The theta system-an overview. *Theoretical Linguistics*, 28: 229-290.

Richards, M. 2012. On feature inheritance, defective phases, and the movement-morphology connection. In A Gallego (Ed.), *Phases: Developing the Framework* (pp. 195-232). Berlin: Mouton De Gruyter.

Ritter, E. and S. T. Rosen. 1998. Delimiting events in syntax. In M. Butt and W. Geuder. (Eds.), *The Projection of Arguments: Lexical and Syntactic Constraints* (pp. 135-164). Stanford: CSLI Publications.

Ritter, E. and S. T. Rosen. 2000. Event structure and ergativity. In C. Tenny and J. Pustejovsky (Eds.), *Events as Grammatical Objects* (pp. 187-238). Stanford: Center for the Study of Language and Information.

Rizzi, L. 1990. *Relativized Minimality*. Cambridge: The MIT Press.

Rosen, C. 1984. The interface between semantic roles and initial grammatical relations. In Perlmutter, D., Rosen, C. and Postal, P. M. et al. (Eds.), *Studies in Relational Grammar* (pp. 38-77). Chicago: University of Chicago Press.

Safir, K. 1982. *Syntactic Chains and the Definiteness Effect*. Ph. D dissertation, Cambridge: The MIT Press.

Schäfer, F. 2009. The causative alternation. *Language and Linguistics Compass*, (2): 641-681.

Schäfer, F. 2010. *The Syntax of (Anti-)Causative*. Amsterdam/Philadephia: John Benjamins Publishing Company.

Shi, D. 1997. Issues on Chinese passives. *Journal of Chinese Linguistics*, 25: 41-70.

Shi, Z. 1988. *The Present and Past of the Particle "LE" in Mandarin Chinese*. Ph. D Dissertation, University of Pennsylvania.

Siddiqi, D. 2006. *Minimize Exponence: Economy Effects on a Model of the Morphosyntactic Component of the Grammar*. Arizona: The University of Arizona.

Siddiqi, D. 2009. *Syntax within the Word*. Amsterdam/Philadephia: John Benjamins Publishing Company.

Singh, M. 1998. On the semantics of the perfective aspect. *Natural Language Semantics*, 6: 171-199.

Soh, L. and J. Y. Kuo. 2005. Perfective aspect and accomplishment situations in Mandarin Chinese. In H. J. Verkuyl, H. de Swart and A. van Hout (Eds.), *Perspectives on Aspect* (pp. 199-216). Dordrecht: Springer.

Stowell, T. A. 1981. *Origins of Phrase Structure*. Ph. D Dissertation, Cambridge: The MIT Press.

Sybesma, R. 1997. Why Chinese verb-le is a resultative predicate. *Journal of East Asian Linguistics*, 6: 215-261.

Sybesma, R. 1999. *The Mandarin VP*. Dordrecht: Kluwer Academic Publishers.

Tai, J. H. Y. 1984. Verbs and times in Chinese: Vendler's four categories. In D. Testen, V. Mishra and J. Drogo (Eds.), *Papers from the Parasession on Lexical Semantic* (pp. 289-296). Chicago: Chicago Linguistic Society.

Tang, S. W. 1997. The parametric approach to the resultative construction in Chinese and English. *UCI Working Papers in Linguistics*, (3): 203-226.

Tang, S. W. 1998. *Paramterization of Features in Syntax*. Ph. D Dissertation. Irvine: University of California.

Tenny, C. 1994. *Aspectual Roles and the Syntax-semantics Interface*. Dordrecht: Kluwer Academic Publishing.

Thompson, S. 1973. Resultative verb compounds in Mandarin Chinese: A case for lexical rules. *Language*, 49: 361-379.

Travis, L. 2000. Event structure in syntax. In C. Tenny and J. Pustejovsky (Eds.), *Events as Grammatical Objects* (pp. 145-186). Stanford: Center for the Study of Language and Information.

Travis, L. 2005. Articulated vPs and the computation of aspectual classes. In Kempchinsky, P. and R. Slabakova (Eds.), *Aspectual Inquiries* (pp. 69-93). Dordrecht: Springer.

Tsai, W. T. D. 2001. On Subject specificity and theory of syntax-semantics interface. *Journal of East Asian Linguistics*, 10(2): 129-168.

Tsai, W. T. D. 2007. On middle applicatives. Paper presented in the 6th GLOW in Asia, The Chinese University of Hong Kong.

van Hout, A. 1996. *Event Semantics of Verb Frame Alternations*. Ph. D. Dissertation, Tilburg University.

van Hout, A. 1998. On the role of direct objects and particles in learning telicity in Dutch and English. In A. Greenhill, M. Hughes, H. Littlefield, et al. (Eds.), *Proceedings of 22nd Annual BUCLD* (pp. 397-408). Somerville: Cascadilla Press.

van Hout, A. 2000. Event semantics in the lexicon-syntax interface. In C. Tenny and J. Pustejovsky (Eds.), *Events as grammatical objects* (pp. 239-282). Stanford: CSLI.

Van Valin, R. D. 1990. Semantic parameters of split intransitivity. *Language*, 66: 221-260.

Van Valin, R. D. 1993. A synopsis of role and reference grammar. In R. D. Van Valin (Ed.), *Advances in Role and Reference Grammar* (pp. 1-164). Amsterdam: John Benjamins.

Van Valin, R. D. and R. J. LaPolla. 1997. *Syntax: Structure, Meaning and Function*. Cambridge: Cambridge University Press.

vanVoorst, J. 1988. *Event Structure*. Dordrecht: John Benjamins Publishing.

Vendler, Z. 1967. *Linguistics in Philosophy*. Ithaca, New York: Cornell University Press.

Verkuyl, H. J. 1972. *On the Compositional Nature of the Aspect*. Dordrecht: D. Reidel.

Verspoor, C. M. 1997. *Contextually-Dependent Lexical Semantics*. Doctoral dissertation, Center for Cognitive Science, University of Edinburgh, Edinburgh.

Williams, A. 2014. Causal VVs in Mandarin. In C. T. J. Huang, Y. H. A. Li and A. Simpson (Eds.), *The Handbook of Chinese Linguistics* (pp. 311-334). Malden: Wiley-Blackwell.

Williams, E. 1981a. Argument structure and morphology. *The Linguistic Review*, (1): 81-114.

Williams, E. 1981b. On the notions of "lexically related" and "head of a word". *Linguistic Inquiry*, (2): 245-274.

Xu, L. 2003. Choice between the overt and the covert. *Transactions of the Philological Society*, 101(1): 81-107.

Yu, N. 1995. Towards a definition of unaccusative verbs in Chinese. In J. Camacho and L. Choueiri (Eds.), *Proceedings of the 6th North American Conference on Chinese Linguistics* (pp. 339-353). Los Angeles: University of Southern California.

Zaenen, A. 1993. Unaccusativity in Dutch: Intergrading syntax and lexical-semantics. In J. Pustejosky (Ed.), *Semantics and the Lexicon* (pp. 129-161). Dordreche: Kluwer.

Zhang, N. N. 2018. Non-canonical objects as event kind-classifyingelements. *Natural Language & Linguistic Theory*, (4): 1395-1437.

Zhang, R. 2002. Enriched composition and inference in the argument structure in Chinese. Doctoral dissertation. Ontario: York University.

Zombolou, K. 2004. *Verbal Alternations in Greek: A Semantic Approach*. PhD Dissertation. University of Reading.

Zou, K. 1995. The syntax of the Chinese ba-construction and verb compounds: A morpho-syntactic analysis. Doctoral dissertation, University of Southern California.